Complete Handbook of RUSSIAN VERBS

Complete Handbook of RUSSIAN VERBS

L.I. Pirogova

Foreword and explanatory text translated from the Russian by V. Korotky

This edition first published in 1991 by Passport Books,
a division of NTC Publishing Group,
4255 West Touhy Avenue, Lincolnwood (Chicago),
Illinois 60646-1975 U.S.A.

Manufactured in the United States of America.
1 2 3 4 5 6 7 8 9 VP 9 8 7 6 5 4 3 2 1

FOREWORD

The Complete Handbook of Russian Verbs is intended for English-speaking students of Russian who have mastered the fundamentals of Russian grammar and vocabulary and for Russian teachers. It is a practical reference book, whose aim is to acquaint the intermediate and advanced student with the derivation of the various forms of the most common Russian verbs and to provide necessary information on the meaning and usage of these forms.

The book consists of an *Introduction, General Information on the Verb, 89 Conjugation Tables* of typical verbs and an *Alphabetical Vocabulary.*

The *Introduction* provides a justification of the system of classification of Russian verbs used in this book.

The *General Information* deals not only with the derivation of verb forms, but also with the various categories of Russian verbs and with the usage of verb forms, which adheres to the requirements of contemporary methods of language teaching.

The *Tables* show the derivation of all the forms of typical verbs, with the peculiarities in the stress and sound alterations taken into account.

The Tables generally contain verbs of aspect pairs differing in a prefix. When there are no aspect pairs whose members differ in a prefix, the Tables present imperfective and perfective verbs of the same type.

The *Alphabetic Vocabulary* includes some 12,000 of the most commonly used Russian verbs, with the indication of the group each verb belongs to and the verb table reference to be used as the model for how the verb is conjugated.

CONTENTS

INTRODUCTION

CLASSIFICATION OF RUSSIAN VERBS

The verb is one of the most important parts of speech; therefore it is essential that English-speaking students of Russian know how conjugated and non-conjugated verb forms are obtained.

In practical Russian courses verbs are generally classified according to only two types of conjugation. The purpose of such a classification is to teach the student how to spell the verb endings, but it is of little use in teaching Russian to foreigners, since it does not help them derive the necessary forms.

In theoretical Russian grammars all the verbs are divided into productive and unproductive classes, depending on whether new verbs can, or cannot, be formed on their pattern.

However, the principle of productivity / unproductivity is not so important for foreign students of Russian, since some of the unproductive verbs are frequently used and are as necessary to know as are the productive verbs; moreover, the division of verbs into productive and unproductive does not reflect verb inflexion.

Therefore, the classification followed in this book is based on a single principle; namely, the correlation between the infinitive, present / simple future, and past tense stems.

GENERAL INFORMATION ON THE VERB

§ 1. VERB ASPECT

The action of a verb is perceived by native Russian speakers either as a process or as a fact single in its occurrence. To convey different kinds of actions, Russian has **two verb aspects:** the **imperfective** and the **perfective.**

MAIN DIFFERENCE IN THE MEANING AND USAGE OF THE VERB ASPECTS

The imperfective aspect conveys an action as a process, an action in its development. It can be represented graphically as a line(–):

Дом *стро́или* в тру́дных усло́виях.

Ско́ро *бу́дут стро́ить* но́вый кинотеа́тр.

When an action is conveyed as a process, it is not connected with any result. However, the context may tell how the process went on:

– Вчера́ мы *игра́ли* в ша́хматы.
– Как проходи́ла игра́?
– Игра́ли по всем пра́вилам, о́чень корре́ктно.

Since the imperfective aspect conveys the action as a process, the

The perfective aspect conveys an action as a fact, as single in its occurrence. It can be represented graphically as a dot (.):

Дом *постро́или* ра́ньше наме́ченного сро́ка.

Но́вый кинотеа́тр *постро́ят* бы́стро, за оди́н ме́сяц.

When an action is conveyed as a fact, as single in its occurrence, it is always connected with its result. It has a more specific character and, therefore, requires an object or any other specifying words:

– Вчера́ мы *сыгра́ли* не́сколько па́ртий в ша́хматы.
– И како́в результа́т? Кто вы́играл?
– Игра́ закóнчилась вничью́.

Since the perfective aspect conveys the action as a fact, as single

attention is centred on the action. Therefore, transitive verbs[1] may be used without the word denoting the object: the speaker's idea will be complete all the same:

Вчера́ мы *чита́ли* – the idea is complete.

Мы уже́ хорошо́ *перево́дим.*

В бу́дущем году́ *бу́дут* мно́го *стро́ить.*

in its occurrence, the attention is centred on both the object and the circumstances (adverbial modifiers). Without specification the idea will be incomplete:

Вчера́ мы *прочита́ли...* – the idea is not complete.

Вчера́ мы *прочита́ли* расска́з.

Мы *перевели́...*

Мы *перевели́* статью́.

В бу́дущем году́ *постро́ят мно́го* но́вых *зда́ний.*

Only the imperfective aspect is used:

(a) to name an action when the speaker's attention is centred on the action as a process; in such cases questions with the verb *де́лать* or *быть* are frequently used:

– Что вы вчера́ *де́лали*?
– Мы *отдыха́ли.*

– Что *бы́ло* на собра́нии?
– *Обсужда́ли* план рабо́ты.

(b) to convey an action taking place at the present time:

Сейча́с мы *гото́вимся* к поéздке в Ленингра́д.

(c) in phrases with the verbs *начина́ть – нача́ть, продолжа́ть – продо́лжить, конча́ть – ко́нчить, стать:*

Мы *на́чали занима́ться* с пе́рвого сентября́.
Они́ *продолжа́ют изуча́ть* ру́сский язы́к.
Они́ по́здно *ко́нчили рабо́тать.*

(d) in phrases with adverbial modifiers of time denoting the duration of action: *це́лый ме́сяц, це́лую неде́лю, це́лое ле́то, два* (*три*, etc.) *часа́, го́да; две* (*три*, etc.) *неде́ли*:

Он *чита́л* расска́з *це́лую неде́лю.*
Он *переводи́л* текст *два часа́.*
Он *писа́л* диссерта́цию *полтора́ го́да.*

SPECIFIC CASES OF ASPECTUAL USAGE

Imperfective aspect

1. To convey customary actions:

Обы́чно он *берёт (брал)* кни́ги в библиоте́ке, бы́стро их *чита́ет (чита́л)* и *сдаёт (сдава́л).*

Perfective aspect

1. To convey single concrete facts:

Вчера́ он *взял* в библиоте́ке журна́л, *прочита́л* его́ и *сдал.* (За́втра он *возьмёт* в библиоте́ке журна́л, *прочита́ет* его́ и *сдаст*).

[1] For transitive and intransitive verbs, see § 4.

(He will borrow a magazine from the library, read it and then return.)

Note.– The perfective aspect can also be used to convey customary actions, but with an obligatory indication of the consequent actions, the perfective verb taking the simple future; compare:

Обы́чно друзья́ *собира́ются* вме́сте по суббо́там.

Он всегда́ *покупа́ет* газе́ты в э́том кио́ске.

Обы́чно они́ *соберу́тся* в суббо́ту и обсужда́ют все но́вости.

Он всегда́ *ку́пит* газе́ту и тут же её чита́ет.

2. To convey repeated actions, the reason or purpose being either indicated or not (the utterance having a neutral character):

Он *не́сколько раз чита́л* э́ту по́весть–(the utterance does not require a specification, but such a specification may be present):

Он *не́сколько раз чита́л* э́ту по́весть, так она́ ему́ понра́вилась.

2. To convey repeated specific actions as a sum total of specific facts. In this case the reason, purpose or result of the action is either stated, or inferred from the context, or implies a question (the utterance having an emotional character):

Он не́сколько раз прочита́л э́ту по́весть–the utterance requires a specification and implies the questions why? for what?

Он *не́сколько раз прочита́л* э́ту по́весть,

a) потому́ что она́ ему́ понра́вилась;
b) что́бы лу́чше её запо́мнить;
c) пре́жде чем запо́мнил все дета́ли.

ASPECTUAL USAGE IN THE IMPERATIVE MOOD

To express an injunction or invitation to perform an action, **the imperfective aspect** is used (the action is perceived as a process):

Чита́йте по-ру́сски!

Говори́те, пожа́луйста, гро́мче, я пло́хо слы́шу.

To express advice or a request with a negated verb, the imperfective aspect is used, since there should be no action: though the action is merely named, still it may take place:

To express advice, a request or a command, **the perfective aspect** is used (the action is perceived as an integral one):

Прочита́йте рома́н А. С. Пу́шкина «Евге́ний Оне́гин».

Скажи́те, где вы бы́ли вчера́.

The perfective aspect of a negated verb is used to convey warning:

Не чита́йте э́ту кни́гу.

Не забу́дьте биле́ты.
Не опозда́йте в теа́тр.

GRAMMATICAL DIFFERENTIATION OF THE ASPECTS

Two verbs – one imperfective, the other perfective – which differ only in their aspect, but have the same lexical meaning, form an **aspectual pair**. Formally the verbs of an aspectual pair differ either in a prefix or in a suffix.

If the difference between the verbs of an aspectual pair lies in a prefix, they belong to one and the same group and, consequently, their present / simple future tenses also differ in the prefix.

Imperfective Aspect		Perfective Aspect	
Infinitive	Present Tense	Infinitive	Future Tense
де́лать	де́лаю	**с**де́лать	**с**де́лаю
чита́ть	чита́ю	**про**чита́ть	**про**чита́ю
писа́ть	пишу́	**на**писа́ть	**на**пишу́
ви́деть	ви́жу	**у**ви́деть	**у**ви́жу
вари́ть	варю́	**с**вари́ть	**с**варю́
мёрзнуть	мёрзну	**за**мёрзнуть	**за**мёрзну

If the difference between the verbs of an aspectual pair lies in the suffix, they more often than not belong to different groups[1].

Imperfective Aspect		Perfective Aspect	
Infinitive	Present Tense	Infinitive	Future Tense
Group I		Group II	
конч**а́**ть	конча́ю	ко́нч**и**ть	ко́нчу
реш**а́**ть	реша́ю	реш**и́**ть	решу́
повтор**я́**ть	повторя́ю	повтор**и́**ть	повторю́
оформл**я́**ть	оформля́ю	офо́рм**и**ть	офо́рмлю
отвеч**а́**ть	отвеча́ю	отве́т**и**ть	отве́чу
		Group III	
расска́з**ыва**ть	расска́з**ыва**ю	рассказ**а́**ть	расска**жу́**
пока́з**ыва**ть	пока́з**ыва**ю	показ**а́**ть	пока**жу́**

[1] For the groups, see § 9.

Note.– Unprefixed Group I and Group II verbs and prefixed Group I verbs with the suffixes **-ыва-** and **-ива-** are always imperfective. Most Group II verbs ending in **-ить** and Group III verbs ending in **-нуть** are perfective.

A number of aspectual pairs are made up of verbs having different roots.

Imperfective	Perfective	Imperfective	Perfective
говори́ть брать входи́ть переводи́ть	сказа́ть взять войти́ перевести́	класть ве́шать сади́ться ложи́ться	положи́ть пове́сить сесть лечь

Imperfective verbs denoting a position in space (*стоя́ть, лежа́ть, висе́ть, следи́ть*) and also verbs of motion (*ходи́ть, е́здить, лета́ть, пла́вать*) have no perfective counterparts, since they represent the action exclusively as a process. The prefix **по-** attached to these verbs introduces the additional meaning "a little", "for some time"; for example:

Ве́чером хо́чется отдохну́ть: *посиде́ть, почита́ть, поговори́ть.*
Когда́ он устаёт, ему́ хо́чется *походи́ть* по ко́мнате.

§ 2. VERB TENSE

The Russian verb has three tenses: **the present, the past** and **the future.**

Imperfective verbs have the present, past and compound future tenses; for example: *чита́ю, чита́л, бу́ду чита́ть.*

Perfective verbs have the past and simple future tenses; for example: *прочита́л, прочита́ю.*

In the present and future tenses verbs change for person, the 3rd person having the same form for the masculine, feminine and neuter genders:

Present Tense	*Future Tense*		
Я говорю́	бу́ду	говори́ть	поговорю́
Ты говори́шь	бу́дешь		поговори́шь
Он (она́, оно́) говори́т	бу́дет		поговори́т
Мы говори́м	бу́дем		поговори́м
Вы говори́те	бу́дете		поговори́те
Они́ говоря́т	бу́дут		поговоря́т

According to the types of the endings verbs fall into two conjugations: the first and the second.

Table of the Endings of the Present / Simple Future Tenses

1st Conjugation				2nd Conjugation
Gr. I, Gr. III, Gr. IV, Gr. V, Gr. VI, Gr. VII				Gr. II
Unstressed	Stressed			Stressed or Unstressed
Singular	1st person	**-у, -ю**	**-у́, -ю́**	**-у, -ю**
	2nd person	**-ешь**	**-ёшь**	**-ишь**
	3rd person	**-ет**	**-ёт**	**-ит**
Plural	1st person	**-ем**	**-ём**	**-им**
	2nd person	**-ете**	**-ёте**	**-ите**
	3 rd person	**-ут, -ют**	**-ут, -ют**	**-ат, -ят**

The compound future tense of imperfective verbs is obtained by means of the future tense of the auxiliary verb **быть** plus the infinitive of the conjugated verb (see the tables).

In the past tense verbs change only for gender and number.

(Я, ты) он чита́л, говори́л, писа́л
(Я, ты) она́ чита́ла, говори́ла, писа́ла
(Я, ты) оно́ чита́ло, говори́ло, писа́ло
(Мы, вы) они́ чита́ли, говори́ли, писа́ли

§ 3. THE MOOD

The Russian verb has three moods: **the indicative, the imperative** and **the subjunctive (conditional).**

THE INDICATIVE MOOD

The indicative mood conveys actions which take place in reality, which are really carried out. A verb in the indicative mood has three tenses: the present, the past and the future (simple or compound); for example:

Вели́кий ру́сский поэ́т А. С. Пу́шкин *роди́лся* в 1799 году́.

Весь сове́тский наро́д *чтит* па́мять вели́кого поэ́та.

Его́ произведе́ния с глубо́ким интере́сом *бу́дут чита́ть* и гряду́щие поколе́ния.

THE IMPERATIVE MOOD

The imperative mood conveys the speaker's request, command or injunction to perform an action; for example:

Прочита́йте «По́вести Бе́лкина» А. С. Пу́шкина.

Чита́йте по-ру́сски.

Оде́ньтесь тепле́е – сего́дня хо́лодно.

Подчеркни́те глаго́лы.

Сде́лайте э́ту рабо́ту бы́стро.

The basic form of the imperative is the 2nd person singular (for its formation, see § 9) or plural (to obtain the imperative plural, the particle **-те** must be added to the singular form):

Singular: чита́й, говори́, учи́сь

Plural: чита́йте, говори́те, учи́тесь.

The 2nd person singular of the imperative can also be used to convey a condition, the verb in this case never changing for person and number; for example:

Прочита́й я (ты, он, она́, мы, вы, они́) э́ту статью́, вопро́с был бы я́сен.

Знай я ремесло́ – жил бы в го́роде. (Го́рький)

The imperative with this meaning and the subjunctive are synonymous.

To convey a request or command given through an intermediary, the 3rd person present or simple future is used preceded by the particle **пусть**.

Пусть чита́ет Петро́в.

Пусть студе́нты *принесу́т* на заня́тие словари́.

In colloquial speech the particle **пуска́й** is also used:

Пуска́й э́то сде́лает Ко́ля.

In elevated style the particle **да** is used:

Да здра́вствует со́лнце!
Да скро́ется тьма!
(Пу́шкин)

To convey an injunction to an action in the fulfilment of which the speaker will take place together with other people, the 1st person plural is used, pronounced with a special intonation of invitation to perform a joint action:

Оста́немся ещё на оди́н день!

Поéдем, Ма́ша, домо́й!

In colloquial speech this form of the imperative with the verb **дава́й** is widely used:

Дава́й сде́лаем э́ту рабо́ту быстре́е!

In a polite injunction the ending (particle) **-те** is added to this form:

– Ну, тепе́рь *пойдёмте* в гости́ную,– ла́сково проговори́л Ради́лов. (Турге́нев)

– *Бу́демте* друзья́ми,– говори́л он, пожима́я мою́ ру́ку. (Го́рький)

When the injunction relates to numerous listeners, this particle is never used:

Рассмо́трим сле́дующие вопро́сы.

Перейдём к рассмотре́нию но́вого вопро́са.

To express categoric commands, orders or appeals, the infinitive is used, pronounced with a special imperative intonation:

Не разгова́ривать!

Убра́ть урожа́й без поте́рь!

THE SUBJUNCTIVE, OR CONDITIONAL MOOD

The subjunctive mood conveys a desired, or possible action, or an action the fulfilment of which is possible given a certain condition.

Мне хо́чется игра́ть... Я *сыгра́ла бы* что́-нибудь. (Че́хов)

Если ка́ждый челове́к на куске́ земли́ своей *сде́лал бы* всё, что он мо́жет, как прекра́сна *была́ бы* земля́ на́ша. (Че́хов)

The subjunctive mood is used to convey advice or request with a nuance of gentleness, delicacy or indecision. In this meaning the subjunctive and the imperative are synonymous.

Папа́ша, вы *бы поговори́ли* с Алекса́ндрой... (Го́рький)

Ты *бы не филосо́фствовал*, а ду́мал. (Го́рький)

The subjunctive mood is obtained by the addition of the unstressed particle **бы** to the past tense forms. The particle **бы** may stand after the verb, before it or after the word which bears the logical stress.

Я *послу́шал бы* хоро́шую му́зыку.

Я *бы послу́шал* хоро́шую му́зыку.

Я *с удово́льствием бы* послу́шал хоро́шую му́зыку.

Хоро́шую бы му́зыку я послу́шал с удово́льствием.

Russian has only one form of the subjunctive, used in all the tenses, which are inferred from context.

Вчера́ мы *пошли́ бы* на экску́рсию, е́сли бы не́ было дождя́.

Сего́дня мы *пошли́ бы* в теа́тр, е́сли бы вы купи́ли биле́ты.

За́втра мы *пошли́ бы* в теа́тр, е́сли вы ку́пите биле́ты.

§ 4. TRANSITIVE AND INTRANSITIVE VERBS

Verbs which convey actions directed at some object and which must have a grammatical direct object are called **transitive**; for example:

знать, изуча́ть } *кого́?* or *что?* { кни́гу, журна́л, челове́ка, исто́рию, язы́к, etc.

The nouns or pronouns related to a transitive verb take the accusative case without a preposition (see the above examples). In the Alphabetic Vocabulary the transitive verbs are labelled *п*.

All the other vebs are **intransitive**. Russian intransitive verbs include a small group of verbs whose meaning requires a direct object, but this direct object does not take the accusative, but the genitive, dative or instrumental instead; for example:

+ I.	+ G.	+ D.
владе́ть	достига́ть	меша́ть
заве́довать	жа́ждать	подража́ть
злоупотребля́ть	жела́ть	помога́ть
кома́ндовать	избега́ть	противоде́йствовать
облада́ть	лиша́ть	симпатизи́ровать
руководи́ть	тре́бовать	соде́йствовать
управля́ть	хоте́ть	спосо́бствовать

§ 5. THE ACTIVE AND PASSIVE FORMS OF THE VERB

The active form of the verb conveys an action performed by the person or object which fulfils the function of the subject of the sentence; for example:

Студéнт **слýшает** лéкции.

Во врéмя óтпуска *мы* мнóго **путешéствовали**.

Both transitive and intransitive verbs have the active form.

The passive form of the verb shows that the person or object which fulfils the function of the subject of the sentence does not perform the action, but is subjected to the action performed by somebody/something else; for example:

Лéкции внимáтельно **слýшаются** (всéми студéнтами).

Only transitive verbs have the passive form.

When used in a sentence as the predicate, passive transitive verbs convey an action performed by the subject or an action directed at the subject; for example:

Active Form	*Passive Form*
Брáтья Анцúферовы **написáли** трёхтóмную «Кнúгу о горо-дáх».	Брáтьями Анцúферовыми **былá напúсана** трёхтóмная *«Кнúга о городáх»*.
Городá **изучáют** *специалúсты.*	*Городá* **изучáются** специалúстами.

If the predicate is a passive verb form, the subject is the logical object of the sentence, the logical subject in this case is usually not indicated; for example:

Эта *картúна* **напúсана** в семидесятые гóды.

Собрáние **посвященó** знаменáтельной дáте.

Договóр **подпúсан**.

Информáция **изучáется**.

If the logical subject is indicated, it is conveyed by a noun or pronoun in the instrumental:

Эти картúны **напúсаны** извéстным *худóжником.*

В послéдние гóды *им* **напúсано** нéсколько нóвых картúн.

The passive form of an imperfective verb is obtained by adding the particle **-ся** to the verb and it takes the 3rd person singular or plural present or past tense:

Active Form:	читáть	подчёркивать	отклонять
Passive Form:	читáться	подчёркиваться	отклоняться
	читáется	подчёркивается	отклоняется

Perfective verbs have a special form of the passive, which is called a **short passive participle**. We shall call it the perfective passive form or a short participle. The short participle has gender and number forms, like a past tense verb:

Active Form:	прочитáть	установúть	принестú	взять
Passive Form:	прочúтан	установлен	принесён	взят

For the formation of the perfective passive, see § 9.

§ 6. VERBS WITH THE PARTICLE -СЯ

When the particle **-ся** is added to a verb, it fulfils a number of functions. But in all the cases it makes the verb intransitive.

GRAMMATICAL FUNCTIONS OF THE PARTICLE -СЯ

1. The particle *-ся* is used to form the passive of imperfective verbs; for example:

Па́мятники старины́ *охраня́ются* госуда́рством.

2. The particle *-ся* is added to perfective or imperfective transitive verbs if no direct object can be used in the given context. In this case its action is directed at the subject. This and also the fact that such verbs with the particle *-ся* have only the 3rd person form brings them closer to the passive; for example:

Заня́тия *начали́сь* в де́вять утра́. But: Учи́тель *на́чал* уро́к.

Втора́я мирова́я война́ *ко́нчилась* в 1945 году́.

However, unlike the passive, such forms do not allow the mention of the performer of the action; compare:

Уро́к *на́чат учи́телем* в 9 часо́в.

Уро́к *начался́* в 9 часо́в.

The following verbs belong to this type: *начина́ться – нача́ться, конча́ться – ко́нчиться, продолжа́ться – продо́лжиться, возобновля́ться – возобнови́ться, заверша́ться – заверши́ться, увели́чиваться – увели́читься, сокраща́ться – сократи́ться.*

In the Alphabetic Vocabulary these verbs are labelled in this way: начина́ть(ся *3л.*).

3. The particle *-ся* is used to derive the impersonal form of some verbs; for example: *хоте́ть, ду́мать, спать, рабо́тать*, etc., Compare:

Я хочу́ пое́хать в Ленингра́д.– Мне *хо́чется* пое́хать в Ленингра́д.

Осенью он хорошо́ рабо́тал.– Осенью ему́ хорошо́ *рабо́талось.*

Я не могу́ спать.– Мне *не спи́тся.*

SEMANTIC FUNCTIONS OF THE PARTICLE -СЯ

1. The particle *-ся* shows that the action is directed at the performer himself / itself; i. e. the subject is at the same time the object as well:

Утром мы *умыва́емся, одева́емся, причёсываемся.*

Че́рез мину́ту я был уже́ в свое́й ко́мнате, *разде́лся* и лёг. (Ле́рмонтов)

2. The particle *-ся* shows that the action is performed by the subject and the object reciprocally. The object is a noun or pronoun in the instrumental:

Я *с ним дра́лся*,– отвеча́л Си́львио,– и вот па́мятник на́шего поеди́нка. (Пу́шкин)

Она́ *попроща́лась* глаза́ми с Па́влом. (Н. Остро́вский)

The following verbs belong to this type: *сове́товаться, боро́ться, обме́ниваться, встреча́ться, перепи́сываться, соревнова́ться, здоро́ваться, проща́ться, целова́ться, обнима́ться* and others.

The verbs *боро́ться, соревнова́ться, здоро́ваться* are never used without *-ся*.

3. The particle *-ся* shows that the subject performs the action for himself / itself, in his / its own interest:

Мы все *учи́лись* понемно́гу чему́-нибудь и ка́к-нибудь. (Пу́шкин)

The following verbs belong here: *занима́ться, интересова́ться, лечи́ться.*

4. The particle *-ся* shows that the speaker's entire attention is centred on the subject, his state or action:

Мы *собира́емся* на экску́рсию.

Мы *ра́дуемся* со́лнцу.

Some of the verbs of this type are: *собира́ться, отправля́ться, возвраща́ться, сади́ться, ложи́ться, беспоко́иться, ра́доваться, забо́титься, волнова́ться, удивля́ться, удаля́ться, нра́виться, боя́ться, каса́ться, руководо́дствоваться, наде́яться, смея́ться, улыба́ться.*

The verbs *нра́виться, боя́ться, смея́ться, улыба́ться, каса́ться, руково́дствоваться, наде́яться, сади́ться, ложи́ться*, are never used without *-ся*.

5. The particle *-ся* shows that the action is a characteristic feature of the subject concerned:

Соба́ки *куса́ются.*

Ро́зы *ко́лются.*

Крапи́ва *жжётся.*

6. The particle *-ся* changes the meaning of some verbs; for example:

Кни́га *состои́т* из трёх глав.	Собра́ние *состои́тся* за́втра.
Ве́щи *занима́ют* мно́го ме́ста.	Они́ *занима́ются* литерату́рой.
Он всегда́ *нахо́дит* вре́мя для фигу́рного ката́ния.	Спортза́л *нахо́дится* на пе́рвом этаже́.
Учи́тель *обрати́л* внима́ние ученика́ на оши́бку.	Учи́тель *обрати́лся* к ученика́м.
Роди́тели *проща́ют* де́тям их оши́бки.	По́сле заня́тий они *проща́ются* с преподава́телем.
Они́ *записа́ли* ваш но́мер телефо́на.	Друзья́ *записа́лись* в библиоте́ку.
Они́ всегда́ встаю́т во́время, никогда́ *не просыпа́ют.*	Они́ *просыпа́ются* в 7 часо́в.

CONJUGATION OF THE -СЯ VERBS

The verbs with *-ся* are conjugated in the same way as their counterparts without *-ся* (see Table 89).

The difference lies only in that in some cases the past tense and subjunctive mood forms of the verbs with and without *-ся* are stressed differently, the stress in the former being shifted to the ending (see tables 34, 63, 72, 74, 75, 77 and 79); for example:

брал	but:	бра́лся	при́нял	but:	принялся́
брала́		брала́сь	приняла́		приняла́сь
бра́ло		брало́сь	при́няло		приняло́сь
бра́ли		брали́сь	при́няли		приняли́сь

§ 7. IMPERSONAL VERBS

Impersonal verbs are verbs that convey processes or states which have no performer. They cannot have any subject and denote natural phenomena (for example: *света́ет, темне́ет, моро́зит*) and involuntary states of man and animals (for example: *нездоро́вится, зноби́т, лихора́дит, не спи́тся*).

Impersonal verbs have the form of the 3rd person singular in the present and future tense and the form of the neuter gender singular in the past tense:

(Мне, нам) *нездоро́вится, не спи́тся.*

(Мне, нам) *нездоро́вилось, не спало́сь.*

§ 8. THE INFINITIVE

The infinitive is an unchangeable verb form. It ends in **-ть, -ти, -чь:** чита́**ть**, нест**и́**, помо́**чь**.

The infinitive is used to name an action and is mainly used as part of a predicate containing its lexical meaning:

Мы *мо́жем* хорошо́ *учи́ться.*

Они́ *начина́ют занима́ться* в 9 часо́в утра́.

Нам *на́до зако́нчить* рабо́ту.

In addition the infinitive can be any other part of the sentence: a subject, object, attribute, or an adverbial modifier:

Учи́ться всегда́ пригоди́тся – subject.

Я люблю́ (*что?*) *ката́ться* на конька́х } object

Мы попроси́ли това́рища (*о чём?) помо́чь* нам } object

Они́ получи́ли зада́ние (*како́е?) учи́ться* пла́ванию – attribute

Мы останови́лись (*заче́м?*) *отдохну́ть* – adverbial modifier

The infinitive may be used with the meaning of the past tense, stressing the beginning of action:

И цари́ца *хохота́ть,*
И плеча́ми *пожима́ть,*
И *подми́гивать* глаза́ми,
И *прищёлкивать* перста́ми.
(Пу́шкин)

The infinitive is used to convey the obligation, necessity or impossibility of an action:

Тебе́ – больши́м челове́ком *быть,* по́нял? (Го́рький)

Не скрыть ту́чам со́лнца.

In interrogative sentences the infinitive conveys the question about the possibility or permission to do something:

Что вам *сказа́ть*? (= Что я могу вам сказа́ть?)

Мне *чита́ть*? (= Я до́лжен чита́ть? Мне разреша́ется чита́ть?)

§ 9. VERB GROUPS AND THE FORMATION OF VERB FORMS

GROUP I

Group I includes verbs in which the stems of the infinitive, the present tense and the past tense coincide, all the three stems ending in a vowel; for example:

Infinitive:	чита́-ть	теря́-ть	боле́-ть	ду-ть
Present tense:	чита́-ю	теря́-ю	боле́-ю	ду́-ю
Past tense:	чита́-л	теря́-л	боле́-л	ду-л

Group I comprises most verbs ending in **-ать, -ять, -еть** of the *чита́ть, теря́ть, боле́ть* type, and also the verbs *дуть, гнать* and their derivatives.

The present and simple future of Group I verbs is formed from the infinitive stem by dropping **-ть** and adding the endings: **-ю, -ешь(-ёшь), -ет(-ёт), -ем(-ём), -ете(-ёте), -ют**; for example:

чита́-ть	теря́-ть	боле́-ть	ду-ть
чита́**ю**	теря́**ю**	боле́**ю**	ду́**ю**
чита́**ешь**	теря́**ешь**	боле́**ешь**	ду́**ешь**

The stress is fixed on the stem.

An exception is the verb *гнить* and its derivatives, which are stressed on the ending.

The past tense is formed by adding the past tense suffix **-л-** and the gender endings to the infinitive stem:

чита́-ть	боле́-ть	ду-ть
он чита́**л**	боле́**л**	ду**л**
она́ чита́**ла**	боле́**ла**	ду́**ла**
оно́ чита́**ло**	боле́**ло**	ду́**ло**
они́ чита́**ли**	боле́**ли**	ду́**ли**

The perfective passive is formed:

(a) from verbs ending in *-ать, -ять* by means of the suffix **-н**, the stress being shifted one syllable backward:

прочита́-ть	потеря́-ть
прочи́та**н**	поте́ря**н**
прочи́та**на**	поте́ря**на**
прочи́та**но**	поте́ря**но**
прочи́та**ны**	поте́ря**ны**

(b) from verbs ending in *-еть, -уть* by means of the suffix **-т**:

сигре́-ть сду-ть
согре́**т** сду**т**
согре́**та** сду́**та**

The imperative is formed from the 2nd person singular by means of **-й**:

чита́-ешь гре́-ешь ду́-ешь
чита́**й** гре**й** ду**й**

GROUP II

Group II comprises verbs whose infinitive stem coincides with that of the past tense, and the present (simple future) tense drops the last vowel of the infinitive:

Infinitive:	говори́-ть	слы́ша-ть	смотре́-ть
Present tense:	говор-ю́	слы́ш-у	смотр-ю́
Past tense:	говори́-л	слы́ша-л	смотре́-л

Group II comprises most verbs ending in **-ить** of the *говори́ть* type and a small number of verbs ending in *-ать, -ять, -еть*: *держа́ть, дыша́ть, крича́ть, лежа́ть, молча́ть, слы́шать, боя́ться, стоя́ть, ви́деть, висе́ть, гляде́ть, горе́ть, зави́сеть, лете́ть, оби́деть, сиде́ть, смотре́ть, шуме́ть* and their derivatives.

The present/simple future tense of the Group II verbs is obtained in this way: the ending *-ить, -ать, -ять* or *-еть* is dropped and the ending **-ю(-у), -ишь, -ит, -им, -ите** or **-ят(-ат)** is added.

говор-и́ть уч-и́ть дыш-а́ть сто-я́ть
говор**ю́** уч**у́** дыш**у́** сто**ю́**
говор**и́шь** у́ч**ишь** ды́ш**ишь** сто**и́шь**

The stress may be:
(a) fixed on the stem: *жа́рю, жа́ришь*, etc.;
(b) fixed on the ending: *говорю́, говори́шь*, etc.;
(c) shifted: in the 1st person singular it falls on the ending, and in the other forms on the stem: *учу́*, but: *у́чишь, у́чит*, etc.

Alternation. In the 1st person singular an alternation of consonants takes place:

б:бл	лю**би́**ть – лю**блю́**, лю́**би**шь
п:пл	ку**пи́**ть – ку**плю́**, ку́**пи**шь
в:вл	гото́**ви**ть – гото́**влю**, гото́**ви**шь
м:мл	кор**ми́**ть – кор**млю́**, ко́р**ми**шь
ф:фл	гра**фи́**ть – гра**флю́**, гра**фи́**шь
д:ж	ходи́ть – хо**жу́**, хо́дишь
д:ж:жд	освободи́ть – освобо**жу́**, освободи́шь; освобо**ждё**н
з:ж	вози́ть – во**жу́**, во́зишь
с:ш	спроси́ть – спро**шу́**, спро́сишь

т:ч	отве́тить – отве́**чу**, отве́тишь
т:щ	запрети́ть – запре**щу́**, запрети́шь
ст:щ	прости́ть – про**щу́**, прости́шь

The past tense is obtained in the same way as for Group I verbs:

говори́-ть	крича́-ть	стоя́-ть	ви́де-ть
говори́**л**	крича́**л**	стоя́**л**	ви́де**л**

The perfective passive form is obtained:

(a) from the future tense of the infinitives ending in *-ить* or *-еть* by means of the suffix **-ен** or **-ён** (if the stress is fixed on the ending):

поджа́ри-ть	пригото́ви-ть	оби́де-ть	укрепи́-ть
поджа́р-ю	пригото́вл-ю	оби́ж-у	укрепл-ю́
поджа́р**ен**	пригото́вл**ен**	оби́ж**ен**	укрепл**ён**
поджа́р**ена**	пригото́вл**ена**	оби́ж**ена**	укрепл**ена́**

(b) from the stem of the infinitives ending in *-ать* by means of the suffix **-н**:

услы́ша-ть	сдержа́-ть
услы́ша**н**	сде́ржа**н**

The imperative is obtained from the 2nd person singular in one of the following three ways (depending on the nature of the stress and the final stem consonant).

1. The stress is fixed on the stem:

(a) if the stem ends in a single consonant and the stress falls on the end of the stem, then the verb has no ending in the imperative singular:

жа́р-ишь	гото́в-ишь
жарь	гото́вь

(b) if the stem ends in two consecutive consonants and the stress falls on the first syllable of a polysyllabic verb, then the verb ends in **-и** in the imperative singular:

чи́ст-ишь	му́сор-ишь	отку́пор-ишь
чи́ст**и**	му́сор**и**	отку́пор**и**

2. If the stress is fixed on the ending or shifts, then the verb ends in **-и** in the imperative:

говор-и́шь	у́ч-ишь
говор**и́**	уч**и́**

3. If the stem ends in a vowel, then the verb takes **-й** in the imperative:

сто-и́шь	стро́-ишь
сто**й**	стро**й**

GROUP III

Group III comprises verbs whose present tense stem drops the final vowel of the infinitive and the past tense stem of a number of verbs drops the infinitive suffix **-ну-**:

Infinitive:	тяну́-ть	окре́пну-ть
Present tense:	тян-у́	окре́пн-у
Past tense:	тяну́-л	окре́п

Group III comprises all the verbs ending in **-нуть** (*верну́ть, поки́нуть*); **-еять** or **-аять** (*смея́ться, та́ять*); **-оть** (except *моло́ть*), for example, *боро́ться*; two verbs in **-ить**: *ошиби́ться, стели́ть* and their derivatives and also some verbs in **-ать** *жа́ждать, колеба́ться, пла́кать, пря́тать, ре́зать, ждать, рвать, иска́ть, каза́ться, писа́ть, шепта́ть* and their derivatives).

The present/simple future tense of Group III verbs is obtained from the infinitive stem in the following way: *-уть, -оть, -ять, -еть* or *-ить* is dropped and the ending **-у(-ю), -ешь(-ёшь), -ет(-ёт), -ем(-ём), -ете(-ёте)** or **-ут(-ют)** is added:

поки́н-уть	гн-уть	се́-ять
поки́н**у**	гн**у**	се́**ю**
поки́н**ешь**	гн**ёшь**	се́**ешь**

The stress may:

(a) be fixed on the stem: *поки́ну, поки́нешь*, etc.;

(b) be fixed on the ending: *согну́, согнёшь*, etc.;

(c) shift. In the lst person singular it falls on the ending, while in the other forms it falls on the stem: *тяну́*, but *тя́нешь, тя́нет.*

Alternation. An alternation of consonants occurs in all the present tense forms of the verbs ending in -ать:

б : бл	коле**б**а́ться – коле́**бл**юсь, коле́**бл**ешься
м : мл	дрема́ть – дре**мл**ю́, дре́**мл**ешь
п : пл	трепа́ть – тре**пл**ю́, тре́**пл**ешь
ст : щ	бле**ст**е́ть – бле**щ**у́, бле́**щ**ешь
т : щ	скреже**т**а́ть – скреже**щ**у́, скреже́**щ**ешь
ск : щ	и**ск**а́ть – и**щ**у́, и́**щ**ешь
з : ж	ска**з**а́ть – ска**ж**у́, ска́**ж**ешь
с : ш	пи**с**а́ть – пи**ш**у́, пи́**ш**ешь (except *соса́ть*)
х : ш	па**х**а́ть – па**ш**у́, па́**ш**ешь
к : ч	пла́**к**ать – пла́**ч**у, пла́**ч**ешь (except *ткать*)
т : ч	хохо**т**а́ть – хохо**ч**у́, хохо́**ч**ешь

The past tense of most Group III verbs is obtained in the same way as for Group I and Group II verbs:

поки́ну-ть	коло́-ть	писа́-ть	блесте́-ть
поки́ну**л**	коло́**л**	писа́**л**	блесте́**л**

Exceptions are some of the verbs ending in *-нуть* and the verb *сшиби́ть*. Some of the verbs in *-нуть* (*воздви́гнуть, вто́ргнуться,* *дости́гнуть, исчéзнуть, поги́бнуть, привы́кнуть, сóхнуть*) drop the *-ну-* of the suffix and the suffix *-л-* in the masculine gender; for example:

Infinitive:	сóхнуть	поги́бнуть	исчéзнуть
Past tense:	сох	поги́б	исчéз
	сóхла	поги́бла	исчéзла
	сóхло	поги́бло	исчéзло
	сóхли	поги́бли	исчéзли

A few verbs may keep the suffix *-ну-* in the masculine:

Infinitive:	крéпнуть	пови́снуть	пони́кнуть
Past tense:	креп and крéпнул	пови́с and пови́снул	пони́к and пони́кнул
	крéпла	пови́сла	пони́кла
	крéпло	пови́сло	пони́кло
	крéпли	пови́сли	пони́кли

For the verbs *вя́нуть* and *сшиби́ть*, see tables 27 and 39.

The perfective passive form of Group III verbs is obtained from the infinitive stem:

(a) in *-нуть-, -оть* by means of the suffix **-т**:

покúну-ть расколó-ть
покúну**т** раскóло**т**

(b) in *-ать, -ять* by means of the suffix **-н-**:

напиcá-ть сорвá-ть посéя-ть
напи́са**н** сóрва**н** посéя**н**

The imperative is obtained in one of the following three ways, as for Group II verbs:

1. If the stress is fixed on the stem, them the singular imperative form has no ending:

поки́н-ешь пря́ч-ешь
поки́нь прячь

2. If the stress falls on the ending or shifts, then the singular imperative form generally takes the ending **-и**:

гн-ёшь тя́н-ешь кóл-ешь пи́ш-ешь
гн**и** тян**и́** кол**и́** пиш**и́**

3. If the stem ends in -еять or -аять, then the imperative ends in **-й**:

сé-ешь кá-ешься
се**й** кá**й**ся

GROUP IV

Group IV comprises all the verbs with the suffix **-ова-** or **-ева-**; for example:

The present/simple future tense of Group IV verbs is obtained in the following way: the suffix *-ова-* or *-ева-* is replaced by the suffix **-у-** or **-ю-** and the endings **-ю, -ешь (-ёшь), -ет (-ёт), -ем (-ём), -ете (-ёте), -ют** are added:

тре́б-овать	во-ева́ть
тре́б-у-**ю**	во-ю́-**ю**
тре́б-у-**ешь**	во-ю́-**ешь**

The stress may be:

1. Fixed on the stem:

(a) if in the infinitive the stress falls on the root, then it is retained in all the forms: *тре́бовать – тре́бую, тре́буешь*, etc.;

(b) if in the infinitive the stress falls on the suffix *-ова-*, then in the present tense it shifts to the suffix *-у-: рисова́ть – рису́ю, рису́ешь*, etc.

2. Fixed on the ending: *кова́ть – кую́, куёшь*, etc.

There are but a few verbs with the stress fixed on the ending: *жева́ть, клева́ть, кова́ть, плева́ть, снова́ть, сова́ть* and their derivatives.

The past tense is obtained in the same way as for Group I and Group II verbs:

рисова́-ть	тре́бова-ть	организова́-ть
рисова́**л**	тре́бова**л**	организова́**л**

The perfective passive form is obtained from the infinitive stem by means of the suffix **-н-**, the stress being shifted one syllable backward:

нарисова́-ть	завоева́-ть
нарисо́ва**н**	завоёва**н**

In the singular the imperative ends in **-й:**

рису́-ешь	тре́бу-ешь	организу́-ешь
рису́**й**	тре́бу**й**	организу́**й**

GROUP V

Group V comprises verbs whose infinitive ends in **-зть, -сть** or **-сти.**

The present/simple future tense of Group V verbs is obtained from the infinitive stem in the following way: *-ть* or *-ти* is dropped and the endings **-у, ёшь, -ёт, -ём, -ёте, -ут** are added:

нес-ти́	грыз-ть
нес**у́**	грыз**у́**
нес**ёшь**	грыз**ёшь**

Exceptions are the verbs *лезть* and *сесть* and their derivatives, which are stressed on the stem.

Alternation. The following alternations occur in the present tense stem:

с : д	вести́	– веду́, ведёшь
с : т	мести́	– мету́, метёшь
	плести́	– плету́, плетёшь
	цвести́	– цвету́, цветёшь
с : б	грести́	– гребу́, гребёшь
	скрести́	– скребу́, скребёшь
с : н	клясть	– кляну́, клянёшь

No alternation occurs in the stem of the verbs *нести́, пасти́, трясти́* and their derivatives.

For verbs of the *расти́, проче́сть, сесть* type, see tables 51, 52 and 53.

The past tense. Verbs which have no consonant alternation in the present tense (of the *нести́, спасти́, трясти́, лезть* type) do not take the suffix **-л-** in the masculine gender:

нес-ти́	спас-ти́	тряс-ти́	лез-ть
нёс	спас	тряс	лез
несла́	спасла́	трясла́	ле́зла
несло́	спасло́	трясло́	ле́зло
несли́	спасли́	трясли́	ле́зли

Verbs which have a consonant alternation in the present tense drop the **с** of the infinitive stem in the past tense; the alternation **е : ё** occurring in the masculine gender (except the verb *сесть*).

вес-ти́	мес-ти́	укра́с-ть	сес-ть
вёл	мёл	укра́л	сел
вела́	мела́	укра́ла	се́ла
вело́	мело́	укра́ло	се́ло
вели́	мели́	укра́ли	се́ли

For the verbs *грести* and *расти*, see tables 50 and 51.

The perfective passive form is obtained from the future tense stem by means of the suffix **-ён, -ен:**

принес-у́	довед-у́	украд-у́	прочт-у́
принес**ён**	довед**ён**	укра́д**ен**	прочт**ён**
принес**ена́**	довед**ена́**	укра́д**ена**	прочт**ена́**

Exception: the verb *проклясть – проклят.*

The imperative is obtained from the 2nd person singular by means of the ending **-и:**

нес-ёшь	вед-ёшь	греб-ёшь
нес**и́**	вед**и́**	греб**и́**
Exception:	лезть	сесть
	ле́з-ешь	ся́д-ешь
	лезть	сядь

GROUP VI

Group VI comprises the verbs whose infinitive ends in **-чь,** for example, *печь, стричь, помо́чь,* the infinitive having no special suffix (that is, the final consonant of the infinitive is part of the stem).

The present/simple future tense of Group VI verbs is obtained by means of the endings **-у, -ешь (-ёшь), -ет (-ёт), -ете (-ёте), -ут:**

пе-чь	стри-чь	мо-чь
пеку́	стригу́	могу́
печ**ёшь**	стриж**ёшь**	мо́ж**ешь**

The stress may:

(a) be fixed on the ending (of most verbs): *жечь, жгу, жжёшь;*

(b) shift. In the lst person singular it falls on the ending and in the other forms on the stem: *помо́чь, помогу́*, but: *помо́жешь*

Alternation. The alternation ч:к:ч occurs in the lst person singular and the 3rd person plural:

ч:к:ч	печь – пеку́, печёшь...	пеку́т
ч:г:ж	мочь – могу́, мо́жешь...	мо́гут

The alternation **ч:к:ч** occurs in the stem of the verbs ~ *лечь* (*влечь, обле́чь*, etc.), *печь*, ~ *речь* (*обре́чь*, etc.), *сечь, течь, воло́чь, толо́чь* and their derivatives.

The alternation **ч:г:ж** occurs in the stem of the verbs *бере́чь, стере́чь, жечь,* (~ *прячь (запря́чь, впрячь), стричь, мочь.*

The past tense. Group VI verbs have the same consonant at the end of the stem as in the lst person singular; they have no suffix **-л-** in the masculine; in addition, the alternation **е:ё** occurs in the root:

пе-чь	помо́-чь	стри-чь
пеку́	помогу́	стригу́
пёк	помо́г	стриг
пекла́	помогла́	стри́гла
пекло́	помогло́	стри́гло
пекли́	помогли́	стри́гли

The perfective passive form is obtained from the 2nd person singular by means of the suffix **-ен, -ён:**

испеч-ёшь	постриж-ёшь	зажж-ёшь
испеч**ён**	постри́ж**ен**	зажж**ён**
испеч**ена́**	постри́ж**ена**	зажж**ена́**

The imperative is obtained from the lst person singular by means of the ending **-и:**

пек-у́	помог-у́
пек**и**	помог**и**

Exception: the verb *лечь – ляг.*

GROUP VII

Group VII comprises the so-called irregular verbs, that is, verbs in the stem of which special (irregular) alternations take place; for example, *поня́ть – пойму́; лгать – лгу; лжёшь;* verbs with special endings, for example, *хоте́ть – хо́чешь, хоти́м; дать – дам, дашь*; and also verbs whose paradigms combine different roots, for example, *идти́ – иду́*, but: *шёл.*

The perfective passive form of Group VII verbs is obtained from the infinitive stem:

(a) of the derivatives of the verbs *брать, звать, слать* and *дать* by means of the suffix **-н:**

собра́-ть созва́-ть вы́сла-ть пода́-ть
со́бра**н** со́зва**н** вы́сла**н** по́да**н**

(b) of all the other verbs, except verbs of the *пройти́, съесть* type, by means of the suffix **-т-** (see tables 81 and 87):

нача́-ть спе-ть смоло́-ть
на́ча**т** спе**т** смо́ло**т**

For the way all the other forms are obtained, see tables 60-88.

§10. THE PARTICIPLE

The participle is a verbal form which presents the action of an object as its attribute; for example:

Тру́дно перечи́слить все карти́ны худо́жников-передви́жников, **составля́ющие** золото́й фонд Третьяко́вской галере́и и **явля́ющиеся** го́рдостью ру́сского реалисти́ческого иску́сства. (*Каки́е* карти́ны тру́дно перечи́слить?)

Being a verbal form, the participle has aspect and tense and shows whether its action is transitive or intransitive; for example:

де́лать
де́лающий – present tense } imperfective, transitive action
де́лавший – past tense

Active participles show that the qualified word is the agent of the action; for example:

Я пришёл к *вы́водам*, **да́вшим** мне глубо́кое удовлетворе́ние. (вы́воды да́ли удовлетворе́ние)

Passive participles show that the qualified word is the object acted upon; for example:

Ти́хо бы́ло в э́тот ра́нний час в со́нном *го́роде*, **засы́панном** сне́гом. (го́род засы́пан сне́гом; снег засы́пал го́род)

FORMATION OF ACTIVE PARTICIPLES

Present active participles are obtained uniformly from verbs of all the groups: the endings *-ут (-ют); -ат (-ят)* of the 3rd person plural present tense are dropped and the suffixes **-ущ- (-ющ-); -ащ- (-ящ-)** are added, respectively, followed by the adjectival endings; for example:

	несу́т	чита́-ют	молч-а́т	говор-я́т
Masculine:	несу́**щий**	чита́**ющий**	молча́**щий**	говоря́**щий**
Feminine:	несу́**щая**	чита́**ющая**	молча́**щая**	говоря́**щая**
Neuter:	несу́**щее**	чита́**ющее**	молча́**щее**	говоря́**щее**
Plural:	несу́**щие**	чита́**ющие**	молча́**щие**	говоря́**щие**

Active past participles are obtained from the past tense stem of verbs by means of the suffix **-вш-** or **-ш-**.

The suffix **-вш-** is used to obtain the participles of Group I, Group II, Group IV and Group VII verbs and also of most of Group III verbs and some of Group V verbs; the suffix **-л-** being replaced with the suffix **-вш-** and the adjectival endings being added:

чита́-ть	говори́-ть	написа́-ть	потре́бова-ть
чита́-л	говори́-л	написа́-л	потре́бова-л
чита́**вший**	говори́**вший**	написа́**вший**	потре́бова**вший**

The suffix **-ш-** is used to form the participles of:

(a) Group III verbs ending in *-нуть*, which do not have the suffix *-ну-* in the past tense stem:

засо́**х**-нуть	окре́п-нуть
засо́**х**	окре́п
засо́х**ший**	окре́п**ший**

(b) Group V verbs from the present / simple future tense stem, except the verbs *красть* and *клясть* and their derivatives:

нес-ти́	привес-ти́
нес-у́	привед-у́
нёс**ший**	приве́д**ший**

(c) Group VI verbs:

испе́-чь	постри́-чь
испёк	постри́г
испёк**ший**	постри́г**ший**

Special cases of participle formation are indicated in the Vocabulary.

FORMATION OF PASSIVE PARTICIPLES

Passive participles are obtained **only** from **transitive** verbs.

Present passive participles are obtained from:

(a) Group I and Group IV verbs;
(b) a few Group II verbs (which are marked in the Vocabulary);
(c) Group III verbs in **-ять**;
(d) the irregular verbs of the *дава́ть* type.

Present passive participles are obtained from the present tense stem of the verb. Since the form of the participle suffixes **-ем-** and **-им-** coincides with the lst person plural endings, it is sufficient to add the adjectival endings to the lst person plural in order to obtain the present passive participle:

	чита́-ем	отно́с-им
Masculine:	чита́**емый**	относ**и́мый**
Feminine:	чита́**емая**	относ**и́мая**
Neuter:	чита́**емое**	относ**и́мое**
Plural:	чита́**емые**	относ**и́мые**

Past passive participles are obtained from perfective verbs by adding to their short form participle:

(1) the suffix **-н-** and the adjectival endings if the short form ends in *-н* or *-ен, -ён:*

прочи́тан	пригото́влен	укреплён
прочи́тан**ный**	пригото́влен**ный**	укреплён**ный**

(2) the adjectival endings alone if the short form ends in **-т**:

поки́нут	раско́лот	взят
поки́нутый	раско́лотый	взя́тый

In modern Russian no past passive participles are generally obtained from imperfective verbs. However, there is a group of participles formed from imperfective verbs, which have become adjectives with "household" meanings in modern Russian; for example: *варёный, кипячёный, жа́реный, рва́ный, солёный, што́панный*, etc.

Such participles are frequently used either figuratively or as part of set phrases; for example: говори́ть на *ло́маном* языке́; *ло́маного* гроша́ не сто́ит.

§ 11. THE VERBAL ADVERB

The verbal adverb is a non-conjugated verbal form which conveys the cause, purpose, time or manner of the action of the predicate presented as an action; for example:

Не встреча́я сочу́вствия со стороны́ Григо́рия, Про́хор надо́лго умолка́л. (Го́рький)

Почему́
Когда́
В како́м слу́чае } Про́хор надо́лго умолка́л?

Потому́ что
Когда́
Если } не встреча́л сочу́вствия.

Being a verbal form, the verbal adverb has aspect imperfective or perfective, the imperfective aspect denoting the simultaneity of the actions of the verbal adverb and the predicate verb, and the perfective aspect the temporal precedence of the action of the verbal adverb over that of the predicate verb.

Читáя кнúги, он { выпúсывает цитáты. / выпúсывал цитáты. / бýдет выпúсывать цитáты.

Прочитáв кнúгу, он { сдаёт её в библиотéку. / сдал её в библиотéку. / сдаст её в библиотéку.

Imperfective verbal adverbs are obtained from the present tense stem of verbs of all the groups by means of the suffix **-я** or **-а:**

читá-ют	рисý-ют	нес-ýт	готóв-ят	слы́ш-ат	пря́ч-ут
читá**я**	рисý**я**	нес**я́**	готóв**я**	слы́ш**а**	пря́ч**а**

The verbal adverbs of Group VII verbs of the давать type are obtained from the infinitive stem by adding the suffix **-я:**

давá-ть	продавá-ть
давá**я**	продавá**я**

The following verbs have no verbal adverbs:

(a) Group III verbs ending in *-нуть* or in *-ать* with the consonant alternation **с:ш** (писáть – пи**ш**ý), **з:ж** (вязáть – вя**ж**ý) or **х:ш** (пахáть – па**ш**ý);

(b) Group VI verbs;

(c) irregular verbs of the *петь, шить, слать, бежáть, хотéть, есть, éхать* type.

Perfective verbal adverbs are obtained from the past tense stem of verbs:

(a) by means of the suffix **-в** or **-вши(сь)** from Group I–IV and Group VII verbs (except the verbs of the *пройтú* type; see Table 81) and Group V verbs of the *укрáсть, прокля́сть, сесть* type:

прочитá-ть	начитá-ть-ся,	нарисовá-ть	подня́-ть
прочитá-л	начитá-л-ся	нарисовá-л	пóдня-л
прочитá**в**	начитá**вшись**	нарисовá**в**	подня́**в**

(b) by means of the suffix **-ши** from Group V verbs of the *пролéзть, разыгрáть, подрастú* type and Group VI verbs of the *пострúчь, зажéчь* type (no verbal adverbs are formed from the other verbs of this group):

подрас-тú	пострú-чь	зажé-чь
подрóс	пострúг	зажёг
подрóс**ши**	пострúг**ши**	зажёг**ши**

The verbal adverbs of Group V verbs and a number of other verbs are obtained from the future tense stem by means of the suffix **-я**:

принес-тú	довес-тú	подмес-тú
принес-ý	довед-ý	подмет-ý
принес**я́**	довед**я́**	подмет**я́**

The perfective verbal adverbs with the suffix **-я (-а)** formed from the verbs of the other groups are used in modern Russian comparatively rarely. In such cases dual forms are possible; for example:

услы́ша and услы́шав
уви́д**я** and уви́де**в**
простя́сь and прости́**вши**сь

RUSSIAN LINGUISTIC TERMS USED IN THIS BOOK

изъяви́тельное наклоне́ние – indicative mood
сослага́тельное наклоне́ние – subjunctive mood
повели́тельное наклоне́ние – imperative mood
настоя́щее вре́мя – present tense
проше́дшее вре́мя – past tense
бу́дущее вре́мя – future tense
несоверше́нный вид – imperfective aspect
соверше́нный вид – perfective aspect
действи́тельное прича́стие – active participle
страда́тельное прича́стие – passive participle
дееприча́стие – verbal adverb
еди́нственное число́ – singular
мно́жественное число́ – plural
мужско́й род – masculine gender
же́нский род – feminine gender
сре́дний род – neuter gender
по́лная фо́рма – complete form
кра́ткая фо́рма – short form

TABLES

SUMMARY TABLE OF VERB TYPES

Group I

чита́-ть	– прочита́ть	1	дуть	– сдуть	3
греть	– согре́ть	2	гнить	– сгнить	4

Group II

жа́рить	– поджа́рить	5	слы́шать	– услы́шать	14
гото́вить	– пригото́вить	6	молча́ть	– замолча́ть	15
чи́стить	– почи́стить	7	спать	– поспа́ть	16
вини́ть	– обвини́ть	8	держа́ть	– сдержа́ть	17
крепи́ть	– укрепи́ть	9	ви́деть	– оби́деть	18
дели́ть	– раздели́ть	10	горе́ть	– сгоре́ть	19
проси́ть	– спроси́ть	11	гляде́ть	– погляде́ть	20
стро́ить	– постро́ить	12	смотре́ть	– просмотре́ть	21
стоя́ть	– отстоя́ть	13	терпе́ть	– стерпе́ть	22

Group III

	поки́нуть	23	жа́ждать		32
	сти́снуть	24	пря́тать	– спря́тать	33
со́хнуть	– засо́хнуть	25	рвать	– сорва́ть	34
кре́пнуть	– подве́ргнуть	26	стона́ть	– застона́ть	35
вя́нуть	– завя́нуть	27	писа́ть	– написа́ть	36
гнуть	– сверну́ть	28	реве́ть	– зареве́ть	37
тяну́ть	– втяну́ть	29	блесте́ть	– заблесте́ть	38
коло́ть	– расколо́ть	30		сшиби́ть	39
се́ять	– посе́ять	31	стели́ть	– постели́ть	40

Group IV

насле́довать	– унасле́довать	41	кова́ть	– подкова́ть	43
рисова́ть	– нарисова́ть	42			

Group V

Group VI

Group VII

Table 1

Group I

ЧИТА́ТЬ – ПРОЧИТА́ТЬ

	Imperfective Aspect	Perfective Aspect	Imperfective Aspect	Perfective Aspect

INDICATIVE MOOD

	Present Tense		*Future Tense* compound	*Future Tense* simple
я	чита́ю		бу́ду чита́ть	прочита́ю
ты	чита́ешь		бу́дешь чита́ть	прочита́ешь
он	чита́ет	—	бу́дет чита́ть	прочита́ет
мы	чита́ем		бу́дем чита́ть	прочита́ем
вы	чита́ете		бу́дете чита́ть	прочита́ете
они́	чита́ют		бу́дут чита́ть	прочита́ют

	Past Tense		*Passive Form* past	*Passive Form* pres.	
он	чита́л	прочита́л	чита́лся		прочи́тан
она́	чита́ла	прочита́ла	чита́лась	чита́ется	прочи́тана
оно́	чита́ло	прочита́ло	чита́лось		прочи́тано
они́	чита́ли	прочита́ли	чита́лись	чита́ются	прочи́таны

SUBJUNCTIVE MOOD

	Imperfective	Perfective
он	чита́л бы	прочита́л бы
она́	чита́ла бы	прочита́ла бы
оно́	чита́ло бы	прочита́ло бы
они́	чита́ли бы	прочита́ли бы

IMPERATIVE MOOD

	Imperfective	Perfective
s.	чита́й	прочита́й
pl.	чита́йте	прочита́йте

VERBAL ADVERB

Imperfective	Perfective
чита́я	прочита́в

PARTICIPLE

	active		*passive*	
pres.	чита́ющий	–	чита́емый	–
past	чита́вший	прочита́вший	–	прочи́танный

Table 2

ГРЕТЬ – СОГРЕ́ТЬ

Imperfective Aspect	Perfective Aspect	Imperfective Aspect		Perfective Aspect
INDICATIVE MOOD				
Present Tense		*Future Tense*		
		compound		*simple*
я гре́ю		бу́ду	греть	согре́ю
ты гре́ешь		бу́дешь	греть	согре́ешь
он гре́ет	–	бу́дет	греть	согре́ет
мы гре́ем		бу́дем	греть	согре́ем
вы гре́ете		бу́дете	греть	согре́ете
они́ гре́ют		бу́дут	греть	согре́ют
Past Tense		*Passive Form*		
		past		*pres.*
он грел	согре́л	гре́лся	гре́ется	согре́т
она́ гре́ла	согре́ла	гре́лась		согре́та
оно́ гре́ло	согре́ло	гре́лось	гре́ются	согре́то
они́ гре́ли	согре́ли	гре́лись		согре́ты

SUBJUNCTIVE MOOD	
он грел бы	согре́л бы
она́ гре́ла бы	согре́ла бы
оно́ гре́ло бы	согре́ло бы
они́ гре́ли бы	согре́ли бы

IMPERATIVE MOOD	
s. грей	согре́й
pl. гре́йте	согре́йте

VERBAL ADVERB	
гре́я	согре́в

PARTICIPLE			
active		*passive*	
pres. гре́ющий	–	гре́емый	–
past гре́вший	согре́вший	–	согре́тый

Table 3

ДУТЬ – СДУТЬ

Imperfective Aspect	Perfective Aspect	Imperfective Aspect	Perfective Aspect
INDICATIVE MOOD			
Present Tense		*Future Tense*	
		compound	*simple*
я ду́ю	–	бу́ду дуть	сду́ю
ты ду́ешь		бу́дешь дуть	сду́ешь
он ду́ет		бу́дет дуть	сду́ет
мы ду́ем		бу́дем дуть	сду́ем
вы ду́ете		бу́дете дуть	сду́ете
они́ ду́ют		бу́дут дуть	сду́ют
Past Tense		*Passive Form*	
он дул	сдул	–	сдут
она́ ду́ла	сду́ла		сду́та
оно́ ду́ло	сду́ло		сду́то
они́ ду́ли	сду́ли		сду́ты
SUBJUNCTIVE MOOD		**IMPERATIVE MOOD**	
он дул бы	сдул бы	*s.* дуй	сдуй
она́ ду́ла бы	сду́ла бы	*pl.* ду́йте	сду́йте
оно́ ду́ло бы	сду́ло бы	**VERBAL ADVERB**	
они́ ду́ли бы	сду́ли бы	ду́я	сдув
PARTICIPLE			
active		*passive*	
pres. ду́ющий	–	–	–
past ду́вший	сду́вший	–	сду́тый

Table 4

ГНИТЬ – СГНИТЬ

Imperfective Aspect	Perfective Aspect	Imperfective Aspect	Perfective Aspect
INDICATIVE MOOD			
Present Tense		*Future Tense*	
		compound	*simple*
я гнию́		бу́ду	сгнию́
ты гниёшь		бу́дешь	сгниёшь
он гниёт		бу́дет гнить	сгниёт
мы гниём	–	бу́дем	сгниём
вы гниёте		бу́дете	сгниёте
они́ гнию́т		бу́дут	сгнию́т
Past Tense		*Passive Form*	
он гнил	сгнил		
она́ гнила́	сгнила́	–	–
оно́ гни́ло	сгни́ло		
они́ гни́ли	сгни́ли		
SUBJUNCTIVE MOOD		**IMPERATIVE MOOD**	
он гнил бы	сгнил бы	*s.* –	–
она́ гнила́ бы	сгнила́ бы	*pl.*	
оно́ гни́ло бы	сгни́ло бы	**VERBAL ADVERB**	
они́ гни́ли бы	сгни́ли бы	–	сгнив
PARTICIPLE			
active		*passive*	
pres. гнию́щий	–	–	–
past гни́вший	сгни́вший	–	–

Group II

Table 5

ЖА́РИТЬ – ПОДЖА́РИТЬ

The stress is fixed on the stem.

Imperfective Aspect		Perfective Aspect	Imperfective Aspect		Perfective Aspect
INDICATIVE MOOD					
Present Tense			*Future Tense*		
			compound		*simple*
я	**жа́рю**	–	**бу́ду**	**жа́рить**	**поджа́рю**
ты	**жа́ришь**		**бу́дешь**		**поджа́ришь**
он	**жа́рит**		**бу́дет**		**поджа́рит**
мы	**жа́рим**		**бу́дем**		**поджа́рим**
вы	**жа́рите**		**бу́дете**		**поджа́рите**
они́	**жа́рят**		**бу́дут**		**поджа́рят**
Past Tense			*Passive Form*		
			past	*pres.*	
он	**жа́рил**	**поджа́рил**	**жа́рился**		**поджа́рен**
она́	**жа́рила**	**поджа́рила**	**жа́рилась**		**поджа́рена**
оно́	**жа́рило**	**поджа́рило**	**жа́рилось**	**жа́рится**	**поджа́рено**
они́	**жа́рили**	**поджа́рили**	**жа́рились**	**жа́рятся**	**поджа́рены**

SUBJUNCTIVE MOOD			IMPERATIVE MOOD		
он	**жа́рил бы**	**поджа́рил бы**	*s.*	**жарь**	**поджа́рь**
она́	**жа́рила бы**	**поджа́рила бы**	*pl.*	**жа́рьте**	**поджа́рьте**
оно́	**жа́рило бы**	**поджа́рило бы**	**VERBAL ADVERB**		
они́	**жа́рили бы**	**поджа́рили бы**	**жа́ря**		**поджа́рив**

PARTICIPLE				
active			*passive*	
pres.	**жа́рящий**	–	–	–
past	**жа́ривший**	**поджа́ривший**	–	**поджа́ренный**

Table 6

ГОТО́ВИТЬ – ПРИГОТО́ВИТЬ

1. The stress falls on the stem.
2. The alternation: **б:бл, в:вл, м:мл, п:пл, д:ж, д:ж:жд, з:ж, т:ч, т:щ, ст:щ.**

Imperfective Aspect	Perfective Aspect	Imperfective Aspect		Perfective Aspect
INDICATIVE MOOD				
Present Tense		*Future Tense*		
		compound		*simple*
я готóвлю	–	бýду	готóвить	приготóвлю
ты готóвишь		бýдешь		приготóвишь
он готóвит		бýдет		приготóвит
мы готóвим		бýдем		приготóвим
вы готóвите		бýдете		приготóвите
они́ готóвят		бýдут		приготóвят
Past Tense		*Passive Form*		
		past	*pres.*	
он готóвил	приготóвил	готóвился		приготóвлен
oнá готóвила	приготóвила	готóвилась	готóвится	приготóвлена
онó готóвило	приготóвило	готóвилось		приготóвлено
они́ готóвили	приготóвили	готóвились	готóвятся	приготóвлены

SUBJUNCTIVE MOOD		IMPERATIVE MOOD	
он готóвил бы	приготóвил бы	*s.* готóвь	приготóвь
онá готóвила бы	приготóвила бы	*pl.* готóвьте	приготóвьте
онó готóвило бы	приготóвило бы	**VERBAL ADVERB**	
они́ готóвили бы	приготóвили бы	готóвя	приготóвив

PARTICIPLE			
active		*passive*	
pres. готóвящий	–	–	–
past готóвивший	приготóвивший	–	приготóвленный

Table 7

ЧИ́СТИТЬ – ПОЧИ́СТИТЬ

1. The stress falls on the stem, as in tables 5 and 6.
2. The alternation is as in Table 6 or there is no alternation.
3. The imperative has **-и**.

INDICATIVE MOOD

	Present Tense Imperfective Aspect	*Present Tense* Perfective Aspect
я	чи́щу	–
ты	чи́стишь	
он	чи́стит	
мы	чи́стим	
вы	чи́стите	
они́	чи́стят	

Future Tense compound (Imperfective Aspect)		*Future Tense* simple (Perfective Aspect)
бу́ду	чи́стить	почи́щу
бу́дешь		почи́стишь
бу́дет		почи́стит
бу́дем		почи́стим
бу́дете		почи́стите
бу́дут		почи́стят

	Past Tense Imperfective Aspect	*Past Tense* Perfective Aspect
он	чи́стил	почи́стил
она́	чи́стила	почи́стила
оно́	чи́стило	почи́стило
они́	чи́стили	почи́стили

Passive Form past (Imperfective)	*Passive Form* pres. (Imperfective)	Perfective Aspect
чи́стился		почи́щен
чи́стилась	чи́стится	почи́щена
чи́стилось		почи́щено
чи́стились	чи́стятся	почи́щены

SUBJUNCTIVE MOOD

	Imperfective Aspect	Perfective Aspect
он	чи́стил бы	почи́стил бы
она́	чи́стила бы	почи́стила бы
оно́	чи́стило бы	почи́стило бы
они́	чи́стили бы	почи́стили бы

IMPERATIVE MOOD

	Imperfective Aspect	Perfective Aspect
s.	чи́сти	почи́сти
pl.	чи́стите	почи́стите

VERBAL ADVERB

Imperfective Aspect	Perfective Aspect
чи́стя	почи́стив

PARTICIPLE

	active Imperfective Aspect	*active* Perfective Aspect	*passive* Imperfective Aspect	*passive* Perfective Aspect
pres.	чи́стящий	–	–	–
past	чи́стивший	почи́стивший	–	почи́щенный

Table 8

ВИНИ́ТЬ – ОБВИНИ́ТЬ

The stress falls on the ending.

Imperfective Aspect	Perfective Aspect	Imperfective Aspect	Perfective Aspect
INDICATIVE MOOD			
Present Tense		*Future Tense*	
		compound	*simple*
я виню́		бу́ду	обвиню́
ты вини́шь		бу́дешь	обвини́шь
он вини́т		бу́дет вини́ть	обвини́т
мы вини́м	–	бу́дем	обвини́м
вы вини́те		бу́дете	обвини́те
они́ виня́т		бу́дут	обвиня́т
Past Tense		*Passive Form*	
он вини́л	обвини́л		обвинён
она́ вини́ла	обвини́ла		обвинена́
оно́ вини́ло	обвини́ло	–	обвинено́
они́ вини́ли	обвини́ли		обвинены́
SUBJUNCTIVE MOOD		**IMPERATIVE MOOD**	
он вини́л бы	обвини́л бы	*s.* вини́	обвини́
она́ вини́ла бы	обвини́ла бы	*pl.* вини́те	обвини́те
оно́ вини́ло бы	обвини́ло бы	**VERBAL ADVERB**	
они́ вини́ли бы	обвини́ли бы	виня́	обвини́в
PARTICIPLE			
active		*passive*	
pres. виня́щий	–	–	–
past вини́вший	обвини́вший	–	обвинённый

Table 9

КРЕПИ́ТЬ – УКРЕПИ́ТЬ

1. The stress falls on the ending.
2. The alternation **:б:бл, в:вл, м:мл, п:пл, ф:фл, д:ж, д:ж:жд, з:ж, с:ш, т:ч, т:щ, ст:щ.**

Imperfective Aspect		Perfective Aspect	Imperfective Aspect		Perfective Aspect
INDICATIVE MOOD					
Present Tense			*Future Tense*		
			compound		*simple*
я	креплю́	—	бу́ду	крепи́ть	укреплю́
ты	кре́пишь		бу́дешь		укрепи́шь
он	кре́пит		бу́дет		укрепи́т
мы	кре́пим		бу́дем		укрепи́м
вы	кре́пите		бу́дете		укрепи́те
они́	кре́пят		бу́дут		укрепя́т
Past Tense			*Passive Form*		
			past	*pres.*	
он	крепи́л	укрепи́л	крепи́лся	крепи́тся	укреплён
она́	крепи́ла	укрепи́ла	крепи́лась		укреплена́
оно́	крепи́ло	укрепи́ло	крепи́лось	крепя́тся	укреплено́
они́	крепи́ли	укрепи́ли	крепи́лись		укреплены́
SUBJUNCTIVE MOOD			IMPERATIVE MOOD		
он	крепи́л бы	укрепи́л бы	*s.*	крепи́	укрепи́
она́	крепи́ла бы	укрепи́ла бы	*pl.*	крепи́те	укрепи́те
оно́	крепи́ло бы	укрепи́ло бы	VERBAL ADVERB		
они́	крепи́ли бы	укрепи́ли бы	крепя́		укрепи́в
PARTICIPLE					
active			*passive*		
pres.	крепя́щий	–	крепи́мый		–
past	крепи́вший	укрепи́вший	–		укреплённый

Table 10

ДЕЛИ́ТЬ – РАЗДЕЛИ́ТЬ

The stress shifts.

Imperfective Aspect	Perfective Aspect	Imperfective Aspect		Perfective Aspect
INDICATIVE MOOD				
Present Tense		*Future Tense*		
		compound		*simple*
я делю́		бу́ду		разделю́
ты де́лишь		бу́дешь		разде́лишь
он де́лит		бу́дет	дели́ть	разде́лит
мы де́лим	–	бу́дем		разде́лим
вы де́лите		бу́дете		разде́лите
они́ де́лят		бу́дут		разде́лят
Past Tense		*Passive Form*		
		past	*pres.*	
он дели́л	раздели́л	дели́лся		разделён
она́ дели́ла	раздели́ла	дели́лась	де́лится	разделена́
оно́ дели́ло	раздели́ло	дели́лось		разделено́
они́ дели́ли	раздели́ли	дели́лись	де́лятся	разделены́
SUBJUNCTIVE MOOD		**IMPERATIVE MOOD**		
он дели́л бы	раздели́л бы	*s.* дели́		раздели́
она́ дели́ла бы	раздели́ла бы	*pl.* дели́те		раздели́те
оно́ дели́ло бы	раздели́ло бы	**VERBAL ADVERB**		
они́ дели́ли бы	раздели́ли бы	деля́		раздели́в
PARTICIPLE				
active		*passive*		
pres. де́лящий	–	дели́мый		–
past дели́вший	раздели́вший	–		разделённый

ПРОСИ́ТЬ – СПРОСИ́ТЬ

1. The stress shifts.
2. The alternation: **вл, м:мл, п:пл, д:ж, з:ж, с:ш, т:ч, т:щ, ст:щ.**

	Imperfective Aspect	Perfective Aspect		Imperfective Aspect	Perfective Aspect
	INDICATIVE MOOD				
	Present Tense			*Future Tense*	
				compound	*simple*
я	прошу́	–		бу́ду проси́ть	спрошу́
ты	про́сишь			бу́дешь проси́ть	спро́сишь
он	про́сит			бу́дет проси́ть	спро́сит
мы	про́сим			бу́дем проси́ть	спро́сим
вы	про́сите			бу́дете проси́ть	спро́сите
они́	про́сят			бу́дут проси́ть	спро́сят
	Past Tense			*Passive Form*	
он	проси́л	спроси́л		–	спро́шен
она́	проси́ла	спроси́ла			спро́шена
оно́	проси́ло	спроси́ло			спро́шено
они́	проси́ли	спроси́ли			спро́шены
	SUBJUNCTIVE MOOD			**IMPERATIVE MOOD**	
он	проси́л бы	спроси́л бы	*s.*	проси́	спроси́
она́	проси́ла бы	спроси́ла бы	*pl.*	проси́те	спроси́те
оно́	проси́ло бы	спроси́ло бы		**VERBAL ADVERB**	
они́	проси́ли бы	спроси́ли бы		прося́	спроси́в
	PARTICIPLE				
	active			*passive*	
pres.	прося́щий	–		–	–
past	проси́вший	спроси́вший		–	спро́шенный

Table 12

СТРО́ИТЬ – ПОСТРО́ИТЬ

The stress falls on the stem.

	Imperfective Aspect	Perfective Aspect	Imperfective Aspect	Perfective Aspect
	INDICATIVE MOOD			
	Present Tense		*Future Tense*	
			compound	*simple*
я	стро́ю		бу́ду	постро́ю
ты	стро́ишь		бу́дешь	постро́ишь
он	стро́ит		бу́дет	постро́ит
мы	стро́им	–	бу́дем стро́ить	постро́им
вы	стро́ите		бу́дете	постро́ите
они́	стро́ят		бу́дут	постро́ят

	Past Tense (Imperfective)	*Past Tense* (Perfective)	*Passive Form* *past*	*Passive Form* *pres.*	*Passive Form* (Perfective)
он	стро́ил	постро́ил	стро́ился		постро́ен
она́	стро́ила	постро́ила	стро́илась	стро́ится	постро́ена
оно́	стро́ило	постро́ило	стро́илось		постро́ено
они́	стро́или	постро́или	стро́ились	стро́ятся	постро́ены

SUBJUNCTIVE MOOD

	Imperfective Aspect	Perfective Aspect
он	стро́ил бы	постро́ил бы
она́	стро́ила бы	постро́ила бы
оно́	стро́ило бы	постро́ило бы
они́	стро́или бы	постро́или бы

IMPERATIVE MOOD

	Imperfective Aspect	Perfective Aspect
s.	строй	построй
pl.	стро́йте	постро́йте

VERBAL ADVERB

Imperfective Aspect	Perfective Aspect
стро́я	постро́ив

PARTICIPLE

	active (Imperfective)	*active* (Perfective)	*passive* (Imperfective)	*passive* (Perfective)
pres.	стро́ящий	–	стро́имый	–
past	стро́ивший	постро́ивший	–	постро́енный

Table 13

СТОЯ́ТЬ – ОТСТОЯ́ТЬ

The stress falls on the ending.

	Imperfective Aspect	Perfective Aspect	Imperfective Aspect		Perfective Aspect
INDICATIVE MOOD					
	Present Tense		*Future Tense*		
			compound		*simple*
я	стою́		бу́ду		отстою́
ты	стои́шь		бу́дешь		отстои́шь
он	стои́т		бу́дет		отстои́т
мы	стои́м	–	бу́дем	стоя́ть	отстои́м
вы	стои́те		бу́дете		отстои́те
они́	стоя́т		бу́дут		отстоя́т
	Past Tense		*Passive Form*		
он	стоя́л	отстоя́л			
она́	стоя́ла	отстоя́ла			
оно́	стоя́ло	отстоя́ло	–		–
они́	стоя́ли	отстоя́ли			
SUBJUNCTIVE MOOD			**IMPERATIVE MOOD**		
он	стоя́л бы	отстоя́л бы	*s.* стой		–
она́	стоя́ла бы	отстоя́ла бы	*pl.* сто́йте		–
оно́	стоя́ло бы	отстоя́ло бы	**VERBAL ADVERB**		
они́	стоя́ли бы	отстоя́ли бы	сто́я		отстоя́в
PARTICIPLE					
	active		*passive*		
pres.	стоя́щий	–	–		–
past	стоя́вший	отстоя́вший	–		–

Table 14

СЛЫ́ШАТЬ–УСЛЫ́ШАТЬ

The stress falls on the root.

Imperfective Aspect	Perfective Aspect	Imperfective Aspect	Perfective Aspect

INDICATIVE MOOD

Present Tense

	Imperfective Aspect	Perfective Aspect
я	слы́шу	—
ты	слы́шишь	
он	слы́шит	
мы	слы́шим	
вы	слы́шите	
они́	слы́шат	

Future Tense

	compound (Imperfective Aspect)	*simple* (Perfective Aspect)
	бу́ду слы́шать	услы́шу
	бу́дешь слы́шать	услы́шишь
	бу́дет слы́шать	услы́шит
	бу́дем слы́шать	услы́шим
	бу́дете слы́шать	услы́шите
	бу́дут слы́шать	услы́шат

Past Tense

	Imperfective Aspect	Perfective Aspect
он	слы́шал	услы́шал
она́	слы́шала	услы́шала
оно́	слы́шало	услы́шало
они́	слы́шали	услы́шали

Passive Form

Imperfective Aspect	Perfective Aspect
–	услы́шан
	услы́шана
	услы́шано
	услы́шаны

SUBJUNCTIVE MOOD

	Imperfective Aspect	Perfective Aspect
он	слы́шал бы	услы́шал бы
она́	слы́шала бы	услы́шала бы
оно́	слы́шало бы	услы́шало бы
они́	слы́шали бы	услы́шали бы

IMPERATIVE MOOD

	Imperfective Aspect	Perfective Aspect
s.	–	–
pl.	–	–

VERBAL ADVERB

Imperfective Aspect	Perfective Aspect
слы́ша	услы́шав

PARTICIPLE

	active Imperfective Aspect	*active* Perfective Aspect	*passive* Imperfective Aspect	*passive* Perfective Aspect
pres.	слы́шащий	–	–	–
past	слы́шавший	услы́шавший	–	услы́шанный

Table 15

МОЛЧА́ТЬ – ЗАМОЛЧА́ТЬ

The stress falls on the ending.

Imperfective Aspect		Perfective Aspect	Imperfective Aspect	Perfective Aspect
INDICATIVE MOOD				
Present Tense			*Future Tense*	
			compound	*simple*
я	молчу́	–	бу́ду молча́ть	замолчу́
ты	молчи́шь		бу́дешь молча́ть	замолчи́шь
он	молчи́т		бу́дет молча́ть	замолчи́т
мы	молчи́м		бу́дем молча́ть	замолчи́м
вы	молчи́те		бу́дете молча́ть	замолчи́те
они́	молча́т		бу́дут молча́ть	замолча́т
Past Tense			*Passive Form*	
он	молча́л	замолча́л	–	–
она́	молча́ла	замолча́ла		
оно́	молча́ло	замолча́ло		
они́	молча́ли	замолча́ли		

SUBJUNCTIVE MOOD		
он	молча́л бы	замолча́л бы
она́	молча́ла бы	замолча́ла бы
оно́	молча́ло бы	замолча́ло бы
они́	молча́ли бы	замолча́ли бы

IMPERATIVE MOOD		
s.	молчи́	замолчи́
pl.	молчи́те	замолчи́те

VERBAL ADVERB	
мо́лча	замолча́в

PARTICIPLE	*active*		*passive*	
pres.	молча́щий	–	–	–
past	молча́вший	замолча́вший	–	–

Table 16

СПАТЬ – ПОСПА́ТЬ

1. The stress falls on the ending.
2. The alternation: **п:пл.**

Imperfective Aspect	Perfective Aspect	Imperfective Aspect	Perfective Aspect
INDICATIVE MOOD			
Present Tense		*Future Tense*	
		compound	*simple*
я сплю		бу́ду	посплю́
ты спишь		бу́дешь	поспи́шь
он спит	–	бу́дет спать	поспи́т
мы спим		бу́дем	поспи́м
вы спи́те		бу́дете	поспи́те
они́ спят		бу́дут	поспя́т
Past Tense		*Passive Form*	
он спал	поспа́л		
она́ спала́	поспала́		
оно́ спа́ло	поспа́ло	–	–
они́ спа́ли	поспа́ли		
SUBJUNCTIVE MOOD		IMPERATIVE MOOD	
он спал бы	поспа́л бы	*s.* спи	поспи́
она́ спала́ бы	поспала́ бы	*pl.* спи́те	поспи́те
оно́ спа́ло бы	поспа́ло бы	VERBAL ADVERB	
они́ спа́ли бы	поспа́ли бы	–	поспа́в
PARTICIPLE			
active		*passive*	
pres. спя́щий	–	–	–
past спа́вший	поспа́вший	–	–

Table 17

ДЕРЖА́ТЬ – СДЕРЖА́ТЬ

The stress shifts.

Imperfective Aspect	Perfective Aspect	Imperfective Aspect	Perfective Aspect
INDICATIVE MOOD			
Present Tense		*Future Tense*	
		compound	*simple*
я держу́	–	бу́ду держа́ть	сдержу́
ты де́ржишь		бу́дешь держа́ть	сде́ржишь
он де́ржит		бу́дет держа́ть	сде́ржит
мы де́ржим		бу́дем держа́ть	сде́ржите
вы де́ржите		бу́дете держа́ть	сде́ржим
они́ де́ржат		бу́дут держа́ть	сде́ржат
Past Tense		*Passive Form*	
он держа́л	сдержа́л	–	сде́ржан
она́ держа́ла	сдержа́ла		сде́ржана
оно́ держа́ло	сдержа́ло		сде́ржано
они́ держа́ли	сдержа́ли		сде́ржаны
SUBJUNCTIVE MOOD		**IMPERATIVE MOOD**	
он держа́л бы	сдержа́л бы	*s.* держи́	сдержи́
она́ держа́ла бы	сдержа́ла бы	*pl.* держи́те	сдержи́те
оно́ держа́ло бы	сдержа́ло бы	**VERBAL ADVERB**	
они́ держа́ли бы	сдержа́ли бы	держа́	сдержа́в
PARTICIPLE			
active		*passive*	
pres. де́ржащий	–	–	–
past держа́вший	сдержа́вший	–	сде́ржанный

Table 18

ВИ́ДЕТЬ – ОБИ́ДЕТЬ

1. The stress falls on the stem.
2. The alternation: **д:ж, с:ш**.

	Imperfective Aspect	Perfective Aspect	Imperfective Aspect		Perfective Aspect
	INDICATIVE MOOD				
	Present Tense		*Future Tense*		
			compound		*simple*
я	ви́жу	–	бу́ду	ви́деть	оби́жу
ты	ви́дишь		бу́дешь		оби́дишь
он	ви́дит		бу́дет		оби́дит
мы	ви́дим		бу́дем		оби́дим
вы	ви́дите		бу́дете		оби́дите
они́	ви́дят		бу́дут		оби́дят
	Past Tense		*Passive Form*		
он	ви́дел	оби́дел	–		оби́жен
она́	ви́дела	оби́дела			оби́жена
оно́	ви́дело	оби́дело			оби́жено
они́	ви́дели	оби́дели			оби́жены

	SUBJUNCTIVE MOOD	
он	ви́дел бы	оби́дел бы
она́	ви́дела бы	оби́дела бы
оно́	ви́дело бы	оби́дело бы
они́	ви́дели бы	оби́дели бы

	IMPERATIVE MOOD	
s.	–	оби́дь
pl.	–	оби́дьте

VERBAL ADVERB	
ви́дя	оби́дев

PARTICIPLE	*active*		*passive*	
pres.	ви́дящий	–	–	–
past	ви́девший	оби́девший	–	оби́женный

Table 19

ГОРЕ́ТЬ – СГОРЕ́ТЬ

The stress falls on the ending.

Imperfective Aspect	Perfective Aspect	Imperfective Aspect	Perfective Aspect
INDICATIVE MOOD			
Present Tense		*Future Tense*	
		compound	*simple*
я горю́	–	бу́ду горе́ть	сгорю́
ты гори́шь		бу́дешь горе́ть	сгори́шь
он гори́т		бу́дет горе́ть	сгори́т
мы гори́м		бу́дем горе́ть	сгори́м
вы гори́те		бу́дете горе́ть	сгори́те
они́ горя́т		бу́дут горе́ть	сгоря́т
Past Tense		*Passive Form*	
он горе́л	сгоре́л	–	–
она́ горе́ла	сгоре́ла		
оно́ горе́ло	сгоре́ло		
они́ горе́ли	сгоре́ли		
SUBJUNCTIVE MOOD		**IMPERATIVE MOOD**	
он горе́л бы	сгоре́л бы	*s.* гори́	сгори́
она́ горе́ла бы	сгоре́ла бы	*pl.* гори́те	сгори́те
оно́ горе́ло бы	сгоре́ло бы	**VERBAL ADVERB**	
они́ горе́ли бы	сгоре́ли бы	горя́	сгоре́в
PARTICIPLE			
active		*passive*	
pres. горя́щий	–	–	–
past горе́вший	сгоре́вший	–	–

ГЛЯДЕ́ТЬ – ПОГЛЯДЕ́ТЬ

1. The stress falls on the ending.
2. The alternation: **д:ж, т:ч, м:мл, п:пл, с:ш, ст:щ.**

Imperfective Aspect	Perfective Aspect	Imperfective Aspect	Perfective Aspect
INDICATIVE MOOD			
Present Tense		*Future Tense*	
		compound	*simple*
я гляжу́	–	бу́ду глядéть	погляжу́
ты гляди́шь		бу́дешь глядéть	погляди́шь
он гляди́т		бу́дет глядéть	погляди́т
мы гляди́м		бу́дем глядéть	погляди́м
вы гляди́те		бу́дете глядéть	погляди́те
они́ глядя́т		бу́дут глядéть	поглядя́т
Past Tense		*Passive Form*	
он глядéл	поглядéл	–	–
она́ глядéла	поглядéла		
оно́ глядéло	поглядéло		
они́ глядéли	поглядéли		
SUBJUNCTIVE MOOD		IMPERATIVE MOOD	
он глядéл бы	поглядéл бы	*s.* гляди́	погляди́
она́ глядéла бы	поглядéла бы	*pl.* гляди́те	погляди́те
оно́ глядéло бы	поглядéло бы	VERBAL ADVERB	
они́ глядéли бы	поглядéли бы	гля́дя	поглядéв
PARTICIPLE			
active		*passive*	
pres. глядя́щий	–	–	–
past глядéвший	поглядéвший	–	–

Table 21

СМОТРЕ́ТЬ – ПРОСМОТРЕ́ТЬ

The stress shifts.

Imperfective Aspect	Perfective Aspect	Imperfective Aspect		Perfective Aspect
INDICATIVE MOOD				
Present Tense		*Future Tense*		
		compound		*simple*
я смотрю́	–	бу́ду	смотре́ть	просмотрю́
ты смо́тришь		бу́дешь		просмо́тришь
он смо́трит		бу́дет		просмо́трит
мы смо́трим		бу́дем		просмо́трим
вы смо́трите		бу́дете		просмо́трите
они смо́трят		бу́дут		просмо́трят
Past Tense		*Passive Form*		
		past	*pres.*	
он смотре́л	просмотре́л	смотре́лся		просмо́трен
она́ смотре́ла	просмотре́ла	смотре́лась	смо́трится	просмо́трена
оно́ смотре́ло	просмотре́ло	смотре́лось		просмо́трено
они́ смотре́ли	просмотре́ли	смотре́лись	смо́трятся	просмо́трены
SUBJUNCTIVE MOOD		IMPERATIVE MOOD		
он смотре́л бы	просмотре́л бы	*s.* смотри́		просмотри́
она́ смотре́ла бы	просмотре́ла бы	*pl.* смотри́те		просмотри́те
оно́ смотре́ло бы	просмотре́ло бы	VERBAL ADVERB		
они́ смотре́ли бы	просмотре́ли бы	смотря́		просмотре́в
PARTICIPLE				
active		*passive*		
pres. смотря́щий	–	–		–
past смотре́вший	просмотре́вший	–		просмо́тренный

Table 22

ТЕРПЕ́ТЬ – СТЕРПЕ́ТЬ

1. The stress shifts.
2. The alternation: **п:пл, т:ч**

Imperfective Aspect		Perfective Aspect	Imperfective Aspect		Perfective Aspect
INDICATIVE MOOD					
Present Tense			*Future Tense*		
			compound		*simple*
я	терплю́	–	бу́ду	терпе́ть	стерплю́
ты	те́рпишь		бу́дешь		сте́рпишь
он	те́рпит		бу́дет		сте́рпит
мы	те́рпим		бу́дем		сте́рпим
вы	те́рпите		бу́дете		сте́рпите
они́	те́рпят		бу́дут		сте́рпят
Past Tense			*Passive Form*		
он	терпе́л	стерпе́л	–		–
она́	терпе́ла	стерпе́ла			
оно́	терпе́ло	стерпе́ло			
они́	терпе́ли	стерпе́ли			

SUBJUNCTIVE MOOD			IMPERATIVE MOOD		
он	терпе́л бы	стерпе́л бы	*s.*	терпи́	стерпи́
она́	терпе́ла бы	стерпе́ла бы	*pl.*	терпи́те	стерпи́те
оно́	терпе́ло бы	стерпе́ло бы	VERBAL ADVERB		
они́	терпе́ли бы	стерпе́ли бы		терпя́	стерпе́в

PARTICIPLE				
active			*passive*	
pres.	те́рпящий	–	–	–
past	терпе́вший	стерпе́вший	–	–

Group III
ПОКИ́НУТЬ

The stress falls on the stem.

Imperfective Aspect	Perfective Aspect	Imperfective Aspect	Perfective Aspect
INDICATIVE MOOD			
Present Tense		*Future Tense*	
		compound	*simple*
–	–	–	я поки́ну ты поки́нешь он поки́нет мы поки́нем вы поки́нете они́ поки́нут
Past Tense		*Passive Form*	
–	он поки́нул она́ поки́нула оно́ поки́нуло они́ поки́нули	–	поки́нут поки́нута поки́нуто поки́нуты
SUBJUNCTIVE MOOD		IMPERATIVE MOOD	
–	он поки́нул бы она́ поки́нула бы оно́ поки́нуло бы они́ поки́нули бы	*s.* – *pl.* –	поки́нь поки́ньте
		VERBAL ADVERB	
		–	поки́нув
PARTICIPLE			
active		*passive*	
pres. –	поки́нувший	–	–
past –	–	–	поки́нутый

СТИСНУТЬ

1. The stress falls on the stem.
2. The imperative has **-и.**

Imperfective Aspect	Perfective Aspect	Imperfective Aspect	Perfective Aspect
INDICATIVE MOOD			
Present Tense		*Future Tense*	
		compound	*simple*
–	–	–	я сти́сну ты сти́снешь он сти́снет мы сти́снем вы сти́сните они сти́снут
Past Tense		*Passive Form*	
–	он сти́снул она́ сти́снула оно́ сти́снуло они́ сти́снули	–	сти́снут сти́снута сти́снуто сти́снуты
SUBJUNCTIVE MOOD		IMPERATIVE MOOD	
–	он сти́снул бы она́ сти́снула бы оно́ сти́снуло бы они́ сти́снули бы	*s.* – *pl.* –	сти́сни сти́сните
		VERBAL ADVERB	
		–	сти́снув
PARTICIPLE			
active		*passive*	
pres. –	–	–	–
past –	сти́снувший	–	сти́снутый

Table 25

СÓХНУТЬ – ЗАСÓХНУТЬ

1. The stress falls on the stem.
2. The past tense has no suffix **-ну-**.

Imperfective Aspect	Perfective Aspect	Imperfective Aspect	Perfective Aspect
INDICATIVE MOOD			
Present Tense		*Future Tense*	
		compound	*simple*
я сóхну	–	бýду сóхнуть	засóхну
ты сóхнешь		бýдешь сóхнуть	засóхнешь
он сóхнет		бýдет сóхнуть	засóхнет
мы сóхнем		бýдем сóхнуть	засóхнем
вы сóхнете		бýдете сóхнуть	засóхнете
они́ сóхнут		бýдут сóхнуть	засóхнут
Past Tense		*Passive Form*	
он сох	засóх	–	–
онá сóхла	засóхла		
онó сóхло	засóхло		
они́ сóхли	засóхли		
SUBJUNCTIVE MOOD		IMPERATIVE MOOD	
он сох бы	засóх бы	*s.* сóхни	засóхни
онá сóхла бы	засóхла бы	*pl.* сóхните	засóхните
онó сóхло бы	засóхло бы	VERBAL ADVERB	
они́ сóхли бы	засóхли бы	–	засóхнув
PARTICIPLE			
active		*passive*	
pres. сóхнувший	–	–	–
past сóхший	засóхший	–	–

КРЕ́ПНУТЬ – ПОДВЕ́РГНУТЬ

1. The stress falls on the stem.
2. The past tense has two forms.

Imperfective Aspect		Perfective Aspect	Imperfective Aspect		Perfective Aspect
INDICATIVE MOOD					
Present Tense			*Future Tense*		
			compound		*simple*
я	кре́пну	–	бу́ду	кре́пнуть	подве́ргну
ты	кре́пнешь		бу́дешь		подве́ргнешь
он	кре́пнет		бу́дет		подве́ргнет
мы	кре́пнем		бу́дем		подве́ргнем
вы	кре́пнете		бу́дете		подве́ргнете
они́	кре́пнут		бу́дут		подве́ргнут
Past Tense			*Passive Form*		
он	креп	подве́рг	–		подве́ргнут
	кре́пнул	подве́ргнул			
она́	кре́пла	подве́ргла			подве́ргнута
оно́	кре́пло	подве́ргло			подве́ргнуто
они́	кре́пли	подве́ргли			подве́ргнуты
SUBJUNCTIVE MOOD			IMPERATIVE MOOD		
он	креп бы	подве́рг бы	*s.*	кре́пни	подве́ргни
	кре́пнул бы	подве́ргнул бы	*pl.*	кре́пните	подве́ргните
она́	кре́пла бы	подве́ргла бы	VERBAL ADVERB		
оно́	кре́пло бы	подве́ргло бы	–		подве́ргнув
они́	кре́пли бы	подве́ргли бы			
PARTICIPLE					
active			*passive*		
pres.	кре́пнущий	–	–		–
past	кре́пнувший	подве́ргший подве́ргнувший	–		подве́ргнутый

Table 27

ВЯ́НУТЬ – ЗАВЯ́НУТЬ

1. The stress falls on the stem.
2. The past tense has no suffix **-ну-**.

Imperfective Aspect	Perfective Aspect	Imperfective Aspect	Perfective Aspect
INDICATIVE MOOD			
Present Tense		*Future Tense*	
		compound	*simple*
я вя́ну	–	бу́ду вя́нуть	завя́ну
ты вя́нешь		бу́дешь вя́нуть	завя́нешь
он вя́нет		бу́дет вя́нуть	завя́нет
мы вя́нем		бу́дем вя́нуть	завя́нем
вы вя́нете		бу́дете вя́нуть	завя́нете
они́ вя́нут		бу́дут вя́нуть	завя́нут
Past Tense		*Passive Form*	
он вял	завя́л	–	–
она́ вя́ла	завя́ла		
оно́ вя́ло	завя́ло		
они́ вя́ли	завя́ли		
SUBJUNCTIVE MOOD		IMPERATIVE MOOD	
он вял бы	завя́л бы	*s.* вянь	завя́нь
она́ вя́ла бы	завя́ла бы	*pl.* вя́ньте	завя́ньте
оно́ вя́ло бы	завя́ло бы	VERBAL ADVERB	
они́ вя́ли бы	завя́ли бы	–	завя́нув
PARTICIPLE			
active		*passive*	
pres. вя́нущий	–	–	–
past вя́нувший	–	–	–

ГНУТЬ – СВЕРНУ́ТЬ

The stress falls on the ending.

Imperfective Aspect		Perfective Aspect	Imperfective Aspect		Perfective Aspect
INDICATIVE MOOD					
Present Tense			*Future Tense*		
			compound		*simple*
я	гну	–	бу́ду	гнуть	сверну́
ты	гнёшь	–	бу́дешь	гнуть	свернёшь
он	гнёт	–	бу́дет	гнуть	свернёт
мы	гнём	–	бу́дем	гнуть	свернём
вы	гнёте	–	бу́дете	гнуть	свернёте
они́	гнут	–	бу́дут	гнуть	сверну́т
Past Tense			*Passive Form*		
он	гнул	сверну́л		–	свёрнут
она́	гну́ла	сверну́ла		–	свёрнута
оно́	гну́ло	сверну́ло		–	свёрнуто
они́	гну́ли	сверну́ли		–	свёрнуты
SUBJUNCTIVE MOOD			**IMPERATIVE MOOD**		
он	гнул бы	сверну́л бы	*s.*	гни	сверни́
она́	гну́ла бы	сверну́ла бы	*pl.*	гни́те	сверни́те
оно́	гну́ло бы	сверну́ло бы	**VERBAL ADVERB**		
они́	гну́ли бы	сверну́ли бы		–	сверну́в
PARTICIPLE					
active			*passive*		
pres.	гну́щий	–		–	–
past	гну́вший	сверну́вший		–	свёрнутый

Table 29

ТЯНУ́ТЬ – ВТЯНУ́ТЬ

The stress shifts.

Imperfective Aspect		Perfective Aspect	Imperfective Aspect		Perfective Aspect
INDICATIVE MOOD					
Present Tense			*Future Tense*		
			compound		*simple*
я	тяну́	–	бу́ду	тяну́ть	втяну́
ты	тя́нешь		бу́дешь		втя́нешь
он	тя́нет		бу́дет		втя́нет
мы	тя́нем		бу́дем		втя́нем
вы	тя́нете		бу́дете		втя́нете
они́	тя́нут		бу́дут		втя́нут
Past Tense			*Passive Form*		
он	тяну́л	втяну́л	–		втя́нут
она́	тяну́ла	втяну́ла			втя́нута
оно́	тяну́ло	втяну́ло			втя́нуто
они́	тяну́ли	втяну́ли			
SUBJUNCTIVE MOOD			**IMPERATIVE MOOD**		
он	тяну́л бы	втяну́л бы	*s.*	тяни́	втяни́
она́	тяну́ла бы	втяну́ла бы	*pl.*	тяни́те	втяни́те
оно́	тяну́ло бы	втяну́ло бы	**VERBAL ADVERB**		
они́	тяну́ли бы	втяну́ли бы	–		втяну́в
PARTICIPLE					
active			*passive*		
pres.	тя́нущий	–	–		–
past	тяну́вший	втяну́вший	–		втя́нутый

КОЛО́ТЬ – РАСКОЛО́ТЬ

The stress shifts.

Imperfective Aspect	Perfective Aspect	Imperfective Aspect	Perfective Aspect
INDICATIVE MOOD			
Present Tense		*Future Tense*	
		compound	*simple*
я колю́	–	бу́ду коло́ть	расколю́
ты ко́лешь		бу́дешь коло́ть	раско́лешь
он ко́лет		бу́дет коло́ть	раско́лет
мы ко́лем		бу́дем коло́ть	раско́лем
вы ко́лете		бу́дете коло́ть	раско́лете
они́ ко́лют		бу́дут коло́ть	раско́лют
Past Tense		*Passive Form*	
он коло́л	расколо́л	–	раско́лот
она́ коло́ла	расколо́ла		раско́лота
оно́ коло́ло	расколо́ло		раско́лото
они́ коло́ли	расколо́ли		раско́лоты
SUBJUNCTIVE MOOD		**IMPERATIVE MOOD**	
он коло́л бы	расколо́л бы	*s.* коли́	расколи́
она́ коло́ла бы	расколо́ла бы	*pl.* коли́те	расколи́те
оно́ коло́ло бы	расколо́ло бы	**VERBAL ADVERB**	
они́ коло́ли бы	расколо́ли бы	коля́	расколо́в
PARTICIPLE			
active		*passive*	
pres. ко́лющий			
past коло́вший	расколо́вший		раско́лотый

Table 31

СЕ́ЯТЬ – ПОСЕ́ЯТЬ

The stress falls on the stem.

Imperfective Aspect	Perfective Aspect	Imperfective Aspect	Perfective Aspect

INDICATIVE MOOD

Present Tense		*Future Tense*	
		compound	*simple*
я се́ю	–	бу́ду се́ять	посе́ю
ты се́ешь		бу́дешь се́ять	посе́ешь
он се́ет		бу́дет се́ять	посе́ет
мы се́ем		бу́дем се́ять	посе́ем
вы се́ете		бу́дете се́ять	посе́ете
они́ се́ют		бу́дут се́ять	посе́ют

Past Tense		*Passive Form*		
		past	*pres.*	
он се́ял	посе́ял	се́ялся		посе́ян
она́ се́яла	посе́яла	се́ялась	се́ется	посе́яна
оно́ се́яло	посе́яло	се́ялось		посе́яно
они́ се́яли	посе́яли	се́ялись	се́ются	посе́яны

SUBJUNCTIVE MOOD

Imperfective	Perfective
он се́ял бы	посе́ял бы
она́ се́яла бы	посе́яла бы
оно́ се́яло бы	посе́яло бы
они́ се́яли бы	посе́яли бы

IMPERATIVE MOOD

Imperfective	Perfective
s. сей	посе́й
pl. се́йте	посе́йте

VERBAL ADVERB

Imperfective	Perfective
се́я	посе́яв

PARTICIPLE

active		*passive*	
pres. се́ющий	–	се́емый	–
past се́явший	посе́явший	–	посе́янный

ЖА́ЖДАТЬ

The stress falls on the stem.

Imperfective Aspect	Perfective Aspect	Imperfective Aspect	Perfective Aspect
INDICATIVE MOOD			
Present Tense		*Future Tense*	
		compound	*simple*
я жа́жду	–	бу́ду жа́ждать	–
ты жа́ждешь		бу́дешь жа́ждать	
он жа́ждет		бу́дет жа́ждать	
мы жа́ждем		бу́дем жа́ждать	
вы жа́ждете		бу́дете жа́ждать	
они́ жа́ждут		бу́дут жа́ждать	
Past Tense		*Passive Form*	
он жа́ждал	–	–	–
она́ жа́ждала			
оно́ жа́ждало			
они́ жа́ждали			
SUBJUNCTIVE MOOD		IMPERATIVE MOOD	
он жа́ждал бы	–	*s.* жа́жди	–
она́ жа́ждала бы		*pl.* жа́ждите	–
оно́ жа́ждало бы		VERBAL ADVERB	
они́ жа́ждали бы		жа́ждая	–
PARTICIPLE			
active		*passive*	
pres. жа́ждущий	–	–	–
past жа́ждавший	–	–	–

Table 33

ПРЯ́ТАТЬ – СПРЯ́ТАТЬ

1. The stress falls on the stem.
2. The alternation: **д:ж, з:ж, п:пл, с:ш, т:ч, ск:щ, ст:щ, к:ч, х:ш.**

Imperfective Aspect	Perfective Aspect	Imperfective Aspect	Perfective Aspect
INDICATIVE MOOD			
Present Tense		*Future Tense*	
		compound	*simple*
я пря́чу	–	бу́ду	спря́чу
ты пря́чешь		бу́дешь	спря́чешь
он пря́чет		бу́дет пря́тать	спря́чет
мы пря́чем		бу́дем	спря́чем
вы пря́чете		бу́дете	спря́чете
они́ пря́чут		бу́дут	спря́чут

Imperfective Aspect	Perfective Aspect	Imperfective Aspect (*past*)	Imperfective Aspect (*pres.*)	Perfective Aspect
Past Tense		*Passive Form*		
он пря́тал	спря́тал	пря́тался		спря́тан
она́ пря́тала	спря́тала	пря́талась	пря́чется	спря́тана
оно́ пря́тало	спря́тало	пря́талось		спря́тано
они́ пря́тали	спря́тали	пря́тались	пря́чутся	спря́таны

Imperfective Aspect	Perfective Aspect	Imperfective Aspect	Perfective Aspect
SUBJUNCTIVE MOOD		IMPERATIVE MOOD	
он пря́тал бы	спря́тал бы	*s.* прячь	спрячь
она́ пря́тала бы	спря́тала бы	*pl.* пря́чьте	спря́чьте
оно́ пря́тало бы	спря́тало бы	VERBAL ADVERB	
они́ пря́тали бы	спря́тали бы	пря́ча	спря́тав

Imperfective Aspect	Perfective Aspect	Imperfective Aspect	Perfective Aspect
PARTICIPLE			
active		*passive*	
pres. пря́чущий	–	–	–
past пря́тавший	спря́тавший	–	спря́танный

РВАТЬ – СОРВА́ТЬ

The stress falls on the ending.

Imperfective Aspect	Perfective Aspect	Imperfective Aspect	Perfective Aspect
INDICATIVE MOOD			
Present Tense		*Future Tense*	
		compound	*simple*
я рву	–	бу́ду рвать	сорву́
ты рвёшь		бу́дешь рвать	сорвёшь
он рвёт		бу́дет рвать	сорвёт
мы рвём		бу́дем рвать	сорвём
вы рвёте		бу́дете рвать	сорвёте
они́ рвут		бу́дут рвать	сорву́т
Past Tense		*Passive Form*	
он рва́л(ся)	сорва́л(ся)	–	со́рван
она́ рвала́(сь)	сорвала́(сь)		со́рвана
оно́ рва́ло	сорва́ло		со́рвано
рвало́сь	сорвало́сь		
они́ рва́ли	сорва́ли		со́рваны
рвали́сь	сорвали́сь		
SUBJUNCTIVE MOOD		IMPERATIVE MOOD	
он рва́л(ся) бы	сорва́л(ся) бы	*s.* рви	сорви́
она́ рвала́(сь) бы	сорвала́(сь) бы	*pl.* рви́те	сорви́те
оно́ рва́ло бы	сорва́ло бы	VERBAL ADVERB	
рвало́сь бы	сорвало́сь бы	–	сорва́в
они́ рва́ли бы	сорва́ли бы		
рвали́сь бы	сорвали́сь бы		
PARTICIPLE			
active		*passive*	
pres. рву́щий	–	–	–
past рва́вший	сорва́вший	–	со́рванный

СТОНА́ТЬ – ЗАСТОНА́ТЬ

The stress shifts.

Imperfective Aspect	Perfective Aspect	Imperfective Aspect	Perfective Aspect
INDICATIVE MOOD			
Present Tense		*Future Tense*	
		compound	*simple*
я стону́	–	бу́ду стона́ть	застону́
ты сто́нешь		бу́дешь стона́ть	засто́нешь
он сто́нет		бу́дет стона́ть	засто́нет
мы сто́нем		бу́дем стона́ть	засто́нем
вы сто́нете		бу́дете стона́ть	засто́нете
они́ сто́нут		бу́дут стона́ть	засто́нут
Past Tense		*Passive Form*	
он стона́л	застона́л	–	–
она́ стона́ла	застона́ла		
оно́ стона́ло	застона́ло		
они́ стона́ли	застона́ли		
SUBJUNCTIVE MOOD		IMPERATIVE MOOD	
он стона́л бы	застона́л бы	*s.* стони́	застони́
она́ стона́ла бы	застона́ла бы	*pl.* стони́те	застони́те
оно́ стона́ло бы	застона́ло бы	VERBAL ADVERB	
они́ стона́ли бы	застона́ли бы	–	застона́в
PARTICIPLE			
active		*passive*	
pres. сто́нущий	–	–	–
past стона́вший	застона́вший	–	–

Table 36

ПИСА́ТЬ – НАПИСА́ТЬ

1. The stress shifts.
2. The alternation: **д:ж, з:ж, к:ч, м:мл, п:пл, с:ш, ст:щ, т:ч, т:щ, ск:щ, х:ш.**

Imperfective Aspect	Perfective Aspect	Imperfective Aspect	Perfective Aspect
INDICATIVE MOOD			
Present Tense		*Future Tense*	
		compound	*simple*
я пишу́	–	бу́ду писа́ть	напишу́
ты пи́шешь		бу́дешь писа́ть	напи́шешь
он пи́шет		бу́дет писа́ть	напи́шет
мы пи́шем		бу́дем писа́ть	напи́шем
вы пи́шете		бу́дете писа́ть	напи́шете
они́ пи́шут		бу́дут писа́ть	напи́шут
Past Tense		*Passive Form*	
		past / *pres.*	
он писа́л	написа́л	писа́лся	напи́сан
она́ писа́ла	написа́ла	писа́лась / пи́шется	напи́сана
оно́ писа́ло	написа́ло	писа́лось	напи́сано
они́ писа́ли	написа́ли	писа́лись / пи́шутся	напи́саны
SUBJUNCTIVE MOOD		IMPERATIVE MOOD	
он писа́л бы	написа́л бы	*s.* пиши́	напиши́
она́ писа́ла бы	написа́ла бы	*pl.* пиши́те	напиши́те
оно́ писа́ло бы	написа́ло бы	VERBAL ADVERB	
они́ писа́ли бы	написа́ли бы	–	написа́в
PARTICIPLE			
active		*passive*	
pres. пи́шущий	–	–	–
past писа́вший	написа́вший	–	напи́санный

Table 37

РЕВЕ́ТЬ – ЗАРЕВЕ́ТЬ

The stress falls on the ending.

Imperfective Aspect	Perfective Aspect	Imperfective Aspect	Perfective Aspect
INDICATIVE MOOD			
Present Tense		*Future Tense*	
		compound	*simple*
я реву́	–	бу́ду реве́ть	зареву́
ты ревёшь		бу́дешь реве́ть	заревёшь
он ревёт		бу́дет реве́ть	заревёт
мы ревём		бу́дем реве́ть	заревём
вы ревёте		бу́дете реве́ть	заревёте
они́ реву́т		бу́дут реве́ть	зареву́т
Past Tense		*Passive Form*	
он реве́л	заревéл	–	–
она́ реве́ла	зареве́ла		
оно́ реве́ло	зареве́ло		
они́ реве́ли	зареве́ли		
SUBJUNCTIVE MOOD		**IMPERATIVE MOOD**	
он реве́л бы	зареве́л бы	*s.* реви́	зареви́
она́ реве́ла бы	зареве́ла бы	*pl.* реви́те	зареви́те
оно́ реве́ло бы	зареве́ло бы	**VERBAL ADVERB**	
они́ реве́ли бы	зареве́ли бы	ревя́	зареве́в
PARTICIPLE			
active		*passive*	
pres. реву́щий	–	–	–
past реве́вший	зареве́вший	–	–

Table 38

БЛЕСТЕ́ТЬ – ЗАБЛЕСТЕ́ТЬ

1. The stress shifts.
2. The alternation: **ст:щ, ск:щ.**

Imperfective Aspect	Perfective Aspect	Imperfective Aspect	Perfective Aspect
INDICATIVE MOOD			
Present Tense		*Future Tense*	
		compound	*simple*
я блещу́	–	бу́ду блесте́ть	заблещу́
ты бле́щешь	–	бу́дешь блесте́ть	забле́щешь
он бле́щет	–	бу́дет блесте́ть	забле́щет
мы бле́щем	–	бу́дем блесте́ть	забле́щем
вы бле́щете	–	бу́дете блесте́ть	забле́щете
они́ бле́щут	–	бу́дут блесте́ть	забле́щут
Past Tense		*Passive Form*	
он блесте́л	заблесте́л	–	–
она́ блесте́ла	заблесте́ла		
оно́ блесте́ло	заблесте́ло		
они́ блесте́ли	заблесте́ли		
SUBJUNCTIVE MOOD		**IMPERATIVE MOOD**	
он блесте́л бы	заблесте́л бы	*s.* блещи́	–
она́ блесте́ла бы	заблесте́ла бы	*pl.* блещи́те	–
оно́ блесте́ло бы	заблесте́ло бы	**VERBAL ADVERB**	
они́ блесте́ли бы	заблесте́ли бы	–	заблесте́в
PARTICIPLE			
active		*passive*	
pres. бле́щущий	–	–	–
past блесте́вший	заблесте́вший	–	–

СШИБИ́ТЬ

The stress falls on the ending.

Imperfective Aspect	Perfective Aspect	Imperfective Aspect	Perfective Aspect
INDICATIVE MOOD			
Present Tense		*Future Tense*	
		compound	*simple*
–	–	–	я сшибу́ ты сшибёшь он сшибёт мы сшибём вы сшибёте они́ сшибу́т
Past Tense		*Passive Form*	
–	он сшиб она́ сши́бла оно́ сши́бло они́ сши́бли	–	сши́блен сши́блена сши́блено сши́блены
SUBJUNCTIVE MOOD		**IMPERATIVE MOOD**	
–	он сшиб бы она́ сши́бла бы оно́ сши́бло бы они́ сши́бли бы	*s.* – *pl.* –	сшиби́ сшиби́те
		VERBAL ADVERB	
		–	сшиби́в
PARTICIPLE			
active		*passive*	
pres. –	–	–	–
past –	–	–	сши́бленный

СТЕЛИ́ТЬ – ПОСТЕЛИ́ТЬ

The stress shifts.

Imperfective Aspect	Perfective Aspect	Imperfective Aspect	Perfective Aspect
INDICATIVE MOOD			
Present Tense		*Future Tense*	
		compound	*simple*
я стелю́	–	бу́ду стели́ть	постелю́
ты сте́лешь		бу́дешь стели́ть	посте́лешь
он сте́лет		бу́дет стели́ть	посте́лет
мы сте́лем		бу́дем стели́ть	посте́лем
вы сте́лете		бу́дете стели́ть	посте́лете
они́ сте́лют		бу́дут стели́ть	посте́лют
Past Tense		*Passive Form*	
он стели́л	постели́л	–	посте́лен
она́ стели́ла	постели́ла		посте́лена
оно́ стели́ло	постели́ло		посте́лено
они́ стели́ли	постели́ли		посте́лены
SUBJUNCTIVE MOOD		**IMPERATIVE MOOD**	
он стели́л бы	постели́л бы	*s.* стели́	постели́
она́ стели́ла бы	постели́ла бы	*pl.* стели́те	постели́те
оно́ стели́ло бы	постели́ло бы	**VERBAL ADVERB**	
они́ стели́ли бы	постели́ли бы	стеля́	постели́в
PARTICIPLE			
active		*passive*	
pres. сте́лющий	–	–	–
past стели́вший	постели́вший	–	посте́ленный

Group IV
НАСЛЕ́ДОВАТЬ – УНАСЛЕ́ДОВАТЬ

Imperfective Aspect	Perfective Aspect	Imperfective Aspect		Perfective Aspect
INDICATIVE MOOD				
Present Tense		*Future Tense*		
		compound		*simple*
я наслéдую	–	бýду наслéдовать		унаслéдую
ты наслéдуешь		бýдешь наслéдовать		унаслéдуешь
он наслéдует		бýдет наслéдовать		унаслéдует
мы наслéдуем		бýдем наслéдовать		унаслéдуем
вы наслéдуете		бýдете наслéдовать		унаслéдуете
они́ наслéдуют		бýдут наслéдовать		унаслéдуют
Past Tense		*Passive Form*		
		past	*pres.*	
он наслéдовал	унаслéдовал	наслéдовался		унаслéдован
онá наслéдовала	унаслéдовала	наслéдовалась	наслéдуется	унаслéдована
онó наслéдовало	унаслéдовало	наслéдовалось		унаслéдовано
они́ наслéдовали	унаслéдовали	наслéдовались	наслéдуются	унаслéдованы

SUBJUNCTIVE MOOD	
он наслéдовал бы	унаслéдовал бы
онá наслéдовала бы	унаслéдовала бы
онó наслéдовало бы	унаслéдовало бы
они́ наслéдовали бы	унаслéдовали бы

IMPERATIVE MOOD	
s. наслéдуй	унаслéдуй
pl. наслéдуйте	унаслéдуйте

VERBAL ADVERB	
наслéдуя	унаслéдовав

PARTICIPLE			
active		*passive*	
pres. наслéдующий	–	наслéдуемый	–
past наслéдовавший	унаслéдовавший	–	унаслéдованный

Table 42

РИСОВА́ТЬ – НАРИСОВА́ТЬ

Imperfective Aspect	Perfective Aspect	Imperfective Aspect	Perfective Aspect

INDICATIVE MOOD

Present Tense

	Imperfective Aspect	Perfective Aspect
я	рису́ю	–
ты	рису́ешь	
он	рису́ет	
мы	рису́ем	
вы	рису́ете	
они́	рису́ют	

Future Tense

compound (Imperfective Aspect)		*simple* (Perfective Aspect)
бу́ду	рисова́ть	нарису́ю
бу́дешь		нарису́ешь
бу́дет		нарису́ет
бу́дем		нарису́ем
бу́дете		нарису́ете
бу́дут		нарису́ют

Past Tense

	Imperfective Aspect	Perfective Aspect
он	рисова́л	нарисова́л
она́	рисова́ла	нарисова́ла
оно́	рисова́ло	нарисова́ло
они́	рисова́ли	нарисова́ли

Passive Form

past	*pres.*	Perfective Aspect
рисова́лся		нарисо́ван
рисова́лась	рису́ется	нарисо́вана
рисова́лось		нарисо́вано
рисова́лись	рису́ются	нарисо́ваны

SUBJUNCTIVE MOOD

	Imperfective Aspect	Perfective Aspect
он	рисова́л бы	нарисова́л бы
она́	рисова́ла бы	нарисова́ла бы
оно́	рисова́ло бы	нарисова́ло бы
они́	рисова́ли бы	нарисова́ли бы

IMPERATIVE MOOD

	Imperfective Aspect	Perfective Aspect
s.	рису́й	нарису́й
pl.	рису́йте	нарису́йте

VERBAL ADVERB

Imperfective Aspect	Perfective Aspect
рису́я	нарисова́в

PARTICIPLE

	active Imperfective	*active* Perfective	*passive* Imperfective	*passive* Perfective
pres.	рису́ющий	–	рису́емый	–
past	рисова́вший	нарисова́вший	–	нарисо́ванный

Table 43

КОВА́ТЬ – ПОДКОВА́ТЬ

INDICATIVE MOOD

Present Tense

	Imperfective Aspect	Perfective Aspect
я	кую́	–
ты	куёшь	
он	куёт	
мы	куём	
вы	куёте	
они́	кую́т	

Past Tense

	Imperfective Aspect	Perfective Aspect
он	кова́л	подкова́л
она́	кова́ла	подкова́ла
оно́	кова́ло	подкова́ло
они́	кова́ли	подкова́ли

Future Tense

Imperfective Aspect (*compound*)		Perfective Aspect (*simple*)
бу́ду	кова́ть	подкую́
бу́дешь		подкуёшь
бу́дет		подкуёт
бу́дем		подкуём
бу́дете		подкуёте
бу́дут		подкую́т

Passive Form

Imperfective Aspect (*past*)	Imperfective Aspect (*pres.*)	Perfective Aspect
кова́лся		подко́ван
кова́лась	куётся	подко́вана
кова́лось		подко́вано
кова́лись	кую́тся	подко́ваны

SUBJUNCTIVE MOOD

	Imperfective Aspect	Perfective Aspect
он	кова́л бы	подкова́л бы
она́	кова́ла бы	подкова́ла бы
оно́	кова́ло бы	подкова́ло бы
они́	кова́ли бы	подкова́ли бы

IMPERATIVE MOOD

	Imperfective Aspect	Perfective Aspect
s.	куй	подку́й
pl.	ку́йте	подку́йте

VERBAL ADVERB

Imperfective Aspect	Perfective Aspect
–	подкова́в

PARTICIPLE

	active Imperfective Aspect	*active* Perfective Aspect	*passive* Imperfective Aspect	*passive* Perfective Aspect
pres.	кую́щий	–	–	–
past	кова́вший	подкова́вший	–	подко́ванный

Table 44

Group V

ЛЕЗТЬ – ПРОЛЕ́ЗТЬ

The stress falls on the stem.

Imperfective Aspect	Perfective Aspect	Imperfective Aspect	Perfective Aspect
INDICATIVE MOOD			
Present Tense		*Future Tense*	
		compound	*simple*
я лéзу	–	бу́ду лезть	пролéзу
ты лéзешь		бу́дешь лезть	пролéзешь
он лéзет		бу́дет лезть	пролéзет
мы лéзем		бу́дем лезть	пролéзем
вы лéзете		бу́дете лезть	пролéзете
они́ лéзут		бу́дут лезть	пролéзут
Past Tense		*Passive Form*	
он лез	пролéз	–	–
она́ лéзла	пролéзла		
оно́ лéзло	пролéзло		
они́ лéзли	пролéзли		
SUBJUNCTIVE MOOD		**IMPERATIVE MOOD**	
он лез бы	пролéз бы	*s.* лезь	пролéзь
она́ лéзла бы	пролéзла бы	*pl.* лéзьте	пролéзьте
оно́ лéзло бы	пролéзло бы	**VERBAL ADVERB**	
они́ лéзли бы	пролéзли бы	лéзя	пролéзши
PARTICIPLE			
active		*passive*	
pres. лéзущий	–	–	–
past лéзший	пролéзший	–	–

Table 45

НЕСТИ́ – ПРИНЕСТИ́

The stress falls on the ending.

Imperfective Aspect		Perfective Aspect	Imperfective Aspect		Perfective Aspect
INDICATIVE MOOD					
Present Tense			*Future Tense*		
			compound		*simple*
я	несу́	–	бу́ду	нести́	принесу́
ты	несёшь		бу́дешь		принесёшь
он	несёт		бу́дет		принесёт
мы	несём		бу́дем		принесём
вы	несёте		бу́дете		принесёте
они́	несу́т		бу́дут		принесу́т
Past Tense			*Passive Form*		
он	нёс	принёс	–		принесён
она́	несла́	принесла́			принесена́
оно́	несло́	принесло́			принесено́
они́	несли́	принесли́			принесены́
SUBJUNCTIVE MOOD			**IMPERATIVE MOOD**		
он	нёс бы	принёс бы	*s.*	неси́	принеси́
она́	несла́ бы	принесла́ бы	*pl.*	несите	принесите
оно́	несло́ бы	принесло́ бы	**VERBAL ADVERB**		
они́	несли́ бы	принесли́ бы	неся́		принеся́
PARTICIPLE					
active			*passive*		
pres.	несу́щий	–	–		–
past	нёсший	принёсший	–		принесённый

Table 46

ГРЫЗТЬ – РАЗГРЫ́ЗТЬ

The stress falls on the ending.

Imperfective Aspect	Perfective Aspect	Imperfective Aspect	Perfective Aspect
INDICATIVE MOOD			
Present Tense		*Future Tense*	
		compound	*simple*
я грызу́	–	бу́ду	разгрызу́
ты грызёшь		бу́дешь	разгрызёшь
он грызёт		бу́дет } грызть	разгрызёт
мы грызём		бу́дем	разгрызём
вы грызёте		бу́дете	разгрызёте
они́ грызу́т		бу́дут	разгрызу́т
Past Tense		*Passive Form*	
он грыз	разгры́з	*past* *pres.*	разгры́зен
она́ гры́зла	разгры́зла	–	разгры́зена
оно́ гры́зло	разгры́зло		разгры́зено
они́ гры́зли	разгры́зли		разгры́зены
SUBJUNCTIVE MOOD		**IMPERATIVE MOOD**	
он грыз бы	разгры́з бы	*s.* грызи́	разгрызи́
она́ гры́зла бы	разгры́зла бы	*pl.* грызи́те	разгрызи́те
оно́ гры́зло бы	разгры́зло бы	**VERBAL ADVERB**	
они́ гры́зли бы	разгры́зли бы	грызя́	разгры́зши
PARTICIPLE			
active		*passive*	
pres. грызу́щий	–	–	–
past гры́зший	разгры́зший	–	разгры́зенный

ВЕСТИ́ – ДОВЕСТИ́

1. The stress falls on the ending.
2. The alternation: **с:д, с:т.**

Imperfective Aspect		Perfective Aspect	Imperfective Aspect		Perfective Aspect
INDICATIVE MOOD					
Present Tense			*Future Tense*		
			compound		*simple*
я	веду́	–	бу́ду	вести́	доведу́
ты	ведёшь		бу́дешь		доведёшь
он	ведёт		бу́дет		доведёт
мы	ведём		бу́дем		доведём
вы	ведёте		бу́дете		доведёте
они́	веду́т		бу́дут		доведу́т
Past Tense			*Passive Form*		
			прош.	*наст.*	
он	вёл	довёл	вёлся		доведён
она́	вела́	довела́	вела́сь	ведётся	доведена́
оно́	вело́	довело́	вело́сь		доведено́
они́	вели́	довели́	вели́сь	веду́тся	доведены́

SUBJUNCTIVE MOOD		
он	вёл бы	довёл бы
она́	вела́ бы	довела́ бы
оно́	вело́ бы	довело́ бы
они́	вели́ бы	довели́ бы

IMPERATIVE MOOD		
s.	веди́	доведи́
pl.	веди́те	доведи́те

VERBAL ADVERB	
ведя́	доведя́

PARTICIPLE				
	active		*passive*	
pres.	веду́щий	–	–	–
past	ве́дший	дове́дший	–	доведённый

КРАСТЬ – УКРА́СТЬ

Imperfective Aspect	Perfective Aspect	Imperfective Aspect	Perfective Aspect

INDICATIVE MOOD

Present Tense			*Future Tense* compound	*simple*
я	краду́	–	бу́ду красть	украду́
ты	крадёшь	–	бу́дешь красть	украдёшь
он	крадёт	–	бу́дет красть	украдёт
мы	крадём	–	бу́дем красть	украдём
вы	крадёте	–	бу́дете красть	украдёте
они́	краду́т	–	бу́дут красть	украду́т

Past Tense			*Passive Form*	
он	крал	укра́л	–	укра́ден
она́	кра́ла	укра́ла	–	укра́дена
оно́	кра́ло	укра́ло	–	укра́дено
они́	кра́ли	укра́ли	–	укра́дены

SUBJUNCTIVE MOOD

он	крал бы	укра́л бы
она́	кра́ла бы	укра́ла бы
оно́	кра́ло бы	укра́ло бы
они́	кра́ли бы	укра́ли бы

IMPERATIVE MOOD

s.	креди́	укради́
pl.	кради́те	укради́те

VERBAL ADVERB

крадя́	укра́в

PARTICIPLE

	active		*passive*	
pres.	краду́щий	–	–	–
past	кра́вший	укра́вший	–	укра́денный

КЛЯСТЬ – ПРОКЛЯ́СТЬ

Imperfective Aspect	Perfective Aspect	Imperfective Aspect	Perfective Aspect
INDICATIVE MOOD			
Present Tense		*Future Tense*	
		compound	*simple*
я кляну́	–	бу́ду клясть	прокляну́
ты клянёшь	–	бу́дешь клясть	проклянёшь
он клянёт	–	бу́дет клясть	проклянёт
мы клянём	–	бу́дем клясть	проклянём
вы клянёте	–	бу́дете клясть	проклянёте
они́ кляну́т	–	бу́дут клясть	прокляну́т
Past Tense		*Passive Form*	
он клял	про́клял	–	про́клят
она́ кляла́	прокляла́	–	проклята́
оно́ кля́ло	про́кляло	–	про́клято
они́ кля́ли	про́кляли	–	про́кляты
SUBJUNCTIVE MOOD		**IMPERATIVE MOOD**	
он клял бы	про́клял бы	*s.* кляни́	прокляни́
она́ кляла́ бы	прокляла́ бы	*pl.* кляни́те	прокляни́те
оно́ кля́ло бы	про́кляло бы	**VERBAL ADVERB**	
они́ кля́ли бы	про́кляли бы	кляня́	прокля́в
PARTICIPLE			
active		*passive*	
pres. кляну́вший	–	–	–
past кля́вший	прокля́вший	–	про́клятый

Table 50

ГРЕСТИ́ – СГРЕСТИ́

Imperfective Aspect	Perfective Aspect	Imperfective Aspect	Perfective Aspect
INDICATIVE MOOD			
Present Tense		*Future Tense*	
		compound	*simple*
я гребу́	–	бу́ду грести́	сгребу́
ты гребёшь		бу́дешь грести́	сгребёшь
он гребёт		бу́дет грести́	сгребёт
мы гребём		бу́дем грести́	сгребём
вы гребёте		бу́дете грести́	сгребёте
они́ гребу́т		бу́дут грести́	сгребу́т
Past Tense		*Passive Form*	
он грёб	сгрёб	–	сгребён
она́ гребла́	сгребла́		сгребена́
оно́ гребло́	сгребло́		сгребено́
они́ гребли́	сгребли́		сгребены́
SUBJUNCTIVE MOOD		**IMPERATIVE MOOD**	
он грёб бы	сгрёб бы	*s.* греби́	сгреби́
она́ гребла́ бы	сгребла́ бы	*pl.* греби́те	сгреби́те
оно́ гребло́ бы	сгребло́ бы	**VERBAL ADVERB**	
они́ гребли́ бы	сгребли́ бы	гребя́	сгребя́
PARTICIPLE			
active		*passive*	
pres. гребу́щий	–	–	–
past грёбший	сгрёбший	–	сгребённый

to grow / grow up

Table 51

РАСТИ́ – ПОДРАСТИ́

Imperfective Aspect	Perfective Aspect	Imperfective Aspect	Perfective Aspect
INDICATIVE MOOD			
Present Tense		*Future Tense*	
		compound	*simple*
я расту́	–	бу́ду расти́	подрасту́
ты растёшь		бу́дешь расти́	подрастёшь
он растёт		бу́дет расти́	подрастёт
мы растём		бу́дем расти́	подрастём
вы растёте		бу́дете расти́	подрастёте
они́ расту́т		бу́дут расти́	подрасту́т
Past Tense		*Passive Form*	
он рос	подро́с	–	–
она́ росла́	подросла́		
оно́ росло́	подросло́		
они́ росли́	подросли́		
SUBJUNCTIVE MOOD		IMPERATIVE MOOD	
он рос бы	подро́с бы	*s.* расти́	подрасти́
она́ росла́ бы	подросла́ бы	*pl.* расти́те	подрасти́те
оно́ росло́ бы	подросло́ бы	VERBAL ADVERB	
они́ росли́ бы	подросли́ бы	–	подро́сши
PARTICIPLE			
active		*passive*	
pres. расту́щий	–	–	–
past ро́сший	подро́сший	–	–

Table 52

ПРОЧЕ́СТЬ

Imperfective Aspect	Perfective Aspect	Imperfective Aspect	Perfective Aspect
INDICATIVE MOOD			
Present Tense		*Future Tense*	
		compound	*simple*
–	–	–	я прочту́ ты прочтёшь он прочтёт мы прочтём вы прочтёте они́ прочту́т
Past Tense		*Passive Form*	
–	он прочёл она́ прочла́ оно́ прочло́ они́ прочли́	–	прочтён прочтена́ прочтено́ прочтены́
SUBJUNCTIVE MOOD		IMPERATIVE MOOD	
–	он прочёл бы она́ прочла́ бы оно́ прочло́ бы они́ прочли́ бы	*s.* – *pl.* –	прочти́ прочти́те
		VERBAL ADVERB	
		–	прочтя́
PARTICIPLE			
active		*passive*	
pres. –	–	–	–
past –	–	–	прочтённый

Table 53

СЕСТЬ

Imperfective Aspect	Perfective Aspect	Imperfective Aspect	Perfective Aspect
INDICATIVE MOOD			
Present Tense		*Future Tense*	
		compound	*simple*
–	–	–	я ся́ду ты ся́дешь он ся́дет мы ся́дем вы ся́дете они́ ся́дут
Past Tense		*Passive Form*	
–	он сел она́ се́ла оно́ се́ло они́ се́ли	–	–
SUBJUNCTIVE MOOD		IMPERATIVE MOOD	
–	он сел бы она́ се́ла бы оно́ се́ло бы они́ се́ли бы	*s.* – *pl.* –	сядь ся́дьте
		VERBAL ADVERB	
		–	сев
PARTICIPLE			
active		*passive*	
pres. –	–	–	–
past –	се́вший	–	–

Group VI
ПЕЧЬ – ИСПЕ́ЧЬ

INDICATIVE MOOD

	Imperfective Aspect	Perfective Aspect	Imperfective Aspect	Perfective Aspect
	Present Tense		*Future Tense*	
			compound	*simple*
я	пеку́		бу́ду	испеку́
ты	печёшь		бу́дешь	испечёшь
он	печёт	–	бу́дет } печь	испечёт
мы	печём		бу́дем	испечём
вы	печёте		бу́дете	испечёте
они́	пеку́т		бу́дут	испеку́т

	Past Tense		*Passive Form* *past*	*pres.*	
он	пёк	испёк	пёкся		испечён
она́	пекла́	испекла́	пекла́сь	печётся	испечена́
оно́	пекло́	испекло́	пекло́сь		испечено́
они́	пекли́	испекли́	пекли́сь	пеку́тся	испечены́

SUBJUNCTIVE MOOD

	Imperfective Aspect	Perfective Aspect
он	пёк бы	испёк бы
она́	пекла́ бы	испекла́ бы
оно́	пекло́ бы	испекло́ бы
они́	пекли́ бы	испекли́ бы

IMPERATIVE MOOD

	Imperfective Aspect	Perfective Aspect
s.	пеки́	испеки́
pl.	пеки́те	испеки́те

VERBAL ADVERB

Imperfective Aspect	Perfective Aspect
–	–

PARTICIPLE

	active Imperfective	*active* Perfective	*passive* Imperfective	*passive* Perfective
pres.	пеку́щий	–	–	–
past	пёкший	испёкший	–	испечённый

ТОЛО́ЧЬ – ИСТОЛО́ЧЬ

Imperfective Aspect		Perfective Aspect	Imperfective Aspect			Perfective Aspect
INDICATIVE MOOD						
Present Tense			*Future Tense*			
			compound			*simple*
я	толку́	–	бу́ду	толо́чь		истолку́
ты	толчёшь		бу́дешь			истолчёшь
он	толчёт		бу́дет			истолчёт
мы	толчём		бу́дем			истолчём
вы	толчёте		бу́дете			истолчёте
они́	толку́т		бу́дут			истолку́т
Past Tense			*Passive Form*			
			past	*pres.*		
он	толо́к	истоло́к	толо́кся			истолчён
она́	толкла́	истолкла́	толкла́сь	толчётся		истолчена́
оно́	толкло́	истолкло́	толкло́сь			истолчено́
они́	толкли́	истолкли́	толкли́сь	толку́тся		истолчены́

SUBJUNCTIVE MOOD		
он	толо́к бы	истоло́к бы
она́	толкла́ бы	истолкла́ бы
оно́	толкло́ бы	истолкло́ бы
они́	толкли́ бы	истолкли́ бы

IMPERATIVE MOOD		
s.	толки́	истолки́
pl.	толки́те	истолки́те

VERBAL ADVERB	
–	–

PARTICIPLE				
	active		*passive*	
pres.	толку́щий	–	–	–
past	–	–	–	истолчённый

to take care of

Table 56

БЕРÉЧЬ – СБЕРÉЧЬ

Imperfective Aspect	Perfective Aspect	Imperfective Aspect		Perfective Aspect
INDICATIVE MOOD				
Present Tense		*Future Tense*		
		compound		*simple*
я берегу́	–	бу́ду	берéчь	сберегу́
ты бережёшь		бу́дешь		сбережёшь
он бережёт		бу́дет		сбережёт
мы бережём		бу́дем		сбережём
вы бережёте		бу́дете		сбережёте
они́ берегу́т		бу́дут		сберегу́т
Past Tense		*Passive Form*		
		past	*pres.*	
он берёг	сберёг	берёгся		сбережён
она́ береглá	сбереглá	береглáсь	бережётся	сбереженá
оно́ берегло́	сберегло́	берегло́сь		сбережено́
они́ берегли́	сберегли́	берегли́сь	берегу́тся	сбережены́
SUBJUNCTIVE MOOD		IMPERATIVE MOOD		
он берёг бы	сберёг бы	*s.* береги́		сбереги́
она́ береглá бы	сбереглá бы	*pl.* береги́те		сбереги́те
оно́ берегло́ бы	сберегло́ бы	VERBAL ADVERB		
они́ берегли́ бы	сберегли́ бы	–		сберёгши
PARTICIPLE				
active		*passive*		
pres. берегу́щий	–	–		–
past берёгший	сберёгший	–		сбережённый

МОЧЬ – ПОМО́ЧЬ

Imperfective Aspect		Perfective Aspect	Imperfective Aspect		Perfective Aspect
INDICATIVE MOOD					
Present Tense			*Future Tense*		
			compound		*simple*
я	могу́	–	бу́ду	мочь	помогу́
ты	мо́жешь		бу́дешь		помо́жешь
он	мо́жет		бу́дет		помо́жет
мы	мо́жем		бу́дем		помо́жем
вы	мо́жете		бу́дете		помо́жете
они́	мо́гут		бу́дут		помо́гут
Past Tense			*Passive Form*		
он	мог	помо́г	–		–
она́	могла́	помогла́			
оно́	могло́	помогло́			
они́	могли́	помогли́			
SUBJUNCTIVE MOOD			**IMPERATIVE MOOD**		
он	мог бы	помо́г бы	*s.* –		помоги́
она́	могла́ бы	помогла́ бы	*pl.* –		помоги́те
оно́	могло́ бы	помогло́ бы	**VERBAL ADVERB**		–
они́	могли́ бы	помогли́ бы			
PARTICIPLE					
active			*passive*		
pres.	могу́щий	–	–		–
past	мо́гший	помо́гший	–		–

ЖЕЧЬ – ЗАЖЕ́ЧЬ

Imperfective Aspect		Perfective Aspect	Imperfective Aspect		Perfective Aspect
INDICATIVE MOOD					
Present Tense			*Future Tense*		
			compound		*simple*
я	жгу	–	бу́ду	жечь	зажгу́
ты	жжёшь		бу́дешь		зажжёшь
он	жжёт		бу́дет		зажжёт
мы	жжём		бу́дем		зажжём
вы	жжёте		бу́дете		зажжёте
они́	жгут		бу́дут		зажгу́т
Past Tense			*Passive Form*		
он	жёг	зажёг	–		зажжён
она́	жгла	зажгла́			зажжена́
оно́	жгло	зажгло́			зажжено́
они́	жгли	зажгли́			зажжены́
SUBJUNCTIVE MOOD			**IMPERATIVE MOOD**		
он	жёг бы	зажёг бы	*s.*	жги	жги́те
она́	жгла бы	зажгла́ бы	*pl.*	жги́те	зажги́те
оно́	жгло бы	зажгло́ бы	**VERBAL ADVERB**		
они́	жгли бы	зажгли́ бы	–		зажёгши
PARTICIPLE					
active			*passive*		
pres.	жгу́щий	–	–		–
past	жёгший	зажёгший	–		зажжённый

ЛЕЧЬ

Imperfective Aspect	Perfective Aspect	Imperfective Aspect	Perfective Aspect
INDICATIVE MOOD			
Present Tense		*Future Tense*	
		compound	*simple*
–	–	–	я ля́гу ты ля́жешь он ля́жет мы ля́жем вы ля́жете они́ ля́гут
Past Tense		*Passive Form*	
–	он лёг она́ легла́ оно́ легло́ они́ легли́	–	–
SUBJUNCTIVE MOOD		**IMPERATIVE MOOD**	
–	он лёг бы она́ легла́ бы оно́ легло́ бы они́ легли́ бы	*s.* – *pl.* –	ляг ля́гте
		VERBAL ADVERB	
		–	–
PARTICIPLE			
active		*passive*	
pres. –	–	–	–
past –	лёгший	–	–

Group VII

ДАВА́ТЬ – НАДАВА́ТЬ

Imperfective Aspect		Perfective Aspect	Imperfective Aspect		Perfective Aspect
INDICATIVE MOOD					
Present Tense			*Future Tense*		
			compound		*simple*
я	даю́		бу́ду	дава́ть	надаю́
ты	даёшь		бу́дешь	дава́ть	надаёшь
он	даёт		бу́дет	дава́ть	надаёт
мы	даём	–	бу́дем	дава́ть	надаём
вы	даёте		бу́дете	дава́ть	надаёте
они́	даю́т		бу́дут	дава́ть	надаю́т
Past Tense			*Passive Form*		
			past	*pres.*	
он	дава́л	надава́л	дава́лся		
она́	дава́ла	надава́ла	дава́лась	даётся	–
оно́	дава́ло	надава́ло	дава́лось		
они́	дава́ли	надава́ли	дава́лись	даю́тся	
SUBJUNCTIVE MOOD			IMPERATIVE MOOD		
он	дава́л бы	надава́л бы	*s.*	дава́й	надава́й
она́	дава́ла бы	надава́ла бы	*pl.*	дава́йте	надава́йте
оно́	дава́ло бы	надава́ло бы	VERBAL ADVERB		
они́	дава́ли бы	надава́ли бы		дава́я	надава́в
PARTICIPLE					
active			*passive*		
pres.	даю́щий	–		дава́емый	–
past	дава́вший	надава́вший		–	–

ОДЕ́ТЬ

Imperfective Aspect	Perfective Aspect	Imperfective Aspect	Perfective Aspect
INDICATIVE MOOD			
Present Tense		*Future Tense*	
		compound	*simple*
–	–	–	я оде́ну ты оде́нешь он оде́нет мы оде́нем вы оде́нете они́ оде́нут
Past Tense		*Passive Form*	
–	он оде́л она́ оде́ла оно́ оде́ло они́ оде́ли	–	оде́т оде́та оде́то оде́ты
SUBJUNCTIVE MOOD		IMPERATIVE MOOD	
	он оде́л бы она́ оде́ла бы оно́ оде́ло бы они́ оде́ли бы	*s.* – *pl.* –	оде́нь оде́ньте
		VERBAL ADVERB	
		–	оде́в
PARTICIPLE			
active		*passive*	
pres. –	–	–	–
past –	оде́вший	–	оде́тый

ЖИТЬ – ПРОЖИ́ТЬ

Imperfective Aspect		Perfective Aspect	Imperfective Aspect		Perfective Aspect
INDICATIVE MOOD					
Present Tense			*Future Tense*		
			compound		*simple*
я	живу́		бу́ду	жить	проживу́
ты	живёшь		бу́дешь	жить	проживёшь
он	живёт		бу́дет	жить	прожи́вёт
мы	живём		бу́дем	жить	проживём
вы	живёте		бу́дете	жить	проживёте
они́	живу́т		бу́дут	жить	проживу́т
Past Tense			*Passive Form*		
он	жил	про́жил	–		про́жит
она́	жила́	прожила́			прожита́
оно́	жи́ло	про́жило			про́жито
они́	жи́ли	про́жили			про́житы
SUBJUNCTIVE MOOD			**IMPERATIVE MOOD**		
он	жил бы	про́жил бы	*s.*	живи́	проживи́
она́	жила́ бы	прожила́ бы	*pl.*	живи́те	проживи́те
оно́	жи́ло бы	про́жило бы	**VERBAL ADVERB**		
они́	жи́ли бы	про́жили бы		живя́	прожи́в
PARTICIPLE					
active			*passive*		
pres.	живу́щий	–	–		–
past	жи́вший	прожи́вший	–		про́житый

Table 63

НАЧА́ТЬ

Imperfective Aspect	Perfective Aspect	Imperfective Aspect	Perfective Aspect
INDICATIVE MOOD			
Present Tense		*Future Tense*	
		compound	*simple*
–	–	–	я начну́ ты начнёшь он начнёт мы начнём вы начнёте они́ начну́т
Past Tense		*Passive Form*	
	он на́чал начался́ она́ начала́(сь) оно́ на́чало начало́сь они́ на́чали начали́сь	–	на́чат начата́ на́чато на́чаты
SUBJUNCTIVE MOOD		**IMPERATIVE MOOD**	
–	он на́чал бы начался́ бы она́ начала́(сь) оно́ на́чало бы начало́сь бы они́ на́чали бы начали́сь бы	*s.* – *pl.* –	начни́ начни́те
		VERBAL ADVERB	
		–	нача́в
PARTICIPLE			
active		*passive*	
pres. –	–	–	–
past –	нача́вший	–	на́чатый

Table 64

МЯТЬ – ПОМЯ́ТЬ

Imperfective Aspect	Perfective Aspect	Imperfective Aspect	Perfective Aspect
INDICATIVE MOOD			
Present Tense		*Future Tense*	
		compound	*simple*
я мну	–	бу́ду мять	помну́
ты мнёшь		бу́дешь мять	помнёшь
он мнёт		бу́дет мять	помнёт
мы мнём		бу́дем мять	помнём
вы мнёте		бу́дете мять	помнёте
они́ мнут		бу́дут мять	помну́т
Past Tense		*Passive Form*	
он мял	помя́л	–	помя́т
она́ мя́ла	помя́ла		помя́та
оно́ мя́ло	помя́ло		помя́то
они́ мя́ли	помя́ли		помя́ты
SUBJUNCTIVE MOOD		**IMPERATIVE MOOD**	
он мял бы	помя́л бы	*s.* мни	помни́
она́ мя́ла бы	помя́ла бы	*pl.* мни́те	помни́те
оно́ мя́ло бы	помя́ло бы	**VERBAL ADVERB**	
они́ мя́ли бы	помя́ли бы	–	помя́в
PARTICIPLE			
active		*passive*	
pres. мну́щий	–	–	–
past мя́вший	помя́вший	–	помя́тый

Table 65

ЖАТЬ – ПОЖА́ТЬ (ру́ку)

Imperfective Aspect	Perfective Aspect	Imperfective Aspect	Perfective Aspect
INDICATIVE MOOD			
Present Tense		*Future Tense*	
		compound	*simple*
я жму		бу́ду	пожму́
ты жмёшь		бу́дешь	пожмёшь
он жмёт		бу́дет } жать	пожмёт
мы жмём	–	бу́дем	пожмёте
вы жмёте		бу́дете	пожмём
они́ жмут		бу́дут	пожму́т
Past Tense		*Passive Form*	
он жал	пожа́л		пожа́т
она́ жа́ла	пожа́ла	–	пожа́та
оно́ жа́ло	пожа́ло		пожа́то
они́ жа́ли	пожа́ли		пожа́ты
SUBJUNCTIVE MOOD		IMPERATIVE MOOD	
он жал бы	пожа́л бы	*s.* жми	пожми́
она́ жа́ла бы	пожа́ла бы	*pl.* жми́те	пожми́те
оно́ жа́ло бы	пожа́ло бы	VERBAL ADVERB	
они́ жа́ли бы	пожа́ли бы	–	пожа́в
PARTICIPLE			
active		*passive*	
pres. жму́щий	–	–	–
past жа́вший	пожа́вший	–	пожа́тый

to shave

Table 66

БРИТЬ – ПОБРИ́ТЬ

Imperfective Aspect	Perfective Aspect	Imperfective Aspect	Perfective Aspect

INDICATIVE MOOD

Present Tense			*Future Tense* compound		*Future Tense* simple
я	бре́ю	–	бу́ду	брить	побре́ю
ты	бре́ешь		бу́дешь		побре́ешь
он	бре́ет		бу́дет		побре́ет
мы	бре́ем		бу́дем		побре́ем
вы	бре́ете		бу́дете		побре́ете
они́	бре́ют		бу́дут		побре́ют

Past Tense			*Passive Form*	
он	брил	побри́л	–	побри́т
она́	бри́ла	побри́ла		побри́та
оно́	бри́ло	побри́ло		побри́то
они́	бри́ли	побри́ли		побри́ты

SUBJUNCTIVE MOOD

он	брил бы	побри́л бы
она́	бри́ла бы	побри́ла бы
оно́	бри́ло бы	побри́ло бы
они́	бри́ли бы	побри́ли бы

IMPERATIVE MOOD

s.	брей	побре́й
pl.	бре́йте	побре́йте

VERBAL ADVERB

бре́я	побри́в

PARTICIPLE

	active		*passive*	
pres.	бре́ющий	–	–	–
past	бри́вший	побри́вший	–	побри́тый

Table 67

МЫТЬ – ПОМЫ́ТЬ

Imperfective Aspect	Perfective Aspect	Imperfective Aspect	Perfective Aspect

INDICATIVE MOOD

Present Tense			*Future Tense*	
			compound	*simple*
я	мо́ю	–	бу́ду мыть	помо́ю
ты	мо́ешь		бу́дешь мыть	помо́ешь
он	мо́ет		бу́дет мыть	помо́ет
мы	мо́ем		бу́дем мыть	помо́ем
вы	мо́ете		бу́дете мыть	помо́ете
они́	мо́ют		бу́дут мыть	помо́ют

Past Tense			*Passive Form*	
он	мыл	помы́л	–	помы́т
она́	мы́ла	помы́ла		помы́та
оно́	мы́ло	помы́ло		помы́то
они́	мы́ли	помы́ли		помы́ты

SUBJUNCTIVE MOOD

он	мыл бы	помы́л бы
она́	мы́ла бы	помы́ла бы
оно́	мы́ло бы	помы́ло бы
они́	мы́ли бы	помы́ли бы

IMPERATIVE MOOD

s.	мой	помо́й
pl.	мо́йте	помо́йте

VERBAL ADVERB

мо́я	помы́в

PARTICIPLE

	active		*passive*	
pres.	мо́ющий	–	–	–
past	мы́вший	помы́вший	–	помы́тый

ПЕТЬ – СПЕТЬ

Imperfective Aspect	Perfective Aspect	Imperfective Aspect	Perfective Aspect
INDICATIVE MOOD			
Present Tense		*Future Tense*	
		compound	*simple*
я пою́	–	бу́ду петь	спою́
ты поёшь		бу́дешь петь	споёшь
он поёт		бу́дет петь	споёт
мы поём		бу́дем петь	споём
вы поёте		бу́дете петь	споёте
они́ пою́т		бу́дут петь	спою́т
Past Tense		*Passive Form*	
он пел	спел	–	спет
она́ пе́ла	спе́ла		спе́та
оно́ пе́ло	спе́ло		спе́то
они́ пе́ли	спе́ли		спе́ты
SUBJUNCTIVE MOOD		**IMPERATIVE MOOD**	
он пел бы	спел бы	*s.* пой	спой
она́ пе́ла бы	спе́ла бы	*pl.* по́йте	спо́йте
оно́ пе́ло бы	спе́ло бы	**VERBAL ADVERB**	
они́ пе́ли бы	спе́ли бы	–	спев
PARTICIPLE			
active		*passive*	
pres. пою́щий	–	–	–
past пе́вший	спе́вший	–	спе́тый

Table 69

ПИТЬ – ДОПИ́ТЬ

Imperfective Aspect	Perfective Aspect	Imperfective Aspect	Perfective Aspect

INDICATIVE MOOD

Present Tense			*Future Tense*	
			compound	*simple*
я	пью	–	бу́ду пить	допью́
ты	пьёшь		бу́дешь пить	допьёшь
он	пьёт		бу́дет пить	допьёт
мы	пьём		бу́дем пить	допьём
вы	пьёте		бу́дете пить	допьёте
они́	пьют		бу́дут пить	допью́т

Past Tense			*Passive Form*		
			past	*pres.*	
он	пил	до́пил	пи́лся		до́пит
		допи́л			допи́т
она́	пила́	допила́	пила́сь	пьётся	допита́
оно́	пи́ло	до́пило	пило́сь		до́пито
		допи́ло			допи́то
они́	пи́ли	до́пили	пили́сь	пью́тся	до́питы
		допи́ли			допи́ты

SUBJUNCTIVE MOOD

	Imperfective	Perfective
он	пил бы	до́пил бы
		допи́л бы
она́	пила́ бы	допила́ бы
оно́	пи́ло бы	до́пило бы
		допи́ло бы
они́	пи́ли бы	до́пили бы
		допи́ли бы

IMPERATIVE MOOD

	Imperfective	Perfective
s.	пей	допе́й
pl.	пе́йте	допе́йте

VERBAL ADVERB

Imperfective	Perfective
–	допи́в

PARTICIPLE

	active		*passive*	
pres.	пью́щий	–	–	–
past	пи́вший	допи́вший	–	допи́тый
				до́питый

Table 70

МОЛО́ТЬ – СМОЛО́ТЬ

Imperfective Aspect	Perfective Aspect	Imperfective Aspect	Perfective Aspect

INDICATIVE MOOD

	Present Tense (Imperfective)	*Present Tense* (Perfective)	*Future Tense* *compound* (Imperfective)	*Future Tense* *simple* (Perfective)
я	мелю́	–	бу́ду молo´ть	смелю́
ты	ме́лешь		бу́дешь моло́ть	сме́лешь
он	ме́лет		бу́дет моло́ть	сме́лет
мы	ме́лем		бу́дем моло́ть	сме́лем
вы	ме́лете		бу́дете моло́ть	сме́лете
они́	ме́лют		бу́дут моло́ть	сме́лют

	Past Tense (Imperfective)	*Past Tense* (Perfective)	*Passive Form* *past*	*Passive Form* *pres.*	*Passive Form* (Perfective)
он	моло́л	смоло́л	моло́лся		смо́лот
она́	моло́ла	смоло́ла	моло́лась	ме́лется	смо́лота
оно́	моло́ло	смоло́ло	моло́лось		смо́лото
они́	моло́ли	смоло́ли	моло́лось	ме́лются	смо́лоты

SUBJUNCTIVE MOOD

	Imperfective	Perfective
он	моло́л бы	смоло́л бы
она́	моло́ла бы	смоло́ла бы
оно́	моло́ло бы	смоло́ло бы
они́	моло́ли бы	смоло́ли бы

IMPERATIVE MOOD

	Imperfective	Perfective
s.	мели́	смели́
pl.	мели́те	смели́те

VERBAL ADVERB

Imperfective	Perfective
–	смоло́в

PARTICIPLE

	active (Imperfective)	*active* (Perfective)	*passive* (Imperfective)	*passive* (Perfective)
pres.	ме́лющий	–	–	–
past	моло́вший	смоло́вший	–	смо́лотый

ТЕРЕ́ТЬ – ЗАПЕРЕ́ТЬ

Imperfective Aspect		Perfective Aspect	Imperfective Aspect		Perfective Aspect
INDICATIVE MOOD					
Present Tense			*Future Tense*		
			compound		*simple*
я	тру	–	бу́ду	тере́ть	запру́
ты	трёшь		бу́дешь		запрёшь
он	трёт		бу́дет		запрёт
мы	трём		бу́дем		запрём
вы	трёте		бу́дете		запрёте
они́	трут		бу́дут		запру́т
Past Tense			*Passive Form*		
			past	*pres.*	
он	тёр	за́пер	тёрся		за́перт
она́	тёрла	заперла́	тёрлась	трётся	заперта́
оно́	тёрло	за́перло	тёрлось		за́перто
они́	тёрли	за́перли	тёрлись	тру́тся	за́перты
SUBJUNCTIVE MOOD			**IMPERATIVE MOOD**		
он	тёр бы	за́пер бы	*s.*	три	запри́
она́	тёрла бы	заперла́ бы	*pl.*	три́те	запри́те
оно́	тёрло бы	за́перло бы	**VERBAL ADVERB**		
они́	тёрли бы	за́перли бы	–		заперёв
PARTICIPLE					
active			*passive*		
pres.	тру́щий	–	–		–
past	тёрший	за́перший	–		за́пертый

to take

Table 72

БРАТЬ – СОБРА́ТЬ

<table>
<tr><th>Imperfective Aspect</th><th>Perfective Aspect</th><th>Imperfective Aspect</th><th></th><th>Perfective Aspect</th></tr>
<tr><td colspan="5">INDICATIVE MOOD</td></tr>
<tr><td colspan="2">Present Tense</td><td colspan="3">Future Tense</td></tr>
<tr><td></td><td></td><td colspan="2">compound</td><td>simple</td></tr>
<tr><td>я беру́
ты берёшь
он берёт
мы берём
вы берёте
они́ беру́т</td><td>–</td><td>бу́ду
бу́дешь
бу́дет
бу́дем
бу́дете
бу́дут</td><td>брать</td><td>соберу́
соберёшь
соберёт
соберём
соберёте
соберу́т</td></tr>
<tr><td colspan="2">Past Tense</td><td colspan="3">Passive Form</td></tr>
<tr><td></td><td></td><td>past</td><td>pres.</td><td></td></tr>
<tr><td>он бра́л(ся)
она́ брала́(сь)
оно́ бра́ло
брало́сь
они́ бра́ли</td><td>собра́л(ся)
собрала́(сь)
собра́ло
собрало́сь
собра́ли
собрали́сь</td><td>бра́лся
брала́сь
брало́сь

брали́сь</td><td>
берётся

беру́тся</td><td>со́бран
со́брана
со́брано

со́браны</td></tr>
<tr><td colspan="2">SUBJUNCTIVE MOOD</td><td colspan="3">IMPERATIVE MOOD</td></tr>
<tr><td rowspan="3">он бра́л(ся) бы
она́ брала́(сь) бы
оно́ бра́ло бы
брало́сь бы
они́ бра́ли бы
брали́сь бы</td><td rowspan="3">собра́л(ся) бы
собрала́(сь) бы
собра́ло бы
собрало́сь бы
собра́ли бы
собрали́сь бы</td><td colspan="2">s. бери́
pl. бери́те</td><td>собери́
собери́те</td></tr>
<tr><td colspan="3">VERBAL ADVERB</td></tr>
<tr><td colspan="2">беря́</td><td>собра́в</td></tr>
<tr><td colspan="5">PARTICIPLE</td></tr>
<tr><td colspan="2">active</td><td colspan="3">passive</td></tr>
<tr><td>pres. беру́щий</td><td>–</td><td colspan="2">–</td><td>–</td></tr>
<tr><td>past бра́вший</td><td>собра́вший</td><td colspan="2">–</td><td>со́бранный</td></tr>
</table>

СТЛАТЬ – ПОСТЛА́ТЬ

Imperfective Aspect	Perfective Aspect	Imperfective Aspect	Perfective Aspect

INDICATIVE MOOD

Present Tense		Future Tense compound		Future Tense simple
я стелю́	–	бу́ду	стели́ть	постелю́
ты сте́лешь		бу́дешь		посте́лешь
он сте́лет		бу́дет		посте́лет
мы сте́лем		бу́дем		посте́лем
вы сте́лете		бу́дете		посте́лете
они́ сте́лют		бу́дут		посте́лют

Past Tense		Passive Form past	Passive Form pres.	
он стлал	постла́л	стла́лся		по́стлан
она́ стла́ла	постла́ла	стла́лась	сте́лется	по́стлана
оно́ стла́ло	постла́ло	стла́лось		по́стлано
они́ стла́ли	постла́ли	стла́лись	сте́лются	по́стланы

SUBJUNCTIVE MOOD

	Imperfective	Perfective
он	стлал бы	постла́л бы
она́	стла́ла бы	постла́ла бы
оно́	стла́ло бы	постла́ло бы
они́	стла́ли бы	постла́ли бы

IMPERATIVE MOOD

	Imperfective	Perfective
s.	стели́	постели́
pl.	стели́те	постели́те

VERBAL ADVERB

Imperfective	Perfective
стеля́	постла́в

PARTICIPLE

	active (Imperfective)	active (Perfective)	passive (Imperfective)	passive (Perfective)
pres.	сте́лющий	–	–	–
past	стла́вший	постла́вший	–	по́стланный

Table 74

ЗВАТЬ – ПОЗВА́ТЬ

Imperfective Aspect		Perfective Aspect	Imperfective Aspect		Perfective Aspect
INDICATIVE MOOD					
Present Tense			*Future Tense*		
			compound		*simple*
я	зову́	–	бу́ду	звать	позову́
ты	зовёшь		бу́дешь		позовёшь
он	зовёт		бу́дет		позовёт
мы	зовём		бу́дем		позовём
вы	зовёте		бу́дете		позовёте
они́	зову́т		бу́дут		позову́т
Past Tense			*Passive Form*		
он	зва́л(ся)	позва́л	–		по́зван
она́	звала́(сь)	позвала́			по́звана
оно́	зва́ло звало́сь	позва́ло			по́звано
они́	зва́ли звали́сь	позва́ли			по́званы
SUBJUNCTIVE MOOD			**IMPERATIVE MOOD**		
он	зва́л(ся) бы	позва́л бы	*s.*	зови́	позови́
она́	звала́(сь) бы	позвала́ бы	*pl.*	зови́те	позови́те
оно́	зва́ло бы звало́сь бы	позва́ло бы	**VERBAL ADVERB**		
они́	зва́ли бы звали́сь бы	позва́ли бы		зовя́	позва́в
PARTICIPLE					
active			*passive*		
pres.	зову́щий	–	–		–
past	зва́вший	позва́вший	–		по́званный

ГНАТЬ – СОГНА́ТЬ

Imperfective Aspect		Perfective Aspect	Imperfective Aspect		Perfective Aspect
INDICATIVE MOOD					
Present Tense			*Future Tense*		
			compound		*simple*
я	гоню́	–	бу́ду	гнать	сгоню́
ты	го́нишь		бу́дешь		сго́нишь
он	го́нит		бу́дет		сго́нит
мы	го́ним		бу́дем		сго́ним
вы	го́ните		бу́дете		сго́ните
они́	го́нят		бу́дут		сго́нят
Past Tense			*Passive Form*		
			past	*pres.*	
он	гна́л(ся)	согна́л	гна́лся		со́гнан
она́	гнала́(сь)	согнала́	гнала́сь	го́нится	со́гнана
оно́	гна́ло гнало́сь	согна́ло	гнало́сь		со́гнано
они́	гна́ли гнали́сь	согна́ли	гнали́сь	го́нятся	со́гнаны

SUBJUNCTIVE MOOD			IMPERATIVE MOOD		
он	гна́л(ся) бы	согна́л бы	*s.*	гони́	сгони́
она́	гнала́(сь) бы	согнала́ бы	*pl.*	гони́те	сгони́те
оно́	гна́ло бы гнало́сь бы	согна́ло бы	VERBAL ADVERB		
они́	гна́ли бы гнали́сь бы	согна́ли бы		гоня́	согна́в

PARTICIPLE				
active			*passive*	
pres.	гоня́щий	–	гони́мый	–
past	гна́вший	согна́вший	–	со́гнанный

ПОДНЯ́ТЬ

Imperfective Aspect	Perfective Aspect	Imperfective Aspect	Perfective Aspect

INDICATIVE MOOD

Present Tense		*Future Tense compound*	*simple*
–	–	–	я подниму́
			ты подни́мешь
			он подни́мет
			мы подни́мем
			вы подни́мете
			они́ подни́мут

Past Tense		*Passive Form*	
–	он по́днял	–	по́днят
	подня́лся		
	она́ подняла́(сь)		по́днята
	оно́ по́дняло		по́днято
	подняло́сь		
	они́ по́дняли		по́дняты

SUBJUNCTIVE MOOD

–	он по́днял бы
	подня́лся бы
	она́ подняла́(сь) бы
	оно́ по́дняло бы
	подняло́сь бы
	они́ по́дняли бы
	подняли́сь бы

IMPERATIVE MOOD

s.	–	подними́
pl.	–	подними́те

VERBAL ADVERB

–	подня́в

PARTICIPLE

	active		*passive*	
pres.	–	–	–	–
past	–	подня́вший	–	по́днятый

ПРИНЯ́ТЬ

Imperfective Aspect	Perfective Aspect	Imperfective Aspect	Perfective Aspect
INDICATIVE MOOD			
Present Tense		*Future Tense*	
		compound	*simple*
–	–	–	я приму́ ты при́мешь он при́мет мы при́мем вы при́мете они́ при́мут
Past Tense		*Passive Form*	
–	он при́нял принялся́ она́ приня- ла́(сь) оно́ при́няло приняло́сь они́ при́няли приняли́сь	–	при́нят при́нята при́нято при́няты
SUBJUNCTIVE MOOD		**IMPERATIVE MOOD**	
–	он при́нял бы принялся́ бы она́ приняла́(сь) бы оно́ при́няло бы приняло́сь бы они́ при́няли бы приняли́сь бы	*s.* –	прими́
		pl. –	прими́те
		VERBAL ADVERB	
		–	приня́в
PARTICIPLE			
active		*passive*	
pres. –	–	–	–
past –	приня́вший	–	при́нятый

Table 78

ПОНЯ́ТЬ

Imperfective Aspect	Perfective Aspect	Imperfective Aspect	Perfective Aspect
INDICATIVE MOOD			
Present Tense		*Future Tense*	
		compound	*simple*
–	–	–	я пойму́ ты поймёшь он поймёт мы поймём вы поймёте они́ пойму́т
Past Tense		*Passive Form*	
–	он по́нял она́ поняла́ оно́ поняло́ они́ по́няли	–	по́нят по́нята по́нято по́няты
SUBJUNCTIVE MOOD		**IMPERATIVE MOOD**	
–	он по́нял бы она́ поняла́ бы оно́ по́няло бы они́ по́няли бы	*s.* – *pl.* –	пойми́ пойми́те
		VERBAL ADVERB	
		–	поня́в
PARTICIPLE			
active		*passive*	
pres. –	–	–	–
past –	поня́вший	–	по́нятый

ВЗЯТЬ

Imperfective Aspect	Perfective Aspect	Imperfective Aspect	Perfective Aspect
		INDICATIVE MOOD	
Present Tense		*Future Tense*	
		compound	*simple*
–	–	–	я возьму́ ты возьмёшь он возьмёт мы возьмём вы возьмёте они́ возьму́т
Past Tense		*Passive Form*	
–	он взя́л(ся) она́ взяла́(сь) оно́ взя́ло взяло́сь они́ взя́ли взяли́сь	–	взят взята́ взя́то взя́ты
SUBJUNCTIVE MOOD		IMPERATIVE MOOD	
–	он взя́л(ся) бы она́ взяла́(сь) бы оно́ взя́ло бы взяло́сь бы они́ взя́ли бы взяли́сь бы	*s.* – *pl.* –	возьми́ возьми́те
		VERBAL ADVERB	
		–	взяв
		PARTICIPLE	
active		*passive*	
pres. –	–	–	–
past –	взя́вший	–	взя́тый

СЛАТЬ – ПОСЛА́ТЬ

Imperfective Aspect	Perfective Aspect	Imperfective Aspect	Perfective Aspect
INDICATIVE MOOD			
Present Tense		*Future Tense*	
		compound	*simple*
я шлю	–	бу́ду слать	пошлю́
ты шлёшь		бу́дешь слать	пошлёшь
он шлёт		бу́дет слать	пошлёт
мы шлём		бу́дем слать	пошлём
вы шлёте		бу́дете слать	пошлёте
они́ шлют		бу́дут слать	пошлю́т
Past Tense		*Passive Form*	
он слал	посла́л	–	по́слан
она́ сла́ла	посла́ла		по́слана
оно́ сла́ло	посла́ло		по́слано
они́ сла́ли	посла́ли		по́сланы
SUBJUNCTIVE MOOD		**IMPERATIVE MOOD**	
он слал бы	посла́л бы	*s.* шли	пошли́
она́ сла́ла бы	посла́ла бы	*pl.* шли́те	пошли́те
оно́ сла́ло бы	посла́ло бы	**VERBAL ADVERB**	
они́ сла́ли бы	посла́ли бы	–	посла́в
PARTICIPLE			
active		*passive*	
pres. шлю́щий	–	–	–
past сла́вший	посла́вший	–	по́сланный

ИДТИ́ – ОБОЙТИ́

Imperfective Aspect	Perfective Aspect	Imperfective Aspect	Perfective Aspect
INDICATIVE MOOD			
Present Tense		*Future Tense*	
		compound	*simple*
я иду́	–	бу́ду идти́	обойду́
ты идёшь		бу́дешь идти́	обойдёшь
он идёт		бу́дет идти́	обойдёт
мы идём		бу́дем идти́	обойдём
вы идёте		бу́дете идти́	обойдёте
они́ иду́т		бу́дут идти́	обойду́т
Past Tense		*Passive Form*	
он шёл	обошёл	–	обойдён
она́ шла	обошла́		обойдена́
оно́ шло	обошло́		обойдено́
они́ шли	обошли́		обойдены́
SUBJUNCTIVE MOOD		**IMPERATIVE MOOD**	
он шёл бы	обошёл бы	*s.* иди́	обойди́
она́ шла бы	обошла́ бы	*pl.* иди́те	обойди́те
оно́ шло бы	обошло́ бы	**VERBAL ADVERB**	
они́ шли бы	обошли́ бы	идя́	обойдя́
PARTICIPLE			
active		*passive*	
pres. иду́щий	–	–	обойдённый
past ше́дший	обоше́дший		

to go (in or on a vehicle, animal), (via 'riding'
↳ travel journey

Table 82

ÉХАТЬ – ПОÉХАТЬ

Imperfective Aspect	Perfective Aspect	Imperfective Aspect	Perfective Aspect
INDICATIVE MOOD			
Present Tense		*Future Tense*	
		compound	*simple*
я éду	–	бýду éхать	поéду
ты éдешь		бýдешь éхать	поéдешь
он éдет		бýдет éхать	поéдет
мы éдем		бýдем éхать	поéдем
вы éдете		бýдете éхать	поéдете
онú éдут		бýдут éхать	поéдут
Past Tense		*Passive Form*	
он éхал	поéхал	–	–
онá éхала	поéхала		
онó éхало	поéхало		
онú éхали	поéхали		
SUBJUNCTIVE MOOD		IMPERATIVE MOOD	
он éхал бы	поéхал бы	*s.* –	поезжáй
онá éхала бы	поéхала бы	*pl.* –	поезжáйте
онó éхало бы	поéхало бы	VERBAL ADVERB	
онú éхали бы	поéхали бы	–	поéхав
PARTICIPLE			
active		*passive*	
pres. éдущий	–	–	–
past éхавший	поéхавший	–	–

Table 83

БЫТЬ – ДОБЫ́ТЬ

Imperfective Aspect	Perfective Aspect	Imperfective Aspect	Perfective Aspect
INDICATIVE MOOD			
Present Tense		*Future Tense*	
		compound	*simple*
я, ты, он есть	–	бу́ду	добу́ду
		бу́дешь	добу́дешь
		бу́дет	добу́дет
мы, вы, они́ суть		бу́дем	добу́дем
		бу́дете	добу́дете
		бу́дут	добу́дут
Past Tense		*Passive Form*	
он был	добы́л	–	добы́т
она́ была́	добыла́		добы́та
оно́ бы́ло	добы́ло		добы́то
они́ бы́ли	добы́ли		добы́ты
SUBJUNCTIVE MOOD		**IMPERATIVE MOOD**	
он был бы	добы́л бы	*s.* будь	добу́дь
она́ была́ бы	добыла́ бы	*pl.* бу́дьте	добу́дьте
оно́ бы́ло бы	добы́ло бы	**VERBAL ADVERB**	
они́ бы́ли бы	добы́ли бы	бу́дучи	добы́в
PARTICIPLE			
active		*passive*	
pres. су́щий	–	–	–
past бы́вший	добы́вший	–	добы́тый

Table 84

ЛГАТЬ – ОБОЛГА́ТЬ

Imperfective Aspect		Perfective Aspect	Imperfective Aspect		Perfective Aspect
INDICATIVE MOOD					
Present Tense			*Future Tense*		
			compound		*simple*
я	лгу	–	бу́ду	лгать	оболгу́
ты	лжёшь		бу́дешь		оболжёшь
он	лжёт		бу́дет		оболжёт
мы	лжём		бу́дем		оболжём
вы	лжёте		бу́дете		оболжёте
они́	лгут		бу́дут		оболгу́т
Past Tense			*Passive Form*		
он	лгал	оболга́л	–		обо́лган
она́	лгала́	оболгала́			обо́лгана
оно́	лга́ло	оболга́ло			обо́лгано
они́	лга́ли	оболга́ли			обо́лганы

SUBJUNCTIVE MOOD			IMPERATIVE MOOD		
он	лгал бы	оболга́л бы	*s.*	лги	оболги́
она́	лгала́ бы	оболгала́ бы	*pl.*	лги́те	оболги́те
оно́	лга́ло бы	оболга́ло бы	VERBAL ADVERB		
они́	лга́ли бы	оболга́ли бы	–		оболга́в

PARTICIPLE				
	active		*passive*	
pres.	лгу́щий	–	–	–
past	лга́вший	оболга́вший	–	обо́лганный

БЕЖА́ТЬ – ПОБЕЖА́ТЬ

Imperfective Aspect	Perfective Aspect	Imperfective Aspect	Perfective Aspect
INDICATIVE MOOD			
Present Tense		*Future Tense*	
		compound	*simple*
я бегу́		бу́ду	побегу́
ты бежи́шь		бу́дешь	побежи́шь
он бежи́т	–	бу́дет } бежа́ть	побежи́т
мы бежи́м		бу́дем	побежи́м
вы бежи́те		бу́дете	побежи́те
они́ бегу́т		бу́дут	побегу́т
Past Tense		*Passive Form*	
он бежа́л	побежа́л		
она́ бежа́ла	побежа́ла	–	–
оно́ бежа́ло	побежа́ло		
они́ бежа́ли	побежа́ли		
SUBJUNCTIVE MOOD		IMPERATIVE MOOD	
он бежа́л бы	побежа́л бы	*s.* беги́	побеги́
она́ бежа́ла бы	побежа́ла бы	*pl.* беги́те	побеги́те
оно́ бежа́ло бы	побежа́ло бы	VERBAL ADVERB	
они́ бежа́ли бы	побежа́ли бы	–	побежа́в
PARTICIPLE			
active		*passive*	
pres. бегу́щий	–	–	–
past бежа́вший	побежа́вший	–	–

ХОТЕ́ТЬ – ЗАХОТЕ́ТЬ

Imperfective Aspect	Perfective Aspect	Imperfective Aspect	Perfective Aspect
INDICATIVE MOOD			
Present Tense		*Future Tense*	
		compound	*simple*
я хочу́	–	бу́ду хоте́ть	захочу́
ты хо́чешь		бу́дешь хоте́ть	захо́чешь
он хо́чет		бу́дет хоте́ть	захо́чет
мы хоти́м		бу́дем хоте́ть	захоти́м
вы хоти́те		бу́дете хоте́ть	захоти́те
они́ хотя́т		бу́дут хоте́ть	захотя́т
Past Tense		*Passive Form*	
он хоте́л	захоте́л	–	–
она́ хоте́ла	захоте́ла		
оно́ хоте́ло	захоте́ло		
они́ хоте́ли	захоте́ли		
SUBJUNCTIVE MOOD		IMPERATIVE MOOD	
он хоте́л бы	захоте́л бы	*s.* –	–
она́ хоте́ла бы	захоте́ла бы	*pl.* –	–
оно́ хоте́ло бы	захоте́ло бы	VERBAL ADVERB	
они́ хоте́ли бы	захоте́ли бы	–	захоте́в
PARTICIPLE			
active		*passive*	
pres. –	–	–	–
past хоте́вший	захоте́вший	–	–

to eat, consume

ЕСТЬ – СЪЕСТЬ

Imperfective Aspect	Perfective Aspect	Imperfective Aspect	Perfective Aspect
INDICATIVE MOOD			
Present Tense		*Future Tense*	
		compound	*simple*
я ем	–	бу́ду есть	съем
ты ешь		бу́дешь есть	съешь
он ест		бу́дет есть	съест
мы еди́м		бу́дем есть	съеди́м
вы еди́те		бу́дете есть	съеди́те
они́ едя́т		бу́дут есть	съедя́т
Past Tense		*Passive Form*	
		past / *pres.*	
он ел	съел	е́лся	съе́ден
она́ е́ла	съе́ла	е́лась / е́стся	съе́дена
оно́ е́ло	съе́ло	е́лось	съе́дено
они́ е́ли	съе́ли	е́лись / едя́тся	съе́дены

SUBJUNCTIVE MOOD		IMPERATIVE MOOD	
он ел бы	съел бы	*s.* ешь	съешь
она́ е́ла бы	съе́ла бы	*pl.* е́шьте	съе́шьте
оно́ е́ло бы	съе́ло бы	**VERBAL ADVERB**	
они́ е́ли бы	съе́ли бы	–	съев

PARTICIPLE	*active*		*passive*	
pres.	–	–	–	–
past	е́вший	съе́вший	–	съе́денный

Table 88

ДАТЬ – prefixless
СОЗДА́ТЬ – prefixed

Perfective Aspect

INDICATIVE MOOD

Present Tense

–	–

Future Tense

	compound	*simple*
я	дам	созда́м
ты	дашь	созда́шь
он	даст	созда́ст
мы	дади́м	создади́м
вы	дади́те	создади́те
они́	даду́т	создаду́т

Past Tense

он	да́л(ся)	со́здал созда́лся
она́	дала́(сь)	создала́(сь)
оно́	дало́ дало́сь	со́здало создало́сь
они́	да́ли дали́сь	со́здали создали́сь

Passive Form

дан	со́здан
дана́	создана́
дано́	со́здано
даны́	со́зданы

SUBJUNCTIVE MOOD

он	да́л(ся) бы	со́здал бы созда́лся бы
она́	дала́(сь) бы	создала́(сь) бы
оно́	да́ло бы дало́сь бы	со́здало бы создало́сь бы
они́	да́ли бы дали́сь бы	со́здали бы создали́сь бы

IMPERATIVE MOOD

s.	дай	созда́й
pl.	да́йте	созда́йте

VERBAL ADVERB

дав	созда́в

PARTICIPLE

	active		*passive*	
pres.	–	–	–	–
past	да́вший	созда́вший	да́нный	со́зданный

Table 89

Verbs in -ся
ПРОЩА́ТЬСЯ – ПРОСТИ́ТЬСЯ

Imperfective Aspect	Perfective Aspect	Imperfective Aspect	Perfective Aspect
INDICATIVE MOOD			
Present Tense		*Future Tense*	
		compound	*simple*
я проща́юсь	–	бу́ду проща́ться	прощу́сь
ты проща́ешься		бу́дешь проща́ться	прости́шься
он проща́ется		бу́дет проща́ться	прости́тся
мы проща́емся		бу́дем проща́ться	прости́мся
вы проща́етесь		бу́дете проща́ться	прости́тесь
они́ проща́ются		бу́дут проща́ться	простя́тся
Past Tense		*Passive Form*	
он проща́лся	прости́лся	–	–
она́ проща́лась	прости́лась		
оно́ проща́лось	прости́лось		
они́ проща́лись	прости́лись		
SUBJUNCTIVE MOOD		**IMPERATIVE MOOD**	
он проща́лся бы	прости́лся бы	*s.* проща́йся	прости́сь
она́ проща́лась бы	прости́лась бы	*pl.* проща́йтесь	прости́тесь
оно́ проща́лось бы	прости́лось бы	**VERBAL ADVERB**	
они́ проща́лись бы	прости́лись бы	проща́ясь	прости́вшись
PARTICIPLE			
active		*passive*	
pres. проща́ющийся	–	–	–
past проща́вшийся	прости́вшийся	–	–

ALPHABETIC VOCABULARY

EXPLANATORY NOTES

The Vocabulary contains verbs taken from S. I. Ozhegov's *Dictionary of the Russian Language*. Each verb is supplied with a number of labels.

1. Each verb is labelled for aspect – imperfective or perfective. If the verbs of an aspect pair come one after the other in alphabetic order, they are bracketed together; for example:

{ Подбега́ть *нес.*
{ Подбежа́ть *сов.*

If the verbs of an aspect pair do not come one after the other in alphabetic order, they are given in the Vocabulary twice, the second verb of a pair being indented; for example:

Довезти́ *сов.* Довози́ть *нес.*
  довози́ть *нес.* довезти́ *сов.*
Дове́рить *сов.*
  ....

If the perfective verb of an aspect pair differs from its imperfective counterpart by a prefix, this prefix is printed in bold-faced type. To obtain the imperfective verb, the prefix must be dropped; for example: **На**писа́ть *сов.* (*нес.* – писа́ть).

In such cases the imperfective verb will be found in its alphabetic place; for example:

Писа́ть *нес.*
  написа́ть *сов.*

Verbs which have the meaning of both the imperfective and perfective aspects are followed by two labels: *нес., сов.*

If the verbs of an aspect pair are separated in the Alphabetic Vocabulary by one or two verbs, the alphabetic order may be violated.

For example:		instead of:	
	{ Пережéчь		Пережéчь
	{ Пережига́ть		пережига́ть
	{ Пережива́ть		Пережива́ть
	{ Пережи́ть		пережи́ть
			Пережига́ть
			пережéчь
			Пережи́ть
			пережива́ть

2. Verbs which can be used with **-ся** are followed by the particle **-ся** in parentheses; for example:

Воспи́тывать(ся)

If the particle **-ся** is used only in the 3rd person, this is shown in the Vocabulary as follows:

Улучша́ть(ся 3 л.)

3. Transitive verbs are labelled *п.*

Verbs that can be used either with or without **-ся** are transitive; therefore, they are not followed by the label *п.*; its place is taken by the particle **-ся** in parentheses; for example:

{ Развяза́ть(ся) *сов.*
{ Развя́зывать(ся) *нес.*

This means that the verbs *развяза́ть* and *развя́зывать* are transitive (they take a direct object) and, consequently, they give passive participles. The verbs from which no passive participle can be formed or whose passive participle is not used are marked with an asterisk; for example:

Вдохну́ть * *сов., п.*
Проспряга́ть * *сов., п.*

If a verb without **-ся** is intransitive, this is shown in the Vocabulary entry; for example:

Устоя́ть *неперех.* (ся *3 л.*)

Since present passive participles are obtained from a limited number of Group II verbs, these verbs are marked with two asterisks; for example: Приноси́ть ** – the passive participle *приноси́мый* is used.

4. For Group II and Group III verbs with an alternation of consonants at the end of the stem the alternating consonants are given; for example:

Кра́сить(ся) *нес.,* **с : ш**

5. Verbs used only in the third person are labelled *3 л.*; for example:

Совпада́ть *нес., 3 л.*

6. The Arabic numeral after the labels stands for the number of the table containing the pattern according to which the verb is conjugated. The Roman numeral stands for the number of the group the verb belongs to. For example:

Разме́рить *сов., п.* 5 II

Some verbs are followed by two numerals. This means that they may follow either of the two conjugation patterns indicated; for example:

Заблесте́ть *сов.,* **ст : щ** 20 II and 38 III

7. Verbs with peculiarities not reflected in the table are accompanied with brief explanations given in footnotes.

8. In the verbal prefixes **в-, вз-, об-, от-, раз-, с-, под-**, vowels and consonants may either appear or be dropped in various verbal forms; therefore, those forms are supplied in the Vocabulary entries in which the forms of the prefixes differ from those of the infinitive, only the 1st person singular being given for the present / simple future tense, since in all the other persons the prefix will have the same form; for example:

обже́чь; **обо**жгу́; **обо**жги́; **обо**жжённый

This means that in the simple future tense, the imperative and the passive participle the prefix will have the form **обо-**.

9. If there is a stylistic restriction on the use of a verb, the latter is followed by the appropriate label; for example:

Безде́льничать *разг.*

ABBREVIATIONS

нес.	– несоверше́нный вид	– imperfective aspect
сов.	– соверше́нный вид	– perfective aspect
п.	– перехо́дный глаго́л	– transitive verb
неперех.	– неперехо́дный глаго́л	– intransitive verb

3 л.	– тре́тье лицо́	– 3rd person
безл.	– безли́чное	– impersonal
разг.	– разгово́рное	– colloquial
прост.	– просторе́чное	– popular
книжн.	– кни́жное	– bookish
нейтр.	– нейтра́льное	– neutral
высок.	– высо́кое	– elevated
устар.	– устаре́лое	– archaic
спец.	– специа́льное	– special field
неодобр.	– неодобри́тельное	– disapprobatory
презр.	– презри́тельное	– contemptuous
офиц.	– официа́льное	– formal
шутл.	– шутли́вое	– jocular
ирон.	– ирони́ческое	– ironic

THE RUSSIAN ALPHABET

Аа	Ии	Рр	Шш
Бб	Йй	Сс	Щщ
Вв	Кк	Тт	ъ
Гг	Лл	Уу	ы
Дд	Мм	Фф	ь
Ее, Ёё	Нн	Хх	Ээ
Жж	Оо	Цц	Юю
Зз	Пп	Чч	Яя

А

Абони́ровать(ся) *сов., нес., устар.*	41 IV
Абстраги́ровать(ся) *сов., нес., книжн.*	41 IV
Аванси́ровать *сов., нес., п.*	41 IV
Автоматизи́ровать(ся) *сов., нес.*	41 IV
Авторизова́ть *сов., нес., п., книжн.*	42 IV
Агити́ровать *нес., п.* сагити́ровать *сов.*	41 IV
Адапти́ровать *сов., нес., п.*	41 IV
Администри́ровать *нес.*	41 IV
Адресова́ть(ся) *сов., нес.*	42 IV
Акклиматизи́ровать(ся) *сов., нес.*	41 IV
Аккомпани́ровать *нес.*	41 IV
Аккредитова́ть *сов., нес., п., спец.*	42 IV
Активизи́ровать(ся) *сов., нес.*	41 IV
Акценти́ровать *сов., нес., п., спец.* and *книжн.*	41 IV
Але́ть *неперех.* (ся) *нес., 3 л.*	2 I
Американизи́ровать *сов., нес., п.*	41 IV
Амнисти́ровать *сов., нес., п.*	41 IV
Амортизи́ровать *сов., нес., п., спец.*	41 IV
Ампути́ровать *сов., нес., п.*	41 IV
Анализи́ровать *сов., нес., п.* проанализи́ровать *сов.*	41 IV
Анатоми́ровать *сов., нес., п.*	41 IV
Аннекси́ровать *сов., нес., п.*	41 IV
Аннoти́ровать *сов., нес., п., спец.*	41 IV
Аннули́ровать *сов., нес., п.*	41 IV
Анонси́ровать *сов., нес., п., книжн.*	41 IV
Апелли́ровать *сов., нес.*	41 IV
Аплоди́ровать *нес.*	41 IV
Апроби́ровать *сов., нес., п., книжн.*	41 IV
Аранжи́ровать *сов., нес., п., спец.*	41 IV
Аргументи́ровать *сов., нес., п.*	41 IV
Арендова́ть *сов., нес., п.*	42 IV
{ Арестова́ть *сов., п.*	42 IV
{ Аресто́вывать *нес., п.*	1 I
Арка́нить *нес., п.*	5 II
Арта́читься *нес., разг.*	5 II
Архаизи́ровать *сов., нес., п.*	41 IV
Ассигнова́ть *сов., нес., п.*	42 IV
Ассисти́ровать *нес., спец.*	41 IV
Ассимили́ровать(ся) *сов., нес.*	41 IV

Ассоции́ровать(ся) *сов., нес., книжн.* 41 IV

Асфальти́ровать *сов., нес., п.* 41 IV
  заасфальти́ровать *сов.*

Атакова́ть *сов., нес., п.* 42 IV

Атрофи́роваться *сов., нес., 3 л., книжн.* 41 IV

Аттестова́ть *сов., нес., п., книжн.* 42 IV

Аукать *неперех.* (ся) *нес., разг.* 1 I

Аукнуть *неперех.* (ся *3 л.*) *сов., разг.* 24 III

Афиши́ровать *сов., нес., п., книжн.* 41 IV

А́хать *нес., разг.* 1 I

А́хнуть *сов., разг.* 24 II

Б

Баба́хать *(ся) *нес., разг.* 1 I

Баба́хнуть *(ся) *сов., разг.* 24 III

Багрове́ть *нес.* 2 I
  побагрове́ть *сов.*

Бази́ровать(ся) *нес. книжн.* 41 IV

Балагу́рить *нес., разг.* 5 II

Баланси́ровать *нес.* 41 IV
  сбаланси́ровать *сов.*

Баллоти́ровать(ся) *нес., книжн.* 41 IV

Балова́ть(ся) *нес.* 42 IV
  избалова́ть(ся) *сов.*

Бальзами́ровать *нес., п.* 41 IV
  забальзами́ровать *сов.*
  набальзами́ровать *сов.*

Бараба́нить *нес.* 5 II

Бара́хтаться *нес., разг.* 1 I

Баррикади́ровать(ся) *нес.* 41 IV
  забаррикади́ровать (ся) *сов.*

Баси́ть *нес.*, **с:ш**, *разг.* 9 II

Бастова́ть *нес.* 42 IV
  забастова́ть *сов.*

Батра́чить *нес.* 5 II

Бахва́литься *нес., разг.* 5 II

Баю́кать *нес., п.* 1 I
  убаю́кать *сов.*

Бе́гать *нес.* 1 I

Бедне́ть *нес.* 2 I
  обедне́ть *сов.*

Бедоку́рить *нес., разг.* 5 II
  набедоку́рить *сов.*

Бе́дствовать *нес.* 41 IV

Бежа́ть *нес.* 85 VII

Безде́йствовать *нес.* 41 IV

Безде́льничать *нес., разг.* 1 I

Безмо́лствовать *нес., книжн.* 41 IV

Безобра́зить *нес., п.*, **з:ж** 6 II
  обезобра́зить *сов.*

Безобра́зничать *нес., разг.* 1 I
  набезобра́зничать *сов.*

Безу́мствовать *нес.* 41 IV

Беле́ть *неперех.* (ся *3 л.*) *нес.* 2 I
  побеле́ть *сов.*

Бели́ть *нес., п.* 10 and 8 II
  вы́белить *сов.*
  набели́ть(ся) *сов.*
  побели́ть *сов.*

Береди́ть *нес., п.*, **д:ж** 9 II
  разбереди́ть *сов.*

Бере́менеть *нес.* 2 I
  забере́менеть *сов.*

Бере́чь(ся) *нес.* 56 VI

Бесе́довать *нес.* 41 IV
  побесе́довать *сов.*

Беси́ть(ся) *нес.*, **с:ш**, *разг.* 11 II
  взбеси́ть(ся) *сов.*

Бесно́ваться *нес.* 42 IV

Беспоко́ить **(ся) *нес.* 12 II
  побеспоко́ить(ся) *сов.*

Бесче́стить *нес., п.* **ст:щ**, *книжн.* 6 II
  обесче́стить *сов.*

Бесчи́нствовать *нес.* 41 IV
Бетони́ровать *нес., п.* 41 IV
забетони́ровать *сов.*
Бинтова́ть(ся) *нес.* 42 IV
забинтова́ть(ся) *сов.*
Биси́ровать *нес., сов., книжн.* 41 IV
Бить[1](ся) *нес.* 69 VII
поби́ть *сов.*
разби́ть(ся) *сов.*
Бичева́ть *нес., п., книжн.* 42 IV
Благоволи́ть *нес., устар.* 8 II
Благогове́ть *нес., высок.* 2 I
Благодари́ть *нес., п.* 8 II
поблагодари́ть *сов.*
Благоду́шествовать *нес.* 41 IV
Благоприя́тствовать *нес., книжн.* 41 IV
{ Благослови́ть *сов., п.,* **в:вл** 9 II
Благословля́ть *нес., п.* 1 I
{ Благоустра́ивать *нес., п.* 1 I
Благоустро́ить *сов., п.* 12 II
Благоуха́ть *нес., книжн.* 1 I
Блаже́нствовать *нес.* 41 IV
Бледне́ть *нес.* 2 I
побледне́ть *сов.*
Блёкнуть *нес.* 26 III
поблёкнуть *сов.*
Блесну́ть *сов.* 28 III
Блесте́ть *нес.,* **ст:щ** 20 II
Блесте́ть[2] *нес.,* **ст:щ** 38 III
блесну́ть *сов.*
Бли́зиться *нес., 3 л.* 6 II
Блиста́ть *нес., книжн.* 1 I
Блоки́ровать *сов., нес., п.* 41 IV
Блужда́ть *нес.* 1 I

[1] би́л|а, -о, -и
[2] 'to shine', be distinguished

Блюсти́ *нес., п.,* **с:д**, *книжн.* 47 V
соблюсти́ *сов.*
Богате́ть *нес.* 2 I
разбогате́ть *сов.*
Боготвори́ть ** *нес., п.* 8 II
Бода́ть(ся) *нес.* 1 I
забода́ть *сов.*
Бодну́ть * *сов., п.* 28 III
Бодри́ть(ся) *нес.* 8 II
Бо́дрствовать *нес., книжн.* 41 IV
Божи́ться *нес.* 8 II
побожи́ться *сов.*
Бойкоти́ровать *нес., п.* 41 IV
Бокси́ровать *нес.* 41 IV
Боле́ть[1] *нес.* 2 II
Боле́ть[2] *нес., 3 л.* 19 II
Болта́ть(ся) *нес., разг.* 1 I
Большевизи́ровать *сов., нес., п.* 41 IV
Бомбардирова́ть *нес., п.* 42 IV
Бомби́ть *нес., п.,* **б:бл** 9 II
Бормота́ть *нес., п.,* **т:ч** 36 III
Борозди́ть *нес., п.,* **д:ж** 9 II
изборозди́ть *сов.*
Борони́ть *нес., п.* 8 II
взборони́ть *сов.*
заборони́ть *сов.*
Боронова́ть *нес., п.* 42 IV
Боро́ться *нес.* 30 III
Боя́ться[3] *нес.* 13 II
Брави́ровать *нес., книжн.* 41 IV
Бракова́ть *нес., п.* 42 IV
забракова́ть *сов.*
Брани́ть(ся) *нес.* 8 II
вы́бранить *сов.*
побрани́ть(ся) *сов.*
Брата́ться *нес.* 1 I
побрата́ться *сов.*
Брать(ся) *нес.* 72 VII
взять(ся) *сов.*

[1] to be ill
[2] to hurt, to ache
[3] боя́сь

Бре́дить *нес.*, **д:ж** 6 II
Бре́згать *нес.* 1 I
побре́згать *сов.*
Бре́зжить *неперех.* (ся) *нес.*, *3 л.* 5 II
Бренча́ть *нес.* 15 II
Брести́ *нес.*, **с:д** 47 V
Бри́ть(ся) *нес.* 66 VII
побри́ть(ся) *сов.*
Броди́ть *нес.*, **д:ж** 11 II
Бродя́жничать *нес.* 1 I
Брони́ровать *нес.*, *п.* 41 IV
заброни́ровать *сов.*
{ Броса́ть(ся) *нес.* 1 I
{ Бро́сить(ся) *сов.* **с:ш** 6 II
Брошюрова́ть *нес.*, *п.* 42 IV
сброшюрова́ть *сов.*
Бры́згать *(ся) *нес.* 1 I
Бры́знуть *сов.* 24 III
{ Брыка́ть *(ся) *нес.*, *разг.* 1 I
{ Брыкну́ть *(ся) *сов.* *разг.* 28 III
Брюзжа́ть *нес.* 15 II
{ Бря́кать *(ся *разг.*) *нес.* 1 I
{ Бря́кнуть *(ся *разг.*) *сов.* 24 III
Бряца́ть *нес.* 1 I
Бубни́ть *нес.*, *разг.* 8 II
Буди́ть *нес.*, *п.*, **д:ж** 11 II
разбуди́ть *сов.*
Будора́жить(ся) *нес.*, *разг.* 5 II
взбудора́жить(ся) *сов.*
Бу́йствовать *нес.* 41 IV
Букси́ровать *нес.*, *п.* 41 IV
Буксова́ть *нес.*, *3 л.*, *спец.* 42 IV
{ Бултыха́ться *нес.*, *разг.* 1 I
{ Бултыхну́ться *сов.*, *разг.* 28 III
{ Бу́лькать *нес.* 1 I
{ Бу́лькнуть *сов.* 24 III
Бунтова́ть *нес.* 42 IV
Бура́вить *нес.*, *п.*, **в:вл** 6 II
пробура́вить *сов.*
Буре́ть *нес.* 2 I
побуре́ть *сов.*

Бури́ть *нес.*, *п.* 8 II
пробури́ть *сов.*
Бурли́ть *нес.* 8 II
Бурча́ть *нес.*, *разг.* 15 II
пробурча́ть *сов.*
{ Бу́хать *(ся) *нес.*, *разг.* 1 I
{ Бу́хнуть*(ся) *сов.* 24 III
Бушева́ть *нес.* 42 IV
Буя́нить *нес.*, *разг.* 5 II
Быва́ть *нес.* 1 I
Бытова́ть *нес.*, *3 л.* 42 IV
Быть *нес.* 82 VII

В

Ва́жничать *нес.*, *разг.* 1 I
Вали́ть(ся) *нес.* 10 II
повали́ть(ся) *сов.*
свали́ть(ся) *сов.*
Вальси́ровать *нес.* 42 IV
Валя́ть(ся) *нес.* 1 I
вы́валять(ся) *сов.*
сваля́ть *сов.*
Вари́ть(ся) *нес.* 10 II
свари́ть(ся) *сов.*
Варьи́ровать(ся *3 л.*) *нес.*, *книжн.* 41 IV
Вая́ть *нес.*, *п.*, *устар.*, *высок.* 1 I
изва́ять *сов.*
{ Вбега́ть *нес.* 1 I
{ Вбежа́ть *сов.* 85 VII
{ Вбива́ть *нес.*, *п* 1 I
{ Вбить[1] *сов.*, *п.* 69 VII
Вбира́ть *нес.*, *п.* 1 I
вобра́ть *сов.*
{ Вбра́сывать *нес.*, *п.* 1 I
{ Вбро́сить *сов.*, *п.*, **с:ш** 6 II
{ Вва́ливаться *нес.* 1 I
{ Ввали́ться *сов.* 10 II
Ввезти́ *сов.*, *п.* 45 V
ввози́ть *нес.*
{ Вверга́ть(ся) *нес.*, *высок.* 1 I
{ Вве́ргнуть(ся) *сов.*, *высок.* 26 III

[1] **вобью́**

Вве́рить(ся) *сов., книжн.* 5 II
вверя́ть(ся) *нес.*
Верну́ть *сов., п.* 28 III
Ввёртывать *нес., п.* 1 I
Вверя́ть(ся) *нес., книжн.* 1 I
вве́рить(ся) *сов.*
Ввести́(сь *3 л.*) *сов.*, **с:д** 47 V
вводи́ть(ся) *нес.*
Ввива́ть *нес., п.* 1 I
Ввить[1] *сов., п.* 69 VII
Ввинтить[2] *сов., п.*, **т:ч** 9 II
Вви́нчивать *нес., п.* 1 I
Вводи́ть **(ся *3 л.*) *нес.*, **д:ж** 11 II
ввести́(сь) *сов.*
Ввози́ть ** *нес., п.*, **з:ж** 11 II
ввезти́ *сов.*
Ввяза́ть(ся *разг., неодобр.*) *сов.*, **з:ж** 36 III
Ввя́зывать(ся *разг., неодобр.*) *нес.* 1 I
Вгиба́ть(ся) *нес.* 1 I
вогну́ть(ся) *сов.*
Вгляде́ться *сов.*, **д:ж** 20 II
Вгля́дываться *нес.* 1 I
Вгоня́ть *нес., п.* 1 I
вогна́ть *сов.*
Вгрыза́ться *нес., разг.* 1 I
Вгры́зться *сов., разг.* 46 V
Вдава́ться *нес.* 60 VII
вда́ться *сов.*
Вдави́ть *сов., п.*, **в:вл** 11 II
Вда́вливать *нес., п.* 1 I
Вда́ться *сов.* 88 VII
вдава́ться *нес.*
Вдвига́ть *нес., п.* 1 I
Вдви́нуть *сов., п.* 23 III
Вдева́ть *нес., п.* 1 I
вдеть *сов.*
Вде́лать *сов., п.* 1 I
Вде́лывать *нес., п.* 1 I
Вдёргивать *нес., п.* 1 I
Вдёрнуть *сов., п.* 24 III
Вдеть *сов., п.* 61 VII
вдева́ть *нес.*

[1] **вовью́**
[2] вви́нчен

Вдове́ть *нес.* 2 I
овдове́ть *сов.*
Вдохнови́ть(ся) *сов.*, **в:вл**, *высок.* 9 II
Вдохновля́ть(ся) *нес., высок.* 1 I
Вдохну́ть * *сов., п.* 28 III
вдыха́ть *нес.*
Вдува́ть *нес., п.* 1 I
Вду́нуть *сов., п.* 23 III
Вдуть *сов., п.* 3 I
Вду́маться *сов.* 1 I
Вду́мываться *нес.* 1 I
Вдыха́ть *нес., п.* 1 I
вдохну́ть *сов.*
Ве́дать *нес.* 1 I
Везти́ *нес., п.* and *безл.* 45 V
повезти́ *сов.*
Веле́ть[1] *сов., нес.* 19 II
Великоду́шничать *нес., разг.* 1 I
свеликоду́шничать *сов.*
Вентили́ровать *нес., п.* 41 IV
провентили́ровать *сов.*
Венча́ть(ся) *нес.* 1 I
обвенча́ть(ся) *сов.*
повенча́ть(ся) *сов.*
Вербова́ть *нес., п.* 42 IV
завербова́ть *сов.*
Вереща́ть *нес.* 15 II
провереща́ть *сов.*
Ве́рить(ся *безл.*) *нес.* 5 II
пове́рить *сов.*
Верну́ть *(ся) *сов.* 28 III
возвраща́ть(ся) *нес.*
Ве́ровать *нес., книжн.* 41 IV
Верте́ть[2](ся) *нес.*, **т:ч** 22 II
Верхово́дить *нес.*, **д:ж**, *разг.* 6 II
Верши́ть *нес., п., высок.* 8 II
Веселе́ть *нес.* 2 I
повеселе́ть *сов.*
Весели́ть(ся) *нес.* 8 II
развесели́ть(ся) *сов.*

[1] perfective in the past tense only
[2] вертя́щий

Ве́сить[1] *нес.,* **с:ш** 6 II
Вести́(сь *3 л.*) *нес.,* **с:д** 47 V
Ветви́ться *нес., 3 л.* 9 II
Ветша́ть *нес.* 1 I
обветша́ть *сов.*
Вечере́ть *нес., безл.* 2 I
Ве́шать(ся) *нес.* 1 I
пове́сить(ся) *сов.*
све́шать(ся) *сов.*
Веща́ть *нес., 3 л.* 1 I
Ве́ять *нес., п.* 31 III
пове́ять *сов.*
прове́ять *сов.*
Вжива́ться *нес.* 1 I
Вжи́ться[2] *сов.* 62 VII
Взаимоде́йствовать *нес.* 41 IV
Взба́дривать(ся) *нес., разг.* 1 I
взбодри́ть(ся) *сов.*
Взбаламу́тить *сов., п.,* **т:ч** 6 II
Взбаламу́чивать *нес., п.* 1 I
Взба́лтывать *нес., п.* 1 I
взболта́ть *сов.*
Взбега́ть *нес.* 1 I
Взбежа́ть *сов.* 85 VII
Взбеси́ть[3](ся) *сов.,* **с:ш** 11 II
Взбива́ть *нес., п.* 1 I
Взбить[4] *сов., п.* 69 VII
Взбира́ться *нес.* 1 I
взобра́ться *сов.*
Взбодри́ть(ся) *сов., разг.* 8 II
взба́дривать(ся) *нес.*
Взболта́ть *сов., п.* 1 I
взба́лтывать *нес.*
Взборозди́ть[5] *сов., п.* **д:ж:жд** 9 II
Взборони́ть *сов., п.* 8 II
Взбреда́ть *нес., разг.* 1 I
Взбрести́ *сов.,* **с:д,** *разг.* 47 V
Взбудора́живать(ся) *нес., разг.* 1 I
Взбудора́жить(ся) *сов., разг.* 5 II
Взбунтова́ть(ся) *сов.* 42 IV
Взбуха́ть *нес., 3 л.* 1 I
Взбу́хнуть *сов., 3 л.* 25 III
Взва́ливать *нес., п.* 1 I
Взвали́ть[1] *сов., п.* 10 II
Взве́сить(ся) *сов.,* **с:ш** 6 II
Взве́шивать(ся) *нес.* 1 I
Взвести́ *сов., п.,* **с:д** 47 V
взводи́ть *нес.*
Взвива́ть(ся) *нес.* 1 I
взви́ть(ся) *сов.*
Взви́згивать *нес.* 1 I
Взви́згнуть *сов.* 24 III
Взвинти́ть[2] *сов., п.,* **т:ч,** *разг.* 9 II
Взви́нчивать *нес., п., разг.* 1 I
Взви́ть(ся)[3] *сов.* 69 VII
взвива́ть(ся) *нес.*
Взвихри́ться *сов., 3 л., разг.* 8 II
Взводи́ть** *нес., п.,* **д:ж** 11 II
взвести́ *сов.*
Взволнова́ть(ся) *сов.* 42 IV
Взвыть *сов.* 67 VII
Взгля́дывать *нес.* 1 I
Взгляну́ть *сов.* 29 III
Взгромožда́ть(ся) *нес., разг.* 1 I
Взгромозди́ть(ся)[4] *сов.,* **д:ж:жд,** *разг.* 9 II
Взгрустну́ть *неперех.* (ся *безл.*) *сов., разг.* 28 III
Вздёргивать *нес., п., разг.* 1 I
Вздёрнуть *сов., п., разг.* 24 III
Вздо́рить *нес., разг.* 5 II
повздо́рить *сов.*
Вздорожа́ть *сов., 3 л.* 1 I
Вздохну́ть *сов.* 28 III
вздыха́ть *нес.*

[1] the imperative is not used
[2] вжи́лся, вжила́сь, вжило́сь, вжили́сь
[3] взбешён, взбешен|а́, -о́, -ы́
[4] **взобью́**, взби́л|а, -о, -и
[5] взборождён

[1] взва́лен
[2] взви́нчен
[3] **взовью́**(сь)
[4] взгромождён

Вздра́гивать *нес.*	1	I
Вздро́гнуть *сов.*	24	III
Вздремну́ть *сов., разг.*	28	III
Вздува́ть(ся) *нес.*	1	I
Взду́ть(ся) *сов.*	3	I
Взду́мать(ся *безл.*) *сов., разг.*	1	I
Взды́бить(ся *3 л.*) *сов.*, **б:бл**	6	II
Вздыма́ть(ся *3 л.*) *нес.*	1	I
Вздыха́ть *нес.*	1	I
вздохну́ть *сов.*		
Взима́ть *нес., п., офиц.*	1	I
Взла́мывать *нес., п.*	1	I
взлома́ть *сов.*		
Взлета́ть *нес.*	1	I
Взлете́ть *сов.*, **т:ч**	20	II
Взлома́ть *сов., п.*	1	I
взла́мывать *нес.*		
Взлохма́тить(ся) *сов.*, **т:ч**, *разг.*	6	II
Взма́хивать *нес.*	1	I
Взмахну́ть *сов.*	28	III
Взметну́ть*(ся) *сов.*	28	III
Взмётывать(ся) *нес.*	1	I
Взмо́кнуть *сов., разг.*	26	III
Взмоли́ться *сов.*	10	II
Взмыва́ть *нес.*	1	I
взмыть *сов.*		
Взмы́ливать *нес., п.*	1	I
Взмы́лить *сов., п.*	5	II
Взмыть *сов.*	67	VII
взмыва́ть *нес.*		
Взнузда́ть *сов., п.*	1	I
Взну́здывать *нес., п.*	1	I
Взобра́ться[1] *сов.*	72	VII
взбира́ться *нес.*		
Взойти́ *сов.*	81	VII
всходи́ть *нес.*		
восходи́ть *нес.*		
Взорва́ть(ся) *сов.*	34	III
взрыва́ть(ся) *нес.*		
Взрасти́ть *сов., п.*, **ст:щ,** *высок.*	9	II
Взра́щивать *нес., п., высок.*	1	I

[1] взберу́сь

Взреве́ть *сов.*	37	III
Взросле́ть *нес.*	2	I
повзросле́ть *сов.*		
Взрыва́ть(ся) *нес.*	1	I
взорва́ть(ся) *сов.*		
Взрыть *сов., п.*	67	VII
Взрыхли́ть *сов., п.*	8	II
Взрыхля́ть нес., п.	1	I
Взъеро́шить (ся *3 л.*) *сов., разг.*	5	II
Взыва́ть *нес., высок.*	1	I
воззва́ть *сов.*		
Взыгра́ть *сов.*	1	I
Взыска́ть *сов., п.*, **ск:щ**	36	III
Взы́скивать *нес., п.*	1	I
Взя́ть(ся) *сов.*	79	VII
бра́ть(ся) *нес.*		
Вибри́ровать *нес., 3 л., книжн.*	41	IV
Вида́ть(ся) *нес., разг.*	1	I
повида́ть(ся) *сов.*		
Ви́деть(ся) *нес.*, **д:ж**	18	II
увидеть(ся) *сов.*		
Видне́ться *нес., 3 л.*	2	I
Видоизмени́ть(ся) *сов.*	8	II
Видоизменя́ть(ся) *нес.*	1	I
Ви́дывать[1] *нес., п.*		
Визжа́ть *нес.*	15	II
Визи́ровать *нес., сов., п.*	41	IV
завизи́ровать *сов.*		
Вильну́ть *сов.*	28	III
Виля́ть *нес.*	1	I
Вини́ть *нес., п.*	8	II
Висе́ть[2] *нес.*, **с:ш**	20	II
Ви́снуть *нес.*	26	III
пови́снуть *сов.*		
Вита́ть *нес., высок.* and *ирон.*	1	I
Ви́ть(ся) *нес.*	69	VII
свить *сов.*		

[1] is used only in the past tense
[2] вися́

Ви́хриться *нес., 3 л., разг.*	8	II
Вка́лывать *нес., п.* вколо́ть *сов.*	1	I
Вка́пывать *нес., п.* вкопа́ть *сов.*	1	I
Вкати́ть(ся) *сов.,* **т:ч**	11	II
Вка́тывать(ся) *нес.*	1	I
Вкла́дывать *нес., п.* вложи́ть *сов.*	1	I
Вкле́ивать *нес., п.*	1	I
Вкле́ить *сов., п.*	12	II
Вкли́нивать(ся) *нес.*	1	I
Вкли́нить(ся) *сов.*	5	II
Включа́ть(ся) *нес.*	1	I
Включи́ть(ся) *сов.*	8	II
Вкола́чивать *нес., п.*	1	I
Вколоти́ть *сов., п.,* **т:ч**	11	II
Вколо́ть *сов., п.* вка́лывать *нес.*	30	III
Вкопа́ть *сов., п.* вка́пывать *нес.*	1	I
Вкра́дываться *нес.*	1	I
Вкра́сться *сов.*	48	V
Вкра́пить(ся *3л.*) *сов.,* **п:пл**	6	II
Вкрапля́ть(ся *3л.*) *нес.*	1	I
Вкрути́ть *сов., п.,* **т:ч,** *разг.*	11	II
Вкру́чивать *нес., п., разг.*	1	I
Вкуси́ть[1] *сов., п.,* **с:ш,** *высок.*	11	II
Вкуша́ть *нес., п., высок.*	1	I
Влага́ть *нес., п.* вложи́ть *сов.*	1	I
Владе́ть *нес.*	2	I
Влады́чествовать *нес., высок.*	41	IV
Влажне́ть *нес., 3 л.* повлажне́ть *сов.*	2	I
Вла́мываться *нес., разг.* вломи́ться *сов.*	1	I
Вла́ствовать *нес., высок.*	41	IV

[1] вкушён, вкушен|а́, -о́, -ы́

Влачи́ть** *нес., п., высок.*	8	II
Влеза́ть *нес.*	1	I
Влезть *сов.*	44	V
Влепи́ть *сов., п.,* **п:пл**	11	II
Влепля́ть* *нес., п.*	1	I
Влета́ть *нес.*	1	I
Влете́ть *сов.,* **т:ч**	20	II
Влечь *нес.*	54	VI
Влива́ть(ся) *нес.*	1	I
Вли́ть(ся)[1] *сов.*	69	VII
Влипа́ть *нес.*	1	I
Вли́пнуть *сов.*	25	III
Влия́ть *нес.* повлия́ть *сов.*	1	I
Вложи́ть *сов., п.* вкла́дывать *нес.*	10	II
Вломи́ться *сов.,* **м:мл,** *разг.* вла́мываться *нес.*	11	II
Влюби́ть[2](ся) *сов.,* **б:бл,** *разг.*	11	II
Влюбля́ть(ся) *нес., разг.*	1	I
Вма́зать *сов., п.,* **з:ж**	33	III
Вма́зывать *нес., п.*	1	I
Вмени́ть *сов., п., офиц.*	8	II
Вменя́ть *нес., п., офиц.*	1	I
Вмерза́ть *нес.*	1	I
Вмёрзнуть *сов.*	25	III
Вмести́ть(ся) *сов.,* **ст:щ** вмеща́ть(ся) *нес.*	9	II
Вмета́ть[3] *сов., п.*	1	I
Вмётывать *нес., п.*	1	I
Вмеша́ть(ся) *сов.*	1	I
Вме́шивать(ся) *нес.*	1	I
Вмеща́ть(ся) *нес.* вмести́ть(ся) *сов.*	1	I
Вмонти́ровать *сов., п., спец.*	41	IV
Вмурова́ть *сов., п.*	42	IV
Вмуро́вывать *нес., п.*	1	I

[1] **во**лью́(сь)
[2] влюблён, влюблен|а́, -о́, -ы́
[3] вмётан

Вмять[1] *сов., п., разг.* 64 VII
Вминáть *нес., п., разг.* 1 I
Внедрúть(ся) *сов.* 8 II
Внедря́ть(ся) *нес.* 1 I
Внестú(сь *разг.*) *сов.* 45 V
вносúть(ся) *нес.*
Проникáть —
Вникáть *нес.* 1 I
Вни́кнуть *сов.* 25 III
Внимáть *нес., высок.* 1 I
внять *сов.*
Вносúть**(ся *разг.*) *нес.*, **с:ш** 11 II
внестú(сь) *сов.*
Внушáть *нес., п.* 1 I
Внушúть *сов., п.* 8 II
Внять[2] *сов., высок.* 76 VII
внимáть *нес.*
Вобрáть[3] *сов., п.* 72 VII
вбирáть *нес.*
Вовлекáть *нес., п.* 1 I
Вовлéчь *сов., п.* 54 VI
Вогнáть[4] *сов., п.* 75 VII
вгоня́ть *нес.*
Вогну́ть(ся) *сов.* 28 III
вгибáть(ся) *нес.*
Водворúть(ся) *сов.* 8 II
Водворя́ть(ся) *нес.* 1 I
Водúть**(ся) *нес.*, **д:ж** 11 II
Водружáть *нес., п., высок.* 1 I
Водрузúть *сов., п.*, **з:ж,** *высок.* 9 II
Воевáть[5] *нес.* 42 IV
Военизúровать *нес., сов., п.* 41 IV
Возбудúть(ся) *сов.*, **д:ж:жд** 9 II
Возбуждáть(ся) *нес.* 1 I
Возвели́чивать *нес., п., высок.* 1 I
Возвели́чить *сов., п., высок.* 5 II

[1] **в**омну
[2] the future tense is not used
[3] **в**беру́
[4] **в**гоню́
[5] вою́ю

Возвестú *сов., п.*, **с:д** 47 V
возводúть *нес.*
Возвестúть *сов., п.*, **ст:щ,** *высок.* 9 II
Возвещáть *нес., п., высок.* 1 I
Возводúть** *нес., п.*, **д:ж** 11 II
возвестú *сов.*
Возвратúть(ся) *сов.*, **т:щ** 9 II
Возвращáть(ся) *нес.* 1 I
Возвы́сить(ся) *сов.*, **с:ш** 6 II
Возвышáть(ся) *нес.* 1 I
Возглáвить *сов., п.*, **в:вл** 6 II
Возглавля́ть *нес., п.* 1 I
Возгорáться *нес., высок.* 1 I
Возгорéться *сов., высок.* 19 II
Возгордúться *сов.*, **д:ж,** *неодобр.* 9 II
Воздавáть *нес., п., книжн.* 60 VII
Воздáть *сов., п., книжн.* 88 VII
Воздвигáть *нес., п., высок.* 1 I
Воздви́гнуть *сов., п., высок.* 25 III
Воздéйствовать *сов., нес.* 41 IV
Воздéлать *сов., п.* 1 I
Воздéлывать *нес., п.* 1 I
Воздержáться *сов.* 17 II
Воздéрживаться *нес.* 1 I
Воззвáть *сов., высок.* 74 VII
взывáть *нес.*
Возúть**(ся) *нес.*, **з:ж** 11 II
Возлагáть *нес., п., книжн.* 1 I
возложúть *сов.*
Возликовáть *сов., высок.* 42 IV
Возложúть *сов., п., книжн.* 10 II
возлагáть *нес.*

Возмести́ть *сов., п.,* **ст:щ**	9 II
Возмеща́ть *нес., п.*	1 I
Возмужа́ть *нес.*	1 I
Возмути́ть(ся) *сов.,* **т:щ**	9 II
Возмуща́ть(ся) *нес.*	1 I
Вознагради́ть *сов., п.,* **д:ж:дж**	9 II
Вознагражда́ть *нес., п.*	1 I
Вознаме́риваться *нес., книжн.*	1 I
Вознаме́риться *сов., книжн.*	5 II
Вознегодова́ть *сов., книжн.*	42 IV
Возненави́деть *сов., п.,* **д:ж**	18 II
Вознести́(сь) *сов., книжн.*	45 V
возноси́ть(ся) *нес.*	
Возника́ть *нес., 3 л.*	1 I
Возни́кнуть *сов., 3 л.*	25 III
Возноси́ть**(ся) *нес.,* **с:ш**	11 II
вознести́(сь) *сов.*	
Возоблада́ть *нес., 3 л., книжн.*	1 I
Возобнови́ть(ся *3 л.*) *сов.,* **в:вл**	9 II
Возобновля́ть(ся *3л.*) *нес.*	1 I
Возомни́ть *сов.*	8 II
Возража́ть *нес.*	1 I
Возрази́ть *сов.,* **з:ж**	9 II
Возраста́ть *нес., 3 л.*	1 I
Возрасти́ *сов., 3 л.*	51 V
Возроди́ть(ся) *сов.,* **д:ж:жд**	9 II
Возрожда́ть(ся) *нес.*	1 I
Возыме́ть* *сов., п., книжн.*	2 I
Войти́ *сов.*	81 VII
входи́ть *нес.*	
Волнова́ть(ся) *нес.*	42 IV
взволнова́ть(ся) *сов.*	42 IV
Волочи́ть(ся) *нес., разг.*	10 II
Во́льничать *нес., разг.*	1 I
Вомча́ться *сов.*	15 II
Вонза́ть(ся *3 л.*) *нес.*	1 I
Вонзить[1] (ся *3 л.*) *сов.,* **з:ж**	9 II
Воня́ть *нес., разг.*	1 I
Вообража́ть *нес., п.*	1 I
Вообрази́ть *сов., п.,* **з:ж**	9 II
Воодушеви́ть(ся) *сов.,* **в:вл**	9 II
Воодушевля́ть(ся) *нес.*	1 I
Вооружа́ть(ся) *нес.*	1 I
Вооружи́ть(ся) *сов.*	8 II
Вопи́ть *нес.,* **п:пл,** *разг.*	9 II
Воплоти́ть(ся) *сов.,* **т:щ**, *книжн.*	9 II
Воплоща́ть(ся) *нес., книжн.*	1 I
Ворва́ться *сов.*	34 III
врыва́ться *нес.*	
Воркова́ть *нес.*	42 IV
Ворова́ть *нес., п.*	42 IV
Ворожи́ть *нес.*	8 II
Вороши́ть *нес., п.*	8 II
развороши́ть *сов.*	
Ворча́ть *нес.*	15 II
проворча́ть *сов.*	
Воскли́кнуть *сов.*	24 III
Восклица́ть *нес.*	1 I
Воскреса́ть *нес.*	1 I
Воскре́снуть *сов.*	25 III
Воскреси́ть *сов., п.,* **с:ш**	9 II
Воскреша́ть *нес., п.*	1 I
Воспали́ться *сов., 3 л.*	8 II
Воспаля́ться *нес., 3 л.*	1 I
Воспева́ть *нес., п., высок.*	1 I
Воспе́ть *сов., п., высок.*	68 VII
Воспита́ть *сов., п.*	1 I
Воспи́тывать(ся) *нес.*	1 I
Воспламени́ть(ся) *сов.*	8 II
Воспламеня́ть(ся) *нес.*	1 I

[1] вонзён

Воспо́лнить *сов., п., книжн.* 7 II
Восполня́ть *нес., п., книжн.* 1 I
Воспо́льзоваться *сов.* 41 IV
Воспрепя́тствовать *сов.* 41 IV
Воспрети́ть *сов., п.,* **т:щ**, *офиц.* 9 II
Воспреща́ть *нес., п., офиц.* 1 I
Воспринима́ть *нес., п.* 1 I
Восприня́ть *сов., п.* 77 VII
Воспроизвести́ *сов., п.,* **с:д** 47 V
Воспроизводи́ть** *нес., п.,* **д:ж** 11 II
Воспроти́виться *сов.,* **в:вл** 6 II
Воспря́нуть *сов., книжн.* 27 III
Воспыла́ть *сов., книжн.* 1 I
Восседа́ть *нес., устар.* and *ирон.* 1 I
Воссе́сть *сов., устар.* and *ирон.* 53 V
Воссия́ть *сов., высок.* 1 I
Восславить *сов., п.,* **в:вл**, *высок.* 6 II
Восславля́ть *нес., п.* 1 I
Воссоедини́ть(ся) *сов., высок.* 8 II
Воссоединя́ть(ся) *нес., высок.* 1 I
Воссоздава́ть *нес., п.* 60 VII
Воссозда́ть *сов., п.* 88 VII
Восстава́ть *нес.* 60 VII
восста́ть *сов.*
Восста́вить *сов., п.,* **в:вл** 6 II
Восставля́ть *нес., п.* 1 I
Восстана́вливать(ся) *нес.* 1 I
Восстанови́ть(ся) *сов.,* **в:вл** 11 II
Восста́ть *сов.* 61 VII
восстава́ть *нес.*
Восторга́ть(ся) *нес.* 1 I
Восторжествова́ть *сов., высок.* 42 IV

Востре́бовать *сов., п., офиц.* 41 IV
Восхвали́ть *сов., п., книжн.* 10 II
Восхваля́ть *нес., п., книжн.* 1 I
Восхити́ть(ся) *сов.,* **т:щ** 9 II
Восхища́ть(ся) *нес.* 1 I
Восходи́ть *нес.,* **д:ж** 11 II
взойти́ *сов.*
Вотка́ть[1] *сов., п.* 34 III
Воткну́ть *сов., п.* 28 III
втыка́ть *нес.*
Воцари́ться *сов., 3 л., высок.* 8 II
Воцаря́ться *нес., 3 л., высок.* 1 I
Вощи́ть *нес., п.* 8 II
навощи́ть *сов.*
Впада́ть *нес.* 1 I
Впасть *сов.,* **с:д** 48 V
Впива́ть *высок.*(ся) *нес.* 1 I
впи́ться *сов.*
Вписа́ть(ся *3 л.*) *сов.,* **с:ш** 36 III
Впи́сывать(ся *3 л.*) *нес.* 1 I
Впита́ть(ся *3 л.*) *сов.* 1 I
Впи́тывать(ся *3 л.*) *нес.* 1 I
Впиться[2] *сов.* 69 VII
впива́ться *нес.*
Впи́хивать *нес., п., разг.* 1 I
Впихну́ть *сов., п., разг.* 28 III
Вплести́ *сов., п.,* **с:т** 47 V
Вплета́ть *нес., п.* 1 I
Вплыва́ть *нес.* 1 I
Вплыть *сов.* 62 VII
Вполза́ть *нес.* 1 I
Вползти́ *сов.* 45 V
Вспорхну́ть *сов.* 28 III
Впра́вить *сов., п.,* **в:вл** 6 II
Вправля́ть *нес., п.* 1 I
Впры́гивать *нес.* 1 I
Впры́гнуть *сов.* 24 III

[1] во́ткан
[2] **вопью́сь**

Verb	Type	Class
Впры́скивать *нес., п.*	1	I
Впры́снуть *сов., п.*	24	III
Впряга́ть(ся) *нес.*	1	I
Впря́чь(ся) *сов.*	56	VI
Впуска́ть *нес., п.*	1	I
Впусти́ть *сов., п.,* **ст:щ**	11	II
Впу́тать(ся) *сов.*	1	I
Впу́тывать(ся) *нес.*	1	I
Враждова́ть *нес.*	42	IV
Вразуми́ть *сов., п.,* **м:мл**	9	II
Вразумля́ть *нес., п.*	1	I
Враста́ть *нес., 3 л.*	1	I
Врасти́ *сов., 3 л.*	51	VI
Врать *нес., разг.*	34	III
навра́ть *сов.*		
совра́ть *сов.*		
Врачева́ть *нес., п., устар.*	42	IV
Враща́ть(ся) *нес.*	1	I
Вреди́ть *нес.,* **д:ж**	9	II
повреди́ть *сов.*		
Вреза́ть(ся) *нес.*	1	I
Вре́зать(ся) *сов.,* **з:ж**	33	III
Вруба́ть(ся) *нес.*	1	I
Вруби́ть(ся) *сов.,* **б:бл**	11	II
Вруча́ть *нес., п.*	1	I
Вручи́ть *сов., п.*	8	II
Врыва́ть(ся) *нес.*	1	I
ворва́ться *сов.*		
Вры́ть(ся) *сов.*	67	VII
Всади́ть *сов., п.,* **д:ж**	11	II
Вса́живать *нес., п.*	1	I
Вса́сывать(ся *3 л.*) *нес.*	1	I
всоса́ть(ся) *сов.*		
Всели́ть(ся) *сов.*	8	II
Вселя́ть(ся) *нес.*	1	I
Вска́кивать *нес.*	1	I
вскочи́ть *сов.*		
Вска́пывать *нес., п.*	1	I
вскопа́ть *сов.*		
Вскара́бкаться *сов.*	1	I
Вска́рмливать *нес., п., устар.* and *высок.*	1	I
вскорми́ть *сов.*		
Вски́дывать *нес., п.*	1	I
Вски́нуть *сов., п.*	23	III
Вскипа́ть *нес.*	1	I
Вскипе́ть *сов.,* **п:пл**	20	II
Вскипяти́ть *сов., п.,* **т:ч**	9	II
Всклоко́чивать *нес., п.*	1	I
Всклоко́чить *сов., п.*	5	II
Всколыхну́ть*(ся) *сов.*	28	III
Вскопа́ть *сов., п.*	1	I
вска́пывать *нес.*		
Вскорми́ть *сов., п.,*	11	II
вска́рмливать *нес.*		
Вскочи́ть *сов.*	10	II
вска́кивать *нес.*		
Вскри́кивать *нес.*	1	I
Вскри́кнуть *сов.*	24	III
Вскрича́ть *сов., книжн.*	15	II
Вскружи́ть[1](ся *3 л.*) 8 and *сов.*	10	II
Вскрыва́ть(ся *3 л.*) *нес.*	1	I
Вскры́ть(ся *3 л.*) *сов.*	67	VII
Вслу́шаться *сов.*	1	I
Вслу́шиваться *нес.*	1	I
Всма́триваться *нес.*	1	I
Всмотре́ться *сов.*	21	II
Всо́вывать *нес., п.*	1	I
всу́нуть *сов.*		
Всоса́ть[2](ся *3 л.*) *сов.*	34	III
вса́сывать(ся) *нес.*		
Вспа́ивать *нес., п.*	1	I
вспои́ть *сов.*		
Вспа́рывать *нес., п., разг.*	1	I
вспоро́ть *сов.*		
Вспаха́ть *сов., п.,* **х:ш**	36	III
Вспе́нивать(ся *3 л.*) *нес.*	1	I
Вспе́нить(ся *3 л.*) *сов.*	5	II
Всплакну́ть *сов., разг.*	28	III
Всплёскивать *нес.*	1	I
Всплесну́ть *сов.*	28	III
Всплыва́ть *нес.*	1	I
Всплы́ть *сов.*	62	VII
Вспои́ть *сов., п.*	8	II
вспа́ивать *нес.*		
Всполоши́ть(ся) *сов.*	8	II
Вспомина́ть(ся *3 л.*) *нес.*	1	I

1 вскру́жен

2 всоса́л, всоса́л|а, -о, -и

Вспо́мнить*(ся *3 л.*) *сов.* 1 I

Вспомяну́ть *сов., п., разг.* 29 III

Вспоро́ть *сов., п., разг.* 30 III
вспа́рывать *нес.*

Вспорхну́ть *сов.* 28 III

Вспоте́ть *сов.* 2 I

Вспры́гивать *нес.* 1 I

Вспры́гнуть *сов.* 24 III

Вспры́скивать *нес., п.* 1 I

Вспры́снуть *сов., п.* 24 III

Вспу́гивать *нес., п.* 1 I

Вспугну́ть *сов., п.* 28 III

Вспуха́ть *нес., 3 л.* 1 I

Вспу́хнуть *сов., 3 л.* 25 III

Вспыли́ть *сов.* 8 II

Вспы́хивать *нес.* 1 I

Вспы́хнуть *сов.* 24 III

Встава́ть *нес.* 60 VII

Встать *сов.* 61 VII

Вста́вить *сов., п.,* **в:вл** 6 II

Вставля́ть *нес., п.* 1 I

Встра́ивать *нес., п.* 1 I
встро́ить *сов.*

Встрево́жить(ся) *сов.* 5 II

Встрепену́ться *сов.* 28 III

Встре́тить(ся) *сов.,* **т:ч** 6 II

Встреча́ть(ся) *нес.* 1 I

Встро́ить *сов., п.* 12 II
встра́ивать *нес.*

Встря́хивать(ся) *нес.* 1 I

Встряхну́ть(ся) *сов.* 28 III

Вступа́ть *неперех.*(ся) *нес.* 1 I

Вступи́ть *неперех.*(ся) *сов.,* **п:пл** 11 II

Всу́нуть *сов., п.* 23 III
всо́вывать *нес.*

Всу́чивать *нес., п.* 1 I

Всучи́ть[1] *сов., п.* 8 and 10 II

Всхли́пнуть *сов.* 24 III

Всхли́пывать *нес.* 1 I

Всходи́ть *нес.,* **д:ж** 11 II
взойти́ *сов.*

Всхрапну́ть *сов.* 28 III

Всхра́пывать *нес.* 1 I

Всыпа́ть *нес., п.* 1 I

Всы́пать *сов., п.,* **п:пл** 33 III

Вта́лкивать *нес., п.* 1 I
втолкну́ть *сов.*

Вта́птывать *нес., п.* 1 I
втопта́ть *сов.*

Вта́скивать(ся *разг.*) *нес.* 1 I

Втащи́ть(ся *разг.*) *сов.* 10 II

Втека́ть *нес., 3 л.* 1 I
втечь *сов.*

Втере́ть[1](ся) *сов.* 71 VII
втира́ть(ся) *нес.*

Втечь *сов., 3 л.* 54 VI
втека́ть *нес.*

Втира́ть(ся) *нес.* 1 I
втере́ть(ся) *сов.*

Вти́скать(ся *прост.*) *сов.* 1 I

Вти́скивать(ся *прост.*) *нес.* 1 I

Вти́снуть(ся) *сов.* 24 III

Втолкну́ть *сов., п.* 28 III
вта́лкивать *нес.*

Втолкова́ть *сов., п., разг.* 42 IV

Втолко́вывать *нес., п., разг.* 1 I

Втопта́ть *сов., п.,* **т:ч** 36 III
вта́птывать *нес.*

Вторга́ться *нес.* 1 I

Вто́ргнуться *сов.* 25 III

Вто́рить *нес.* 5 II

Втрави́ть *сов., п.,* **в:вл** 11 II

Втра́вливать *нес., п.* 1 I

Втыка́ть *нес., п.* 1 I
воткну́ть *сов.*

Втя́гивать(ся) *нес.* 1 I

Втяну́ть(ся) *сов.* 29 III

Вуали́ровать *нес., п.* 41 IV
завуали́ровать *сов.*

Вулканизи́ровать *нес., сов., п.* 41 IV

[1] всу́чен

[1] **втру́; втри́**

Вульгаризи́ровать *нес., сов., п.*	41 IV
Входи́ть *нес.,* **д:ж** войти́ *сов.*	11 II
Вцепи́ться *сов.,* **п:пл**, *разг.*	11 II
Вцепля́ться *нес., разг.*	1 I
Вчита́ться *сов.*	1 I
Вчи́тываться *нес.*	1 I
Вшива́ть *нес., п.*	1 I
Вшить[1] *сов., п.*	69 VII
Въеда́ться *нес., 3 л.*	1 I
Въе́сться *сов., 3 л.*	87 VII
Въезжа́ть *нес.*	1 I
Въе́хать *сов.*	82 VII
Выба́лтывать *нес., п., разг.* вы́болтать *сов.*	1 I
Выбега́ть *нес.*	1 I
Вы́бежать[2] *сов.*	85 VII
Вы́белить *сов., п.*	7 II
Выбива́ть(ся) *нес.*	1 I
Вы́бить[2](ся) *сов.*	69 VII
Выбира́ть(ся) *нес.* вы́брать(ся) *сов.*	1 I
Вы́болеть[2] *сов., 3 л., разг.*	19 II
Вы́болтать *сов., п.,* выба́лтывать *нес.*	1 I
Вы́бранить(ся) *сов.*	7 II
Выбра́сывать(ся) *нес.* вы́бросить(ся) *сов.*	1 II
Вы́брать[2](ся) *сов.* выбира́ть(ся) *нес.*	72 VII
Выбрива́ть *нес., п.*	1 I
Вы́брить[2](ся) *сов.*	66 VII
Вы́бросить(ся) *сов.,* **с:ш** выбра́сывать(ся) *нес.*	7 II
Выбыва́ть *нес., офиц.*	1 I
Вы́быть[1] *сов., офиц.*	83 VII
Выва́ливать(ся) *нес.*	1 I
Вы́валить(ся) *сов.*	7 II

[1] **вошью́**
[2] the stress falls on **вы-** in all the forms

Вы́валять(ся) *сов., разг.*	1 I
Выва́ривать *нес., п.*	1 I
Вы́варить *сов., п.*	7 II
Вы́ведать *сов., п., разг.*	1 I
Выве́дывать *нес., п., разг.*	1 I
Вы́везти[1] *сов., п.* вывози́ть *нес.*	45 V
Вы́верить *сов., п.* выверя́ть *нес.*	7 II
Вы́вернуть(ся *разг.*) *сов.*	24 III
Вывёртывать(ся *разг.*) *нес.* вывора́чивать(ся) *нес.*	1 I
Выверя́ть *нес., п.* вы́верить *сов.*	1 I
Вы́весить *сов., п.,* **с:ш** выве́шивать *нес.*	7 II
Вы́вести[1] (сь *3 л.*) *сов.,* **с:д** выводи́ть(ся) *нес.*	47 V
Выве́тривать(ся *3 л.*) *нес.*	1 I
Вы́ветрить(ся *3 л.*) *сов.*	7 II
Выве́шивать *нес., п.* вы́весить *сов.*	1 I
Вы́винтить *сов., п.,* **т:ч**	7 II
Выви́нчивать *нес., п.*	1 I
Вы́вихнуть(ся *3 л.*) *сов.*	24 III
Выводи́ть**(ся *3 л.*) *нес.,* **д:ж** вы́вести(сь) *сов.*	11 II
Вывози́ть** *нес., п.,* **з:ж** вы́везти *сов.*	11 II
Вывора́чивать(ся *разг.*) *нес.* вы́вернуть(ся) *сов.*	1 I
Вы́вязать[1] *сов., п.,* **з:ж,** *разг.*	36 III
Вывя́зывать *нес., разг.*	1 I
Вы́гадать *сов., п.*	1 I
Вы́гадывать *нес., п.*	1 I

[1] the stress falls on **вы-** in all the forms

Выгиба́ть(ся) *нес.*	1	I
вы́гнуть(ся) *сов.*		
Выгладить *сов., п.,* **д:ж**	7	II
Вы́глядеть[1] *нес.,* **д:ж**	20	II
{ Выгля́дывать *нес.*	1	I
{ Вы́глянуть *сов.*	24	III
Вы́гнать[1] *сов., п.*	75	VII
выгоня́ть *нес.*		
{ Выгнива́ть *нес., 3 л.*	1	I
{ Вы́гнить[1] *сов., 3 л.*	4	I
Вы́гнуть(ся) *сов.*	24	III
выгиба́ть(ся) *нес.*		
{ Выгова́ривать *нес.*	1	I
{ Вы́говорить(ся *разг.*) *сов.*	7	II
Выгоня́ть *нес., п.*	1	I
вы́гнать *сов.*		
{ Выгора́живать *нес., п.*	1	II
{ Вы́городить *сов., п.,* **д:ж**	7	II
{ Выгора́ть *нес., 3 л.*	1	I
{ Вы́гореть[1] *сов., 3 л.*	19	II
Выгравировать *сов., п.*	41	IV
{ Выгреба́ть *нес., п.*	1	I
{ Вы́грести[1] *сов., п.*	50	V
{ Выгружа́ть(ся) *нес.*	1	I
{ Вы́грузить(ся) *сов.,* **з:ж**	7	II
{ Выгрыза́ть *нес., п.*	1	I
{ Вы́грызть[1] *сов., п.*	46	V
Выдава́ть(ся) *нес.*	60	VII
вы́дать(ся) *сов.*		
{ Вы́давить *сов., п.,* **в:вл**	7	II
{ Выда́вливать *нес., п.*	1	I
Выда́лбливать *нес., п.*	1	I
вы́долбить *сов.*		
Вы́дать[1](ся) *сов.*	88	VII
выдава́ть(ся) *нес.*		
{ Выдвига́ть(ся) *нес.*	1	I
{ Вы́двинуть(ся) *сов.*	24	III
Вы́дворить *сов., п.*	7	II
{ Вы́делать *сов., п.*	1	I
{ Выде́лывать *нес., п.*	1	I
{ Вы́делить(ся) *сов.*	7	II
{ Выделя́ть(ся) *нес.*	1	I

[1] the stress falls on **вы-** in all the forms

{ Выдёргивать *нес., п.*	1	I
{ Вы́дернуть *сов., п.*	24	III
{ Вы́держать[1] *сов., п.*	17	II
{ Выде́рживать *нес., п.*	1	I
Выдира́ть *нес., п., прост.*	1	I
вы́драть *сов.*		
Выдоить *сов., п.*	7	II
Вы́долбить *сов., п.,* **б:бл**	7	II
выда́лбливать *нес.*		
Вы́дохнуть*(ся) *сов.*	24	III
выдыха́ть(ся) *нес.*		
Вы́драть[1] *сов., п., прост.*	72	VII
выдира́ть *нес.*		
Выдрессировать *сов., п.*	41	IV
Выдува́ть *нес., п.*	1	I
вы́дуть *сов.*		
{ Вы́думать *сов., п.*	1	I
{ Выду́мывать *нес., п.*	1	I
Вы́дуть *сов., п.*	3	I
выдува́ть *нес.*		
Выдыха́ть(ся) *нес.*	1	I
вы́дохнуть(ся) *сов.*		
{ Выеда́ть *нес., п., разг.*	1	I
{ Вы́есть[1] *сов., п., разг.*	87	VII
{ Вы́ездить *сов., п.,* **д:ж**	7	II
{ Выезжа́ть *нес.*	1	I
{ Вы́ехать *сов.*	82	VII
Вы́жать[1] *сов., п.*	65	VII
выжима́ть *нес.*		
Вы́ждать[1] *сов., п.*	34	III
выжида́ть *нес.*		
Вы́жечь[1] *сов., п.*	58	VI
выжига́ть *нес.*		
Выжива́ть *нес.*	1	I
вы́жить *сов.*		
Выжига́ть *нес., п.*	1	I
вы́жечь *сов.*		
Выжида́ть *нес., п.*	1	I
вы́ждать *сов.*		
Выжима́ть *нес., п.*	1	I
вы́жать *сов.*		
Вы́жить[1] *сов.*	62	VII
выжива́ть *нес.*		
Вызва́нивать *нес., п.*	1	I

[1] the stress falls on **вы-** in all the forms

Вы́звать[1](ся) *сов.* 74 VII
вызыва́ть(ся) *нес.*

Вы́звездить *сов., безл.* 7 II

Вы́зволить *сов., п., разг.* 7 II
Вызволя́ть *нес., п., разг.* 1 I

Выздора́вливать *нес.* 1 I
Вы́здороветь *сов.* 2 I

Вызнава́ть *нес., п., прост.* 60 VII
Вы́знать *сов., п., прост.* 1 I

Вы́золотить *сов., п.,* **т:ч** 7 II

Вызрева́ть *нес., 3 л.* 1 I
Вы́зреть *сов., 3 л* 2 I

Вызубрить *сов., п., разг.* 7 II

Вызыва́ть(ся) *нес.* 1 I
вы́звать(ся) *сов.*

Вы́играть *сов., п.* 1 I
Выи́грывать *нес., п.* 1 I

Вы́искать[1](ся) *сов.,* **ск:щ,** *разг.* 36 III
Выи́скивать(ся) *нес., разг.* 1 I

Вы́йти[1] *сов.* 81 VII
выходи́ть *нес., п.* 1 I

Вы́казать[1] *сов., п.,* **з:ж,** *разг.* 36 III
Выка́зывать *нес., п., разг.* 1 I

Выка́лывать *нес., п.* 1 I
вы́колоть *сов.*

Выка́пывать *нес., п.* 1 I
вы́копать *сов.*

Вы́карабкаться *сов.* 1 I
Выкара́бкиваться *нес.* 1 I

Выка́рмливать *нес., п.* 1 I
вы́кормить *сов.*

Выкатать *сов., п.* 1 I

Вы́катить(ся) *сов.,* **т:ч** 7 II
Выка́тывать(ся) *нес.* 1 I

Вы́качать *сов., п.* 1 I
Выка́чивать *нес., п.* 1 I

Выка́шивать *нес., п.* 1 I
вы́косить *сов.*

Выки́дывать(ся) *нес.* 1 I
Вы́кинуть(ся) *сов.* 23 III

Выкипа́ть *нес., 3 л.* 1 I
Вы́кипеть[1] *сов., 3 л.* 20 II

Выкла́дывать *нес., п.* 1 I
вы́ложить *сов.*

Вы́клевать[2] *сов., п.* 41 IV
Выклёвывать *нес., п.* 1 I

Выключа́ть(ся) *нес.* 1 I
Вы́ключить(ся) *сов.* 7 II

Выклянчить *сов., п., разг.* 7 II

Вы́ковать *сов., п.* 41 IV
Выко́вывать *нес., п.* 1 I

Выковы́ривать *нес., п.* 1 I
Вы́ковырнуть *сов., п.* 24 III
Вы́ковырять *сов., п.* 1 I

Выкола́чивать *нес., п.* 1 I
Вы́колотить *сов., п.,* **т:ч** 7 II

Выколоситься *сов., 3 л.* 7 II

Вы́колоть[1] *сов., п.* 30 III
выка́лывать *нес.*

Вы́копать *сов., п.* 1 I
выка́пывать *нес.*

Вы́кормить *сов., п.,* **м:мл** 7 II
выка́рмливать *нес.*

Вы́корчевать *сов., п.* 41 IV
Выкорчёвывать *нес., п.* 1 I

Вы́косить *сов., п.,* **с:ш** 7 II
выка́шивать *нес.*

Выкра́ивать *нес., п.* 1 I
вы́кроить *сов.*

Выкрасить(ся) *сов.,* **с:ш** 7 II

Вы́красть[1] *сов., п.* 48 V
Выкра́дывать *нес., п.* 1 I

Выкри́кивать *нес., п.* 1 I
Вы́крикнуть *сов., п.* 24 III

Выкристаллизова́ться *сов., 3 л.* 41 IV

Вы́кроить *сов., п.* 7 II
выкра́ивать *нес.*

[1] the stress falls on **вы-** in all the forms

[1] the stress falls on **вы-** in all the forms
[2] вы́клюю

Вы́крошиться *сов., 3 л., разг.* 7 II

Вы́крутить(ся) *сов.,* **т:ч,** *разг.* 7 II
Выкру́чивать(ся) *нес., разг.* 1 I

Вы́купать(ся) *сов.* 1 I

Выкупа́ть *нес., п.* 1 I
Вы́купить *сов., п.,* **п:пл** 7 II

Выку́ривать *нес., п.* 1 I
Вы́курить *сов., п.* 7 II

Выла́вливать *нес., п.* 1 I
вы́ловить *сов.*

Вы́лакать *сов., п.* 1 I

Выла́мывать *нес., п.* 1 I
вы́ломать *сов.*

Вы́лежать[1] *неперех.* (ся), *сов.* 15 II

Вылеза́ть *нес.* 1 I
Вы́лезти[1] *сов.* 44 V
Вы́лезть[1] *сов.* 44 V

Вы́лепить *сов., п.,* **п:пл** 7 II

Вылета́ть *нес.* 1 I
Вы́лететь[1] *сов.,* **т:ч** 20 II

Выле́чивать(ся) *нес.* 1 I
Вы́лечить(ся) *сов.* 7 II

Вылива́ть(ся *3 л.*) *нес.* 1 I
вы́лить(ся) *сов.*

Вы́лизать[1] *сов., п.,* **з:ж** 36 III
Выли́зывать *нес., п.* 1 I

Вы́линять *сов., 3 л.* 1 I

Вы́лить[1](ся *3 л.*) *сов.* 69 VII
вылива́ть(ся) *нес.*

Вы́ловить *сов., п.,* **в:вл** 7 II
выла́вливать *нес.*

Вы́ложить *сов., п.* 7 II
выкла́дывать *нес.*

Вы́ломать *сов., п.* 1 I
выла́мывать *нес.*

Вы́лупить(ся *3 л.*) *сов.* 7 II
Вылу́пливать(ся *3 л.*) *нес.* 1 I

Вы́мазать(ся) *сов.,* **з:ж** 33 III
Выма́зывать(ся) *нес.* 1 I

[1] the stress falls on **вы-** in all the forms

Выма́ливать *нес., п., разг.* 1 I
вы́молить *сов.*

Выма́нивать *нес., п.* 1 I
Вы́манить *сов., п.* 7 II

Вы́марать *сов., п.* 1 I
Выма́рывать *нес., п.* 1 I

Выма́тывать(ся) *нес., разг.* 1 I
вы́мотать(ся) *сов.*

Вы́махать *сов., п., прост.* 1 I

Выма́чивать *нес., п.* 1 I
вы́мочить *сов.*

Выме́нивать *нес., п.* 1 I
Вы́менять *сов., п.* 1 I

Вы́мереть[1] *сов., 3 л.* 71 VII
вымира́ть *нес.*

Вымерза́ть *нес., 3 л.* 1 I
Вы́мерзнуть *сов., 3 л.* 25 III

Вы́мерить *сов., п., разг.* 7 II
Вымеря́ть *нес., п., разг.* 1 I

Вы́месить *сов., п.,* **с:ш** 7 II
выме́шивать *нес.*

Вы́мести[1] *сов., п.,* **с:т** 47 V

Вымета́ть *нес., п.* 1 I
Вы́местить *сов., п.,* **ст:щ** 7 II

Вымеща́ть *нес., п.* 1 I
Вы́мешать *сов., п.* 1 I
Выме́шивать *нес., п.* 1 I
вы́местить *сов.*

Вымира́ть *нес., 3 л.* 1 I
вы́мереть *сов.*

Вымога́ть *нес., п.* 1 I

Вымока́ть *нес.* 1 I
Вы́мокнуть *сов.* 25 III

Вы́молвить *сов., п.,* **в:вл** 7 II

Вы́молить *сов., п., разг.* 7 II
выма́ливать *нес.*

Вы́морить *сов., п.* 7 II

Вы́морозить *сов., п.,* **з:ж,** *разг.* 7 II

[1] the stress falls on **вы-** in all the forms

Вы́мостить *сов., п.,* **ст:щ** 7 II

Вы́мотать(ся) *сов., разг.* 1 I
выма́тывать(ся) *нес.*

Вы́мочить(ся) *сов.* 7 II
выма́чивать *нес.*

{ Выму́чивать *нес., п., разг.* 1 I
Вы́мучить *сов., п., разг.* 7 II }

Вы́муштровать *сов., п.* 41 IV

Вы́мыть[1](ся) *сов.* 67 VII

Вына́шивать *нес., п.* 1 I
вы́носить *сов.*

Вы́нести[1](сь) *сов.* 45 V
выноси́ть(ся) *нес.*

Вынима́ть *нес., п.* 1 I
вы́нуть *сов.*

Вы́носить *сов., п.,* **с:ш** 7 II
вына́шивать *нес.*

Выноси́ть**(ся) *нес.,* **с:ш** 11 II
вы́нести(сь) *сов.*

{ Вы́нудить *сов., п.,* **д:ж:жд** 7 II
Вынужда́ть *нес., п.* 1 I }

Вы́нуть *сов., п.* 23 III
вынима́ть *нес.*

{ Выны́ривать *нес.* 1 I
Вы́нырнуть *сов.* 24 III }

Вы́нянчить *сов., п.* 7 II

Выпада́ть *нес.* 1 I
вы́пасть *сов.*

Выпа́ивать *нес., п.* 1 I
вы́поить *нес.*

{ Выпа́ливать *нес., п.* 1 I
Вы́палить *сов., п.* 7 II }

{ Выпа́ривать(ся *3 л.*) *нес.* 1 I
Вы́парить(ся) *сов.* 7 II }

Выпа́рхивать *нес.* 1 I
вы́порхнуть *сов.*

Выпа́рывать[2] *нес., п.* 1 I
вы́пороть *сов.*

[1] the stress falls on **вы-** in all the forms
[2] to rip out

Вы́пасть[1] *сов.* 48 V
выпада́ть *нес.*

Вы́пачкать(ся) *сов.* 1 I

Выпека́ть *нес., п.* 1 I
вы́печь *сов.*

Вы́переть[1] *сов., прост.* 71 VII
выпира́ть *нес.*

Вы́пестовать *сов., п.* 41 IV

Вы́печь[1] *сов., п.* 54 VI
выпека́ть *нес.*

Выпива́ть *нес., п.* 1 I
вы́пить *сов.*

{ Выпи́ливать *нес., п.* 1 I
Вы́пилить *сов., п.* 7 II }

Выпира́ть *нес., прост.* 1 I
вы́переть *сов.*

{ Вы́писать[1](ся) *сов.,* **с:ш** 36 III
Выпи́сывать(ся) *нес.* 1 I }

Вы́пить[1] *сов., п.* 69 VII
выпива́ть *нес.*

{ Выпи́хивать *нес., п., разг.* 1 I
Вы́пихнуть *сов., п., разг.* 24 III }

{ Вы́плавить[1] *сов., п.,* **в:вл** 6 II
Выплавля́ть *нес., п.* 1 I }

{ Вы́плакать(ся *разг.*) *сов.,* **к:ч** 33 III
Выпла́кивать *нес., п.* 1 I }

{ Вы́платить *сов., п.,* **т:ч** 7 II
Выпла́чивать *нес., п.* 1 I }

Выплёвывать *нес., п.* 1 I
вы́плюнуть *сов.*

Вы́плескать[1](ся *3 л., разг.*) *сов.,* **ск:щ** 36 III

{ Выплёскивать(ся *3 л., разг.*) *нес.* 1 I
Вы́плеснуть(ся *3 л., разг.*) *сов.* 24 III }

{ Вы́плести[1](сь *3 л.*) *сов.,* **с:т** 47 V
Выплета́ть(ся *3 л.*) *нес.* 1 I }

{ Выплыва́ть *нес.* 1 I
Вы́плыть[1] *сов.* 62 VII }

[1] the stress falls on **вы-** in all the forms

Вы́плюнуть *сов., п.* 23 III
выплёвывать *нес.*
Выпля́сывать *нес., разг.* 1 I
Вы́поить[1] *сов., п.* 7 II
выпа́ивать *нес.*
Выполза́ть *нес.* 1 I
Вы́ползти[1] *сов.* 45 V
Вы́полнить *сов., п.* 7 II
Выполня́ть *нес., п.* 1 I
Выполоскать[1] *сов., п.,* 36 III
ск:щ
Выполоть[1] *сов., п.* 30 III
Выпороть[1] сов., п. 30 III
выпа́рывать *нес.*
Вы́порхнуть *сов.* 24 III
выпа́рхивать *нес.*
Выпотрошить *сов., п.* 7 II
Вы́править(ся) *сов.,* 7 II
в:вл
Выправля́ть(ся) *нес.* 1 I
Выпра́шивать *нес., п.* 1 I
Вы́просить *сов., п.,* 7 II
с:ш
Выпрова́живать *нес., п., разг.* 1 I
Вы́проводить *сов., п.,* **д:ж,** *разг.* 7 II
Выпры́гивать *нес.* 1 I
Вы́прыгнуть *сов.* 24 III
Выпряга́ть(ся) *нес.* 1 I
Вы́прячь[1](ся) *сов.* 56 VI
Вы́прямить(ся) *сов.,* 7 II
м:мл
Выпрямля́ть(ся) *нес.* 1 I
Выпуска́ть *нес., п.* 1 I
Вы́пустить *сов., п.,* 7 II
ст:щ
Вы́путать(ся *разг.*) *сов.* 1 I
Выпу́тывать(ся *разг.*) *нес.* 1 I
Выпучить(ся *3 л.*) *сов., разг.* 7 II
Вы́пытать *сов., п., разг.* 1 I
Выпы́тывать *нес., п., разг.* 1 I

[1] the stress falls on **вы-** in all the forms

Вы́пятить *сов., п.,* **т:ч,** *разг.* 7 II
Выпя́чивать *нес., п., разг.* 1 I
Выраба́тывать(ся *3 л.*) *нес.* 1 I
Вы́работать(ся *3 л.*) *сов.* 1 I
Выра́внивать(ся) *нес.* 1 I
вы́ровнять(ся) *сов.*
Выража́ть(ся) *нес.* 1 I
Вы́разить(ся) *сов.,* 7 II
з:ж
Выраста́ть *нес.* 1 I
Вы́расти[1] *сов.* 51 V
Вы́растить *сов., п.,* 7 II
ст:щ
Выра́щивать *нес., п.* 1 I
Вы́рвать[1](ся) *сов.* 34 III
вырыва́ть(ся) *нес.*
Выреза́ть *нес., п.* 1 I
Вы́резать *сов., п.,* **з:ж** 33 III
Вы́рисовать(ся *3 л.*) *сов.* 41 IV
Вырисо́вывать(ся *3 л.*) *нес.* 1 I
Вы́ровнять[2](ся) *сов.* 1 I
выра́внивать(ся) *нес.*
Вы́родиться *сов., 3 л.* 7 II
Вырожда́ться *нес., 3 л.* 1 I
Вы́ронить *сов., п.* 7 II
Вырубáть *нес., п.* 1 I
Вы́рубить *сов., п.,* 7 II
б:бл
Выругать(ся) *сов.* 1 I
Вы́рулить *сов., п., спец.* 7 II
Выруча́ть *нес., п.* 1 I
Вы́ручить *сов., п.* 7 II
Вырыва́ть(ся) *нес.* 1 I
вы́рвать(ся) *сов.*
Вырыва́ть[3] *нес., п.* 1 I
Вырыть[1] *сов., п.* 67 VII
Вы́рядить(ся) *сов.,* **д:ж,** *разг.* 7 II

[1] the stress falls on **вы-** in all the forms
[2] вы́ровнен
[3] to dig up

Вы́садить(ся) *сов.*, **д:ж**	7	II
Выса́живать(ся) *нес.*	1	I
Выса́сывать *нес., п.* вы́сосать *сов.*	1	I
Высве́рливать *нес., п.*	1	I
Вы́сверлить *сов., п.*	7	II
Высви́стывать *нес., п., разг.*	1	I
Вы́свободить(ся) *сов.*, **д:ж:жд**	7	II
Высвобожда́ть(ся) *нес.*	1	I
Высева́ть *нес., п.* вы́сеять *сов.*	1	I
Высека́ть *нес., п.* вы́сечь *сов.*	1	I
Вы́селить(ся) *сов.*	7	II
Выселя́ть(ся) *нес.*	1	I
Вы́серебрить *сов., п.*	7	II
Вы́сечь[1] *сов., п.* высека́ть *нес.*	54	VI
Вы́сеять *сов., п.* высева́ть *нес.*	31	III
Вы́сидеть[1] *сов., п.*, **д:ж**	20	II
Выси́живать *нес., п.*	1	I
Вы́ситься *нес., 3 л.*	6	II
Выска́бливать *нес., п.* вы́скоблить *сов.*	1	I
Вы́сказать[1](ся) *сов.*, **з:ж**	36	III
Выска́зывать(ся) *нес.*	1	I
Выска́кивать *нес.* вы́скочить *сов.*	1	I
Выска́льзывать *нес.* вы́скользнуть *сов.*	1	I
Вы́скоблить *сов., п.* выска́бливать *нес.*	7	II
Вы́скользнуть *сов.* выска́льзывать *нес.*	24	III
Вы́скочить *сов.* выска́кивать *нес.*	7	II
Выскреба́ть *нес., п., разг.*	1	I
Вы́скрести[1] *сов., п., разг.*	50	V

[1] the stress falls on **вы-** in all the forms

Вы́слать[1] *сов., п.* высыла́ть *нес.*	80	VII
Вы́следить *сов., п.*, **д:ж**	7	II
Высле́живать *нес., п.*	1	I
Выслу́живать(ся *разг.*) *нес.*	1	I
Вы́служить(ся *разг.*) *сов.*	7	II
Вы́слушать *сов., п.*	1	I
Выслу́шивать *нес., п.*	1	I
Высма́тривать *нес., п., разг.* вы́смотреть *сов.*	1	I
Высме́ивать *нес., п.*	1	I
Вы́смеять *сов., п.*	31	III
Вы́смолить *сов., п.*	7	II
Вы́сморкать(ся) *сов.*	1	I
Вы́смотреть[1] *сов., п., разг.* высма́тривать *нес.*	24	II
Высо́вывать(ся) *нес.* вы́сунуть(ся) *сов.*	1	I
Вы́сосать[1] *сов., п.* выса́сывать *нес.*	34	III
Вы́сохнуть[1] *сов.*	25	III
Вы́спаться[1] *сов.*, **п:пл** высыпа́ться *нес.*	16	II
Выспра́шивать *нес., п., разг.*	1	I
Вы́спросить *сов., п.*, **с:ш**, *разг.*	7	II
Вы́ставить[1](ся *разг.*) *сов.*, **в:вл**	6	II
Выставля́ть(ся *разг.*) *нес.*	1	I
Выста́ивать(ся *3 л.*) *нес.* вы́стоять(ся) *сов.*	1	I
Вы́стегать *сов., п.*	1	I
Вы́стелить[1] *сов., п.*	40	III
Выстила́ть *нес., п.*	1	I
Вы́стлать[1] *сов., п.*	73	VII
Вы́стирать *сов., п.*	1	I
Вы́стоять[1](ся *3 л.*) *сов.* выста́ивать(ся) *нес.*	13	II
Вы́страдать *сов., п.*	1	I

[1] the stress falls on **вы-** in all the forms

Выстра́ивать(ся) *нес.* выстроить(ся) *сов.*	1	I
Вы́стрелить *сов.*	7	II
{ Выстрига́ть *нес., п.*	1	I
{ Вы́стричь[1] *сов., п.*	56	VI
Выстрогать *сов., п.*	1	I
Вы́строить(ся) *сов.* выстра́ивать(ся) *нес.*	12	II
Вы́строчить *сов.*	7	II
Вы́студить *сов., п.,* **д:ж**	7	II
{ Вы́стукать *сов., п., разг.*	1	I
{ Высту́кивать *нес., п.*	1	I
{ Выступа́ть *нес.*	1	I
{ Вы́ступить *сов.,* **п:пл**	7	II
Вы́сунуть[1](ся) *сов.* высо́вывать(ся) *нес.*	23	III
Высушить(ся) *сов.*	7	II
{ Вы́считать *сов., п.*	1	I
{ Высчи́тывать *нес., п.*	1	I
Высыла́ть *нес., п.* вы́слать *сов.*	1	I
{ Высыпа́ть(ся *3 л.*) *нес.*	1	I
{ Вы́сыпать(ся *3 л.*) *сов.,* **п:пл**	33	III
Высыпа́ться *нес.* вы́спаться *сов.*	1	I
Высыха́ть *нес.* вы́сохнуть *сов.*	1	I
Выта́лкивать *нес., п.* вы́толкать *сов.* вы́толкнуть *сов.*	1	I
{ Вы́танцеваться *сов., 3 л., разг.*	41	IV
{ Вытанцо́вываться *нес., 3 л., разг.*	1	I
Выта́пливать *нес., п.* вы́топить *сов.*	1	I
Выта́птывать *нес., п.* вы́топтать *сов.*	1	I
Вы́таращить(ся) *сов., разг.*	7	II
{ Выта́скивать *нес., п.*	1	I
{ Вы́тащить *сов., п.*	7	II
{ Вы́тачать *сов., п.*	1	I
{ Выта́чивать *нес., п.*	1	I
Вы́твердить *сов., п.,* **д:ж,** *разг.*	7	II
Вытворя́ть *нес., п., разг.*	1	I
Вытека́ть *нес., 3 л.* вы́течь *сов.*	1	I
Вы́тереть[1](ся) *сов.* вытира́ть(ся) *нес.*	71	VII
Вытерпеть[1] *сов., п.,* **п:пл**	22	II
{ Вы́тесать[1] *сов., п.,* **с:ш**	36	III
{ Вытёсывать *нес., п.*	1	I
{ Вы́теснить *сов., п.*	7	II
{ Вытесня́ть *нес., п.*	1	I
Вы́течь[1] *сов., 3 л.* вытека́ть *нес.*	54	VI
Вытира́ть(ся) *нес.* вы́тереть(ся) *сов.*	1	I
{ Вы́тиснить *сов., п.*	7	II
{ Вытисня́ть *нес.. п.*	1	I
Вы́ткать[1] *сов., п.*	34	III
Вы́толкать *сов., п.* выта́лкивать *нес.*	1	I
Вы́толкнуть *сов., п.* выта́лкивать *нес.*	24	III
Вы́топить *сов., п.,* **п:пл** выта́пливать *нес.*	7	II
Вы́топтать[1] *сов., п.,* **т:ч** выта́птывать *нес.*	36	III
{ Вы́торговать *нес., п., разг.*	41	IV
{ Выторго́вывать *сов., п., разг.*	1	I
Выточить *сов., п.*	7	II
{ Вы́травить *сов., п.,* **в:вл**	7	II
{ Вытра́вливать *нес., п.*	1	I
Вы́требовать *сов., п., разг.*	41	IV
Вытрясти[1] *сов., п.*	45	V
{ Вытря́хивать *нес., п.*	1	I
{ Вы́тряхнуть *сов., п.*	24	III
Выть *нес.*	67	VII
{ Вытя́гивать(ся) *нес.*	1	I
{ Вы́тянуть(ся) *сов.*	24	III

[1] the stress falls on **вы-** in all the forms

[1] the stress falls on **вы-** in all the forms

Вы́удить *сов., п.,* **д:ж** 7 II
Выу́живать *нес., п.* 1 I
Вы́утюжить *сов., п.* 6 II
Выу́чивать(ся) *нес.* 1 I
Вы́учить[1](ся) *сов.* 10 II
Выха́живать *нес., п.* 1 I
  вы́ходить *сов.*
Вы́хватить *сов., п.,* **т:ч** 7 II
Выхва́тывать *нес., п.* 1 I
Выхлопа́тывать *нес., п.* 1 I
Вы́хлопотать[1] *сов., п.,* **т:ч** 36 III
Выходи́ть *нес.,* **д:ж** 11 II
  вы́йти *сов.*
Вы́ходить *сов., п.,* **д:ж** 7 II
  выха́живать *нес.*
Выхола́щивать *нес., п.* 1 I
Вы́холостить *сов., п.,* **ст:щ** 7 II
Вы́ходить *сов., п.* 7 II
Вы́царапать *сов., п.* 1 I
Выцара́пывать *нес., п.* 1 I
Вы́цвести[1] *сов., 3 л.,* **с:т** 47 V
Выцвета́ть *нес., 3 л.* 1 I
Вы́цедить *сов., п.,* **д:ж** 7 II
Выце́живать *нес., п.* 1 I
Вы́чеканить[1] *сов., п.* 5 II
Вычёркивать *нес., п.* 1 I
Вы́черкнуть[1] *сов., п.* 24 III
Вы́черпать *сов., п.* 1 I
Выче́рпывать *нес., п.* 1 I
Вы́чертить *сов., п.,* **т:ч** 7 II
Выче́рчивать *нес., п.* 1 I
Вы́чесать[1] *сов., п.,* **с:ш** 36 III
Вычёсывать *нес., п.* 1 I
Вы́честь[1] *сов., п.* 52 V
  вычита́ть *нес.*
Вы́числить *сов., п.* 7 II
Вычисля́ть *нес., п.* 1 I
Вы́чистить(ся) *сов.,* **ст:щ** 7 II
Вычища́ть *нес., п.* 1 I

[1] the stress falls on **вы-** in all the forms

Вычита́ть *нес., п.* 1 I
  вы́честь *сов.*
Вы́читать *сов., п.* 1 I
Вычи́тывать *нес., п.* 1 I
Выша́гивать *нес., разг.* 1 I
Вышвы́ривать *нес., п., разг.* 1 I
Вы́швырнуть[1] *сов., п., разг.* 24 III
Вышиба́ть *нес., п., разг.* 1 I
Вы́шибить[1] *сов., п., разг.* 39 III
Вышива́ть *нес., п.* 1 I
Вы́шить[1] *сов., п.* 69 VII
Вы́школить *сов., п.* 7 II
Вы́шутить *сов., п.,* **т:ч** 7 II
Вышу́чивать *нес., п.* 1 I
Вы́щипать[1] *сов., п.,* **п:пл** 36 III
Выщи́пывать *нес., п.* 1 I
Вы́явить(ся *3 л.*) *сов.,* **в:вл** 7 II
Выявля́ть(ся *3 л.*) *нес.* 1 I
Вы́яснить(ся *3 л.*) *сов.* 7 II
Выясня́ть(ся *3 л.*) *нес.* 1 I
Вью́чить *нес., п.,* 5 II
  навью́чить *сов.*
Вяза́ть(ся *3 л.*) *нес.,* **з:ж** 36 III
  связа́ть(ся) *сов.*
Вя́знуть *нес.* 25 III
  завя́знуть *сов.*
  увя́знуть *сов.*
Вя́лить(ся *3 л.*) *нес.* 5 II
  провя́лить(ся) *сов.*
Вя́нуть *нес.* 27 III
  завя́нуть *сов.*
  увя́нуть *сов.*

Г

Га́вкать *нес., прост.* 1 I
Га́вкнуть *сов., прост.* 24 III
Гада́ть *нес.* 1 I
  погада́ть *сов.*

[1] the stress falls on **вы-** in all the forms

Га́дить *нес.*, **д:ж** 6 II
  нага́дить *сов.*
Гази́ровать *нес., п.* 41 IV
Газифици́ровать *нес., сов., п.* 41 IV
Галде́ть[1] *нес., прост.* 20 II
Галлюцини́ровать *нес.* 41 IV
Галопи́ровать *нес.* 41 IV
Гальванизи́ровать *нес., сов., п.* 41 IV
Гаранти́ровать *нес., сов., п.* 41 IV
{ Га́ркать *нес., прост.* 1 I
{ Га́ркнуть *сов., прост.* 24 III
Гармони́ровать *нес.* 41 IV
Гарцева́ть *нес.* 42 IV
Гаси́ть *нес., п.*, **с:ш** 11 II
  погаси́ть *сов.*
Га́снуть *нес., 3 л.* 25 III
  пога́снуть *сов.*
  уга́снуть *сов.*
Гастроли́ровать *нес.* 41 IV
Германизи́ровать *нес., сов., п.* 41 IV
Ги́бнуть *нес.* 25 III
  поги́бнуть *сов.*
{ Ги́кать *нес., разг.* 1 I
{ Ги́кнуть *сов., разг.* 24 III
Гипертрофи́роваться *нес., сов., книжн.* 41 IV
Гипнотизи́ровать *нес., п.* 41 IV
  загипнотизи́ровать *сов.*
Главе́нствовать *нес.* 41 IV
Гла́дить *нес., п.*, **д:ж** 6 II
  вы́гладить *сов.*
  погла́дить *сов.*
Глазе́ть *нес., прост.* 2 I
Гласи́ть *нес., 3 л., офиц.* 9 II
Глода́ть *нес., п.*, **д:ж** 36 III
Глота́ть *нес., п.* 1 I
Гло́хнуть *нес.* 25 III
  огло́хнуть *сов.*
Глуми́ться *нес.*, **м:мл** 9 II
Глупе́ть *нес.* 2 I
  поглупе́ть *сов.*

[1] the 1st person singular is not used

Глупи́ть *нес.*, **п:пл**, *разг.* 9 II
  сглупи́ть *сов.*
Глуши́ть *нес., п.* 8 II
Гляде́ть(ся) *нес.*, **д:ж** 20 II
  погляде́ть(ся) *сов.*
Гля́нуть *сов., разг.* 23 III
Гна́ть(ся) *нес.* 75 VII
Гневи́ть *нес., п.*, **в:вл.**, *устар.* 9 II
Гнезди́ться *нес., 3 л.* 9 II
Гнести́[1] *нес., п.*, **с:т** 47 V
Гнить *нес.* 4 I
  сгнить *сов.*
Гнои́ть(ся *3 л.*) *нес.* 8 II
  сгнои́ть *сов.*
Гнуса́вить *нес.*, **в:вл** 6 II
Гнуси́ть *нес.*, **с:ш**, *разг.* 9 II
Гну́ть(ся) *нес.* 28 III
  согну́ть(ся) *сов.*
Гнуша́ться *нес.* 1 I
  погнуша́ться *сов.*
Гова́ривать[2] *нес.* 1 I
Говори́ть(ся *3 л.*) *нес.* 8 II
  сказа́ть *сов.*
Гогота́ть *нес.*, **т:ч** 36 III
Годи́ться *нес.*, **д:ж** 9 II
Голода́ть *нес.* 1 I
Голоси́ть *нес.*, **с:ш** 9 II
Голосова́ть *нес., п.* 42 IV
  проголосова́ть *сов.*
Голубе́ть *нес., 3 л.* 2 I
  поголубе́ть *сов.*
Голу́бить *нес., п.*, **б:бл** 6 II
  приголу́бить *сов.*
Гоня́ть(ся) *нес.* 1 I
Го́рбить(ся) *нес.*, **б:бл** 7 II
  сго́рбить(ся) *сов.*
Горди́ться *нес.*, **д:ж** 9 II
Горева́ть[3] *нес.* 42 IV
Горе́ть *нес.* 19 II
  сгоре́ть *сов.*
Го́ркнуть *нес., 3 л.* 25 III
  прого́ркнуть *сов.*
Горла́нить *нес., прост.* 5 II

[1] the past tense is not used
[2] the present tense is not used
[3] горю́ю

Городи́ть *нес.*, 11 and **д:ж**, *разг.*	9	II
Горчи́ть *нес.*, *3 л.*	8	II
Горячи́ть(ся) *нес.*	8	II
Госпитализи́ровать *сов.*, *нес.*, *п.*, *спец.*	41	IV
Госпо́дствовать *нес.*	41	IV
Гости́ть *нес.*, **ст:щ**	9	II
Гото́вить(ся) *нес.*, **в:вл**	6	II
пригото́вить(ся) *сов.*		
подгото́вить(ся) *сов.*		
Гра́бить *нес.*, *п.*, **б:бл**	6	II
огра́бить *сов.*		
Гравирова́ть *нес.*, *п.*	42	IV
вы́гравировать *сов.*		
Грани́ть *нес.*, *п.*	8	II
Грани́чить *нес.*, *3 л.*	5	II
Грасси́ровать *нес.*, *книжн.*	41	IV
Графи́ть *нес.*, *п.*, **ф:фл**	9	II
разграфи́ть *сов.*		
Гре́зить *неперех.* (ся) *нес.*, **з:ж**	6	II
пригре́зиться *сов.*		
Греме́ть[1] *нес.*, **м:мл**	20	II
Грести́ *нес.*, *п.*	50	V
Гре́ть(ся) *нес.*	2	I
Греши́ть *нес.*	8	II
погреши́ть[2] *сов.*		
согреши́ть[3] *сов.*		
Грима́сничать *нес.*	1	I
Гримирова́ть(ся) *нес.*	42	IV
загримирова́ть(ся) *сов.*		
нагримирова́ть(ся) *сов.*		
Гриппова́ть *нес.*, *разг.*	42	IV
Грози́ть *неперех.* (ся *разг.*) *нес.*, **з:ж**	9	II
погрози́ть(ся) *сов.*		
Громи́ть *нес.*, *п.*, **м:мл**	9	II
разгроми́ть *сов.*		
Громозди́ть(ся *3 л.*) *нес.*, **д:ж**	9	II
нагромозди́ть(ся) *сов.*		

1 гремя́
2 to commit an offence (*in general*)
3 to sin

{ Громыха́ть *нес.*, *разг.*	1	I
{ Громыхну́ть *сов.*, *разг.*	28	III
{ Гро́хать(ся) *нес.*, *разг.*	1	I
{ Гро́хнуть(ся) *сов.*, *разг.*	24	III
Грохота́ть *нес.*, **т:ч**	36	III
Грубе́ть *нес.*	2	I
загрубе́ть *сов.*		
огрубе́ть *сов.*		
Груби́ть *нес.*, **б:бл**	9	II
нагруби́ть *сов.*		
Груби́янить *нес.*, *разг.*	5	II
нагруби́янить *сов.*		
Грузи́ть(ся) *нес.*, 11 and **з:ж**	9	II
нагрузи́ть[1] *сов.*		
погрузи́ть[2](ся) *сов.*		
Грузне́ть *нес.*, *разг.*	2	I
погрузне́ть *сов.*		
Группирова́ть(ся *3 л.*) *нес.*	42	IV
сгруппирова́ть(ся) *сов.*		
Грусти́ть *нес.*, **ст:щ**	9	II
Гры́зть(ся) *нес.*	46	V
разгры́зть *сов.*		
Грязни́ть(ся) *нес.*	8	II
загрязни́ть(ся) *сов.*		
нагрязни́ть(ся) *сов.*		
Гря́нуть(ся *разг.*) *сов.*	23	III
Губи́ть *нес.*, *п.*, **б:бл**	11	II
погуби́ть *сов.*		
Гуде́ть *нес.*, **д:ж**	20	II
Гуля́ть *нес.*	1	I
погуля́ть *сов.*		
Густе́ть *нес.*, *3 л.*	2	I
загусте́ть *сов.*		

Д

Дава́ть(ся) *нес.*	60	VII
да́ть(ся) *сов.*		

1 to load (as in грузи́ть ба́ржу 'to load a barge')
2 to load, to stow a load (as in грузи́ть на ба́ржу 'to load on a barge')

Дави́ть(ся) *нес.*, **в:вл** 11 II
раздави́ть *сов.*
задави́ть *сов.*
подави́ть(ся) *сов.*
Дари́ть *нес.*, *п.* 10 II
подари́ть *сов.*
Дармое́дничать *нес.*, *разг.* 1 I
Дарова́ть *нес.*, *п.*, *устар.* and *высок.* 42 IV
Дати́ровать *нес.*, *п.* 41 IV
Да́ть[1](ся) *сов.* 88 VII
дава́ть(ся) *нес.*
{ Дви́гать(ся) *нес.* 1 I
{ Дви́нуть(ся) *сов.* 23 III
Двои́ться *нес.* 8 II
Двуру́шничать *нес.*, *презр.* 1 I
Дебати́ровать *нес.*, *п.*, *книжн.* 41 IV
Дебоши́рить *нес.*, *разг.* 5 II
надебоши́рить *сов.*
Дебюти́ровать *нес.*, *сов.* 41 IV
Дева́ть[2](ся) *нес.*, *сов.*[3], *разг.* 1 I
де́ть(ся) *сов.*
Дегенери́ровать *нес.*, *сов.*, *книжн.* 41 IV
Деград́ировать *нес.*, *сов.*, *книжн.* 41 IV
Дегусти́ровать *нес.*, *сов.*, *п.*, *спец.* 41 IV
Дежу́рить *нес.* 5 II
Дезерти́ровать *нес.*, *сов.* 41 IV
Дезинфици́ровать *нес.*, *сов.*, *п.* 41 IV
Дезинформи́ровать *нес.*, *сов.*, *п.* 41 IV
Дезорганизова́ть *нес.*, *сов.*, *п.* 42 IV

[1] не́ дал (and не да́л), не дала́, не́ дало, не́ дали
[2] no passive participle or verbal adverb is formed from this verb
[3] the perfective is used only in the past

Дезориенти́ровать *нес.*, *сов.*, *п.* 41 IV
Де́йствовать *нес.* 41 IV
поде́йствовать *сов.*
Деквалифици́ровать(ся) *сов.* 41 IV
Деклами́ровать *нес.*, *п.* 41 IV
продеклами́ровать *сов.*
Деклари́ровать *нес.*, *сов.*, *п.*, *книжн.* 41 IV
Деклассі́роваться *нес.*, *сов.* 41 IV
Декори́ровать *нес.*, *сов.*, *п.*, *книжн.* 41 IV
Декрети́ровать *нес.*, *сов.*, *п.*, *книжн.* 41 IV
Де́лать(ся) *нес.* 1 I
сде́лать(ся) *сов.*
Делеги́ровать *нес.*, *сов.*, *п.* 41 IV
Делика́тничать *нес.*, *разг.* 1 I
Дели́ть**(ся) *нес.* 10 II
подели́ть(ся) *сов.*
раздели́ть(ся) *сов.*
Демилитаризова́ть *нес.*, *сов.*, *п.* 42 IV
Демобилизова́ть(ся) *нес.*, *сов.* 42 IV
Демократизи́ровать(ся) *нес.*, *сов.* 41 IV
Демонстри́ровать *нес.*, *сов.*, *п.* 41 IV
продемонстри́ровать *сов.*
Демонти́ровать *нес.*, *сов.*, *п.* 41 IV
Деморализова́ть *нес.*, *сов.*, *п.* 42 IV
Денационализи́ровать *нес.*, *сов.*, *п.* 41 IV
Дёргать(ся) *нес.* 1 I
дёрнуть(ся) *сов.*
Деревене́ть *нес.* 2 I
одеревене́ть *сов.*
Держа́ть(ся) *нес.* 17 II
{ Дерза́ть *нес.* 1 I
{ Дерзну́ть *сов.* 28 III

Дерзи́ть[1] *нес., разг.* 28 III
надерзи́ть *сов.*
Дёрнуть *(ся *разг.*) *сов.* 24 III
дёргать(ся) *нес.*
Детализи́ровать *нес., сов., п.* 41 IV
Де́ть[2](ся) *сов., разг.* 61 VII
дева́ть(ся) *нес.*
Дефили́ровать *нес., книжн.* 41 IV
Деформи́ровать(ся *3 л.*) *нес., сов.* 41 IV
Децентрализова́ть *нес., сов., п.* 42 IV
Дешеве́ть *нес., 3 л.* 2 I
подешеве́ть *сов.*
Дешифрова́ть *нес., сов., п.* 42 IV
Диви́ться *нес.*, **в:вл**, *прост.* 9 II
подиви́ться *сов.*
Дикта́торствовать *нес.* 41 IV
Диктова́ть *нес., п.* 42 IV
продиктова́ть *сов.*
Дипломи́ровать *нес., сов., п., книжн.* 41 IV
Дирижи́ровать *нес.* 41 IV
Дисгармони́ровать 41 IV
Дисквалифици́ровать (ся) *нес., сов.* 41 IV
Дискредити́ровать *нес., сов., п.* 41 IV
Дискримини́ровать *нес., сов., п.* 41 IV
Дискути́ровать *нес., п., книжн.* 41 IV
Дискусси́ровать *нес., п., книжн.* 41 IV
Диспути́ровать *нес., книжн.* 41 IV
Дисциплини́ровать *нес., сов., п.* 41 IV
Дифференци́ровать *нес., сов., п.* 41 IV

Дича́ть *нес.* 1 I
одича́ть *сов.*
Дичи́ться *нес., разг.* 8 II
Дли́ться *нес., 3 л.* 8 II
продли́ться *сов.*
Днева́лить *нес., разг.* 5 II
Днева́ть[1] *нес.* 42 IV
Доба́вить *сов., п.*, **в:вл** 6 II
Добавля́ть *нес., п.* 1 I
Добега́ть *нес.* 1 I
Добежа́ть *сов.* 85 VII
Добива́ть(ся) *нес.* 1 I
Доби́ть(ся) *сов.* 69 VII
Добира́ть(ся *разг.*) *нес.* 1 I
добра́ть(ся) *сов.*
Добра́сывать *нес., п.* 1 I
добро́сить *сов.*
Добра́ть(ся *разг.*) *сов.* 72 VII
добира́ть(ся) *нес.*
Добрести́ *сов.*, **с:д** 47 V
Добре́ть *нес.* 2 I
подобре́ть *сов.*
Добро́сить *сов., п.*, **с:ш** 6 II
добра́сывать *нес.*
Добуди́ться *сов.*, **д:ж** 11 II
Добыва́ть *нес., п.* 1 I
Добы́ть *сов., п.* 83 VII
Довезти́ *сов., п.* 45 V
довози́ть *нес.*
Дове́рить(ся) *сов.* 5 II
доверя́ть(ся) *нес.*
Доверша́ть *нес., п., высок.* 1 I
Доверши́ть *сов., п., высок.* 8 II
Доверя́ть(ся) *нес.* 1 I
дове́рить(ся) *сов.*
Довести́(сь *безл., разг.*) *сов.*, **с:д** 47 V
Доводи́ть(ся *безл., разг.*) *нес.*, **д:ж** 11 II
Довоева́ться[2] *сов., разг.* 42 IV

[1] the 1st person singular is not used
[2] no passive participle or verbal adverb is formed from this verb

[1] днюю
[2] довоююсь

Довози́ть *нес., п.,* **з:ж** 11 II
довезти́ *сов.*
Дово́льствоваться *нес.* 41 IV
Догада́ться *сов.* 1 I
Дога́дываться *нес.* 1 I
Догляде́ть *сов., п.,* **д:ж**, *разг.* 20 III
Догна́ть *сов., п.* 75 VII
догоня́ть *нес.*
Догова́ривать(ся) *нес.* 1 I
Договори́ть(ся) *сов.* 8 II
Догоня́ть *нес., п.* 1 I
догна́ть *сов.*
Догора́ть *нес.* 1 I
Догоре́ть *сов.* 19 II
Догружа́ть *нес., п.* 1 I
Догрузи́ть *сов.*, 11 and *п.*, **з:ж** 9 II
Додава́ть *нес., п.* 60 VII
Дода́ть *сов., п.* 88 VII
Доде́лать *сов., п.* 1 I
Доде́лывать *нес., п.* 1 I
Доду́маться *сов.* 1 I
Доду́мываться *нес.* 1 I
Доеда́ть *нес., п.* 1 I
Дое́сть *сов., п.* 87 VII
Доезжа́ть *нес.* 1 I
Дое́хать *сов.* 82 VII
Дожда́ться *сов.* 34 III
Дожида́ться *нес., разг.* 1 I
Дожива́ть *нес., п.* 1 I
Дожи́ть *сов., п.* 62 VII
Дозва́ниваться *нес.* 1 I
Дозвони́ться *сов.* 8 II
Дозва́ться *сов.* 74 VII
Дознава́ться *нес., разг.* 60 VII
Дозна́ться *сов., разг.* 1 I
Дозрева́ть *нес., 3 л.* 1 I
Дозре́ть *сов., 3 л.* 2 I
Доигра́ть(ся *разг.*) *сов.* 1 I
Дои́грывать(ся *разг.*) *нес.* 1 I
Доиска́ться *сов.*, **ск:щ**, *разг.* 36 III
Дои́скиваться *нес., разг.* 1 I

Дои́ть(ся *3 л.*) *нес.* 8 II
подои́ть *сов.*
Дойти́ *сов.* 81 VII
доходи́ть *нес.*
Доказа́ть *сов., п.,* **з:ж** 36 III
Дока́зывать *нес., п.* 1 I
Дока́нчивать *нес., п.* 1 I
доко́нчить *сов.*
Дока́пываться *нес.* 1 I
докопа́ться *сов.*
Докати́ть(ся) *сов.,* **т:ч** 11 II
Дока́тывать(ся) *нес.* 1 I
Докла́дывать(ся *разг.*) *нес.* 1 I
доложи́ть(ся) *сов.*
Докона́ть* *сов., п., разг.* 1 I
Доко́нчить *сов., п.* 7 II
дока́нчивать *нес.*
Докопа́ться *сов.* 1 I
дока́пываться *нес.*
Докрича́ться *сов.* 15 II
Документи́ровать *нес., сов., п., книжн.* 41 IV
Докуча́ть *нес., устар.* 1 I
Долби́ть *нес., п.,* **б:бл** 9 II
продолби́ть *сов.*
Долета́ть *нес.* 1 I
Долете́ть *сов.,* **т:ч** 20 II
Долива́ть *нес., п.* 1 I
Доли́ть *сов., п.* 69 VII
Доложи́ть[1](ся *разг.*) *сов.* 10 II
докла́дывать(ся) *нес.*
Домини́ровать *нес., книжн.* 41 IV
Домовни́чать *нес., разг.* 1 I
Домога́ться *нес.* 1 I
Домча́ть(ся) *сов.* 15 II
Дона́шивать *нес., п.* 1 I
доноси́ть *сов.*
Донести́(сь) *сов.* 45 V
доноси́ть(ся) *нес.*
Донима́ть *нес., п., разг.* 1 I
доня́ть *сов.*
Донкихо́тствовать *нес.* 41 IV

[1] доло́жен

Доноси́ть *сов., п.,* **с:ш** 11 II
донáшивать нес.

Доноси́ть**(ся) *нес.,* **с:ш** 11 II
донести́(сь) *сов.*

Доня́ть *сов., п., разг.* 78 VII
донимáть *нес.*

Допекáть *нес., п.* 1 I
Допе́чь *сов., п.* 54 VI

Допечáтать *нес., п.* 1 I
Допечáтывать *нес., п.* 1 I

Допивáть(ся *разг.*) *нес.* 1 I
Допи́ть(ся *разг.*) *сов.* 69 VII

Дописáть(ся *разг.*) *сов.,* **с:ш** 36 III
Допи́сывать *нес., п.* 1 I

Доплати́ть *сов., п.,* **т:ч** 11 II
Доплáчивать *нес., п.* 1 I

Доплести́сь *сов.,* **с:т,** *разг.* 47 V

Доплывáть *нес.* 1 I
Доплы́ть[1] *сов.* 62 VII

Допóлнить *сов., п.* 7 II
Дополня́ть *нес., п.* 1 I

Допрáшивать(ся *разг.*) *нес.* 1 I
Допроси́ть(ся *разг.*) *сов.,* **с:ш** 11 II

Допускáть *нес., п.* 1 I
Допусти́ть *сов., п.,* **ст:щ** 11 II

Допытáться *сов., разг.* 1 I
Допы́тываться *нес., разг.* 1 I

Дорабáтывать(ся *разг.*) *нес.* 1 I
Дорабóтать(ся *разг.*) *сов.* 1 I

Дорастáть *нес.* 1 I
Дорасти́ *сов.* 51 V

Дорисовáть *сов., п.* 42 IV
Дорисóвывать *нес., п.* 1 I

Дорожáть *нес., 3 л.* 1 I
подорожáть *сов.*

Дорожи́ть *нес.* 8 II

[1] доплы́л, доплылá, доплы́л|о, -и

Досади́ть *сов.,* **д:ж** 9 II
Досаждáть *нес.* 1 I

Досáдовать *нес.* 41 IV

Досказáть *сов., п.,* **з:ж** 36 III
Доскáзывать *нес., п.* 1 I

Доскакáть *сов.,* **к:ч** 36 III
Доскáкивать *нес.* 1 I

Дослáть *сов., п.* 80 VII
досылáть *нес.*

Дослу́живаться *нес.* 1 I
Дослужи́ться *сов.* 10 II

Дослу́шать *сов., п.* 1 I
Дослу́шивать *нес., п.* 1 I

Досмáтривать *нес., п.* 1 I
Досмотре́ть *сов., п.* 21 II

Доспáть *сов.,* **п:пл** 16 II
досыпáть *нес.*

Доставáть(ся) *нес.* 60 VII
Достáть*(ся) *сов.* 61 VII

Достáвить *сов., п.,* **в:вл** 6 II
Доставля́ть *нес., п.* 1 I

Достигáть *нес.* 1 I
Дости́гнуть *сов.* 25 III
Дости́чь[1] *сов.* 25 III

Достучáться *сов.* 15 II

Досылáть *нес., п.* 1 I
дослáть *сов.*

Досыпáть *нес.* 1 I
доспáть *сов.*

Досыпáть *нес., п.* 1 I
Досы́пать *сов., п.,* **п:пл** 33 III

Дотáскивать *нес., п.* 1 I
Дотащи́ть[2] (ся *разг.*) *сов.* 10 II

Дотрáгиваться *нес.* 1 I
Дотрóнуться *сов.* 23 III

Дотя́гивать(ся) *нес.* 1 I
Дотяну́ть(ся) *сов.* 29 III

Доу́чивать(ся) *нес.* 1 I
Доучи́ть[3](ся) *сов.* 10 II

Дохáживать *нес.* 1 I

Дохну́ть *сов.* 28 III

[1] all the forms are obtained from дости́чь in exactly the same way as from дости́гнуть
[2] дотáщен
[3] доу́чен

Дóхнуть *нес., 3 л.* 25 III
издóхнуть *сов.*
подóхнуть *сов.*
Доходи́ть *нес.*, **д:ж** 11 II
дойти́ *сов.*
Дразни́ть** *нес., п.* 10 II
Драматизи́ровать *нес., сов., п.* 41 IV
Драпировáть(ся) *нес.* 42 IV
задрапировáть(ся) *сов.*
Дрáть(ся) *нес.* 72 VII
подрáться *сов.*
содрáть *сов.*
Дребезжáть *нес., 3 л.* 15 II
Дрейфовáть *нес., спец.* 42 IV
Дремáть(ся *безл., разг.*) *нес.*, **м:мл** 36 III
Дрессировáть *нес., п.* 42 IV
вы́дрессировать *сов.*
Дроби́ть**(ся *3 л.*) *нес.*, **б:бл** 9 II
раздроби́ть(ся) *сов.*
{ Дрóгнуть[1] *нес.* 25 III
Дрóгнуть[2] *сов.* 24 III
Дрожáть *нес.* 15 II
Дружи́ть(ся) *нес.* 10 and 8 II
подружи́ть(ся) *сов.*
{ Дры́гать *нес., разг.* 1 I
Дры́гнуть *сов., разг.* 24 III
Дряхлéть *нес.* 2 I
одряхлéть *сов.*
Дубли́ровать *нес., п.* 41 IV
Дудéть[3] *нес.* 20 II
Дýмать *неперех.* (ся *безл.*) *нес.* 1 I
подýмать *сов.*
Дýнуть *сов.* 23 III
дуть *нес.*
Дурáчить(ся) *нес., разг.* 5 II
одурáчить *сов.*
Дури́ть *нес., разг.* 8 II
Дурмáнить(ся) *нес.* 5 II
одурмáнить(ся) *сов.*

[1] to be chilled, to shiver
[2] to shake, to flinch
[3] the 1st person singular is not used

Дурнéть *нес.* 2 I
подурнéть *сов.*
Дýть(ся *разг.*) *нес.* 3 I
дýнуть *сов.*
Души́ть(ся) *нес.* 10 II
задуши́ть(ся) *сов.*
надуши́ть(ся) *сов.*
Ды́биться *нес., 3 л.* 6 II
Дыми́ть(ся *3 л.*) *нес.*, **м:мл** 9 II
надыми́ть *сов.*
Дыхнýть *сов.* 28 III
Дышáть[1](ся *безл.*) *нес.* 17 II

Е, Ё

Европеизи́ровать(ся) *нес., сов.* 41 IV
Егози́ть *нес.*, **з:ж**, *разг.* 9 II
Единобóрствовать *нес., высок.* 41 IV
Ёжиться *нес.* 5 II
съёжиться *сов.*
Éздить *нес.*, **д:ж** 7 II
{ Ёкать *нес., 3 л.* 1 I
Ёкнуть *сов., 3 л.* 24 III
Ёрзать *нес., разг.* 1 I
Ерши́ться *нес., прост.* 8 II
Есть *нес., п.* 87 VII
съесть *сов.*
Éхать *нес.* 82 VII
Ехи́дничать *нес., разг.* 1 I
съехи́дничать *сов.*

Ж

Жáдничать *нес., разг.* 1 I
пожáдничать *сов.*
Жáждать *нес.* 32 III
Жалéть *нес., п.* 2 I
пожалéть *сов.*
Жáлить *нес., п.* 5 II
ужáлить *сов.*
Жáловать(ся) *нес.* 41 IV
пожáловать(ся) *сов.*

[1] ды́шащий

Жа́рить(ся) *нес.*	5	II
зажа́рить(ся) *сов.*		
поджа́рить(ся) *сов.*		
изжа́рить(ся) *сов.*		
Жать[1] *нес., п.*	64	VII
сжать *сов.*		
Жа́ть[2](ся) *нес.*	65	III
сжа́ть(ся) *сов.*		
Ждать *нес., п.*	34	III
Жева́ть* *нес., п.*	43	IV
Жела́ть *нес., п.*	1	I
пожела́ть *сов.*		
Желте́ть(ся *3 л., разг.*) *нес.*	2	I
пожелте́ть *сов.*		
Желти́ть *нес., п.,* **т:ч**	9	II
зажелти́ть *сов.*		
Жема́ниться *нес., разг.*	5	II
Жема́нничать *нес., разг.*	1	I
Жени́ть(ся) *нес., сов.*	10	II
пожени́ть(ся) *сов.*		
Жереби́ться *нес., 3 л.*	9	II
ожереби́ться *сов.*		
Же́ртвовать *нес., п.*	41	IV
поже́ртвовать *сов.*		
Жестикули́ровать *нес.*	41	IV
Же́чь(ся) *нес.*	58	VI
сжечь *сов.*		
Живи́ть *нес., п.,* **в:вл**, *книжн.*	9	II
Жире́ть *нес.*	2	I
ожире́ть *сов.*		
разжире́ть *сов.*		
Жи́ть(ся *безл., разг.*) *нес.*	62	VII
Жму́рить(ся) *нес.*	5	II
зажму́рить(ся) *сов.*		
Жонгли́ровать *нес.*	41	IV
Жрать *нес., п.*	34	III
сожра́ть *сов.*		
Жужжа́ть *нес.*	15	II
Жу́льничать *нес., разг.*	1	I
сжу́льничать *сов.*		
Жури́ть *нес., п., разг.*	8	II
Журча́ть *нес.*	15	II

[1] жать, жну – 'to reap'
[2] жать, жму – 'to press', 'to pinch' (*of footwear*)

З

Заале́ть *сов., 3 л.*	2	I
Заарка́нить *сов., п.*	5	II
Заарта́читься *сов., разг.*	5	II
Заасфальти́ровать *сов., п.*	41	IV
Забавля́ть(ся) *нес.*	1	I
Забаллоти́ровать *сов., п.*	41	IV
Забаррикади́ровать(ся) *сов.*	41	IV
Забастова́ть *сов.*	42	IV
Забе́гать(ся *разг.*) *сов.*	1	I
Забега́ть *нес.*	1	I
Забежа́ть *сов.*	85	VII
Забе́ливать *нес., п., разг.*	1	I
Забели́ть *сов., п.,* 10 and *разг.*	8	II
Забере́менеть *сов.*	2	I
Забеспоко́иться *сов.*	12	II
Забетони́ровать *сов., п.*	41	IV
Забива́ть(ся) *нес.*	1	I
заби́ть(ся) *сов.*		
Забинтова́ть(ся) *сов.*	42	IV
Забира́ть(ся) *нес.*	1	I
забра́ть(ся) *сов.*		
Заби́ть(ся) *сов.*	69	VII
забива́ть(ся) *нес.*		
Заблагорассу́диться *сов., безл.*	6	II
Заблесте́ть[1] *сов.,* 20 II and **ст:щ**	38	III
Заблуди́ться *сов.,* **д:ж**	11	II
Заблужда́ться *нес.*	1	I
Забода́ть* *сов., п.*	1	I
Забола́чиваться *нес., 3 л.*	1	I
заболо́титься *сов.*		
Заболева́ть *нес.*	1	I
Заболе́ть[2] *сов.*	2	I
Заболе́ть[3] *сов., 3 л.*	19	II
Заболо́титься *сов., 3 л.*		
забола́чиваться *нес.*		
Заборони́ть *сов., п.*	8	II

[1] заблесте́в
[2] to fall ill
[3] to begin to ache

Забо́тить(ся) *нес.*, **т:ч**	6	II
озабо́тить *сов.*		
позабо́титься *сов.*		
Забракова́ть *сов., п.*	42	IV
Забра́сывать *нес., п.*	1	I
заброса́ть *сов.*		
забро́сить *сов.*		
Забра́ть(ся) *сов.*	72	VII
забира́ть(ся) *нес.*		
Забреда́ть *нес., разг.*	1	I
Забрести́ *сов.*, **с:д**, *разг.*	47	V
Забре́зжить *сов., 3 л.*	7	II
Заброни́ровать *сов., п.*	41	IV
Заброса́ть[1] *сов., п.*	1	I
забра́сывать *нес.*		
Забро́сить[2] *сов., п.*, **с:ш**	6	II
забра́сывать *нес.*		
Забры́згать *сов., п.*	1	I
Забры́згивать *нес., п.*	1	I
Забуха́ть *нес., 3 л.*	1	I
Забу́хнуть *сов., 3 л.*	25	III
Забыва́ть(ся) *нес.*	1	I
Забы́ть[3](ся) *сов.*	83	VII
Зава́жничать *сов., разг.*	1	I
Зава́ливать(ся) *нес.*	1	I
Завали́ть[4](ся) *сов.*	10	II
Заваля́ться *сов., 3 л., разг.*	1	I
Зава́ривать(ся *3 л.*) *нес.*	1	I
Завари́ть[5](ся *3 л.*) *сов.*	10	II
Заве́довать *нес.*	41	IV
Завезти́ *сов., п.*	45	V
завози́ть *нес.*		
Завербова́ть *сов., п.*	42	IV
Заве́рить *сов., п.*	5	II
заверя́ть *нес.*		
Заверну́ть(ся) *сов.*	28	III
Завёртывать(ся) *нес.*	1	I
завора́чивать(ся) *нес.*		
Заверте́ть[6](ся) *сов.*, **т:ч**	22	II
Заверша́ть(ся *3 л.*) *нес.*	1	I
Заверши́ть(ся *3 л.*) *сов.*	8	II

[1] to cover, to fill (*with*)
[2] to throw far away
[3] забы́ла
[4] зава́лен
[5] зава́рен
[6] заве́рчен

Заверя́ть *нес., п.*	1	I
заве́рить *сов.*		
Заве́сить(ся) *сов.*, **с:ш**	6	II
заве́шивать(ся) *нес.*		
Завести́(сь) *сов.*, **с:д**	47	V
заводи́ть(ся) *нес.*		
Заве́шать *сов., п.*	1	I
Заве́шивать *нес., п.*	1	I
Заве́шивать(ся) *нес.*	1	I
заве́сить(ся) *сов.*		
Завеща́ть *нес., сов., п.*	1	I
Завива́ть(ся) *нес.*	1	I
зави́ть(ся) *сов.*		
Зави́довать *нес.*	41	IV
позави́довать *сов.*		
Завизи́ровать *сов., п.*	41	IV
Завинти́ть[1] *сов., п.*, **т:ч**	9	II
Зави́нчивать *нес., п.*	1	I
Завира́ться *нес., разг.*	1	I
завра́ться *сов.*		
Зави́сеть *нес.*, **с:ш**	18	II
Зави́ть(ся) *сов.*	69	VII
завива́ть(ся) *нес.*		
Завладева́ть *нес.*	1	I
Завладе́ть *сов.*	2	I
Завлека́ть *нес., п.*	1	I
Завле́чь *сов., п.*	54	VI
Заводи́ть **(ся) *нес.*, **д:ж**	11	II
завести́(сь) *сов.*		
Завоева́ть[2] *сов., п.*	42	IV
Завоёвывать *нес., п.*	1	I
Завози́ть ** *нес., п.*, **з:ж**	11	II
завезти́ *сов.*		
Завола́кивать(ся) *3 л., нес.*	1	I
Заволо́чь(ся) *3 л., сов.*	54	VI
Заволнова́ться *сов.*	42	IV
Завопи́ть *сов.*, **п:пл**	9	II
Завора́чивать(ся) *нес., разг.*	1	I
заверну́ть(ся) *сов.*		
Заворожи́ть *сов., п.*	8	II

[1] зави́нчен
[2] завою́ю

Завра́ться *сов., разг.* 34 III
завира́ться *нес.*
За́втракать *нес.* 1 I
поза́втракать *сов.*
Завуали́ровать *сов., п.* 41 IV
Завыва́ть *нес.* 1 I
{ Завы́сить *сов., п.,* **с:ш** 6 II
{ Завыша́ть *нес., п.* 1 I
Завы́ть *сов.* 67 VII
{ Завяза́ть(ся *3 л.*) *сов.,* **з:ж** 36 III
{ Завя́зывать(ся *3 л.*) *нес.* 1 I
Завя́знуть *сов.* 25 III
Завя́нуть *сов.* 27 III
{ Загада́ть *сов., п.* 1 I
{ Зага́дывать *нес., п.* 1 I
{ Зага́дить *сов., п.,* **д:ж,** *разг., неодобр.* 6 II
{ Зага́живать *нес., п., разг., неодобр.* 1 I
Загиба́ть(ся *3 л.*) *нес.* 1 I
загну́ть(ся) *сов.*
Загипнотизи́ровать *сов., п.* 41 IV
{ Загла́дить *сов., п.,* **д:ж** 6 II
{ Загла́живать *нес., п.* 1 I
Загло́хнуть *сов.* 25 III
{ Заглуша́ть *нес., п.* 1 I
{ Заглуши́ть *сов., п.* 8 II
{ Загляде́ться *сов.,* **д:ж,** *разг.* 20 II
{ Загля́дывать(ся) *нес., разг.* 1 I
{ Загляну́ть *сов.* 29 III
Загна́ивать(ся *3 л.*) *нес., разг.* 1 I
загнои́ть(ся) *сов.*
Загна́ть *сов., п.* 75 VII
загоня́ть *нес.*
{ Загнива́ть *нес.* 1 I
{ Загни́ть *сов.* 4 I
Загнои́ть(ся *3 л.*) *сов., разг.* 8 II
загна́ивать(ся) *нес.*
Загну́ть(ся) *сов.* 28 III
загиба́ть(ся) *нес.*
{ Загова́ривать(ся) *нес.* 1 I
{ Заговори́ть(ся) *сов.* 8 II

Загоня́ть *нес., п.* 1 I
загна́ть *сов.*
{ Загора́живать(ся) *нес.* 1 I
{ Загороди́ть[1](ся) 11 and *сов.,* **д:ж** 19 II
{ Загора́ть *неперех.* (ся) *нес.* 1 I
{ Загоре́ть *неперех.* (ся) *сов.* 19 II
Загорди́ться *сов.,* **д:ж,** *разг.* 9 II
Загости́ться *сов.,* **ст:щ,** *разг.* 9 II
{ Загота́вливать *нес., п.* 1 I
{ Загото́вить *сов., п.,* **в:вл** 6 II
{ Заготовля́ть *нес., п.* 1 I
{ Загради́ть *сов., п.,* **д:ж:жд** 9 II
{ Загражда́ть *нес., п.* 1 I
{ Загреба́ть *нес., п., разг.* 1 I
{ Загрести́* *сов., п., разг.* 50 V
Загреме́ть *сов.,* **м:мл** 20 II
Загримирова́ть(ся) *сов.* 42 IV
{ Загроможда́ть *нес., п.* 1 I
{ Загромозди́ть[2] *сов., п.,* **д:ж:жд** 9 II
Загрубе́ть *сов.* 2 I
{ Загружа́ть *нес., п.,* 1 I
{ Загрузи́ть *сов.,* 11 and *п.,* **з:ж** 9 II
Загрусти́ть *сов.,* **ст:щ** 9 II
Загры́зть *сов., п.* 46 V
{ **За**грязни́ть(ся) *сов.* 8 II
{ Загрязня́ть(ся *3 л.*) *нес.* 1 I
Загуби́ть *сов., п.,* **б:бл**, *разг.* 11 II
{ Загу́ливать *нес., разг.* 1 I
{ Загуля́ть *неперех.* (ся) *сов., разг.* 1 I
Загусте́ть *сов., 3 л.* 2 I
Зада́бривать *нес., п.* 1 I
задо́брить *сов.*

[1] загоро́жен
[2] загромождён

Задава́ть(ся) *нес.*	60	VII
зада́ть(ся) *сов.*		
Задави́ть *сов., п.,* **в:вл**	11	II
{ Зада́ривать *нес., п.*	1	I
{ Задари́ть[1] *сов., п.*	10	II
Зада́ть(ся) *сов.*	88	VII
задава́ть(ся) *нес.*		
{ Задвига́ть *нес., п.*	1	I
{ Задви́нуть *сов., п.*	23	III
Задева́ть *нес., п.*	1	I
заде́ть *сов.*		
{ Заде́лать *сов., п.*	1	I
{ Заде́лывать *нес., п.*	1	I
{ Задержа́ть(ся) *сов.*	17	II
{ Заде́рживать(ся) *нес.*	1	I
{ Задёргать(ся) *сов.*	1	I
{ Задёргивать(ся *3 л.*) *нес.*	1	I
{ Задёрнуть(ся *3 л.*) *сов.*	24	III
Заде́ть *сов., п.*	61	VII
задева́ть *нес.*		
Задира́ть(ся *3 л.*) *нес.*	1	I
задра́ть(ся) *сов.*		
Задо́брить *сов., п.*	7	II
зада́бривать *нес.*		
Задолжа́ть *сов., п., разг.*	1	I
Задохну́ться *сов.*	28	III
задыха́ться *нес.*		
Задразни́ть *сов., п., разг.*	10	II
Задрапирова́ть(ся) *сов.*	42	IV
Задра́ть(ся *3 л.*) *сов.*	72	VII
задира́ть(ся) *нес.*		
Задрема́ть *сов.,* **м:мл**	36	III
Задрожа́ть *сов.*	15	II
Задува́ть *нес., п.*	1	I
заду́ть *сов.*		
{ Заду́мать(ся) *сов.*	1	I
{ Заду́мывать(ся) *нес.*	1	I
Заду́ть *сов., п.*	3	I
задува́ть *нес.*		
Задуши́ть[2](ся) *сов.*	10	II
Задыми́ть(ся *3 л.*) *сов.,* **м:мл**	9	II
Задыха́ться *нес.*	1	I
задохну́ться *сов.*		
Задыша́ть *сов.*	17	II
Заеда́ть *нес., п.*	1	I
зае́сть *сов.*		
Зае́здить *сов., п.,* **д:ж**	7	II
Заезжа́ть *нес.*	1	I
зае́хать *сов.*		
Зае́сть *сов., п.*	87	VII
заеда́ть *нес.*		
Зае́хать *сов.*	82	VII
заезжа́ть *нес.*		
Зажа́рить(ся) *сов.*	5	II
Зажа́ть *сов., п.*	65	VII
зажима́ть *нес.*		
Зажда́ться *сов., разг.*	34	III
Зажелти́ть *сов., п.,* **т:ч**	9	II
{ Зажéчь(ся) *сов.*	58	VI
{ Зажига́ть(ся) *нес.*	1	I
{ Зажива́ть *нес., 3 л.*	1	I
{ Зажи́ть *неперех.* (ся *разг.*) *сов.*	62	VII
Зажима́ть *нес., п.*	1	I
зажа́ть *сов.*		
Зажму́рить(ся) *сов.*	5	II
Зажурча́ть *сов., 3 л.*	15	II
Зазва́ть *сов., п., разг.*	74	VII
зазыва́ть *нес.*		
Зазвене́ть *сов., 3 л.*	19	II
Зазвони́ть *сов.*	8	II
Зазвуча́ть *сов., 3 л.*	1	I
Зазева́ться *сов., разг.*	1	I
Зазелене́ть *сов., 3 л.*	2	I
Зазелени́ть *сов., п.*	8	II
{ Заземли́ть(ся *3 л.*) *сов., спец.*	8	II
{ Заземля́ть(ся *3 л.*) *нес., спец.*	1	I
Зазимова́ть *сов.*	42	IV
{ Зазнава́ться *нес., разг.*	60	VII
{ Зазна́ться *сов., разг.*	1	I
Зазубри́ть *сов., п.*	8	II
10 and		
Зазыва́ть *нес., п., разг.*	1	I
зазва́ть *сов.*		
{ Заигра́ть(ся) *сов.*	1	I
{ Заи́грывать(ся) *нес.*	1	I
{ Заика́ться *нес.*	1	I
{ Заикну́ться *сов.*	28	III

[1] зада́рен
[2] заду́шен, заду́шен|а, -о, -ы

Заи́мствовать *нес., сов., п.* 41 IV
позаи́мствовать *сов.*

Заи́ндеветь *сов.* 2 I

Заинтересова́ть(ся) *сов.* 42 IV
Заинтересо́вывать(ся) *нес.* 1 I

Заинтригова́ть *сов., п.* 42 IV

Заи́скивать *нес.* 1 I

Зайти́ *неперех.* (сь *3 л., разг.*) *сов.* 81 VII
заходи́ть(ся) *нес.*

Закабали́ть(ся) *сов.* 8 II
Закабаля́ть(ся) *нес.* 1 I

Заказа́ть *сов., п.,* **з:ж** 36 III
Зака́зывать *нес., п.* 1 I

Зака́иваться *нес., разг.* 1 I
зака́яться *сов.*

Зака́ливать(ся) *нес.* 1 I
Закали́ть(ся) *сов.* 8 II
Закаля́ть(ся) *нес.* 1 I

Зака́лывать(ся) *нес.* 1 I
заколо́ть(ся) *сов.*

Зака́нчивать(ся *3 л.*) *нес.* 1 I
зако́нчить(ся) *сов.*

Зака́пать(ся) *сов.* 1 I
Зака́пывать(ся) *нес.* 1 I
закопа́ть(ся) *сов.*

Зака́рмливать *нес., п.* 1 I
закорми́ть *сов.*

Заката́ть *сов., п.* 1 I
Зака́тывать *нес., п.* 1 I

Закати́ть(ся) *сов.,* **т:ч** 11 II
Зака́тывать(ся) *нес.* 1 I

Закача́ть(ся) *сов.* 1 I

Зака́шлять *неперех.* (ся) *сов.* 1 I

Зака́яться *сов., разг.* 31 III
зака́иваться *нес.*

Заква́сить *сов., п.,* **с:ш** 6 II
Заква́шивать *нес., п.* 1 I

Закида́ть *сов., п.* 1 I
Заки́дывать *нес., п.* 1 I

Заки́нуть *сов., п.* 23 III

Закипа́ть *нес., 3 л.* 1 I
Закипе́ть *сов., 3 л.* 20 II

Закиса́ть *нес.* 1 I
Заки́снуть *сов.* 25 III

Закла́дывать *нес., п.* 1 I
заложи́ть *сов.*

Заклева́ть[1] *сов., п.* 43 IV
Заклёвывать *нес., п.* 1 I

Закле́ивать *нес., п.* 1 I
Закле́ить *сов., п.* 12 II

Заклейми́ть[2] *сов., п.,* **м:мл** 9 II

Заклепа́ть[3] *сов., п.* 1 I
Заклёпывать *нес., п.* 1 I

Заклина́ть *нес., п.* 1 I

Заклуби́ть(ся) *сов., 3 л.* 9 II

Заключа́ть(ся *3 л.*) *нес.* 1 I
Заключи́ть *сов., п.* 8 II

Закова́ть *сов., п.* 43 IV
Зако́вывать *нес., п.* 1 I

Закола́чивать *нес., п.* 1 I
заколоти́ть *сов.*

Заколдова́ть *сов., п.* 42 IV
Заколдо́вывать *нес., п.* 1 I

Заколоти́ть *сов., п.* **т:ч** 11 II
закола́чивать *нес.*

Заколо́ть(ся) *сов.* 30 III
зака́лывать(ся) *нес.*

Закомпости́ровать *сов., п.* 41 IV

Законопа́тить *сов., п.,* **т:ч** 6 II

Законсерви́ровать *сов., п.* 41 IV

Законспекти́ровать *сов., п.* 41 IV

Законспири́ровать *сов., п.* 41 IV

Законтрактова́ть *сов., п.* 42 IV

Зако́нчить(ся *3 л.*) *сов.* 7 II
зака́нчивать(ся) *нес.*

Закопа́ть(ся) *сов.* 1 I
зака́пывать(ся) *нес.*

Закопоши́ться *сов.* 8 II

Закопте́ть *сов., 3 л., безл.* 20 II

[1] заклюю; заклёван
[2] заклеймён
[3] заклёпан

Закопти́ть(ся) *сов.*, **т:ч**	9	II
Закорене́ть *сов.*	2	I
Закорми́ть *сов.*, *п.*, **м:мл**	11	II
закá‌рмливать *нес.*		
Закосне́ть *сов.*	2	I
Закочене́ть *сов.*	2	I
Закра́дываться *нес.*	1	I
закра́сться *сов.*		
Закра́сить *сов.*, *п.*, **с:ш**	6	II
закра́шивать *нес.*		
Закрасне́ть *неперех.* (ся *разг.*) *сов.*	2	I
Закра́сться *сов.*	48	V
закра́дываться *нес.*		
Закра́шивать *нес.*, *п.*	1	I
закра́сить *сов.*		
Закрепи́ть(ся) *сов.*, **п:пл**	9	II
Закрепля́ть(ся) *нес.*	1	I
Закрепости́ть *сов.*, *п.*, **ст:щ**	9	II
Закрепоща́ть *нес.*, *п.*	1	I
Закристаллизова́ть(ся *3 л.*) *сов.*	42	IV
Закрича́ть *сов.*	15	II
Закругли́ть(ся) *сов.*	8	II
Закругля́ть(ся) *нес.*	1	I
Закружи́ть(ся) *сов.* 10 and	8	II
Закрути́ть(ся) *сов.*, **т:ч**	11	II
Закру́чивать(ся) *нес.*	1	I
Закрыва́ть(ся) *нес.*	1	I
Закры́ть(ся) *сов.*	67	VII
Закупа́ть *нес.*, *п.*	1	I
Закупи́ть *сов.*, *п.*, **п:пл**	11	II
Заку́поривать(ся *3 л.*) *нес.*	1	I
Заку́порить(ся *3 л.*) *сов.*	7	II
Заку́ривать(ся *3 л.*) *нес.*	1	I
Закури́ть[1](ся *3 л.*) *сов.*	10	II
Закуса́ть *сов.*, *п.*, *разг.*	1	I
Закуси́ть *сов.*, *п.*, **с:ш**	11	II
Заку́сывать *нес.*, *п.*	1	I
Заку́тать(ся) *сов.*	1	I
Заку́тывать(ся) *нес.*	1	I

[1] заку́рен

Зала́дить *сов.*, **д:ж**, *разг.*	6	II
Зала́мывать *нес.*, *п.*	1	I
заломи́ть *сов.*		
Заласка́ть *сов.*, *п.*, *разг.*	1	I
Зала́ять *сов.*	31	III
Залега́ть *нес.*	1	I
зале́чь *сов.*		
Заледене́ть *сов.*	2	I
Залежа́ться *сов.*	15	II
Залёживаться *нес.*	1	I
Залеза́ть *нес.*	1	I
Зале́зть *сов.*	44	V
Залепи́ть *сов.*, *п.*, **п:пл**	11	II
Залепля́ть *нес.*, *п.*	1	I
Залета́ть *нес.*	1	I
Залете́ть *сов.*, **т:ч**	20	II
Зале́чивать(ся *разг.*) *нес.*	1	I
Залечи́ть[1](ся *разг.*) *сов.*	10	II
Зале́чь *сов.*	59	VI
залега́ть *нес.*		
Залива́ть(ся) *нес.*	1	I
Зали́ть(ся) *сов.*	69	VII
Зализа́ть *сов.*, *п.*, **з:ж**	36	III
Зали́зывать *нес.*, *п.*	1	I
Заложи́ть[2] *сов.*, *п.*	10	II
закла́дывать *нес.*	11	II
Заломи́ть *сов.*, *п.*, **м:мл**	11	II
зала́мывать *нес.*		
Залосни́ться *сов.*, *3 л.*	8	II
Залуча́ть *нес.*, *п.*, *разг.*	1	I
Залучи́ть *сов.*, *п.*, *разг.*	8	II
Залюбова́ться *сов.*	42	IV
Зама́зать(ся) *сов.*, **з:ж**	33	III
Зама́зывать *нес.*, *п.*	1	I
Зама́лчивать *нес.*, *п.*	1	I
замолча́ть *сов.*		
Зама́нивать *нес.*, *п.*	1	I
Замани́ть[3] *сов.*, *п.*	10	II
Замаринова́ть *сов.*, *п.*	42	IV
Замаскирова́ть(ся) *сов.*	42	IV
Зама́сливать(ся) *нес.*	1	I
Зама́слить(ся) *сов.*	7	II

[1] зале́чен
[2] зало́жен, зало́жен|а, -о, -ы
[3] зама́нен and заманён

Зама́тывать(ся) *нес.*	1	I
замота́ть(ся) *сов.*		
Замаха́ть *сов.*, **х:ш**	36	III
{ Зама́хиваться *нес.*	1	I
{ Замахну́ться *сов.*	28	III
Зама́чивать *нес., п.*	1	I
замочи́ть *сов.*		
{ Заме́длить(ся *3 л.*) *сов.*	7	II
{ Замедля́ть(ся *3 л.*) *нес.*	1	I
Замели́ть *сов., п., разг.*	8	II
{ Замени́ть *сов., п.*	10	II
{ Заменя́ть *нес., п.*	1	I
Замере́ть[1] *сов.*	71	VII
замира́ть *нес.*		
{ Замерза́ть *нес.*	1	I
{ **За**мёрзнуть *сов.*	25	III
Замеси́ть *сов., п.*, **с:ш**	11	II
заме́шивать *нес.*		
{ Замести́ *сов., п.*, **с:т**	47	V
{ Замета́ть *нес., п.*	1	I
Замести́ть *сов., п.* **ст:щ**	9	II
замеща́ть *нес.*		
Замета́ться *сов.*, **т:ч**	36	III
{ Замета́ть[2] *сов., п.*	1	I
{ Замётывать *нес., п.*	1	I
{ Заме́тить *сов.*, **т:ч**	6	II
{ Замеча́ть(ся *3 л.*) *нес.*	1	I
Замечта́ться *сов.*	1	I
{ Замеша́ть(ся *разг.*) *сов.*	1	I
{ Заме́шивать[3](ся *разг.*) *нес.*	1	I
{ замеси́ть[4] *сов.*		
Заме́шкаться *сов., разг.*	1	I
Замеща́ть *нес., п.*	1	I
замести́ть *сов.*		
Замина́ть *нес., п., разг.*	1	I
замя́ть(ся) *сов.*		
Замини́ровать *сов., п.*	41	IV
Замира́ть *нес.*	1	I
замере́ть *сов.*		
Замкну́ть(ся) *сов.*	28	III
замыка́ть(ся) *нес.*		

[1] заме́рший and за́мерший
[2] замётан
[3] to involve somebody in something (*usually in an unpleasant or dangerous affair*)
[4] to knead

{ Замока́ть *нес., 3 л.*	1	I
{ Замо́кнуть *сов., 3 л.*	25	III
Замо́лвить *сов., п.*, **в:вл**, *разг.*	7	II
{ Замолка́ть *нес.*	1	I
{ Замо́лкнуть *сов.*	25	III
Замолча́ть *сов.*	15	II
зама́лчивать *нес.*		
{ Замора́живать *нес., п.*	1	I
{ **За**моро́зить *сов., п.*, **з:ж**	6	II
Замори́ть(ся) *сов., прост.*	8	II
Заморо́чить *сов., п., разг.*	5	II
Замости́ть *сов., п.*, **ст:щ**	9	II
Замота́ть(ся) *сов.*	1	I
зама́тывать(ся) *нес.*		
Замочи́ть[1] *сов., п.*	10	II
{ Замурова́ть *сов., п.*	42	IV
{ Замуро́вывать *нес., п.*	1	I
Замусо́лить *сов., п., разг.*	5	II
Заму́сорить(ся *3 л.*) *сов.*	7	II
Замути́ть[2](ся *3 л.*) 9 and *сов.*, **т:ч**	11	II
Заму́чить(ся) *сов.*	5	II
Замыва́ть *нес., п., разг.*	1	I
замы́ть *сов.*		
Замы́згать *сов., п., прост.*	1	I
Замыка́ть(ся) *нес.*	1	I
замкну́ть(ся) *сов.*		
{ Замы́слить *сов., п.*	7	II
{ Замышля́ть *нес., п.*	1	I
Замыта́рить(ся) *сов., разг.*	5	II
Замы́ть *сов., п., разг.*	67	VII
замыва́ть *нес.*		
Замя́ть(ся) *сов., разг.*	64	VII
замина́ть *нес.*		
{ Занаве́сить(ся) *сов.*, **с:ш**	6	II
{ Занаве́шивать(ся) *нес.*	1	I

[1] замо́чен
[2] замутнён

Зана́шивать(ся *3 л.*) *нес.*	1 I
заноси́ть(ся) *сов.*	
Занеме́ть *сов.*	2 I
Занемо́чь *сов., прост.*	57 VI
Занести́(сь) *сов.*	45 V
заноси́ть(ся) *нес.*	
Занеме́ть *сов.*	2 I
Занемо́чь *сов., прост.*	57 VI
Занести́(сь) *сов.*	45 V
заноси́ть(ся) *нес.*	
{ Занижа́ть *нес., п.*	1 I
{ Зани́зить *сов., п.,* **з:ж**	6 II
Занима́ть(ся) *нес.*	1 I
заня́ть(ся) *сов.*	
Занози́ть* *сов., п.,* **з:ж**	9 II
Заноси́ть(ся *3 л.*) *сов.,* **с:ш**	11 II
зана́шивать(ся) *нес.*	
Заноси́ть**(ся) *нес.,* **с:ш**	11 II
занести́(сь) *сов.*	
Заночева́ть *сов., разг.*	42 IV
Занумерова́ть *сов., п.*	42 IV
Заны́ть *сов.*	67 VII
Заня́ть(ся)[1] *сов.*	78 VII
занима́ть(ся) *нес.*	
{ **За**остри́ть(ся *3 л.*) *сов.*	8 II
{ Заостря́ть(ся *3 л.*) *нес.*	1 I
Запада́ть *нес., 3 л.*	1 I
запа́сть *сов.*	
Запа́здывать *нес.*	1 I
запозда́ть *сов.*	
Запа́ивать *нес., п.*	1 I
запая́ть *сов.*	
{ **За**пакова́ть *сов., п.*	42 IV
{ Запако́вывать *нес., п.*	1 I
Запа́костить *сов., п.,* **ст:щ**, *разг.*	7 II
Запали́ть *сов., п., прост.*	8 II
Запа́мятовать *сов., п., разг.*	41 IV
Запаникова́ть *сов., прост.*	42 IV
{ Запа́ривать(ся) *нес.*	1 I
{ Запа́рить(ся) *сов.*	5 II

[1] заня́лся́, заняла́сь, заняло́сь, заняли́сь

Запарши́веть *сов., разг.*	2 I
Запа́рывать *нес., п., разг.*	1 I
запоро́ть *сов.*	
{ Запаса́ть(ся) *нес.*	1 I
{ Запасти́(сь) *сов.*	45 V
Запа́сть *сов., 3 л.*	48 V
запада́ть *нес.*	
Запатентова́ть *сов., п.*	42 IV
{ Запаха́ть *сов., п.,* **х:ш**	36 III
{ Запа́хивать *нес., п.*	1 I
{ Запа́хивать(ся) *нес.*	1 I
{ Запахну́ть(ся) *сов.*	28 III
Запа́хнуть *сов.*	25 III
Запа́чкать(ся) *сов.*	1 I
Запая́ть *сов., п.*	1 I
запа́ивать *нес.*	
Запева́ть *нес., п.*	1 I
запе́ть *сов.*	
Запека́ть(ся *3 л.*) *нес.*	1 I
запе́чь(ся) *сов.*	
Запелена́ть[1] *сов., п.*	1 I
Запеленгова́ть *сов., п., спец.*	42 IV
Запе́ниться *сов., 3 л.*	5 II
Запере́ть(ся) *сов.*	71 VII
запира́ть(ся) *нес.*	
Запестре́ть *сов., 3 л.*	2 I
Запе́ть *сов., п.*	68 VII
запева́ть *нес.*	
{ Запеча́тать *сов., п.*	1 I
{ Запеча́тывать *нес., п.*	1 I
{ Запечатлева́ть(ся) *нес., книжн.*	1 I
{ Запечатле́ть[2](ся) *сов., книжн.*	2 I
Запе́чь(ся *3 л.*) *сов.*	54 VI
запека́ть(ся) *нес.*	
Запива́ть *нес., п.*	1 I
запи́ть *сов.*	
Запина́ться *нес.*	1 I
запну́ться *сов.*	
Запира́ть(ся) *нес.*	1 I
запере́ть(ся) *сов.*	
{ Записа́ть(ся) *сов.,* **с:ш**	36 III
{ Запи́сывать(ся) *нес.*	1 I

[1] запелёнат
[2] запечатлён

Запи́ть *сов., п.* запива́ть *нес.*	69	VII
Запиха́ть *сов., п., разг.*	1	I
Запи́хивать *нес., п., разг.*	1	I
Запихну́ть *сов., п., разг.*	28	III
Запла́кать *сов.,* **к:ч**	33	III
Заплани́ровать *сов., п.*	41	IV
Заплати́ть[1] *сов., п.,* **т:ч**	11	II
Заплева́ть[2] *сов., п.*	43	IV
Заплёвывать *нес., п.*	1	I
Заплеска́ть[3] *сов., п.,* **ск:щ**, *разг.*	38	III
Запле́сневеть *сов., 3 л.*	2	I
Заплесну́ть *сов., п., разг.*	28	III
Заплёскивать *нес., п., разг.*	1	I
Заплести́(сь *3 л., разг.*) *сов.,* **с:т**	47	V
Заплета́ть(ся *3 л., разг.*) *нес.*	1	I
Запломбирова́ть *сов., п.*	42	IV
Заплыва́ть *нес.*	1	I
Заплы́ть[4] *сов.*	62	VII
Запну́ться *сов.* запина́ться *нес.*	28	III
Запода́зривать *нес., п.*	1	I
Заподо́зрить *сов., п.*	7	II
Запозда́ть *сов.* запа́здывать *нес.*	1	I
Заполза́ть *нес.*	1	I
Заползти́ *сов.*	45	V
Запо́лнить(ся *3 л.*) *сов.*	7	II
Заполня́ть(ся *3 л.*) *нес.*	1	I
Заполони́ть(ся *3 л.*) *сов., разг.*	8	II
Заполоня́ть(ся *3 л.*) *нес., разг.*	1	I

[1] only the short passive participle is used
[2] заплюю́; заплёван
[3] заплёскан
[4] заплы́л, заплыла́, заплы́л|о, -и

Заполучи́ть[1] *сов., п., прост.*	10	II
Запомина́ть(ся) *нес.*	1	I
Запо́мнить(ся) *сов.*	7	II
Запоро́ть *сов., п., разг.* запа́рывать *нес.*	30	III
Запороши́ть *сов., п., 3 л.*	8	II
Запоте́ть *сов., 3 л.*	2	I
Запра́вить(ся) *сов.,* **в:вл**	6	II
Заправля́ть(ся) *нес.*	1	I
Запра́шивать *нес., п.* запроси́ть *сов.*	1	I
Запрети́ть *сов., п.,* **т:щ**	9	II
Запреща́ть(ся *3 л.*) *нес., п.*	1	I
Заприхо́довать *сов., п.*	41	IV
Запрограмми́ровать *сов., п., спец.*	41	IV
Запроекти́ровать *сов.*	41	IV
Запроки́дывать(ся) *нес.*	1	I
Запроки́нуть(ся) *сов.*	23	III
Запроси́ть *сов., п.,* **с:ш** запра́шивать *нес.*	11	III
Запротестова́ть *сов.*	42	IV
Запротоколи́ровать *сов., п., книжн.*	41	IV
Запруди́ть *сов.,* 11 and *п.,* **д:ж**	9	II
Запру́живать *нес., п.*	1	I
Запряга́ть *нес., п.*	1	I
Запря́чь *сов., п.*	56	VI
Запря́тать(ся) *сов.,* **т:ч**, *разг.*	33	III
Запря́тывать(ся) *нес.*	1	I
Запу́гивать *нес., п.*	1	I
Запуга́ть *сов., п.*	1	I
Запу́дривать *нес., п.*	1	I
Запу́дрить *нес., п.*	7	II
Запуска́ть *нес., п.*	1	I
Запусти́ть *сов., п.,* **ст:щ**	11	II
Запу́тать(ся) *сов.*	1	I
Запу́тывать(ся) *нес.*	1	I

[1] заполу́чен

Запыла́ть *сов.* 1 I

Запыли́ть(ся) *сов.* 8 II

Запыха́ться *сов.* 1 I

Запыхте́ть *сов.*, **т:ч** 20 II

Запятна́ть *сов., п.* 1 I

{ Зараба́тывать(ся *разг.*) *нес.* 1 I
  Зарабо́тать(ся *разг.*) *сов.* 1 I

Зара́внивать *нес., п.* 1 I
  заровня́ть *сов.*

{ Заража́ть(ся) *нес.* 1 I
  Зарази́ть(ся) *сов.*, **з:ж** 9 II

Зарапортова́ться *сов., разг., ирон.* 42 IV

{ Зараста́ть *нес.* 1 I
  Зарасти́ *сов.* 51 V

Зарва́ться *сов., разг. неодобр.* 34 III
  зарыва́ться *нес.*

Зарде́ться *сов.* 2 I

Зареве́ть *сов.* 37 III

Зарегистри́ровать(ся) *сов.* 41 IV

Заре́зать(ся) *сов.*, **з:ж**, *разг.* 33 III

Зарезерви́ровать *сов., п., книжн.* 41 IV

{ Зарека́ться *нес., разг.* 1 I
  Заре́чься *сов., разг.* 54 VI

Зарекомендова́ть *сов., п.* 42 IV

Заржа́веть *сов., 3 л.* 2 I

Заржа́ть *сов.* 34 III

{ Зарисова́ть(ся *разг.*) *сов.* 42 IV
  Зарисо́вывать *нес., п.* 1 I

За́риться *нес., прост.* 5 II
  поза́риться *сов.*

Заровня́ть[1] *сов., п.* 1 I
  зара́внивать *нес.*

{ Зароди́ть(ся *3 л.*) *сов.*, **д:ж:жд** 9 II
  Зарожда́ть(ся *3 л.*) *нес.* 1 I

Зарони́ть[2] *сов., п.* 10 II

[1] заро́внен
[2] заро́нен

{ Заруба́ть *нес., п.* 1 I
  Заруби́ть *сов., п.*, **б:бл** 11 II

{ Зарубцева́ться *сов., 3 л.* 42 IV
  Зарубцо́вываться *нес., 3 л.* 1 I

Зарумя́нить(ся) *сов.* 5 II

{ Заруча́ться *нес.* 1 I
  Заручи́ться *сов.* 8 II

Зарыва́ться *нес., разг. неодобр.* 1 I
  зарва́ться *сов.*

Зарыва́ть(ся) *нес.* 1 I
  зары́ть(ся) *сов.*

Зарыда́ть *сов.* 1 I

Зары́ть(ся) *сов.* 67 VII
  зарыва́ть(ся) *нес.*

Заряби́ть *сов., безл.* 9 II

{ Заряди́ть(ся) 9 and 11 II *сов.*, **д:ж**
  Заряжа́ть(ся) *нес.* 1 I

{ Засади́ть *сов., п.*, **д:ж** 11 II
  Заса́живать *нес., п.* 1 I

Заса́живаться *нес.* 1 I
  засе́сть *сов.*

Заса́ливать *нес., п.* 1 I
  засоли́ть *сов.*

{ Заса́ливать(ся) *нес.* 1 I
  Заса́лить(ся) *сов.* 5 II

Заса́сывать *нес., п.* 1 I
  засоса́ть *сов.*

{ Заса́харивать(ся *3 л.*) *нес.* 1 I
  Заса́харить(ся *3 л.*) *сов.* 7 II

Засверка́ть *сов., 3 л.* 1 I

Засвети́ть(ся *3 л.*) *сов.*, **т:ч** 11 II

Засвиде́тельствовать *сов., п., офиц.* 41 IV

Засева́ть *нес., п.* 1 I
  засе́ять *сов.*

Засека́ть(ся *3 л.*) *нес.* 1 I
  засе́чь(ся) *сов.*

Заседа́ть *нес.* 1 I

{ Засекре́тить *сов., п.*, **т:ч** 6 II
  Засекре́чивать *нес., п.* 1 I

{ Засели́ть *сов., п.* 8 II
  Заселя́ть *нес., п.* 1 I

Засéсть *сов.*, **с:д** засáживаться *нес.*	53	V
Засéчь(ся *3 л.*) *сов.* засекáть(ся) *нес.*	54	VI
Засéять *сов., п.* засевáть *нес.*	31	III
{ Засидéться *сов.*, **д:ж**	20	II
{ Засúживаться *нес.*	1	I
Засилосовáть *сов., п.*	42	IV
{ Засúнивать *нес., п.*	1	I
{ Засинúть *сов., п.*	8	II
Засиять *сов.*	1	I
{ Заскáкивать *нес., разг.* and *прост.*	1	I
{ Заскочúть *сов., разг.* and *прост.*	10	II
Заскирдовáть *сов., п.*	42	IV
Заскрежетáть *сов.*, **т:щ**	36	III
Заскучáть *сов.*	1	I
Заслáть *сов., п.* засылáть *нес.*	80	VII
{ Заследúть[1] *сов., п.*, **д:ж**, *разг.*	9	II
{ Заслéживать *нес., п., разг.*	1	I
{ Заслонúть(ся) 9 and *сов.*	10	II
{ Заслонять(ся) *нес.*	1	I
{ Заслýживать *нес., п.*	1	I
{ Заслужúть[2] *сов., п.*	10	II
{ Заслýшать(ся) *сов.*	1	I
{ Заслýшивать(ся) *нес.*	1	I
Заслы́шать[3] *сов., п.*	14	II
Засмáтривать(ся) *нес.* засмотрéться *сов.*	1	I
{ Засмéивать *нес., п., разг.*	1	I
{ Засмеять[4](ся) *сов., разг.*	31	III
Засмолúть *сов., п.*	8	II
Засмотрéться *сов.* засмáтривать(ся) *нес.*	21	II
Заснýть *сов.* засыпáть *нес.*	28	III

[1] заслéжен
[2] заслýжен
[3] the imperative is not used
[4] засмею, засмеёшь; засмеявший; засмеяв

Заснять[1] *сов., п.*	76	VII
Засóвывать *нес., п.* засýнуть *сов.*	1	I
Засолúть[2] *сов.*, 10 and *п.* засáливать *нес.*	8	II
{ Засорúть(ся *3 л.*) *сов.*	8	II
{ Засорять(ся *3 л.*) *нес.*	1	I
Засосáть[3] *сов., п.* засáсывать *нес.*	34	III
Засóхнуть *сов.* засыхáть *нес.*	25	III
Заспáть[4](ся *разг.*) *сов.*, **п:пл**	16	II
Заспешúть *сов.*	8	II
{ Заспиртовáть *сов., п.*	42	IV
{ Заспиртóвывать *нес., п.*	1	I
Заспóрить *неперех.* (ся *разг.*) *сов.*	5	II
Засрамúть *сов., п.*, **м:мл**, *прост.*	9	II
Заставáть* *нес., п.* застáть *сов.*	60	VII
{ Застáвить *сов., п.*, **в:вл**	6	II
{ Заставлять *нес., п.*	1	I
Застáиваться *нес.* застояться *сов.*	1	I
Застáть* *сов., п.* заставáть *нес.*	61	VII
{ Застёгивать(ся) *нес.*	1	I
{ Застегнýть(ся) *сов.*	28	III
{ Застеклúть *сов., п.*	8	II
{ Застеклять *нес., п.*	1	I
Застелúть *сов., п.* застилáть *нес.*	40	III
Застенографúровать *сов., п.*	41	IV
Застесняться *сов., разг.*	1	I
{ Застигáть *нес., п.*	1	I
{ Застúгнуть *сов., п.* застúчь *сов.*	25	III

[1] заснял, засняла́, заснял\|о, -и; заснят
[2] засóлен
[3] засосáла
[4] зáспан

Застилáть(ся *3 л.*) *нес.* 1 I
застелúть *сов.*
застлáть(ся) *сов.*

{ Застирáть *сов., п.* 1 I
{ Застúрывать *нес., п.* 1 I

Застúчь[1] *сов., п.* 25 III
застигáть *нес.*

Застлáть(ся *3 л.*) *сов.* 73 VII
застилáть(ся) *нес.*

Застонáть *сов.* 35 III

Застóпорить(ся *3 л., разг.*) *сов.* 7 II

Застоя́ться *сов.* 13 II
застáиваться *нес.*

Застрáгивать *нес., п.* 1 I
застрогáть *сов.*

Застрáивать(ся *3 л.*) *нес.* 1 I
застрóить(ся) *сов.*

Застраховáть(ся) *сов.* 42 IV

Застрáчивать *нес., п.* 1 I
застрочúть *сов.*

Застревáть *нес.* 1 I
застря́ть *сов.*

Застрелúть[2](ся) *сов.* 10 II

Застрогáть *сов., п.* 1 I
застрáгивать *нес.*

Застрóить(ся *3 л.*) *сов.* 12 II
застрáивать(ся) *нес.*

Застрочúть[3] *сов.*, 8 and *п.* 10 II
застрáчивать *нес.*

Застря́ть *сов.* 61 III
застревáть *нес.*

{ Застудúть *сов., п.,* **д:ж**, *разг.* 11 II
{ Застýживать *нес., п., разг.* 1 I

{ Заступáть *неперех.* (ся) *нес., прост.* 1 I
{ Заступúть *неперех.* (ся) *сов.*, **п:пл**, *прост.* 11 II

{ Застывáть *нес.* 1 I
{ Засты́ть *сов.* 61 VII

[1] all the forms of this verb are obtained in the same way as from the verb застúгнуть
[2] застрéлен
[3] застрóчен

Застыдúть(ся) *сов.*, **д:ж**, *разг.* 9 II

Засудúть *сов., п.,* **д:ж**, *прост.* 11 II

Засуетúться *сов.*, **т:ч** 9 II

Засýнуть *сов., п.* 23 III
засóвывать *нес.*

{ Засýчивать *нес., п.* 1 I
{ Засучúть[1] *сов.*,10 and *п.* 8 II

{ Засýшивать *нес., п.* 1 I
{ Засушúть[2] *сов., п.* 10 II

{ Засчитáть *сов., п.* 1 I
{ Засчúтывать *нес., п.* 1 I

Засылáть *нес., п.* 1 I
заслáть *сов.*

Засыпáть *нес.* 1 I
заснýть *сов.*

{ Засыпáть(ся) *нес.* 1 I
{ Засы́пать[3](ся) *сов.*, **п:пл** 33 III

Засыхáть *нес.* 1 I
засóхнуть *сов.*

{ Затáивать *нес., п.* 1 I
{ Затаúть *сов., п.* 8 II

Затáлкивать *нес., п., разг.* 1 I
затолкнýть *сов.*

Затáпливать(ся *3 л.*) *нес.* 1 I
затопúть(ся) *сов.*

Затáптывать *нес., п.* 1 I
затоптáть(ся) *сов.*

{ Затаскáть(ся *3 л.*) *сов., разг.* 1 I
{ Затáскивать(ся *3 л.*) *нес., разг.* 1 I

Затáскивать[4] *нес., п.* 1 I
затащúть *сов.*

Затáчивать *нес., п.* 1 I
заточúть *сов.*

Затащúть[5] *сов., п.* 10 II
затáскивать *нес.*

[1] засýчен
[2] засýшен
[3] засы́пь
[4] (a) to drag (*something somewhere*); (b) to get somebody to come (*somewhere*)
[5] затáщен

Затверде́ть *сов., 3 л.* 2 I
Затверди́ть *сов., п.,* **д:ж**, *разг.* 9 II
{ Затвори́ть[1](ся) *сов.* 10 II
{ Затворя́ть(ся) *нес.* 1 I
{ Затева́ть(ся *3 л.*) *нес., разг.* 1 I
{ Зате́ять(ся *3 л.*) *сов., разг.* 31 III
{ Затере́ть[2](ся прост.) *сов.* 71 VII
{ Затира́ть(ся *прост.*) *нес.* 1 I
Затеря́ть(ся *разг.*) *сов.* 1 I
{ Зати́скивать *нес., п., разг.* 1 I
{ Зати́снуть *сов., п., разг.* 24 III
{ Затиха́ть *нес.* 1 I
{ Зати́хнуть *сов.* 25 III
Затка́ть *сов., п.* 34 III
Заткну́ть *сов., п.* 28 III
затыка́ть *нес.*
{ Затмева́ть *нес., п.* 1 I
{ Затми́ть*[3] *сов., п.* 9 II
Затолкну́ть *сов., п., разг.* 28 III
зата́лкивать *нес.*
Затону́ть *сов.* 29 III
Затопи́ть(ся *3 л.*) *сов.,* **п:пл** 11 II
зата́пливать(ся) *нес.*
{ Затопи́ть *сов., п.,* **п:пл** 11 II
{ Затопля́ть *нес., п.* 1 I
Затопта́ть(ся *разг.*) *сов.,* **т:ч** 36 III
зата́птывать *нес.*
Затормози́ть(ся *3 л.*) *сов.,* **з:ж** 9 II
Затормоши́ть *сов., п., разг.* 8 II
Заторопи́ться *сов.,* **п:пл**, *разг.* 11 II
Затоскова́ть *сов.* 42 IV
{ Заточа́ть *нес., п., высок.* and *устар.* 1 I
{ Заточи́ть *сов., п., высок.* and *устар.* 8 II
Заточи́ть[1] *сов., п.* 10 II
зата́чивать *нес.*
Затошни́ть *сов., безл.* 8 II
Затрави́ть *сов., п.,* **в:вл** 11 II
Затра́гивать *нес., п.* 1 I
затро́нуть *сов.*
{ Затра́тить *сов., п.,* **т:ч** 6 II
{ Затра́чивать *нес., п.* 1 I
Затре́бовать *сов., п., офиц.* 41 IV
Затрепа́ть *сов., п.,* **п:пл**, *разг.* 36 III
Затрепета́ть *сов.,* **т:щ** 36 III
Затреща́ть *сов.* 15 II
Затро́нуть *сов., п.* 23 III
затра́гивать *нес.*
{ Затрудни́ть(ся) *сов.* 8 II
{ Затрудня́ть(ся) *нес.* 1 I
Затрясти́сь *сов.* 45 V
Затума́нить(ся *3 л.*) *сов.* 5 II
Затупи́ть(ся *3 л.*) *сов.,* **п:пл** 11 II
{ Затуха́ть *нес., 3 л.* 1 I
{ Зату́хнуть *сов., 3 л.* 25 III
{ **За**тушева́ть[2] *сов., п.* 42 IV
{ Затушёвывать *нес., п.* 1 I
Затуши́ть[3] *сов., п.* 10 II
Затыка́ть *нес., п.* 1 I
заткну́ть *сов.*
{ Затя́гивать(ся) *нес.* 1 I
{ Затяну́ть(ся) *сов.* 29 III
Заупря́миться *сов.,* **м:мл** 6 II
{ Заутю́живать *нес., п.* 1 I
{ Заутю́жить *сов., п.* 5 II
{ Зау́чивать(ся *разг.*) *нес.* 1 I
{ Заучи́ть[4] (ся *разг.*) *сов.* 10 II

[1] затво́рен
[2] затёрт
[3] the 1st person singular is not used

[1] зато́чен
[2] затушёван
[3] зату́шен
[4] зау́чен

Зафаршировáть *сов., п.* 42 IV
Зафиксúровать *сов., п., книжн.* 41 IV
Захáживать *нес.* 1 I
Захáять *сов., п., прост.* 31 III
{ Захвáливать *нес., п., разг.* 1 I
Захвалúть[1] *сов., п., разг.* 10 II }
Захвáрывать *нес., разг.* 1 I
захворáть *сов.*
Захватáть *сов., п., разг.* 1 I
{ Захватúть *сов., п.,* **т:ч** 11 II
Захвáтывать *нес., п.* 1 I }
Захворáть *сов., разг.* 1 I
захвáрывать *нес.*
Захирéть *сов.* 2 I
{ Захламúть *сов., п.,* **м:мл**, *разг.* 9 II
Захламля́ть *нес., п., разг.* 1 I }
{ Захлебну́ть*(ся) *сов.* 28 III
Захлёбывать(ся) *нес.* 1 I }
{ Захлестáть[2] *сов., п.,* **ст:щ**, *разг.* 36 III
Захлёстывать *нес., п., разг.* 1 I }
{ Захлестну́ть *сов., п.* 28 III
Захлёстывать *нес., п.* 1 I }
Захлóпать *сов.* 1 I
{ Захлóпнуть(ся) *сов.* 24 III
Захлóпывать(ся) *нес.* 1 I }
Захлопотáться *сов.,* **т:ч**, *разг.* 36 III
Захмелéть *сов.* 2 I
Заходúть(ся *3 л., разг.*) *нес.,* **д:ж** 11 II
зайтú(сь) *сов.* 10 II
Захоронúть[3] *сов., п.* 10 II
Захотéть(ся *безл.*) *сов.* 86 VII
{ Зацвестú *сов.,* **с:т** 47 V
Зацветáть *нес.* 1 I }
Зацеловáть *сов., п., разг.* 42 IV
Зацементúровать *сов., п.* 41 IV
Зацепúть(ся) *сов.,* **п:пл** 11 II
{ Зачаровáть *сов., п.* 42 IV
Зачарóвывать *нес., п.* 1 I }
Зачастúть *сов.,* **ст:щ**, *разг.* 9 II
Зачáть[1] *сов., п., устар.* 63 VII
Зачáхнуть *сов.* 25 III
Зачервúветь *сов., 3 л.* 2 I
{ Зачёркивать *нес., п.* 1 I
Зачеркну́ть *сов., п.* 28 III }
Зачернúть *сов., п.* 8 II
{ Зачерпну́ть[2] *сов., п.* 28 III
Зачéрпывать *нес., п.* 1 I }
Зачерствéть *сов., 3 л.* 2 I
{ Зачертúть *сов., п.,* **т:ч** 11 II
Зачéрчивать *нес., п.* 1 I }
{ Зачесáть[3] *сов., п.,* **с:ш** 36 III
Зачёсывать *нес., п.* 1 I }
Зачéсть(ся *3 л.*) *сов.* 52 V
зачúтывать(ся) *нес.*
Зачехлúть *сов., п.* 8 II
Зачинúть[4] *сов., п., разг.* 10 II
{ Зачúслить(ся) *сов., офиц.* 7 II
Зачисля́ть(ся) *нес., офиц.* 1 I }
{ Зачитáть(ся) *сов.* 1 I
Зачúтывать(ся) *нес.* 1 I }
Зачúтывать(ся *3 л.*) *нес.* 1 I
Зашагáть *сов.* 1 I
{ Зашáркать *сов., п.* 1 I
Зашáркивать *нес., п.* 1 I }
{ Зашвы́ривать *нес., п., разг.* 1 I
Зашвырну́ть* *сов., п., разг.* 28 III }
Зашвыря́ть* *сов., п., разг.* 1 I
Зашевелúть*(ся) *сов.* 8 II
Зашершáветь *сов., 3 л.* 2 I

[1] захвáлен
[2] захлёстан
[3] захорóнен

[1] зачáл, зачалá, зачáл|о, -и; зачáт
[2] зачéрпнут
[3] зачёсан
[4] зачúнен

Зашибать *нес., п., прост.* 1 I
Зашибить(ся) *сов., прост.* 39 III
Зашивать *нес., п.* 1 I
Зашить[1] *сов., п.* 69 VII
Зашифровать *сов., п.* 42 IV
Зашнуровать(ся) *сов.* 42 IV
Зашпаклевать *сов., п., спец.* 42 IV
Зашпиливать(ся) *нес.* 1 I
Зашпилить(ся) *сов.* 5 II
Заштопать *сов., п.* 1 I
Зашторить *сов., п., разг.* 5 II
Заштриховать *сов., п.* 42 IV
Заштукатуривать *нес., п.* 1 I
Заштукатурить *сов., п.* 5 II
Защекотать* *сов., п.,* **т:ч** 36 III
Защёлкать *сов.* 1 I
Защёлкивать(ся) *нес.* 1 I
Защёлкнуть(ся) *сов.* 24 III
Защемить *сов., п.,* **м:мл** 9 II
Защемлять *нес., п.* 1 I
Защипать *сов., п.,* **п:пл** 36 III
Защипнуть *сов., п.* 28 III
Защипывать *нес., п.* 1 I
Защитить(ся) *сов.,* **т:щ** 9 II
Защищать(ся) *нес.* 1 I
Заявить(ся *разг.*) *сов.,* **в:вл** 11 II
Заявлять(ся *разг.*) *нес.* 1 I
Звать(ся) *нес.* 74 VII
позвать *сов.*
Звенеть *нес.* 19 II
Зверeть *нес., разг.* 2 I
озвереть *сов.*
Зверствовать *нес.* 41 IV
Звонить *неперех.* (ся *разг.*) *нес.* 8 II
позвонить(ся) *сов.*
Звучать *нес., 3 л.* 15 II

[1] зашил, зашил|а, -о, -и

Звякать *нес.* 1 I
Звякнуть *сов.* 24 III
Здороваться *нес.* 1 I
поздороваться *сов.*
Здороветь *нес.* 2 I
поздороветь *сов.*
Здравствовать *нес., книжн.* 41 IV
Зевать *нес.* 1 I
Зевнуть *сов.* 28 III
Зеленеть *нес.* 2 I
позеленеть *сов.*
зазеленеть *сов.*
Зиждется[1], зиждутся[1] *нес., высок.*
Зимовать *нес.* 42 IV
перезимовать *сов.*
прозимовать *сов.*
Зиять *нес., 3л., книжн.* 1 I
Злить(ся) *нес.* 8 II
обозлить(ся) *сов.*
разозлить(ся) *сов.*
Злобствовать *нес., высок.* 41 IV
Злопыхать *нес., книжн.* 1 I
Злорадствовать *нес.* 41 IV
Злословить *нес.,* **в:вл** 6 II
Злоупотребить *сов.,* **б:бл** 9 II
Злоупотреблять *нес.* 1 I
Змеиться *нес., 3 л.* 8 II
Знавать[2] *нес., п.*
Знакомить(ся) *нес.,* **м:мл** 6 II
ознакомить(ся) *сов.*
познакомить(ся) *сов.*
Знаменовать *нес., п., книжн.* 42 IV
Знать[3] *нес., п.* 1 I
Значить(ся *офиц.*) *нес.* 5 II
Знобить *нес., безл.* 9 II
Золотить(ся *3 л.*) *нес.,* **т:ч** 9 II
позолотить *сов.*
Зондировать *нес., п.* 41 IV
позондировать *сов.*

[1] the other forms are not used
[2] is used only in the past
[3] the passive participle is not formed

Зреть *нес.* 2 I
созре́ть *сов.*
Зубоска́лить *нес., прост.* 5 II
Зубри́ть *нес., п., разг.* 10 II
вы́зубрить *сов.*
Зуде́ть *нес.*, **д:ж**, *разг.* 20 II
Зя́бнуть *нес.* 25 III
озя́бнуть *сов.*

И

Игнори́ровать *нес., сов., п.* 41 IV
Игра́ть *нес., п.* 1 I
сыгра́ть *сов.*
Идеализи́ровать *нес., сов., п.* 41 IV
Идти́ *нес.* 81 VII
{ Изба́вить(ся) *сов.*, **в:вл** 6 II
{ Избавля́ть(ся) *нес.* 1 I
Избалова́ть(ся *разг.*) *сов.* 42 IV
Избега́ть *нес.* 1 I
Избе́гаться *сов., разг.* 1 I
Избежа́ть *сов.* 85 VII
Избира́ть *нес., п.* 1 I
избра́ть *сов.*
{ Избива́ть *нес., п.* 1 I
{ Изби́ть[1] *сов., п.* 69 VII
Изболе́ться *сов., 3 л., прост.* 19 II
Изборозди́ть *сов., п.*, **д:ж:жд** 9 II
Избра́ть *сов., п.* 72 VII
избира́ть *нес.*
Изваля́ть(ся) *сов., разг.* 1 I
Извая́ть *сов., п., устар. высок.* 1 I
{ Изве́дать *сов., п., высок.* 1 I
{ Изве́дывать *нес., п., высок.* 1 I
{ Изверга́ть(ся) *нес., книжн.* 1 I
{ Изве́ргнуть(ся)[1] *сов., книжн.* 25 III

[1] **изо**бью́; изби́л, изби́л|а, -о, -и

Изве́риться *сов.* 5 II
Изверну́ться *сов., разг.* 28 III
извора́чиваться *нес.*
Извести́(сь *разг.*) *сов.*, **с:д** 47 V
изводи́ть(ся) *нес.*
{ Извести́ть *сов., п.*, **ст:щ** 9 II
{ Извеща́ть *нес., п.* 1 I
{ Извива́ть(ся) *нес.* 1 I
{ Изви́ть(ся)[2] *сов.* 69 VII
{ Извини́ть(ся) *сов.* 8 II
{ Извиня́ть(ся) *нес.* 1 I
{ Извлека́ть *нес., п.* 1 I
{ Извле́чь *сов., п.* 54 VI
Изводи́ть(ся *разг.*) *нес.*, **д:ж** 11 II
извести́(сь) *сов.*
Изводи́ть *нес.* 5 II
Извора́чиваться *нес., разг.* 1 I
изверну́ться *сов.*
{ Изврати́ть *сов., п.*, **т:щ** 9 II
{ Извраща́ть *нес., п.* 1 I
Изга́дить *сов., п.*, **д:ж**, *прост.* 6 II
Изгиба́ть(ся) *нес.* 1 I
изогну́ть(ся) *сов.*
{ Изгла́дить(ся *3 л.*) *сов.*, **д:ж**, *книжн.* 6 II
{ Изгла́живать(ся *3 л.*) *нес., книжн.* 1 I
{ Изгна́ть *сов., п.* 75 VII
{ Изгоня́ть *нес., п.* 1 I
Изголода́ться *сов.* 1 I
{ Изгото́вить(ся) *сов.*, **в:вл** 6 II
{ Изготовля́ть(ся) *нес.* 1 I
{ Изгрыза́ть *нес., п.* 1 I
{ Изгры́зть *сов., п.* 46 V

[1] изве́ргнут and изве́ржен
[2] **изо**вью́(сь); изви́л(ся), извила́(сь), изви́ло (извило́сь), изви́ли (изви-ли́сь)

Издава́ть *нес., п.*	60	VII
Изда́ть *сов., п.*	88	VII
Издева́ться *нес.*	1	I
Издёргать(ся) *сов., разг.*	1	I
Издо́хнуть *сов., 3 л.*	25	III
Издыха́ть *нес.*	1	I
Изжа́рить(ся *3 л.*) *сов.*	5	II
Изжива́ть *нес., п.*	1	I
Изжи́ть *сов., п.*	62	VII
Излага́ть *нес., п.* изложи́ть *сов.*	1	I
Изла́зить *сов., п., разг.,* **з:ж**	6	II
Излéчивать(ся) *нес., книжн.*	1	I
Излечи́ть[1](ся) *сов., книжн.*	69	VII
Изли́ть[2](ся) *сов., книжн.*	10	II
Изли́шествовать *нес., книжн.*	41	IV
Изложи́ть[3] *сов., п.* излага́ть *нес.*	10	II
Излуча́ть(ся *3 л.*) *нес.*	1	I
Изма́зать(ся) *сов.,* **з:ж**	33	III
Изма́тывать(ся) *нес., разг.* измота́ть(ся) *сов.*	1	I
Измельча́ть *сов.*	1	I
Измельчи́ть(ся *3 л.*) *сов.*	8	II
Измени́ть(ся) *сов.*	10	II
Изменя́ть(ся) *нес.*	1	I
Изме́рить *сов., п.*	5	II
Измеря́ть(ся *3 л.*) *нес.*	1	I
Измота́ть(ся) *сов., разг.* изма́тывать(ся) *нес.*	1	I
Изму́чить(ся) *сов.*	5	II
Измыва́ться *нес., разг.*	1	I
Измя́ть[4](ся *3 л.*) *сов.*	64	VII
Изнаси́ловать *сов., п.*	41	IV
Изна́шивать(ся *3 л.*) *нес.* износи́ть(ся) *сов.*	1	I

[1] излéчен
[2] **изо**лью; изли́л, излила́, изли́л|о, -и
[3] изло́жен
[4] **изо**мну́

Изне́живать(ся) *нес.*	1	I
Изне́жить(ся) *сов.*	5	II
Изнемога́ть *нес.*	1	I
Изнемо́чь *сов.*	57	VI
Изне́рвничаться *сов., разг.*	1	I
Изничто́жить *сов., п., прост.*	5	II
Износи́ть(ся *3 л.*) *сов.* изна́шивать(ся) *нес.*	11	II
Изнури́ть(ся) *сов.*	8	II
Изнуря́ть(ся) *нес.*	1	I
Изныва́ть *нес.*	1	I
Изны́ть *сов., устар.*	67	VII
Изоби́ловать *нес., 3 л., книжн.*	41	IV
Изоблича́ть *нес., п., книжн.*	1	I
Изобличи́ть *сов., п., книжн.*	8	II
Изобража́ть(ся *3 л.*) *нес.*	1	I
Изобрази́ть(ся *3 л.*) *сов.*	9	II
Изобрести́ *сов., п.,* **с:т**	47	V
Изобрета́ть *нес., п.*	1	I
Изогну́ться(ся) *сов.* изгиба́ть(ся) *нес.*	28	III
Изодра́ть[1](ся *3 л.*) *сов., разг.*	72	VII
Изойти́ *сов.* исходи́ть *нес.*	81	VII
Изолга́ться *сов.*	84	VII
Изоли́ровать(ся) *сов., нес.*	41	IV
Изорва́ть(ся *3 л.*) *сов.*	34	III
Изощри́ть(ся) *сов.*	8	II
Изощря́ть(ся) *нес.*	1	I
Изра́нить *сов., п.*	5	II
Израсхо́довать(ся) *сов.*	41	IV
Изре́зать *сов., п.,* **з:ж**	33	III
Изре́зывать *нес., п.*	1	I
Изрешети́ть *сов., п.,* **т:ч**	9	II
Изруби́ть *сов., п.,* **б:бл**	11	II
Изруга́ть *сов., п.*	1	I
Изры́ть *сов., п.*	67	VII

[1] **из**деру́

Изуве́рствовать *нес.*	41	IV
Изуве́чить(ся) *сов.*	5	II
Изукра́сить(ся) *сов.*, **с:ш**	6	II
Изукра́шивать(ся) *нес.*	1	I
Изуми́ть(ся) *сов.*, **м:мл**	9	II
Изумля́ть(ся) *нес.*	1	I
Изуро́довать(ся *разг.*) *сов.*	41	IV
Изуча́ть *нес., п.*	1	I
Изучи́ть[1] *сов., п.*	10	II
Изъеда́ть *нес., п., 3 л.*	1	I
Изъе́сть *сов., п., 3 л.*	87	VII
Изъе́здить *сов., п.*, **д:ж**	7	II
Изъяви́ть *сов., п.*, **в:вл**, *офиц.*	11	II
Изъявля́ть *нес., п., офиц.*	1	I
Изъясни́ть(ся) *сов., книжн., устар.*	8	II
Изъясня́ть(ся) *нес., книжн., устар.*	1	I
Изъя́ть[2] *сов., п., книжн.*	76	VII
Изыма́ть *нес., п., книжн.*	1	I
Изыска́ть *сов., п.*, **ск:щ**, *книжн.*	36	III
Изы́скивать *нес., п., книжн.*	1	I
Ика́ть *нес.*	1	I
Икну́ть *сов.*	28	III
Иллюмини́ровать *нес., сов., п.*	41	IV
Иллюстри́ровать *нес., сов., п.* проиллюстри́ровать *сов.*	41	IV
Именова́ть(ся) *нес., книжн.* наименова́ть(ся) *сов.*	42	IV
Име́ть(ся *3 л., книжн.*) *нес.*	2	I
Имити́ровать *нес., п.*	41	IV
Иммигри́ровать *нес., сов.*	41	IV

[1] изучен

[2] изыму́; изъя́л, изъя́л|а, -о, -и; изъя́т

Импони́ровать *нес., книжн.*	41	IV
Импорти́ровать *нес., сов., п.*	41	IV
Импровизи́ровать *нес., п.* сымпровизи́ровать *сов.*	41	IV
Инвентаризи́ровать *нес., сов., п.*	41	IV
И́ндеветь *нес.* заи́ндеветь *сов.*	2	I
Индивидуализи́ровать *нес., сов., п.*	41	IV
Индустриализи́ровать *нес., сов., п.*	41	IV
Инкримини́ровать *нес., сов., п., книжн.*	41	IV
Инкрусти́ровать *нес., сов., п.*	41	IV
Инсинуи́ровать *нес., сов., книжн.*	41	IV
Инспекти́ровать *нес., п.*	41	IV
Инспири́ровать *нес., сов., п., книжн.*	41	IV
Инструкти́ровать *нес., сов., п.* проинструкти́ровать *сов.*	41	IV
Инсцени́ровать *нес., сов., п.*	41	IV
Интегри́ровать *нес., сов., п., спец.*	41	IV
Интенсифици́ровать *нес., сов., п., книжн.*	41	IV
Интервьюи́ровать *нес., сов., п., книжн.*	41	IV
Интересова́ть *(ся) *нес.*	42	IV
Интернационализи́ровать *нес., сов., п.*	41	IV
Интерни́ровать *нес., сов., п., спец.*	41	IV
Интерпрети́ровать *нес., сов., п., книжн.*	41	IV
Инти́мничать *нес., разг.*	1	I
Интригова́ть *нес., п.* заинтригова́ть *сов.*	42	IV

Информи́ровать(ся) *нес., сов.* 41 IV
проинформи́ровать(ся) *сов.*
Иронизи́ровать *нес.* 41 IV
Искажа́ть(ся *3 л.*) *нес.* 1 I
Искази́ть(ся *3 л.*) *сов.*, **з:ж** 9 II
Искале́чить(ся) *сов.* 5 II
Иска́лывать(ся) *нес.* 1 I
исколо́ть(ся) *сов.*
Иска́пать *сов., п.* 1 I
Иска́пывать *нес., п.* 1 I
ископа́ть *сов.*
Иска́ть[1] *нес., п.*, **ск:щ** 36 III
Исклева́ть[2] *сов., п.* 43 IV
Исклёвывать *нес., п.* 1 I
Исключа́ть *нес., п.* 1 I
Исключи́ть *сов., п.* 8 II
Искове́ркать *сов., п.* 1 I
Исколеси́ть *сов., п.*, **с:ш**, *разг.* 9 II
Исколоти́ть *сов., п.*, **т:ч**, *разг.* 11 II
Исколо́ть(ся) *сов.* 30 III
иска́лывать(ся) *нес.*
Иско́мкать *сов., п.* 1 I
Ископа́ть *сов., п.* 1 I
иска́пывать *нес.*
Искорёжить(ся *3 л.*) *сов., прост.* 5 II
Искорени́ть(ся *3 л.*) *сов.* 8 II
Искореня́ть(ся *3 л.*) *нес.* 1 I
Искриви́ть(ся) *сов.*, **в:вл** 9 II
Искривля́ть(ся) *нес.* 1 I
Искри́ть *нес., 3 л., спец.* 8 II
И́скриться *нес.*, 7 and 8 II
Искромса́ть *сов., п., разг.* 1 I
Искроши́ть[3](ся *3 л.*) *сов.* 10 II

Искупа́ть(ся) *сов.* 1 I
Искупа́ть *нес., п.* 1 I
Искупи́ть *сов., п.*, **п:пл** 11 II
Искуса́ть *сов., п.* 1 I
Иску́сывать *нес., п.* 1 I
Искуша́ть *нес., п.* 1 I
Испа́костить *сов., п.*, **ст:щ**, *разг.* 7 II
Испари́ть(ся *3 л.*) *сов.* 8 II
Испаря́ть(ся *3 л.*) *нес.* 1 I
Испа́чкать(ся) *сов.* 1 I
Испепели́ть(ся *3 л.*) *сов., высок.* 8 II
Испепеля́ть(ся *3 л.*) *нес., высок.* 1 I
Испе́чь(ся *3 л.*) *сов.* 54 VI
Испещри́ть *сов., п.* 8 II
Испещря́ть *нес., п.* 1 I
Исписа́ть(ся) *сов.*, **с:ш** 36 III
Испи́сывать(ся) *нес.* 1 I
Испи́ть[1] *сов., п.* 69 VII
Испове́дать(ся) *сов., разг.* 1 I
Испове́довать[2] *нес., п., разг.* 41 IV
Испове́доваться *нес., сов.* 41 IV
Испо́дличаться *сов., разг.* 1 I
Испо́лзать *сов., п., разг.* 1 I
Испо́лнить(ся *3 л.*) *сов.* 7 II
Исполня́ть(ся *3 л.*) *нес.* 1 I
Исполосова́ть *сов., п.* 42 IV
Испо́льзовать *нес., сов., п.* 41 IV
Испо́ртить[3](ся) *сов.*, **т:ч** 7 II
Испо́шлить *сов., п., разг.* 7 II

[1] иско́мый
[2] исклюю́, исклёван
[3] искро́шен

[1] **изо**пью́; испи́л, испила́, испи́л|о, -и
[2] to profess
[3] испо́рти and испо́рть

Испра́вить(ся) *сов.*, **в:вл** 6 II
Исправля́ть(ся) *нес.* 1 I
Испра́шивать *нес.*, *п.*, *офиц.* 1 I
Испроси́ть *сов.*, *п.*, **с:ш**, *офиц.* 11 II
Испро́бовать *сов.*, *п.* 41 IV
Испуга́ть(ся) *сов.* 1 I
Испуска́ть *нес.*, *п.*, *книжн.* 1 I
Испусти́ть *сов.*, *п.*, **ст:щ**, *книжн.* 11 II
Испыта́ть *сов.*, *п.* 1 I
Испы́тывать *нес.*, *п.* 1 I
Иссека́ть *нес.*, *п.* 1 I
Иссе́чь *сов.*, *п.* 54 VI
Иссле́довать *нес.*, *сов.*, *п.* 41 IV
Иссо́хнуть *сов.* 25 III
Исстега́ть *сов.*, *п.*, *разг.* 1 I
Исстёгивать *нес.*, *п.*, *разг.* 1 I
Исстрада́ться *сов.* 1 I
Исстре́ливать *нес.*, *п.*, *разг.* 1 I
Исстреля́ть *сов.*, *п.*, *разг.* 1 I
Иссуши́ть[1] *сов.*, *п.* 10 II
Иссяка́ть *нес.*, *3 л.* 1 I
Исся́кнуть *сов.*, *3 л.* 25 III
Истаска́ть(ся) *сов.*, *разг.* 1 I
Иста́скивать(ся) *нес.*, *разг.* 1 I
Иста́чивать *нес.*, *п.*, источи́ть *сов.* 1 I
Иста́ять *сов.* 31 III
Истека́ть *нес.*, *3 л.* истéчь *сов.* 1 I
Истере́ть[2](ся *3 л.*) *сов.* истира́ть(ся) *нес.* 71 VII
Истерза́ть(ся) *сов.* 1 I
Исте́чь *сов.*, *3 л.* истека́ть *нес.* 54 VI

[1] иссу́шен
[2] **изо**тру́, as тере́ть

Истира́ть(ся *3 л.*) *нес.* истере́ть(ся) *сов.* 1 I
Истлева́ть *нес.* 1 I
Истле́ть *сов.* 2 I
Истолкова́ть *сов.*, *п.* 42 IV
Истолко́вывать *нес.*, *п.* 1 I
Истоло́чь *сов.*, *п.* 55 VI
Истоми́ть(ся) *сов.*, **м:мл** 9 II
Истопи́ть(ся *3 л.*) *сов.*, **п:пл**, *разг.* 11 II
Истопта́ть *сов.*, *п.*, **т:ч** 36 III
Истторга́ть *нес.*, *п.* 1 I
Исто́ргнуть[1] *сов.*, *п.* 25 III
Истоскова́ться *сов.* 42 IV
Источа́ть *нес.*, *п.*, *книжн.* 1 I
Источи́ть[2] *сов.*, *п.* иста́чивать *нес.* 10 II
Истоща́ть(ся) *нес.* 1 I
Истощи́ть(ся) *сов.* 8 II
Истра́тить(ся *разг.*) *сов.*, **т:ч** 6 II
Истреби́ть *сов.*, *п.*, **б:бл** 9 II
Истребля́ть *нес.*, *п.* 1 I
Истрепа́ть(ся *3 л.*) *сов.*, **п:пл**, *разг.* 36 III
Истре́скаться *сов.*, *3 л.*, *разг.* 1 I
Иструхля́веть *сов.*, *3 л.* 2 I
Иступи́ть(ся *3 л.*) *сов.* 11 II
Исты́кать *сов.*, *п.*, *разг.* 1 I
Исты́кивать *нес.*, *п.*, *разг.* 1 I
Истяза́ть *нес.*, *п.* 1 I
Исхлеста́ть[3] *сов.*, *п.*, **ст:щ,** *разг.* 36 III
Исхлёстывать *нес.*, *п.* 1 I
Исхлопа́тывать *нес.*, *п.* 1 I
Исхлопота́ть *сов.*, *п.*, **т:ч** 36 III

[1] исто́ргнут and исто́ржен
[2] исто́чен
[3] исхлёстан

Исхода́тайствовать *сов., п., офиц.*	41	IV
Исходи́ть *нес.*, **д:ж**	11	II
изойти́ *сов.*		
Исцара́пать *сов., п.*	1	I
Исцара́пывать *нес., п.*	1	I
Исцели́ть(ся) *сов., книжн.*	8	II
Исцеля́ть(ся) *нес., книжн.*	1	I
Исча́хнуть *сов., книжн.*	25	III
Исчеза́ть *нес.*	1	I
Исче́знуть *сов.*	25	III
Исчерка́ть *сов., п.*	1	I
Исчёркивать *нес., п.*	1	I
Исчерпа́ть(ся *3 л.*) *сов., книжн.*	1	I
Исче́рпывать(ся *3 л.*) *нес., книжн.*	1	I
Исчерти́ть *сов., п.*, **т:ч**	11	II
Исче́рчивать *нес., п.*	1	I
Исчи́ркать *сов., п., разг.*	1	I
Исчи́слить *сов., п., книжн.*	7	II
Исчисля́ть(ся *3 л.*) *нес., книжн.*	1	I
Исша́ркать *сов., п., разг.*	1	I
Иша́чить *нес., прост.*	5	II

К

Ка́верзничать *нес., разг.*	1	I
нака́верзничать *сов.*		
Кади́ть *нес.*, **д:ж**	9	II
Каза́ться *нес.*, **з:ж**	36	III
показа́ться *сов.*		
Казни́ть(ся *разг.*) *нес. сов.*	8	II
Каламбу́рить *нес., разг.*	5	II
скаламбу́рить *сов.*		
Кале́чить(ся) *нес.*	5	II
искале́чить(ся) *сов.*		
покале́чить(ся) *сов.*		
Кали́ть *нес., п.*	8	II
Калькули́ровать *нес., п., спец.*	41	IV
скалькули́ровать *сов.*		
Камене́ть *нес.*	2	I
окамене́ть *сов.*		
Камуфли́ровать *нес., п.*	41	IV
Каните́литься *нес., разг.*	5	II
Канифо́лить *нес., п.*	5	II
наканифо́лить *сов.*		
Канонизи́ровать *нес., сов., п.*	41	IV
Кантова́ть *нес., п.*	42	IV
окантова́ть *сов.*		
Ка́нуть *сов.*	23	III
Каню́чить *нес., прост.*	5	II
Ка́пать *нес., п.*	1	I
нака́пать *сов.*		
Ка́пнуть* *сов., п.*	24	III
Капитули́ровать *нес., сов.*	41	IV
Капри́зничать *нес.*	1	I
Кара́бкаться *нес.*	1	I
вскара́бкаться *сов.*		
Кара́ть *нес., п., высок.*	1	I
покара́ть *сов.*		
Карау́лить *нес., п.*	5	II
Ка́ркать *нес.*	1	I
Ка́ркнуть *сов.*	24	III
Карта́вить *нес.*, **в:вл**	6	II
Картографи́ровать *нес., п.*	41	IV
Каса́ться *нес.*	1	I
косну́ться *сов.*		
Кастри́ровать *нес., сов., п.*	41	IV
Каталогизи́ровать *нес., сов., п.*	41	IV
Катапульти́ровать(ся) *нес., сов., спец.*	41	IV
Ката́ть(ся) *нес.*	1	I
Кати́ть(ся) *нес.*, **т:ч**	11	II
Катну́ть* *сов., п.*	28	III
Кача́ть(ся) *нес.*	1	I
Качну́ть*(ся) *сов.*	28	III
Ка́шлянуть *сов.*	24	III
Ка́шлять *нес.*	1	I
Ка́яться *нес.*	31	III
пока́яться *сов.*		

{ Ква́кать *нес.* 1 I
{ Ква́кнуть *сов.* 24 III
Квалифици́ровать *нес., сов., п.* 41 IV
Квартирова́ть *нес.* 42 IV
Ква́сить *нес., п.,* **с:ш** 6 II
заква́сить *сов.*
Квохта́ть *нес., 3 л.,* **т:ч** 36 III
Кейфова́ть *нес., разг. шутл. устар.* 42 IV
{ Кива́ть *нес.* 1 I
{ Кивну́ть *сов.* 28 III
{ Кида́ть(ся) *нес.* 1 I
{ Ки́нуть(ся) *сов.* 23 III
Кипе́ть *нес.,* **п:пл** 20 II
вскипе́ть *сов.*
Кипяти́ть(ся) *нес.,* **т:ч** 9 II
вскипяти́ть(ся) *сов.*
Кисли́ть *нес., 3 л., разг.* 8 II
Ки́снуть *нес.* 26 III
проки́снуть *сов.*
Кичи́ться *нес.* 8 II
Кише́ть *нес., 3 л.* 19 II
Кла́няться *нес.* 1 I
поклони́ться *сов.*
Классифици́ровать *нес., сов., п.* 41 IV
расклассифици́ровать *сов.*
Класть *нес., п.,* **с:д** 48 V
положи́ть *сов.*
Клева́ть[1](ся *3 л.*) *нес., разг.* 43 IV
клю́нуть *сов.*
Клевета́ть *нес.,* **т:щ** 36 III
наклевета́ть *сов.*
Кле́ить(ся *3 л.*) *нес.* 12 II
скле́ить(ся) *сов.*
Клейми́ть *нес., п.,* **м:мл** 9 II
заклейми́ть *сов.*
Клекота́ть *нес., 3 л.,* **т:ч** 36 III
Клепа́ть *нес., п., спец.* 1 I

[1] клюю́

{ Кли́кать* *нес., п.,* **к:ч,** *разг.* 33 III
{ Кли́кнуть* *сов., п., разг.* 24 III
Клокота́ть *нес., 3 л.,* **т:ч** 36 III
Клони́ть(ся) *нес.* 10 II
Клохта́ть *нес., 3 л.,* **т:ч** 36 III
Клуби́ться *нес., 3 л.* 9 II
Клю́нуть* *сов., п.* 23 III
клева́ть(ся) *нес.*
Кля́нчить *нес., п., разг.* 7 II
вы́клянчить *сов.*
Клясть *нес., п., высок.* 49 V
Кля́сться *нес.* 49 V
покля́сться *сов.*
Кля́узничать *нес., разг.* 1 I
накля́узничать *сов.*
Кова́ть *нес., п.* 43 IV
подкова́ть *сов.*
Кове́ркать *нес., п.* 1 I
искове́ркать *сов.*
Ковыля́ть *нес., разг.* 1 I
{ Ковырну́ть* *сов., п.* 28 III
{ Ковыря́ть(ся *разг.*) *нес.* 1 I
Коди́ровать *сов., нес., п., спец.* 41 IV
{ Козырну́ть *сов., разг.* 28 III
{ Козыря́ть *нес., разг.* 1 I
Коке́тничать *нес.* 1 I
Колдова́ть *нес.* 42 IV
Колеба́ть[1](ся) *нес.,* **б:бл** 33 III
поколеба́ть(ся) *сов.*
Колеси́ть *нес.,* **с:ш,** *разг.* 9 II
Коллективизи́ровать *нес., сов., п.* 41 IV
Коллекциони́ровать *нес., п.* 41 IV
Колобро́дить *нес.,* **д:ж,** *прост.* 6 II
Колонизова́ть *нес., сов., п.* 42 IV
Колоси́ться *нес., 3 л.* 9 II
Колоти́ть(ся) *нес.,* **т:ч** 11 II
поколоти́ть(ся) *сов.*

[1] коле́бли

Коло́ть(ся *3 л.*) *нес.* 30 III
 расколо́ть(ся *3 л.*) *сов.*

{ Колыха́ть(ся *3 л.*) *нес.*, **х:ш** 33 III
{ Колыхну́ть*(ся *3 л.*) *сов.* 28 III

Кольну́ть* *сов., п.* 28 III
Кольцева́ть *нес., п.* 42 IV
Командирова́ть *нес., сов., п.* 42 IV
Кома́ндовать *нес.* 41 IV
 скома́ндовать *сов.*
Комбини́ровать *нес., п.* 41 IV
 скомбини́ровать *сов.*
Ко́мкать *нес., п.* 1 I
 ско́мкать *сов.*
Комменти́ровать *нес., сов., п.* 41 IV
 прокомменти́ровать *сов.*
Компенси́ровать *нес., сов., п.* 41 IV
Компили́ровать *нес., п., книжн.* 41 IV
 скомпили́ровать *сов.*
Комплектова́ть *нес., п.* 42 IV
 укомплектова́ть *сов.*
Компонова́ть *нес., п., книжн.* 42 IV
 скомпонова́ть *сов.*
Компости́ровать *нес., п.* 41 IV
 прокомпости́ровать *сов.*
Компромети́ровать *нес., п.* 41 IV
 скомпромети́ровать *сов.*
Конвои́ровать *нес., п.* 41 IV
Кондициони́ровать *нес., сов., п., спец.* 41 IV
Конкретизи́ровать *нес., сов., п.* 41 IV
Конкури́ровать *нес.* 41 IV
Конопа́тить *нес., п.*, **т:ч** 6 II
 законопа́тить *сов.*
Консерви́ровать *нес., п.* 41 IV
 законсерви́ровать *сов.*
Консолиди́ровать *нес., сов., п.* 41 IV
Конспекти́ровать *нес., п.* 41 IV
 законспекти́ровать *сов.*
Конспири́ровать *нес., п.* 41 IV
 законспири́ровать *сов.*
Констати́ровать *нес., сов., п., книжн.* 41 IV
Конструи́ровать *нес., п.* 41 IV
 сконструи́ровать *сов.*
Консульти́ровать(ся) *нес.* 41 IV
 проконсульти́ровать(ся) *сов.*
Контрактова́ть *нес., п.* 42 IV
 законтрактова́ть *сов.*
Контрасти́ровать *нес., книжн.* 41 IV
Контратакова́ть *нес., сов., п.* 42 IV
Контроли́ровать *нес., п.* 41 IV
 проконтроли́ровать *сов.*
Конту́зить *сов., п.*, **з:ж** 6 II
Конфискова́ть *нес., сов., п.* 42 IV
Конфликтова́ть *нес., разг.* 42 IV
Конфу́зить(ся) *нес.*, **з:ж** 6 II
 сконфу́зить(ся) *сов.*
Концентри́ровать(ся *3 л.*) *нес.* 41 IV
 сконцентри́ровать(ся) *сов.*

{ Конча́ть(ся *3 л.*) *нес.* 1 I
{ Ко́нчить(ся *3 л.*) *сов.* 7 II

Коопери́ровать *нес., сов., п.* 41 IV
Коопти́ровать *нес., сов., п., книжн.* 41 IV
Координи́ровать *нес., сов., п., книжн.* 41 IV

Копа́ть(ся) *нес.* 1 I
копну́ть *сов.*
Копи́ровать *нес., п.* 41 IV
скопи́ровать *сов.*
Копи́ть(ся *3 л.*) *нес.*, **п:пл** 11 II
накопи́ть(ся) *сов.*
Копну́ть* *сов., п.* 28 III
копа́ть(ся) *нес.*
Копоши́ться *нес.* 8 II
Копте́ть *нес., 3 л.* and *безл.* 20 III
закопте́ть *сов.*
Копти́ть *нес., п.*, **т:ч** 9 II
закопти́ть *сов.*
накопти́ть *сов.*
Корёжить(ся) *нес., прост.* 5 II
Корени́ться *нес., 3 л.* 8 II
Кори́ть *нес., п., разг.* 8 II
Корми́ть(ся) *нес.*, **м:мл** 11 II
накорми́ть *сов.*
прокорми́ть(ся) *сов.*
Коро́бить(ся *3 л.*) *нес.*, **б:бл** 6 II
покоро́бить(ся) *сов.*
Коронова́ть(ся) *нес., сов.* 42 IV
Корота́ть *нес., п., разг.* 1 I
скорота́ть *сов.*
Корпе́ть *нес.*, **п:пл**, *разг.* 20 II
Корректи́ровать *нес., п.* 41 IV
прокорректи́ровать *сов.*
Корчева́ть *нес., п.* 42 IV
вы́корчевать *сов.*
Ко́рчить(ся) *нес.* 7 II
скро́рчить(ся) *сов.*
Коси́ть *нес.*, **с:ш** 11 II
скоси́ть *сов.*
Коси́ться *нес.*, **с:ш** 9 II
покоси́ться *сов.*
Косма́тить *нес., п.*, **т:ч**, *разг.* 6 II
Косне́ть *нес.* 2 I
закосне́ть *сов.*
Косну́ться *сов.* 28 III
каса́ться *нес.*
Костене́ть *нес.* 2 I
окостене́ть *сов.*
Костюми́ровать(ся) *нес., сов.* 41 IV
Коти́ровать(ся *3 л.*) *нес., спец.* 41 IV
Коти́ться *нес., 3 л.* 9 II
окоти́ться *сов.*
Кочева́ть *нес.* 42 IV
Кочене́ть *нес.* 2 I
закочене́ть *сов.*
окочене́ть *сов.*
Кощу́нствовать *нес.* 41 IV
Кра́сить(ся) *нес.*, **с:ш** 6 II
вы́красить(ся) *сов.*
окра́сить(ся) *сов.*
покра́сить(ся) *сов.*
Красне́ть(ся *3 л.*) *нес.* 2 I
покрасне́ть *сов.*
Красова́ться *нес.* 42 IV
Красть(ся)[1] *нес.*, **с:д** 48 V
укра́сть *сов.*
Крахма́лить *нес., п.* 5 II
Кредитова́ть(ся) *нес., сов.* 42 IV
Крейси́ровать *нес.* 41 IV
Креми́ровать *нес., сов., п.* 41 IV
Крени́ть(ся *3 л.*) *нес.* 8 II
накрени́ть(ся) *сов.*
Крепи́ть(ся) *нес.*, **п:пл** 9 II
Кре́пнуть *нес.* 26 III
окре́пнуть *сов.*
Крепча́ть *нес., 3 л., разг.* 1 I
Крести́ть(ся) *нес.*, **ст:щ** 11 II
окрести́ть(ся) *сов.*
перекрести́ть(ся) *сов.*
Крестья́нствовать *нес.* 41 IV
Криве́ть *нес.* 2 I
окриве́ть *сов.*
Криви́ть(ся) *нес.*, **в:вл** 9 II
скриви́ть(ся) *сов.*
Кривля́ться *нес., разг.* 1 I

[1] кра́дущийся

Кри́кнуть *сов.*	24 III
Кристаллизова́ть(ся *3 л.*) *нес., сов.*	42 IV
закристаллизова́ть(ся) *сов.*	
вы́кристаллизоваться *сов.*	
Критика́нствовать *нес., разг. неодобр.*	41 IV
Критикова́ть *нес., п.*	42 IV
Крича́ть *нес.*	15 II
Кровоточи́ть *нес., 3 л.*	8 II
Крои́ть *нес., п.*	8 II
вы́кроить *сов.*	
скрои́ть *сов.*	
Кромса́ть *нес., п., разг.*	1 I
искромса́ть *сов.*	
Кропи́ть *нес., п.,* **п:пл**	9 II
окропи́ть *сов.*	
Крохобо́рствовать *нес.*	41 IV
Кроши́ть(ся *3 л.*) *нес.*	10 II
искроши́ть(ся) *сов.*	
накроши́ть(ся) *сов.*	
раскроши́ть(ся) *сов.*	
Кругле́ть *нес.*	2 I
округле́ть *сов*	
покругле́ть *сов.*	
Кружи́ть(ся) *нес.* 10 and	8 II
Крупне́ть *нес.*	2 I
покрупне́ть *сов.*	
Крути́ть(ся) *нес.,* **т:ч**	11 II
закрути́ть(ся) *сов.*	
скрути́ть *сов.*	
Кручи́ниться *нес.*	5 II
Круши́ть *нес., высок.*	8 II
Кры́ть(ся *3 л.*) *нес.*	67 VII
{ Кря́кать *нес.*	1 I
{ Кря́кнуть *сов.*	24 III
Кряхте́ть *нес.,* **т:ч,** *разг.*	20 II
{ Кувырка́ться *нес.*	1 I
{ Кувыркну́ться *сов.*	28 III
Куда́хтать[1] *нес.,* **т:ч**	33 III
Кудря́виться *нес., 3 л.*	6 II
Кукаре́кать *нес.*	1 I

[1] куда́хча and куда́хтая; куда́хчи

Кукова́ть *нес.*	42 IV
Культиви́ровать *нес., п.*	41 IV
Купа́ть(ся) *нес.*	1 I
вы́купать(ся) *сов..*	
искупа́ть(ся) *сов.*	
Купи́ть *сов., п.,* **п:пл**	11 II
покупа́ть *нес.*	
Кура́житься *нес., прост.*	5 II
Кури́ть(ся *3 л.*) *нес.*	10 II
Курлы́кать *нес.,* **к:ч**	33 III
Куроле́сить *нес.,* **с:ш** *прост.*	6 II
Курси́ровать *нес.*	41 IV
Курча́виться *нес., 3 л.*	6 II
{ Куса́ть(ся) *нес.*	1 I
{ Кусну́ть* *сов., п., разг.*	28 III
Куста́рничать *нес., разг.*	1 I
Кусти́ться *нес., 3 л.*	9 II
Ку́тать(ся) *нес.*	1 I
заку́тать(ся) *сов.*	
{ Кути́ть *нес.,* **т:ч**	11 II
{ Кутну́ть *сов., разг.*	28 III
Ку́шать *нес., п.*	1 I
поку́шать *сов.*	
ску́шать *сов.*	

Л

Лави́ровать *нес.*	41 IV
Ла́дить(ся *3 л., разг.*) *нес.,* **д:ж**	6 II
пола́дить *сов.*	
Ла́зать *нес.*	1 I
Ла́зить *нес.,* **з:ж**	6 II
Лака́ть *нес., п.*	1 I
вы́лакать *сов.*	
Лаке́йствовать *нес., презр.*	41 IV
Лакирова́ть *нес., п.*	42 IV
отлакирова́ть *сов.*	
Ла́комиться *нес.,* 6 and **м:мл**	7 II
пола́комиться *сов.*	
Ласка́ть(ся) *нес.*	1 I
приласка́ть(ся) *сов.*	

Ла́ститься *нес.*, **ст:щ**, *разг.* 6 II
Лата́ть *нес.*, *п.*, *прост.* 1 I
Латинизи́ровать(ся) *нес.*, *сов.* 41 IV
Ла́ять *нес.* 31 III
Лгать *нес.* 84 VII
солга́ть *сов.*
Лебези́ть *нес.*, **з:ж**, *разг.* 9 II
Леве́ть *нес.* 2 I
полеве́ть *сов.*
Легализова́ть(ся) *нес.*, *сов.* 42 IV
Ледене́ть *нес.* 2 I
заледене́ть *сов.*
оледене́ть *сов.*
Ледени́ть *нес.*, *3 л.*, *п.* 8 II
оледени́ть *сов.*
Лежа́ть[1](ся *безл.*) *нес.* 15 II
Лезть *нес.* 44 V
Леле́ять *нес.*, *п.* 31 III
Лени́ться *нес.* 10 II
Лентя́йничать *нес.*, *разг.* 1 I
Лепета́ть *нес.*, *п.*, **т:ч** 36 III
Лепи́ть(ся *3 л.*) *нес.*, **п:пл** 11 II
вы́лепить[2] *сов.*
слепи́ть[3] *сов.*
Лета́ть *нес.* 1 I
Лете́ть *нес.*, **т:ч** 20 II
Лечи́ть[4](ся) *нес.* 10 II
Лечь *сов.* 59 IV
ложи́ться *нес.*
Лжесвиде́тельствовать *нес.* 41 IV
Либера́льничать *нес.*, *разг.* 1 I
Лиди́ровать *нес.* 41 IV
{ Лиза́ть *нес.*, *п.*, **з:ж** 36 III
{ Лизну́ть* *сов.*, *п.* 28 III

[1] лёжа
[2] to model, to sculpture
[3] to make, to build (*out of some soft substance*)
[4] ле́чащий

Лизоблю́дничать *нес.*, *разг.* 1 I
Ликвиди́ровать(ся *3 л.*) *нес.*, *сов.* 41 IV
Ликова́ть *нес.* 42 IV
возликова́ть *сов.*
Лимити́ровать *нес.*, *сов.*, *п.*, *книжн.* 41 IV
Линова́ть *нес.*, *п.* 42 IV
налинова́ть *сов.*
Линчева́ть[1] *нес.*, *сов.*, *п.* 42 IV
Линя́ть *нес.*, *3 л.* 1 I
вы́линять *сов.*
полиня́ть *сов.*
Ли́пнуть *нес.* 26 III
Листа́ть *нес.*, *п.*, *разг.* 1 I
Ли́ть(ся *3 л.*) *нес.* 69 VII
Лихора́дить *нес.*, *безл.* 6 II
Лицева́ть *нес.*, *п.* 42 IV
перелицева́ть *сов.*
Лицезре́ть *нес.*, *п.*, *устар. ирон.* 2 I
Лицеме́рить *нес.* 5 II
{ Лиша́ть(ся) *нес.* 1 I
{ Лиши́ть(ся) *сов.* 8 II
Лобза́ть *нес.*, *п.*, *устар.* 1 I
Лоботря́сничать *нес.*, *прост.* 1 I
Лобыза́ть *нес.*, *п.*, *устар. ирон.* 1 I
Ловела́сничать *нес.*, *разг.* 1 I
Лови́ть *нес.*, *п.*, **в:вл** 11 II
пойма́ть *сов.*
Ловчи́ть *нес.*, *прост.* 8 II
словчи́ть *сов.*
Логарифми́ровать *нес.*, *сов.*, *спец.* 41 IV
Ло́дырничать *нес.*, *разг.* 1 I
Ложи́ться *нес.* 8 II
лечь *сов.*
Локализова́ть(ся *3 л.*) *нес.*, *сов.*, *книжн.* 42 IV
Локаути́ровать *нес.*, *сов.*, *п.*, *книжн.* 41 IV

[1] линчёван

Лома́ть(ся *3 л.*) *нес.* 1 I
поломá́ть(ся) *сов.*
слома́ть(ся) *сов.*
Лома́ться *нес., разг.* 1 I
Ломи́ть(ся) *нес.,* **м:мл** 11 II
Ло́паться *нес., 3 л.* 1 I
Ло́пнуть *сов.* 24 III
Лопота́ть *нес.,* **т:ч,** *прост.* 36 III
пролопота́ть *сов.*
Лосни́ться *нес.* 8 II
Лохма́тить(ся) *нес.,* **т:ч,** *разг.* 6 II
взлохма́тить(ся) *сов.*
Луди́ть *нес., п.,* **д:ж** 9 II
Лука́вить *нес.,* **в:вл** 6 II
слука́вить *сов.*
Лупи́ть(ся *3 л.*) *нес.,* **п:пл** 11 II
облупи́ть[1](ся) *сов.*
отлупи́ть[2](ся) *сов.*
Лучи́ться *нес., 3 л. высок.* 8 II
Лущи́ть *нес., п.* 8 II
Лысе́ть *нес.* 2 I
облысе́ть *сов.*
полысе́ть *сов.*
Льнуть *нес.* 28 III
прильну́ть *сов.*
Льстить *неперех.* (ся *разг.*) *нес.,* **ст:щ** 9 II
польсти́ть(ся) *сов.*
Любе́зничать *нес., разг.* 1 I
Люби́ть** *нес., п.,* **б:бл** 11 II
полюби́ть *сов.*
Любова́ться *нес.* 42 IV
полюбова́ться *сов.*
залюбова́ться *сов.*
Любопы́тствовать *нес.* 41 IV
полюбопы́тствовать
Лютова́ть *нес., прост.* 42 IV
Ляга́ть(ся) *нес.* 1 I
Лягну́ть* *сов., п.* 28 III
Ля́згать *нес.* 1 I
Ля́згнуть *сов.* 24 III

[1] to peal
[2] to come off

Ля́пать *нес., п.* 1 I
наля́пать *сов.*
Ля́пнуть *сов., п., прост.* 24 III

М

Ма́зать(ся) *нес.,* **з:ж** 33 III
зама́зать(ся) *сов.*
изма́зать(ся) *сов.*
нама́зать(ся) *сов.*
пома́зать(ся) *сов.*
прома́зать *сов.*
Мазну́ть* *сов., п., разг.* 28 III
Мака́ть *нес., п.* 1 I
Макну́ть* *сов., п.* 28 III
Малева́ть[1] *нес., п., разг.* 42 IV
намалева́ть *сов.*
Малоду́шествовать *нес.* 41 IV
Малоду́шничать *нес., разг.* 1 I
смалоду́шничать *сов.*
Маневри́ровать *нес.* 41 IV
сманеври́ровать *сов.*
Мане́жить *нес., п., прост.* 5 II
Мане́рничать *нес., разг.* 1 I
Манипули́ровать *нес.* 41 IV
Мани́ть *нес., п.* 10 II
помани́ть *сов.*
Манифести́ровать *нес.* 41 IV
Мара́ть(ся) *нес., разг.* 1 I
Маринова́ть *нес., п.* 42 IV
замаринова́ть *сов.*
Маркирова́ть *нес., сов., п., спец.* 42 IV
Маро́дёрствовать *нес.* 41 IV
Марширова́ть *нес.* 42 IV
Маскирова́ть(ся) *нес.* 42 IV
замаскирова́ть(ся) *сов.*
Ма́слить(ся *3 л.*) *нес.* 7 II
пома́слить *сов.*
Масси́ровать *нес., сов., п.* 41 IV

[1] малюю

Мастери́ть *нес., п., разг.* 8 II
смастери́ть *сов.*
Материализова́ть(ся) *нес., сов.* 42 IV
{ Маха́ть *нес.*, **х:ш** 36 III
{ Махну́ть *сов.* 28 III
Машинизи́ровать *нес., сов., п.* 41 IV
Ма́яться *нес., прост.* 31 III
Мая́чить *нес., разг.* 5 II
Меблирова́ть *нес., сов., п.* 42 IV
Ме́длить *нес.* 7 II
Меле́ть *нес., 3 л.* 2 I
обмеле́ть *сов.*
Мели́ть *нес., п.* 8 II
намели́ть *сов.*
{ Мелька́ть *нес.* 1 I
{ Мелькну́ть *сов.* 28 III
Мельча́ть *нес.* 1 I
измельча́ть *сов.*
Мельчи́ть *нес., п.* 8 II
измельчи́ть *сов.*
размельчи́ть *сов.*
Меня́ть(ся) *нес.* 1 I
поменя́ть(ся) *сов.*
Мере́ть *нес., 3 л., разг.* and *прост.* 71 VII
Мере́щиться[1] *нес., разг.* 5 II
помере́щиться *сов.*
Мёрзнуть[2] *нес.* 25 III
замёрзнуть *сов.*
Ме́рить(ся) *нес.* 5 II
поме́рить(ся) *сов.*
Ме́ркнуть *нес., 3 л.* 25 III
поме́ркнуть *сов.*
Мертве́ть *нес.* 2 I
омертве́ть *сов.*
помертве́ть *сов.*
Мертви́ть *нес., п.,* **в:вл**, *книжн.* 9 II
Мерца́ть *нес., 3 л.* 1 I
Меси́ть *нес., п.,* **с:ш** 11 II
Мести́ *нес., п.,* **с:т** 47 V
Мета́ть *нес., п.* 1 I
намета́ть *сов.*
промета́ть *сов.*
смета́ть *сов.*
{ Мета́ть(ся) *нес.*, **т:ч** 36 III
{ Метну́ть*(ся) *сов.* 28 III
Ме́тить(ся) *нес.*, **т:ч** 6 II
наме́тить(ся) *сов.*
Механизи́ровать *нес., сов., п.* 41 IV
Мечта́ть *нес.* 1 I
Меша́ть(ся *разг.*) *нес.* 1 I
помеша́ть *сов.*
смеша́ть(ся) *сов.*
Меша́ться *нес., 3 л.* 1 I
Ме́шкать *нес., разг.* 1 I
{ Мига́ть *нес.* 1 I
{ Мигну́ть *сов.* 28 III
Мигри́ровать *нес., книжн.* 41 IV
Милитаризова́ть *нес., сов., п.* 42 IV
Ми́ловать *нес., п., устар.* 41 IV
поми́ловать *сов.*
Милова́ть(ся) *нес., разг.* 42 IV
Минда́льничать *нес., разг.* 1 I
Мини́ровать *нес., сов., п.* 41 IV
замини́ровать *сов.*
Минова́ть *нес., сов., п.* 42 IV
Ми́нуть[1] *сов.* 23 III
Мири́ть(ся) *нес.* 8 II
помири́ть(ся) *сов.*
примири́ть(ся) *сов.*
Мистифици́ровать *нес., сов., п., книжн.* 41 IV
Митингова́ть *нес., разг.* 42 IV
Млеть *нес.* 2 I
Мни́ть(ся *безл.*) *нес. устар.* 8 II
Мно́жить(ся *3 л., высок.*) *нес.* 5 II
помно́жить *сов.*
умно́жить(ся) *сов.*
Мобилизова́ть(ся) *нес., сов.* 42 IV

[1] the imperative is not used
[2] мёрзший

[1] the 1st person singuiar is not used

Модели́ровать *нес., сов., п.* 41 IV
Модернизи́ровать *нес., сов., п.* 41 IV
Модифици́ровать *нес., сов., п., книжн.* 41 IV
Мо́дничать *нес., разг.* 1 I
Мозо́лить *нес., п.* 5 II
намозо́лить *сов.*
Мо́кнуть *нес.* 15 II
Мо́лвить *сов., п.,* **в:вл,** *устар.* 7 II
Моли́ть *нес., п., высок.* 10 II
Моли́ться *нес.* 10 II
помоли́ться *сов.*
Мо́лкнуть *нес., книжн.* 25 III
Молоде́ть *нес.* 2 I
помолоде́ть *сов.*
Молоди́ть(ся) *нес.,* **д:ж** 9 II
Молоти́ть *нес., п.,* **т:ч** 11 II
Моло́ть *нес., п.* 70 VII
смоло́ть *сов.*
Молча́ть *нес.* 15 II
промолча́ть *сов.*
смолча́ть *сов.*
Монополизи́ровать *нес. сов., п.* 41 IV
Монти́ровать *нес., п.* 41 IV
смонти́ровать *сов.*
Морализи́ровать *нес., книжн.* 41 IV
{ Морга́ть *нес.* 1 I
{ Моргну́ть *сов.* 28 III
Мори́ть *нес., п.* 8 II
вы́морить[1] *сов.*
умори́ть[2] *сов.*
Моро́зить *нес., п.,* **з:ж** 6 II
заморо́зить *сов.*
Мороси́ть *нес., 3 л.* 9 II
Моро́чить *нес., п., разг.* 5 II
Морщи́ниться *нес., 3 л., разг.* 5 II

[1] to exterminate
[2] to wear out, to exhaust

Мо́рщить(ся) *нес.* 7 II
намо́рщить[1](ся) *сов.*
помо́рщиться[2] *сов.*
смо́рщить(ся) *сов.*
Морщи́ть[2] *нес., 3 л.* 8 II
Мости́ть *нес., п.,* **ст:щ** 9 II
вы́мостить *сов.*
Мота́ть(ся) *нес.* 1 I
намота́ть[3](ся) *сов.*
промота́ть[4](ся) *сов.*
Мотиви́ровать *нес., сов., п.* 41 IV
Моторизова́ть *нес., сов., п.* 42 IV
Моты́жить *нес., п.* 5 II
Мочи́ть(ся *разг.*) *нес.* 10 II
намочи́ть *сов.*
Мочь *нес.* 57 VI
смочь *сов.*
Моше́нничать *нес.* 1 I
смоше́нничать *сов.*
Мрачне́ть *нес.* 2 I
помрачне́ть *сов.*
Мстить *нес.,* **ст:щ** 9 II
отомсти́ть *сов.*
Мудри́ть *нес., разг.* 8 II
намудри́ть *сов.*
Му́дрствовать *нес., разг.* 41 IV
Мужа́ть *неперех.* (ся *высок.*) *нес.* 1 I
Муниципализи́ровать *нес., сов., п.* 41 IV
Мурлы́кать *нес.,* **к:ч** 33 III
Мусо́лить *нес., п., разг.* 5 II
замусо́лить *сов.*
намусо́лить *сов.*
Му́сорить *нес.* 7 II
наму́сорить *сов.*
Мусси́ровать *нес., п., книжн.* 41 IV
Мути́ть(ся *3 л.*) *нес.,* **т:ч** 9 II

[1] to knit one's brow, to screw up one's face, to wrinkle
[2] to wrinkle
[3] to wind
[4] to squander, to fritter away (*money, property*)

намути́ть[1] *сов.*		
помути́ть[2](ся) *сов.*		
Мутне́ть *нес., 3 л.*	2	I
помутне́ть *сов.*		
Му́чить(ся)[3] *нес.*	5	II
заму́чить(ся)[3] *сов.*		
изму́чить(ся)[3] *сов.*		
Муштрова́ть *нес., п.*	42	IV
вы́муштровать *сов.*		
Мча́ть(ся) *нес.*	15	II
Мы́кать(ся) *нес., разг.*	1	I
Мы́лить(ся) *нес.*	5	II
намы́лить(ся) *сов.*		
Мы́слить(ся *3 л.*) *нес.*	7	II
Мыта́рить(ся) *нес., разг.*	5	II
замыта́рить(ся) *сов.*		
Мы́ть(ся) *нес.*	67	VII
вы́мыть(ся) *сов.*		
помы́ть(ся) *сов.*		
Мыча́ть *нес.*	15	II
Мя́кнуть *нес., 3 л.*	25	III
намя́кнуть[4] *сов.*		
размя́кнуть[5] *сов.*		
Мя́млить *нес., разг.*	7	II
Мя́ть(ся) *нес.*	64	VII
размя́ть(ся) *сов.*		
измя́ть(ся) *сов.*		
смя́ть(ся) *сов*		
{ Мяу́кать *нес.*	1	I
{ Мяу́кнуть *сов.*	24	III

Н

{ Наба́вить *сов., п.,* **в:вл**	6	II
{ Набавля́ть *нес., п.*	1	I
Набаламу́тить *сов.,* **т:ч**, *разг.*	6	II
Набалова́ть(ся *разг.*) *сов., прост.*	42	IV
Наба́лтывать *нес., п., разг.*	1	I
наболта́ть *сов.*		
Набальзами́ровать *сов., п.*	41	IV
Набе́гать(ся) *сов., разг.*	1	I
{ Набега́ть *нес.*	1	I
{ Набежа́ть *сов.*	85	VII
Набедоку́рить *сов., разг.*	5	II
Набезобра́зничать *сов., разг.*	1	I
Набезобра́зничать *сов., разг.*	1	I
Набели́ть(ся) *сов.*	10 and 8	II
{ Набива́ть(ся) *нес.*	1	I
{ Наби́ть[1](ся) *сов.*	69	VII
Набира́ть(ся) *нес.*	1	I
набра́ть(ся) *сов.*		
Наблюда́ть(ся *3 л.*) *нес.*	1	I
Наболе́ть *сов., 3 л.*	21 and 19	II
Наболта́ть *сов., п., разг.*	1	I
наба́лтывать *нес.*		
Набра́сывать(ся) *нес.*	1	I
наброса́ть *сов.*		
набро́сить(ся) *сов.*		
Набра́ть(ся) *сов.*	72	VII
набира́ть(ся) *нес.*		
Набрести́ *сов.,* **с:д**, *разг.*	47	V
Наброса́ть *сов., п.*	1	I
набра́сывать *нес.*		
Набро́сить(ся) *сов.,* **с:ш**	6	II
набра́сывать(ся) *нес.*		
Набры́згать *сов., п.*	1	I
{ Набуха́ть *нес., 3 л.*	1	I
{ Набу́хнуть *сов., 3 л.*	25	III
Набуя́нить *сов., разг.*	5	II
{ Нава́ливать(ся) *нес.*	1	I
{ Навали́ть[2](ся) *сов.*	10	II
Наваля́ть(ся *разг.*) *сов.*	1	I

1 to stir up (*a liquid*)
2 to make dull
3 these verbs are conjugated on the pattern of: му́чаю, заму́чаю, изму́чаю
4 to become soft, pulpy
5 to become flabby

1 наби́л, наби́л|а, -о, -и
2 нава́лен

Нава́ривать *нес., п.* 1 I
Навари́ть[1] *сов., п.* 10 II
Навева́ть *нес., п.* 1 I
наве́ять *сов.*
Наве́даться *сов., разг.* 1 I
Наве́дываться *нес., разг.* 1 I
Навезти́ *сов., п.* 45 V
Наве́ивать *нес., п.* 1 I
наве́ять *сов.*
Навербова́ть *сов., п.* 42 IV
Наверну́ть(ся *3 л., разг.*) *сов.* 28 III
навёртывать(ся) *нес.*
Наверста́ть *сов., п.* 1 I
Навёрстывать *нес., п.* 1 I
Наверте́ть *сов., п.,* **т:ч** 22 II
Навёртывать *нес., п.* 1 I
Наве́рчивать *нес., п.* 1 I
Навёртывать(ся *3 л.*) *нес., разг.* 1 I
наверну́ть(ся) сов.
Наве́сить *сов., п.,* **с:ш** 6 II
наве́шивать *нес.*
Навести́ *сов., п.,* **с:д** 47 V
наводи́ть *нес.*
Навести́ть *сов., п.,* **ст:щ** 9 II
навеща́ть *нес.*
Наве́шать *сов., п.* 1 I
Наве́шивать *нес., п.* 1 I
наве́сить *сов.*
Навеща́ть *нес., п.* 1 I
навести́ть *сов.*
Наве́ять *сов., п.* 31 III
навева́ть *нес.*
наве́ивать *нес.*
Навива́ть *нес., п.* 1 I
нави́ть *сов.*
Навинти́ть[2] *сов., п.,* **т:ч** 9 II
Нави́нчивать *нес., п.* 1 I
Нависа́ть *нес., 3 л.* 1 I
Нави́снуть *сов., 3 л.* 25 III

[1] нава́рен
[2] нави́нчен

Нави́ть[1] *сов., п.* 69 VII
навива́ть *нес.*
Навлека́ть *нес., п.* 1 I
Навле́чь *сов., п.* 54 VI
Наводи́ть** *нес., п.,* **д:ж** 11 II
навести́ *сов.*
Наводни́ть *сов., п.* 8 II
Наводня́ть *нес., п.* 1 I
Навоева́ться[2] *сов., разг.* 42 IV
Навози́ть* *сов., п.,* **з:ж** 11 II
Навора́чивать *нес., п.* 1 I
навороти́ть *сов.*
Наворова́ть *сов., п., разг.* 42 IV
Наворо́вывать *нес., п., разг.* 1 I
Наворожи́ть *сов., п., разг.* 8 II
Навороти́ть *сов., п.,* 11 II
навора́чивать *нес.*
Навостри́ть(ся *прост.*) *сов., разг.* 8 II
Навощи́ть *сов., п.* 8 II
Навра́ть *сов., разг.* 34 III
Наверди́ть *сов.,* **д:ж** 9 II
Навью́чивать(ся *разг.*) *нес.* 1 I
Навью́чить(ся *разг.*) *сов.* 5 II
Навяза́ть(ся *разг.*) *сов.,* **з:ж** 36 III
Навя́зывать(ся *разг.*) *нес.* 1 I
Навяза́ть *нес., 3 л.* 1 I
Навя́знуть *сов., 3 л.* 25 III
Нагада́ть *сов., п., разг.* 1 I
Нага́дить *сов.,* **д:ж** 6 II
Нагиба́ть(ся) *нес.* 1 I
нагну́ть(ся) *сов.*
Загла́дить *сов., п.,* **д:ж** 6 II
Нагла́живать *нес., п.* 1 I
Нагле́ть *нес.* 2 I
обнагле́ть *сов.*

[1] нави́л, нави́ла, нави́л|о, -и
[2] навою́юсь

Наглота́ться *сов.*	1 I
Наглуши́ть *сов.*	8 II
Нагляде́ться *сов.*, **д:ж**	20 II
Нагна́ть *сов., п.* нагоня́ть *нес.*	75 VII
{ Нагнести́[1] *сов., п.,* **с:т**	47 V
Нагнета́ть *нес., п.* }	1 I
Нагнои́ться *сов., 3 л.*	8 II
Нагну́ть(ся) *сов.* нагиба́ть(ся) *нес.*	28 III
{ Нагова́ривать *нес., п.*	1 I
Наговори́ть(ся) *сов.* }	8 II
Наголода́ться *сов.*	1 I
Нагоня́ть *нес., п.,* нагна́ть *сов.*	1 I
Нагора́живать *нес., п., разг.* нагороди́ть *сов.*	1 I
{ Нагора́ть *нес., 3 л.*	1 I
Нагоре́ть *сов., 3 л.* }	19 II
Нагороди́ть *сов., п.,* **д:ж**, *разг.* нагора́живать *нес.*	11 II
{ Нагота́вливать *нес. п.*	1 I
Нагото́вить(ся *разг.*) *сов.*, **в:вл** }	6 II
Награ́бить *сов., п.,* **б:бл**	6 II
Награвирова́ть *сов., п.*	42 IV
Награди́ть *сов., п.,* **д:ж:жд**	9 II
Награжда́ть *нес., п.*	1 I
Награ́фи́ть *сов., п.,* **ф:фл**	9 II
Нагреба́ть *нес., п.* нагрести́ *сов.*	1 I
Нагрева́ть(ся *3 л.*) *нес.*	1 I
Нагре́ть(ся *3 л.*) *сов.*	2 I
Нагрести́ *сов., п.* нагреба́ть *нес.*	50 V
Нагреши́ть *сов., разг.*	8 II
Нагримирова́ть(ся) *сов.*	42 IV
{ Нагроможда́ть(ся *3 л.*) *нес.*	1 I
Нагромозди́ть(ся *3 л.*) *сов.*, **д:ж:дж** }	9 II

[1] the past tense is not used

Нагруби́ть *сов.*, **б:бл**	9 II
Нагрубия́нить *сов., разг.*	5 II
{ Нагружа́ть *нес., п.*	1 I
Нагрузи́ть *сов.,* 11 and *п.*, **з:ж** }	9 II
{ Нагрыза́ть *нес., п.*	1 I
Нагры́зть *сов. п.* }	46 V
Нагрязни́ть *сов.*	8 II
Нагря́нуть *сов.*	23 III
{ Нагу́ливать *нес., п.*	1 I
Нагуля́ть(ся) *сов.* }	1 I
Надава́ть *сов., п., разг.*	60 VII
{ Надави́ть *сов., п.,* **в:вл**	11 II
Нада́вливать *нес., п.* }	1 I
Нада́ивать *нес., п.* надои́ть *сов.*	1 I
{ Нада́ривать *нес., п., разг.*	1 I
Надари́ть[1] *сов., п., разг.* }	10 II
{ Надба́вить *сов., п.,* **в:вл**, *разг.*	6 II
Надбавля́ть *нес., п., разг.* }	1 I
{ Надбива́ть *нес., п.*	1 I
Надби́ть[2] *сов., п.* }	69 VII
{ Надвига́ть(ся) *нес.*	1 I
Надви́нуть(ся) *сов.* }	23 III
{ Надвяза́ть *сов., п.,* **з:ж**	36 III
Надвя́зывать *нес., п.* }	1 I
{ Наддава́ть *нес., п., разг.*	60 VII
Надда́ть *сов., п., разг.* }	88 VII
Надебоши́рить *сов., разг.*	5 II
Надева́ть *нес., п.* наде́ть *сов.*	1 I
Наде́лать *сов., п.*	1 I
{ Надели́ть *сов., п.*	8 II
Наделя́ть *нес., п.* }	1 I

[1] нада́рен

[2] надобью́; надби́л, надби́л|а, -о, -и

{	Надёргать[1] *сов., п., разг.*	1 I
	Надёргивать *нес., п., разг.*	1 I
	Надёрнуть[2] *сов., п., разг.*	24 III
	Надерзи́ть[3] *сов., разг.*	9 II
	Наде́ть *сов., п.* надева́ть *нес.*	61 VII
	Наде́яться *нес.* понаде́яться *сов.*	31 III
	Надзира́ть *нес.*	1 I
	Надиви́ться *сов.*, **в:вл** *разг.*	9 II
	Надира́ть *нес., п.* надра́ть *сов.*	1 I
{	Надка́лывать *нес., п.*	1 I
	Надколо́ть *сов., п.*	30 III
{	Надкуси́ть *сов., п.*, **с:ш**	11 II
	Надку́сывать *нес. п.*	1 I
{	Надла́мывать(ся *3 л.*) *нес.*	1 I
	Надломи́ть(ся *3 л.*) *сов.*, **м:мл**	11 II
	Надлежа́ть *нес., безл.*	15 II
{	Надоеда́ть *нес.*	1 I
	Надое́сть *сов.*	87 VII
	Надои́ть *сов., п.* 8 and нада́ивать *нес.*	10 II
	Надорва́ть(ся) *сов.* надрыва́ть(ся) *нес.*	34 III
{	Надоу́мить *сов., п.*, **м:мл**, *разг.*	6 II
	Надоу́мливать *нес., п., разг.*	1 I
	Надпа́рывать *нес., п., разг.* надпоро́ть *сов.*	1 I
{	Надпи́ливать *нес., п.*	1 I
	Надпили́ть[1] *сов., п.*	10 II
{	Надписа́ть *сов., п.* **с:ш**	36 III
	Надпи́сывать *нес., п.*	1 I
	Надпоро́ть *сов., п., разг.* надпа́рывать *нес.*	30 III
	Надра́ть *сов., п.* надира́ть *нес.*	72 VII
{	Надреза́ть *нес., п.*	1 I
	Надре́зать *сов., п.*, **з:ж**	33 III
	Надруга́ться *сов., книжн.*	1 I
	Надрыва́ть(ся) *нес.* надорва́ть(ся) *сов.*	1 I
{	Надсади́ть(ся) *сов.*, **д:ж**, *прост.*	11 II
	Надса́живать(ся) *нес., прост.*	1 I
	Надсма́тривать *нес., разг.*	1 I
{	Надста́вить *сов., п.*, **в:вл**	6 II
	Надставля́ть *нес., п.*	1 I
{	Надстра́ивать *нес., п.*	1 I
	Надстро́ить *сов., п.*	12 II
	Надтре́снуть *сов., 3 л.*	24 III
{	Надува́ть(ся) *нес.*	1 I
	Налу́ть(ся) *сов.*	3 I
	Наду́мать *сов., разг.*	1 I
	Надуши́ть[2](ся) *сов.*	10 II
	Надыми́ть *сов.*, **м:мл**	9 II
	Надыша́ть *неперех.* (ся) *сов.*	17 II
	Наеда́ть(ся) *нес., разг.* нае́сть(ся) *сов.*	1 I
{	Нае́здить(ся *разг.*) *сов.*, **д:ж**	7 II
	Наезжа́ть *нес.*	1 I
	Нае́сть(ся) *сов., разг.* наеда́ть(ся) *нес.*	87 VII
	Нае́хать *сов.*	82 VII

[1] a) to pluck out (*a quantity of something*); b) to collect quotations, facts, etc. from various books and other sources unprofessionally and unskilfully

[2] to slip on, to throw on

[3] the 1st person singular is not used

[1] надпи́лен

[2] наду́шен

Нажа́ловаться *сов., разг.*	41	IV
Нажа́ривать(ся *прост.*) *нес.*	1	I
Нажа́рить(ся *прост.*) *сов.*	5	II
Нажа́ть *сов., п.* нажима́ть *нес.*	65	VII
Нажа́ть *сов., п.* нажина́ть *нес.*	64	VII
Наже́чь *сов., п.* нажига́ть *нес.*	58	VI
Нажива́ть(ся) *нес.* нажи́ть(ся) *сов.*	1	I
Наживи́ть *сов., п.,* **в:вл**, *спец.*	9	II
Наживля́ть *нес., п., спец.*	1	I
Нажига́ть *нес., п.* наже́чь *сов.*	1	I
Нажима́ть *нес., п.* нажа́ть *сов.*	1	I
Нажина́ть *нес., п.* нажа́ть *сов.*	1	I
Нажи́ть(ся)[1] *сов.* нажива́ть(ся) *нес.*	62	VII
Назва́нивать *нес., разг.*	1	I
Назва́ть(ся) *сов.* называ́ть(ся) *нес.*	74	VII
Назнача́ть *нес., п.*	1	I
Назна́чить *сов., п.*	5	II
Назрева́ть *нес., 3 л.*	1	I
Назре́ть *сов., 3 л.*	2	I
Называ́ть(ся) *нес.* назва́ть(ся) *сов.*	1	I
Наи́вничать *нес., разг.*	1	I
Наигра́ть(ся) *сов.*	1	I
Наименова́ть(ся) *сов.*	42	IV
Найти́(сь)[2] *сов.* находи́ть(ся) *нес.*	81	VII
Нака́верзничать *сов.*	1	I
Наказа́ть *сов., п.,* **з:ж**	36	III
Нака́зывать *нес., п.*	1	I
Нака́ливать(ся) *нес.*	1	I
Накали́ть(ся) *сов.*	8	II

[1] нажи́лся, нажила́сь, нажило́сь, нажили́сь

[2] на́йден

Нака́лывать(ся) *нес.* наколо́ть(ся) *сов.*	1	I
Наканифо́лить *сов., п.*	5	II
Нака́пать *сов., п.*	1	I
Нака́пливать(ся *3 л.*) *нес.* накопи́ть(ся) *сов.*	1	I
Нака́пывать *нес., п.* накопа́ть *сов.*	1	I
Наката́ть(ся) *сов.*	1	I
Нака́тывать *нес., п.*	1	I
Накати́ть(ся) *сов.,* **т:ч**	11	II
Нака́тывать(ся) *нес.*	1	I
Накача́ть *сов., п.*	1	I
Нака́чивать *нес., п.*	1	I
Наква́сить *сов., п.,* **с:ш**	6	II
Наква́шивать *нес., п.*	1	I
Накида́ть *сов., п.*	1	I
Наки́дывать(ся) *нес.*	1	I
Наки́нуть(ся) *сов.*	23	III
Накипа́ть *нес., 3 л.*	1	I
Накипе́ть *сов., 3 л.*	20	II
Накла́дывать *нес., п.* наложи́ть *сов.*	1	I
Наклевета́ть *сов.,* **т:щ**	36	III
Наклёвываться *нес., 3 л.*	1	I
Накле́ивать *нес., п.*	1	I
Накле́ить *сов., п.*	12	II
Наклепа́ть[1] *сов., п., спец.*	1	I
Наклёпывать *нес., п. спец.*	1	I
Наклика́ть *нес., п., прост.*	1	I
Накли́кать *сов., п.,* **т:ч**, *прост.*	33	III
Наклони́ть(ся) *сов.*	10	II
Наклоня́ть(ся) *нес.*	1	I
Накля́узничать *сов.*	1	I
Накова́ть *сов., п.*	43	IV
Нако́вывать *нес., п.*	1	I
Накола́чивать *нес., п.*	1	I
Наколоти́ть *сов., п.,* **т:ч**	11	II
Наколдова́ть *сов., п.*	42	IV

[1] наклёпан

Наколо́ть(ся) *сов.*	30	III
нака́лывать(ся) *нес.*		
Накопа́ть *сов., п.*	1	I
нака́пывать *нес.*		
Накопи́ть(ся *3 л.*) *сов.*, **п:пл**	11	II
нака́пливать(ся) *нес.*		
Накопти́ть *сов., п.*, **т:ч**	9	II
Накорми́ть[1] *сов., п.*, **м:мл**	10	II
Накра́пывать *нес., 3 л.*	1	I
Накра́сить(ся *разг.*) *сов.*, **с:ш**	6	II
Накра́сть *сов., п.*	48	V
Накрахма́лить *сов., п.*	5	II
Накрени́ть(ся *3 л.*) *сов.*	8	II
Накрича́ть *сов.*	15	II
Накромса́ть *сов., п., разг.*	1	I
Накроши́ть[2](ся *3 л.*) *сов.*	10	II
{ Накрути́ть *сов., п.*, **т:ч**	11	II
{ Накру́чивать *нес., п.*	1	I
{ Накрыва́ть(ся) *нес.*	1	I
{ Накры́ть(ся) *сов.*	67	VII
{ Накупа́ть *нес., п.*	1	I
{ Накупи́ть *сов., п.*, **п:пл**	11	II
Накури́ть[3](ся) *сов.*	10	II
Накуроле́сить *сов.*, **с:ш**, *прост.*	6	II
Накуса́ть *сов., п.*	1	I
{ Наку́тать *сов., п., разг.*	1	I
{ Наку́тывать *нес., п., разг.*	1	I
Нала́вливать *нес., п.*	1	I
налови́ть *сов.*		
Налага́ть *нес., п.*	1	I
наложи́ть *сов.*		
{ Нала́дить(ся *3 л.*) *сов.*, **д:ж**	6	II
{ Нала́живать(ся *3 л.*) *нес.*	1	I
Налака́ться *сов.*	1	I
Налга́ть *сов.*	84	VII
Налега́ть *нес.*	1	I
нале́чь *сов.*		
Належа́ть(ся) *сов., разг.*	15	II
{ Налеза́ть *нес., 3 л., разг.*	1	I
{ Нале́зть *сов., 3 л., разг.*	44	V
{ Налепи́ть *сов., п.*, **п:пл**, *разг.*	11	II
{ Налепля́ть *нес., п., разг.*	1	I
Налета́ть[1] *сов., п.*	1	I
{ Налета́ть *нес.*	1	I
{ Налете́ть *сов.*, **т:ч**	20	II
Нале́чь *сов.*	59	VI
налега́ть *нес.*		
Налива́ть(ся) *нес.*	1	I
нали́ть(ся) *сов.*		
Налинова́ть *сов., п.*	42	IV
{ Налипа́ть *нес., 3 л.*	1	I
{ Нали́пнуть *сов., 3 л.*	25	III
Нали́ть(ся) *сов.*	69	VII
налива́ть(ся) *нес.*		
Нали́чествовать *нес., книжн.*	41	IV
Налови́ть *сов., п.*, **в:вл**	11	II
нала́вливать *нес.*		
Наловчи́ться *сов., разг.*	8	II
Наложи́ть[2] *сов., п.*	10	II
налага́ть *нес.*		
накла́дывать *нес.*		
Налома́ть *сов., п.*	1	I
Налюбова́ться *сов.*	42	IV
Наля́пать *сов., п., прост.*	1	I
{ Намагни́тить *сов., п.*, **т:ч**	6	II
{ Намагни́чивать *нес., п.*	1	I
{ **На**ма́зать(ся *разг.*) *сов.*, **з:ж**	33	III
{ Нама́зывать *нес., п.*	1	I
Намалева́ть[3] *сов., п., разг.*	42	IV

[1] нако́рмлен
[2] накро́шен
[3] наку́рен

[1] to cover (*a distance*) flying
[2] нало́жен
[3] намалю́ю; намалёван

Нама́лывать *нес., п.* 1 I
намоло́ть *сов.*
Намаринова́ть *сов., п.* 42 IV
Нама́слить *сов., п.* 7 II
Нама́тывать(ся *3 л.*) *нес.* 1 I
намота́ть(ся) *сов.*
Нама́яться *сов., прост.* 31 III
{ Намека́ть *нес.* 1 I
{ Намекну́ть *сов.* 28 III
Намели́ть *сов., п.* 8 II
Наменя́ть *сов., п.* 1 I
Намерева́ться *нес.* 1 I
{ Намерза́ть *нес., 3 л.* 1 I
{ Намёрзнуть *сов., 3 л.* 25 III
Намёрзнуться *сов., разг.* 25 III
Наме́рить *сов., п., разг.* 5 II
Намеси́ть *сов., п.*, **с:ш** 11 II
наме́шивать *нес.*
{ Намести́ *сов., п.*, **с:т** 47 V
{ Намета́ть *нес., п.* 1 I
{ **На**мета́ть[1] *сов., п.*, **т:ч** 36 III
{ Намётывать *нес., п.* 1 I
{ **На**ме́тить(ся) *сов.*, **т:ч** 6 II
{ Намеча́ть(ся *3 л.*) *нес.* 1 I
{ Намеша́ть *сов., п.* 1 I
{ Наме́шивать *нес., п.* 1 I
намеси́ть[2] *сов.*
Намина́ть *нес., п.* 1 I
намя́ть *сов.*
Намозо́лить *сов., п.* 5 II
{ Намока́ть *нес.* 1 I
{ Намо́кнуть *сов.* 25 III
{ Намола́чивать *нес., п.* 1 I
{ Намолоти́ть *сов., п.*, **т:ч** 11 II
Намоло́ть *сов., п.* 70 VII
нама́лывать *нес.*
Намолча́ться *сов., разг.* 15 II
Намо́рщить(ся) *сов.* 7 II
Намота́ть(ся *3 л.*) *сов.* 1 I
нама́тывать(ся) *нес.*

[1] намётан
[2] to knead (*a large amount of*)

Намочи́ть[1](ся) *сов.* 10 II
Намудри́ть *сов., разг.* 8 II
Намусо́лить *сов., п.* 5 II
Наму́сорить *сов.* 7 II
Намути́ть* *сов., п.*, **т:ч** 9 II
Наму́читься *сов., разг.* 5 II
{ Намыва́ть(ся *разг.*) *нес.* 1 I
{ Намы́ть(ся *разг.*) *сов.* 67 VII
Намы́каться *сов., прост.* 1 I
{ Намы́ливать(ся) *нес.* 1 I
{ **На**мы́лить(ся) *сов.* 5 II
Намя́кнуть *сов., 3 л.* 25 III
Намя́ть *сов., п.* 64 VII
намина́ть *нес.*
Нана́шивать *нес., п.* 1 I
наноси́ть *сов.*
Нанести́ *сов., п.* 45
наноси́ть *нес.*
{ Наниза́ть *сов., п.*, **з:ж** 36 III
{ Нани́зывать *нес., п.* 1 I
Нанима́ть(ся) *нес.* 1 I
наня́ть(ся) *сов.*
Наноси́ть[2] *сов., п.*, **с:ш** 11 II
нана́шивать *нес.*
Наноси́ть** *нес., п.*, **с:ш** 11 II
нанести́ *сов.*
Наню́хаться *сов., разг.* 1 I
Наня́ть(ся)[3] *сов.* 78 VII
нанима́ть(ся) *нес.*
Наобеща́ть *сов., п., разг.* 1 I
Наора́ть[4] *сов., прост.* 34 III
Напа́дать *сов., 3 л.* 1 I
Напада́ть *нес.* 1 I
напа́сть *сов.*
Напа́ивать *нес., п.* 1 I
напои́ть *сов.*
Напа́костить *сов.*, **ст:щ**, *разг.* 7 II

[1] намо́чен
[2] to bring (*a quantity of*)
[3] наня́лся́, наняла́сь, наняло́сь, наняли́сь
[4] наора́ла

Напа́рить *сов., п.* 5 II

Напа́рывать(ся) *нес., прост.* 1 I
напоро́ть(ся) *сов.*

Напаса́ть *нес., п.* 1 I
Напасти́(сь *разг.*) *сов.* 45 V

Напа́сть *сов.* 48 V
напада́ть *нес.*

Напаха́ть *сов., п.,* **х:ш** 36 III

Напа́чкать(ся) *сов.* 1 I

Напая́ть *сов., п.* 1 I

Напева́ть *нес., п.* 1 I

Напека́ть *нес., п.* 1 I
напе́чь *сов.*

Напере́ть *сов., прост.* 71 VII
напира́ть *нес.*

Напе́рчить *сов., п.* 7 II

Напе́ть(ся *разг.*) *сов.* 68 VII

Напеча́тать(ся) *сов.* 1 I

Напе́чь *сов., п.* 54 VI
напека́ть *нес.*

Напива́ться *нес.* 1 I
напи́ться *сов.*

Напили́ть[1] *сов., п.* 10 II

Напира́ть *нес., прост.* 1 I
напере́ть *сов.*

Написа́ть *сов., п.,* **с:ш** 36 III

Напита́ть[2] *сов., п.* 1 I

Напита́ться *сов., 3л.* 1 I
Напи́тываться *нес., 3л.* 1 I

Напи́ться *сов.* 69 VII
напива́ться *нес.*

Напиха́ть *сов., п.* 1 I
Напи́хивать *нес., п.* 1 I

Напи́чкать *сов., п., разг.* 1 I

Напла́вать *сов., п.* 1 I

Напла́кать(ся) *сов.,* **к:ч**, *разг.* 33 III

Напластова́ть(ся *3л.*) *сов.* 42 IV
Напласто́вывать(ся *3л.*) *нес.* 1 I

Наплева́ть[3] *сов.* 43 IV

Наплеска́ть *сов., п.,* **ск:щ** 36 III

[1] напи́лен
[2] to satiate
[3] **на**плюю́

Наплести́ *сов., п.,* **с:т** 47 V
Наплета́ть *нес., п.* 1 I

Наплоди́ть*(ся *3л., разг.*) *сов.,* **д:ж** 9 II

Наплутова́ть *сов., разг.* 42 IV

Наплыва́ть *нес.* 1 I
Наплы́ть[1] *сов.* 62 VII

Наподаться *сов., разг.* 88 VII

Напои́ть *сов., п.* 8 II
напа́ивать *нес.*

Наполза́ть *нес.* 1 I
Наползти́ *сов.* 45 V

Наполирова́ть *сов., п.* 42 IV

Напо́лнить(ся *3л.*) *сов.* 7 II
Наполня́ть(ся *3л.*) *нес.* 1 I

Напома́дить(ся) *сов.,* **д:ж**, *разг.* 6 II

Напомина́ть *нес., п.* 1 I
Напо́мнить *сов., п.* 7 II

Напоро́ть(ся) *сов., прост.* 30 III
напа́рывать(ся) *нес.*

Напороши́ть *сов., 3л.* 8 II

Напо́ртить *сов., п.,* **т:ч** 7 II

Напра́вить(ся) *сов.,* **в:вл** 6 II
Направля́ть(ся) *нес.* 1 I

Напрактикова́ться *сов.* 42 IV

Напра́шиваться *нес.* 1 I
напроси́ться *сов.*

Напрока́зничать *сов., разг.* 1 I

Напроро́чить *сов., п.* 5 II

Напроси́ться *сов.,* **с:ш**, *разг.* 11 II
напра́шиваться *нес.*

Напружи́нить(ся *3л.*) *сов.* 5 II

Напры́скать *сов., п., разг.* 1 I

Напряга́ть(ся) *нес.* 1 I
Напря́чь(ся) *сов.* 56 VI

Напуга́ть(ся) *сов.* 1 I

Напу́дрить(ся) *сов.* 7 II

Напуска́ть(ся *прост.*) *нес.* 1 I
Напусти́ть(ся *прост.*) *сов.,* **ст:щ** 11 II

[1] наплы́л, наплыла́, наплы́л|о, -и

Entry	Type
Напу́тать *сов., п.*	1 I
Напу́тствовать *сов., нес., п., книжн.*	41 IV
Напы́житься *сов., разг.*	5 II
Напыли́ть *сов.*	8 II
Напя́ливать *нес., п.*	1 I
Напя́лить *сов., п.*	5 II
Нарабо́тать(ся) *сов., разг.*	1 I
Нара́доваться *сов.*	41 IV
Нараста́ть *нес., 3л.*	1 I
Нарасти́ *сов., 3л.*	51 V
Нарасти́ть *сов., п.,* **ст:щ**	9 II
Нара́щивать *нес., п.*	1 I
Нарва́ть *сов., 3 л.*	34 III
Нарва́ть(ся *разг.*) *сов.* нарыва́ть(ся) *нес.*	34 III
Нареза́ть *нес., п.*	1 I
Наре́зать *сов., п.,* **з:ж**	33 III
Нарисова́ть *сов., п.*	42 IV
Народи́ть(ся *3 л.*) *сов.,* **д:ж:жд**, *разг.*	9 II
Нарожда́ться *нес., 3 л., разг.*	1 I
Нарожа́ть* *сов., п., прост.*	1 I
Наруба́ть *нес., п.*	1 I
Нарубить *сов., п.,* **б:бл**	11 II
Нарумя́нить(ся) *сов.*	5 II
Наруша́ть(ся *3 л.*) *нес.*	1 I
Нару́шить(ся *3 л.*) *сов.*	5 II
Нарыва́ть(ся *разг.*) *нес.*	1 I
Нары́ть[1] *сов., п.* нарва́ть[2](ся) *сов.*	67 VII
Наряди́ть(ся) *сов.,* **д:ж**	11 II
Наряжа́ть(ся) *нес.*	1 I
Насади́ть[3] *сов., п.,* **д:ж**	11 II
Насажа́ть *сов., п.*	1 I
Насажда́ть *нес., п., книжн.*	1 I
Наса́живать *нес., п.*	1 I

[1] a) to dig (*a quantity of holes in the ground*); b) to dig up (*a quantity of the earth*)
[2] a) to pick (*a quantity of*); b) to tear up (*into quantity of small bits*)
[3] наса́жен

Entry	Type
Наса́живаться *нес., 3 л.* насе́сть *сов.*	1 I
Наса́ливать *нес., п.* насоли́ть *сов.*	1 I
Наса́сывать(ся) *нес.* насоса́ть(ся) *сов.*	1 I
Насви́стывать *нес., п.*	1 I
Наседа́ть *нес.* насе́сть *сов.*	1 I
Насе́ивать *нес., п.* насе́ять *сов.*	1 I
Насека́ть *нес., п.* насе́чь *сов.*	1 I
Насели́ть *сов., п.*	8 II
Населя́ть *нес., п.*	1 I
Насе́сть *сов.* наса́живаться[1] *нес.* наседа́ть[2] *нес.*	53 V
Насе́чь *сов., п.* насека́ть *нес.*	54 VI
Насе́ять *сов., п.* насе́ивать *нес.*	31 III
Насиде́ть[3](ся *разг.*) *сов.,* **д:ж**	20 II
Наси́живать *нес., п.*	1 I
Наси́ловать *нес., п.* изнаси́ловать *сов.*	41 IV
Наска́бливать *нес., п.* наскобли́ть *сов*	1 I
Наскaза́ть *сов., п.,* **з:ж**, *разг.*	36 III
Наска́кивать *нес., разг.* наскочи́ть *сов.*	1 I
Наскanда́лить *сов., разг.*	5 II
Наскобли́ть *сов., п.* наска́бливать *нес.*	8 II
Наскочи́ть *сов., разг.* наска́кивать *нес.*	10 II
Наскреба́ть *нес., п.*	1 I
Наскрести́ *сов., п.*	50 V
Наску́чить *сов., разг.*	5 II
Наслади́ться *сов.,* **д:ж**	9 II
Наслажда́ться *нес.*	1 I
Насла́ивать(ся) *3 л.*) *нес.* наслои́ть(ся) *сов.*	1 I

[1] to sit down (*in large numbers*)
[2] to press hard
[3] наси́жен

Насла́ть *сов., п.* 80 VII
насыла́ть *нес.*

Наследи́ть *сов., п.*, **д:ж** 9 II

Насле́довать *нес., п.* 41 IV
унасле́довать *сов.*

Наслои́ть(ся *3 л.*) *сов.* 8 II
насла́ивать(ся) *нес.*

Наслужи́ться *сов., разг.* 10 II

Наслу́шаться *сов.* 1 I

Наслы́шаться[1] *сов., разг.* 14 II

Насмеха́ться *нес.* 1 I

Насмеши́ть* *сов., п.* 8 II

Насмея́ться[2] *сов.* 31 III

Насмотре́ться *сов.* 21 II

Насова́ть *сов., п., разг.* 43 IV

Насове́товать *сов., п., разг.* 41 IV

Насоли́ть[3] *сов., п.* 10 and 8 II
наса́ливать *нес.*

Насори́ть *сов.* 8 II

Насоса́ть(ся)[4] *сов.* 34 III
наса́сывать(ся) *нес.*

Насочини́ть *сов., п., разг.* 8 II

Насочиня́ть *сов., п., разг.* 1 I

Насочи́ться *сов., 3 л., разг.* 8 II

Наспиртова́ться *сов., 3 л.* 42 IV

Наспле́тничать *сов., разг.* 1 I

Настава́ть[5] *нес., 3 л.* 60 VII
наста́ть *сов.*

{ Наста́вить *сов., п.*, **в:вл** 6 II
{ Наставля́ть *нес., п.* 1 I

Наста́ивать(ся) *нес.* 1 I
настоя́ть(ся) *сов.*

Наста́ть *сов., 3 л.* 61 VII
настава́ть *нес.*

Настега́ть *сов., п.* 1 I

[1] the imperative is not used
[2] насмею́сь, насмеёшься
[3] насо́лен
[4] насоса́л(ся), насоса́ла(сь), насоса́ло(сь), насоса́ли(сь)
[5] the verbal adverb is not used

Настели́ть *сов., п.* 40 III
настила́ть *нес.*

{ Настига́ть *нес., п.* 1 I
{ Насти́гнуть *сов., п.* 24 III

Настила́ть *нес., п.* 1 I
настели́ть *сов.*
настла́ть *сов.*

Настира́ть *сов., п., разг.* 1 I

Насти́чь *сов., п.* 25 III
настига́ть *нес.*

Настла́ть *сов., п.* 73 VII
настила́ть *нес.*

{ Насторáживать(ся) *нес.* 1 I
{ Насторожи́ть(ся) *сов.* 8 II

Настоя́ть(ся) *сов.* 13 II
наста́ивать(ся) *нес.*

Настра́гивать *нес., п.* 1 I
настрога́ть *сов.*

Настрада́ться *сов.* 1 I

Настра́ивать(ся) *нес.* 1 I
настро́ить(ся) *сов.*

Настра́чивать *нес., п.* 1 I
настрочи́ть *сов.*

{ Настре́ливать *нес., п.* 1 I
{ Настреля́ть *сов., п.* 1 I

{ Настрига́ть *нес., п.* 1 I
{ Настри́чь *нес., п.* 56 VI

Настрога́ть *сов., п.* 1 I
настра́гивать *нес.*

Настро́ить(ся) *сов.* 12 II
настра́ивать(ся) *нес.*

Настропали́ть *сов., п., прост.* 8 II

Настрочи́ть[1] *сов., п.* 10 II
настра́чивать *нес.*

Настря́пать *сов., п., разг.* 1 I

{ Насту́кать *сов., п., разг.* 1 I
{ Насту́кивать *нес., п., разг.* 1 I

{ Наступа́ть[2] *нес.* 1 I
{ Наступи́ть *сов.*, **п:пл** 11 II

[1] настро́чен
[2] a) to tread on; b) come, to set in

Verb	No.	Class
{ Насты́ва́ть *нес., 3 л. разг.*	1	I
{ Насты́нуть *сов., 3 л. разг.*	27	III
Насты́ть *сов., 3 л. разг.*	61	VII
{ Насу́пить(ся) *сов.,* **п:пл**, *разг.*	6	II
{ Насу́пливать(ся) *нес., разг.*	1	I
{ Насу́шивать *нес., п.*		
{ Насуши́ть[1] *сов., п.*	10	II
{ Насчита́ть *сов., п.*	1	I
{ Насчи́тывать(ся *3 л.*) *нес.*	1	I
Насыла́ть *нес., п.* насла́ть *сов.*	1	I
{ Насы́пать(ся *3 л.*) *нес.*	1	I
{ Насыпа́ть[2](ся *3 л.*) *сов.,* **п:пл**	33	III
{ Насы́тить(ся) *сов.,* **т:щ**	6	II
{ Насыща́ть(ся) *нес.*	1	I
Ната́лкивать(ся *разг.*) *нес.* натолкну́ть(ся) *сов.*	1	I
Ната́пливать *нес., п.* натопи́ть *сов.*	1	I
Ната́птывать *нес., п., разг.* натопта́ть *сов.*	1	I
{ Натаска́ть *сов., п.*	1	I
{ Ната́скивать *нес., п.*	1	I
Натащи́ть[3] *сов., п., разг.*	10	II
{ Ната́ивать *нес.*	1	I
{ Ната́ять *сов.*	31	III
Натвори́ть* *сов., п., разг.*	8	II
Натека́ть *нес., 3 л.* нате́чь *сов.*	1	I
Натереби́ть *сов., п.,* **б:бл**	9	II
Натере́ть[4](ся) *сов.* натира́ть(ся) *нес.*	71	VII
Натерпе́ться *сов.,* **п:пл**, *разг.*	22	II

Verb	No.	Class
Натеса́ть[1] *сов., п.,* **с:ш**	36	III
Нате́чь *сов., 3 л.* натека́ть *нес.*	54	VI
Нате́шиться *сов., разг.*	5	II
Натира́ть(ся) *нес.* натере́ть(ся) *сов.*	1	I
{ Нати́скать *сов., п., разг.*	1	I
{ Нати́скивать *нес., п., разг.*	1	I
Натка́ть *сов., п.*	34	III
Наткну́ть(ся) *сов.* наты́кать(ся) *нес.*	28	III
Натолкну́ть*(ся) *разг. сов.* ната́лкивать(ся) *нес.*	28	III
Натоло́чь *сов., п.*	55	VI
Натопи́ть *сов., п.,* **п:пл** ната́пливать *нес.*	11	II
Натопта́ть *сов., п.,* **т:ч**, *разг.* ната́птывать *нес.*	36	III
Наторгова́ть *сов., п., разг.*	42	IV
Наточи́ть *сов., п.*	10	II
{ Натрави́ть *сов., п.,* **в:вл**	11	II
{ Натра́вливать *нес., п.*	1	I
Натренирова́ть(ся) *сов.*	42	IV
{ Натруди́ть(ся *разг.*) *сов.,* **д:ж** 9 and	11	II
{ Натру́живать* *нес., п.*	1	I
Натрясти́(сь *разг.*) *сов.*	45	V
{ Нату́живать(ся) *нес., разг.*	1	I
{ Нату́жить(ся) *сов., разг.*	5	II
Натурализова́ть(ся) *нес., сов.*	42	IV
Натыка́ть[2](ся) *нес.* наткну́ть(ся) *сов.*	1	I
{ Натыка́ть[3] *нес., п., разг.*	1	I
{ Наты́кать *сов., п., разг.*	1	I
{ Натя́гивать(ся *3 л.*) *нес.*	1	I
{ Натяну́ть(ся *3 л.*) *сов.*	29	III

1 насу́шен
2 насы́пь
3 ната́щен
4 натерёв and натёрши, as тере́ть

1 натёсан
2 to stick in (to run into, to encounter)
3 to stick in (*a quantity of*)

Наудить *сов., п.,* **д:ж** 11 II

Наўськать *сов., п., разг.* 1 I
Наўськивать *нес., п., разг.* 1 I

Научить[1](ся) *сов.* 10 II

Наўшничать *нес., разг.* 1 I

Нафабриковать *сов., п.* 42 IV

Нахальничать *нес., прост.* 1 I

Нахамить *сов.,* **м:мл,** *прост.* 9 II

Нахапать *сов., п., прост., презр.* 1 I

Нахаркать *сов., прост.* 1 I

Нахваливать(ся *разг.*) *нес., прост.* 1 I
Нахвалить[2](ся) *сов., прост.* 10 II

Нахвастать(ся) *сов., разг.* 1 I

Нахватать(ся *неодобр.*) *сов., разг.* 1 I
Нахватывать(ся *неодобр.*) *нес., разг.* 1 I

Нахлебаться *сов., прост.* 1 I

Нахлестать[3](ся *прост.*) *сов.,* **ст:щ,** *разг.* 36 III
Нахлёстывать(ся *прост.*) *нес., разг.* 1 I

Нахлобучивать(ся *3 л.*) *нес., разг.* 1 I
Нахлобучить(ся *3 л.*) *сов., разг.* 5 II

Нахлынуть *сов., 3 л.* 23 III

Нахмуривать(ся) *нес.* 1 I
Нахмурить(ся) *сов.* 5 II

Находить**(ся)*нес.,***д:ж** 11 II
найти(сь) *сов.*

Находиться[4] *нес.,* **д:ж** 11 II
Находиться[5] *сов.,* **д:ж,** *разг.* 11 II

Нахолодить[1] *сов., п.,* **д:ж,** *прост.* 9 II

Нахохлить(ся) *сов.* 7 II

Нахохотаться *сов.,* **т:ч** 36 III

Нацарапать *сов., п.* 1 I

Нацедить(ся *3 л.*) *сов.,* **д:ж** 11 II
Нацеживать(ся *3 л.*) *нес.* 1 I

Нацеливать *нес., п.* 1 I
Нацелить *сов., п.* 5 II

Нацелиться *сов.* 5 II

Нацепить *сов., п.,* **п:пл** 11 II
Нацеплять *нес., п.* 1 I

Национализировать *нес., сов., п.* 41 IV

Начадить *сов.,* **д:ж** 9 II

Начать(ся *3 л.*) *сов.* 63 VII
начинать(ся) *нес.*

Начеканивать *нес., п.* 1 I
Начеканить *сов., п.* 5 II

Начеркать[2] *сов., п., разг.* 1 I

Начернить *сов., п.* 8 II

Начерпать *сов., п.* 1 I
Начерпывать *нес., п.* 1 I

Начертать *сов., п.* 1 I

Начертить *сов., п.,* **т:ч** 11 II

Начесать[3] *сов., п.,* **с:ш** 36 III
Начёсывать *нес., п.* 1 I

Начесть *сов., п., офиц.* 52 V

Начинать(ся *3 л.*) *нес.* 1 I
начать(ся) *сов.*

Начинивать* *нес., п.* 1 I
Починить[4] *сов., п.* 10 II

Начинить[5] *сов., п.* 8 II
Начинять *нес., п.* 1 I

Начиркать *сов., п., разг.* 1 I

Начислить *сов., п., офиц.* 7 II
Начислять *нес., п., офиц.* 1 I

[1] наўчен
[2] нахвален
[3] нахлёстан
[4] to be, to stay
[5] to walk to one's heart content; to become tired with walking

[1] the passive participle is not used
[2] начёркан
[3] начёсан
[4] to mend (*a quantity of*)
[5] to fill (*something with something else*)

Начи́стить(ся *разг.*) *сов.*, **ст:щ** начища́ть(ся) *нес.*	7 II
{ Начита́ть *сов.*, *п.*, *разг.*	1 I
{ Начи́тывать *нес.*, *п.*, *разг.*	1 I
Начита́ться *сов.*	1 I
Начиха́ть *сов.*, *разг.*	1 I
Начища́ть(ся *разг.*) *нес.* начи́стить(ся) *сов.*	1 I
Начуди́ть[1] *сов.*, *разг.*	9 II
Нашали́ть *сов.*	8 II
{ Наша́ривать* *нес.*, *п.*, *разг.*	1 I
{ Наша́рить *сов.*, *п.*, *разг.*	5 II
{ Нашвы́ривать* *нес.*, *п.*, *разг.*	1 I
{ Нашвыря́ть *сов.*, *п.*, *разг.*	1 I
{ Нашепта́ть *сов.*, *п.*, **т:ч**	36 III
{ Нашёптывать *нес.*, *п.*	1 I
{ Нашива́ть *нес.*, *п.*	1 I
{ Наши́ть[2] *сов.*, *п.*	69 VII
Нашинкова́ть *сов.*, *п.*	42 IV
Нашко́дить[3] *сов.*, *прост.*	6 II
Нашлёпать *сов.*, *п.*, *разг.*	1 I
{ Нашпигова́ть *сов.*, *п.*	42 IV
{ Нашпиго́вывать *нес.*, *п.*	1 I
{ Нашпи́ливать *нес.*, *п.*, *разг.*	1 I
{ Нашпи́лить *сов.*, *п.*, *разг.*	5 II
Нашуме́ть *сов.*, **м:мл**	20 II
Нащёлкать *сов.*, *п.*, *разг.*	1 I
Нащепа́ть *сов.*, *п.*, **п:пл**	36 III
Нащипа́ть *сов.*, *п.*, **п:пл**	36 III
{ Нащу́пать *сов.*, *п.*	1 I
{ Нащу́пывать *нес.*, *п.*	1 I

[1] the 1st person singular is not used
[2] наши́л, наши́л|а, -о, -и
[3] the 1st person singular is not used

Наэконо́мить *сов.*, **м:мл**, *разг.*	6 II
Наэлектризова́ть(ся) *сов.*	42 IV
Ная́бедничать *сов.*, *разг.*	1 I
Небре́жничать *нес.*, *разг.*	1 I
Невзви́деть *сов.*, **д:ж**, *разг.*	18 II
Невзлюби́ть* *сов.*, *п.*, **б:бл**	11 II
Нево́лить *нес.*, *п.*, *разг.* принево́лить *сов.*	5 II
Негодова́ть *нес.*	42 IV
Недогляде́ть* *сов.*, *п.*, **д:ж**	20 II
Недоеда́ть *нес.*	1 I
Недолю́бливать *нес.*, *п.*	1 I
Недомога́ть *нес.*	1 I
Недосмотре́ть *сов.*, *п.*	21 II
Недоспа́ть *сов.*, **п:пл** недосыпа́ть *нес.*	16 II
{ Недостава́ть *нес.*, *безл.*	60 VII
{ Недоста́ть *сов.*, *безл.*	61 VII
{ Недосчита́ться *сов.*	1 I
{ Недосчи́тываться *нес.*	1 I
Недосыпа́ть *нес.* недоспа́ть *сов.*	1 I
Недоумева́ть *нес.*	1 I
Не́жить(ся) *нес.*	5 II
Не́жничать *нес.*, *разг.*	1 I
Нездоро́виться *нес.*, *безл.*	6 II
Неи́стовствовать *нес.*	41 IV
Неймётся[1] *нес.*, *безл.*, *разг.*	
Нейти́ *нес.*, *разг.*	81 VII
Нейтрализова́ть *нес.*, *сов.*, *п.*	42 IV
Неме́ть *нес.* онеме́ть *сов.*	2 I
Немо́жется[2] *нес.*, *безл.* *прост.*	

[1] the other forms of this verb are not used
[2] the other forms of this verb are not used

Ненави́деть *нес., п.,* **д:ж** 18 II
Нерви́ровать *нес., п.* 41 IV
Не́рвничать *нес.* 1 I
Нерести́ться *нес., 3 л.* 9 II
Несдоброва́ть[1] *сов.* 42 IV
Нести́(сь) *нес.* 45 V
Нести́(сь) *нес., 3 л.* 45 V
  снести́(сь) *сов.*
Нивели́ровать(ся *3 л., книжн.*) *нес., сов.* 41 IV
Низа́ть *нес., п.,* **з:ж** 36 III
Низверга́ть(ся) *нес., книжн., устар.* 1 I
Низве́ргнуть[2](ся) *сов., книжн., устар.* 26 III
Низвести́ *сов., п.,* **с:д**, *книжн.* 47 V
Низводи́ть** *нес., п.,* **д:ж**, *книжн.* 11 II
Низкопокло́нничать *нес.* 1 I
Низлага́ть *нес., п., книжн.* 1 I
Низложи́ть[3] *сов., п., книжн.* 10 II
Низойти́[4] *сов., устар.* 81 VII
  нисходи́ть *нес.*
Никелирова́ть *нес., п.* 42 IV
  отникелирова́ть *сов.*
Ни́кнуть *нес.* 26 III
  пони́кнуть *сов.*
  сни́кнуть *сов.*
Ниспада́ть *нес., 3 л., устар.* 1 I
Ниспроверга́ть *нес., п., высок.* 1 I
Ниспрове́ргнуть[5] *сов., п., высок.* 26 III
Нисходи́ть *нес.,* **д:ж**, *устар.* 11 II
  низойти́ *сов.*

[1] only the infinitive is used
[2] низве́ргнут and низве́ржен
[3] низло́жен
[4] нисшёл, низошла́, нисше́дший, низойдя́
[5] ниспрове́ргнут and ниспрове́ржен

Нища́ть *нес.* 1 I
  обнища́ть *сов.*
Ни́щенствовать *нес.* 41 IV
Нокаути́ровать *нес., сов., п.* 41 IV
Нормализова́ть(ся *3 л.*) *нес., сов., п.* 42 IV
Нормирова́ть *нес., сов., п.* 42 IV
Норови́ть *нес.,* **в:вл**, *разг.* 9 II
Носи́ть**(ся) *нес.,* **с:ш** 11 II
Ночева́ть *нес.* 42 IV
  переночева́ть *сов.*
Нра́виться *нес.* **в:вл** 6 II
  понра́виться *сов.*
Нужда́ться *нес.* 1 I
Ну́кать *нес., разг.* 1 I
Нумерова́ть *нес., п.* 42 IV
  пронумерова́ть *сов.*
Нырну́ть *сов.* 28 III
Ныря́ть *нес.* 1 I
Ныть *нес.* 67 VII
Ню́хать* *нес., п.* 1 I
  поню́хать *сов.*
Нюхну́ть* *сов., п., разг.* 28 III
Ня́нчить(ся) *нес.* 7 II

О

Оба́биться *сов.,* **б:бл**, *прост.* 6 II
Обагри́ть(ся) *сов., высок.* 8 II
Обагря́ть(ся) *нес., высок.* 1 I
Обалдева́ть *нес., прост.* 1 I
Обалде́ть *сов., прост.* 2 I
Обанкро́титься *сов.,* **т:ч** 6 II
Обва́ливать[1](ся *3 л.*) *нес., разг.* 1 I
Обвали́ть[2](ся *3 л.*) *сов., разг.* 10 II

[1] to make (*something*) fall, crumble
[2] обва́лен

Обва́ливать[1] *нес., п.* 1 I
Обваля́ть *сов., п.* 1 I
Обва́ривать(ся) *нес.* 1 I
Обвари́ть[2](ся) *сов.* 10 II
Обвева́ть *нес., п., разг.* 1 I
обве́ять *сов.*
Обвенча́ть(ся) *сов.* 1 I
Оберну́ть *сов., п., разг.* 28 III
Обвёртывать *нес., п., разг.* 1 I
Оберте́ть *сов., п.,* **т:ч**, *прост.* 22 II
Обве́сить(ся *разг.*) *сов.,* **с:ш** 6 II
обве́шивать(ся) *нес.*
Обвести́ *сов., п.,* **с:д** 47 V
обводи́ть *нес.*
Обве́треть *сов., 3 л.* 2 I
Обве́тривать(ся) *3 л. нес.* 1 I
Обве́трить(ся *3 л.*) *сов.* 7 II
Обветша́ть *сов.* 1 I
Обве́шать(ся *разг.*) *сов.* 1 I
Обве́шивать(ся *разг.*) *нес.* 1 I
обве́сить(ся) *сов.*
Обве́ять *сов., п., разг.* 31 III
обвева́ть *нес.*
Обвива́ть(ся *3 л.*) *нес.* 1 I
Обви́ть[3](ся *3 л.*) *сов.* 69 VII
Обвини́ть *сов., п.* 8 II
Обвиня́ть *нес., п.* 1 I
Обвиса́ть *нес., 3 л.* 1 I
Обви́снуть *сов., 3 л.* 25 III
Обводи́ть** *нес., п.,* **д:ж** 11 II
обвести́ *сов.*
Обвола́кивать(ся) *нес., 3 л.* 1 I
Обволо́чь*(ся) *сов., 3 л.* 54 VI

[1] to roll (*in some powder or a sticky substance*)
[2] обва́рен
[3] **обо**вью́, обви́л, обвила́, обви́л|о, -и

Обворова́ть *сов., п., разг.* 42 IV
Обворо́вывать *нес., п., разг.* 1 I
Обворожи́ть *сов., п.* 8 II
Обвора́живать *нес., п.* 1 I
Обвяза́ть(ся) *сов.,* **з:ж** 36 III
Обвя́зывать(ся) *нес.* 1 I
Обгла́дывать *нес., п.* 1 I
Обглода́ть *сов., п.,* **д:ж** 36 III
Обгоня́ть *нес., п.* 1 I
обогна́ть *сов.*
Обгора́ть *нес.* 19 II
Обгоре́ть *сов.*
Обгрыза́ть *нес., п.* 1 I
Обгры́зть *сов., п.* 46 V
Обдава́ть(ся) *нес.* 60 VII
Обда́ть(ся) *сов.* 88 VII
Обде́лать *сов., п.* 1 I
Обде́лывать *нес., п.* 1 I
Обдели́ть *сов., п.* 10 II
Обделя́ть *нес., п.* 1 I
Обдёргивать *нес., п., прост.* 1 I
Обдёрнуть *сов., п., прост.* 24 III
Обдира́ть *нес., п.* 1 I
ободра́ть *сов.*
Обдува́ть *нес., п.* 1 I
Обду́ть *сов., п.* 3 I
Обду́мать *сов., п.* 1 I
Обду́мывать *нес., п.* 1 I
Обдури́ть *сов., п., прост.* 8 II
Обдуря́ть *нес., п., прост.* 1 I
Обе́гать *сов., п., разг.* 1 I
Обега́ть *нес., п., разг.* 1 I
обежа́ть *сов.*
Обе́дать *нес.* 1 I
пообе́дать *сов.*
Обедне́ть *сов.* 2 I
Обедни́ть *сов., п.* 8 II
Обедня́ть *нес., п.* 1 I
Обежа́ть *сов., п., разг.* 85 VII
обега́ть *нес.*
Обезбо́ливать *нес., п.* 1 I
Обезбо́лить *сов., п.* 5 II

Обезвре́дить *сов., п.,* **д:ж**	6 II
Обезвре́живать *нес., п.*	1 I
Обезгла́вить *сов., п.,* **в:вл**	6 II
Обезгла́вливать *нес., п.*	1 I
Обездо́ливать *нес., п.*	1 I
Обездо́лить *сов., п.*	5 II
Обезжи́ривать *нес., п.*	1 I
Обезжи́рить *сов., п.*	5 II
Обеззара́живать *нес., п.*	1 I
Обеззара́зить *сов., п.,* **з:ж**	6 II
Обезли́чивать(ся) *нес.*	1 I
Обезли́чить(ся) *сов.*	5 II
Обезлю́деть *сов., 3 л.*	2 I
Обезобра́живать(ся) *нес.*	1 I
Обезобра́зить(ся) *сов.,* **з:ж**	6 II
Обезопа́сить(ся) *сов.,* **с:ш**	6 II
Обезору́живать *нес., п.*	1 I
Обезору́жить *сов., п.*	5 II
Обезу́меть *сов.*	2 I
Обезья́нничать *нес., разг.* собезья́нничать *сов.*	1 I
Обели́ть *сов., п.*	8 II
Обеля́ть *нес., п.*	1 I
Оберега́ть(ся) *нес.*	1 I
Оберну́ть(ся) *сов.* обора́чивать(ся) *нес.*	28 III
Обёртывать(ся) *нес.*	1 I
Обескро́вить *сов., п.,* **в:вл**	6 II
Обескро́вливать *нес., п.*	1 I
Обескура́живать *нес., п., разг.*	1 I
Обескура́жить *сов., п., разг.*	5 II
Обеспа́мятеть *сов., разг.*	2 I
Обеспе́чивать(ся) *нес.*	1 I
Обеспе́чить(ся) *сов.*	5 II
Обесси́леть[1] *сов.*	2I

[1] the imperative is not used

Обесси́ливать *нес., п.*	1 I
Обесси́лить *сов., п.*	5 II
Обессла́вить *сов., п.,* **в:вл**, *книжн.*	6 II
Обессме́ртить(ся) *сов.,* **т:ч**, *книжн.*	6 II
Обессмы́сливать *нес., п.*	1 I
Обессмы́слить *сов., п.*	7 II
Обесцве́тить(ся) *сов.,* **т:ч**	6 II
Обесцве́чивать(ся) *нес.*	1 I
Обесце́нивать(ся *3 л.*) *нес.*	1 I
Обесце́нивать(ся *3 л.*) *сов.*	5 II
Обесче́стить *сов., п.,* **ст:щ**, *книжн.*	6 II
Обеща́ть(ся) *разг. нес.* пообеща́ть *сов.*	1 I
Обжа́ловать *сов., п., офиц.*	41 IV
Обжа́ривать(ся *3 л.*) *нес.*	1 I
Обжа́рить(ся *3 л.*) *сов.*	5 II
Обжа́ть[1] *сов., п.* обжима́ть *нес.*	65 VII
Обжа́ть[2] *сов., п.* обжина́ть *нес.*	63 VII
Обже́чь[3](ся) *сов.* обжига́ть(ся) *нес.*	58 VI
Обжива́ть(ся) *нес., разг.* обжи́ть(ся) *сов.*	1 I
Обжига́ть *нес., п.* обже́чь *сов., п.*	1 I
Обжима́ть *нес., п.* обжа́ть *сов.*	1 I
Обжина́ть *нес., п.* обжа́ть *сов.*	1 I
Обжи́ть[4](ся) *сов., разг.* обжива́ть(ся) *нес.*	62 VII

[1] **обо**жму́
[2] **обо**жну́
[3] **обо**жгу́
[4] обжи́т, обжита́, обжи́т|о, -ы; обжи́лся, обжило́сь, обжили́сь

Обжу́ливать *нес., п. прост.* 1 I
Обжу́лить *сов., п., прост.* 5 II

Обзавести́сь *сов.*, **с:д**, *разг.* 47 V
Обзаводи́ться *нес.*, **д:ж** 11 II

Обзвони́ть* *сов., п., разг.* 8 II

Обзыва́ть *нес., п., разг.* 1 I
обозва́ть *сов.*

Обива́ть(ся *3 л., разг.*) *нес.* 1 I
оби́ть(ся) *сов.*

Оби́деть(ся) *сов.*, **д:ж** 18 II
Обижа́ть(ся) *нес.* 1 I

Обира́ть *нес., п., прост.* and *разг.* 1 I
обобра́ть *сов.*

Обита́ть *нес., книжн.* 1 I

Оби́ть[1](ся *3 л., разг.*) *сов.* 69 VII
обива́ть(ся) *нес.*

Обка́лывать *нес., п.* 1 I
обколо́ть *сов.*

Обка́пать *сов., п., разг.* 1 I
Обка́пывать[2] *нес., п., разг.* 1 I

Обка́пывать[3] *нес., п., разг.* 1 I
обкопа́ть *сов.*

Обка́рмливать *нес., п.* 1 I
обкорми́ть *сов.*

Обката́ть *сов., п.* 1 I
Обка́тывать *нес., п.* 1 I

Обка́шивать *нес., п.* 1 I
обкоси́ть *сов.*

Обкида́ть *сов., п., разг.* 1 I
Обки́дывать *нес., п., разг.* 1 I

[1] обобью, оби́л, оби́л|а, -о, -и
[2] to bespot, to let drops fall (*on something*)
[3] a) to dig round (*something*); b) to surround with a ditch or an embankment

Обкла́дывать(ся) *нес.* 1 I
обложи́ть(ся) *сов.*

Обкле́ивать *нес., п., разг.* 1 I
Обкле́ить *сов., п., разг.* 12 II

Обколо́ть *сов., п.* 30 III
обка́лывать *нес.*

Обкопа́ть *сов., п., разг.* 1 I
обка́пывать *нес.*

Обкорми́ть *сов., п.*, **м:мл** 11 II
обка́рмливать *нес.*

Обкорна́ть* *сов., п., прост.* 1 I

Обкоси́ть *сов., п.*, **с:ш** 1 I
обка́шивать *нес.*

Обкра́дывать *нес., п.* 1 I
обокра́сть *сов.*

Обку́ривать *нес., п.* 1 I
Обкури́ть[1] *сов., п.* 10 II

Обкуса́ть *сов., п.* 1 I
Обку́сывать *нес., п.* 1 I

Облага́ть *нес., п.* 1 I
обложи́ть(ся) *сов.*

Облагоде́тельствовать *сов., п.* 41 IV

Облагора́живать *нес., п.* 1 I
Облагоро́дить *сов., п.*, **д:ж** 6 II

Облада́ть *нес.* 1 I

Обла́зить* *сов., п.*, **з:ж**, *разг.* 6 II

Обла́мывать(ся *3 л.*) *нес.* 1 I
обломи́ть(ся) *сов.*
облома́ть(ся) *сов.*

Обла́пить *сов., п.*, **п:пл**., *разг.* and *прост.* 6 II
Обла́пливать *нес., п., разг.* and *прост.* 1 I

Облапо́шивать *нес., п., прост.* 1 I
Облапо́шить *сов., п., прост.* 5 II

[1] обку́рен

Обласка́ть *сов., п.* 1 I
Облача́ть(ся) *нес.* 1 I
Облачи́ть(ся) *сов.* 8 II
Обла́ять *сов., п.* 31 III
Облега́ть *нес., 3 л.* 1 I
облéчь *сов.*
Облегча́ть(ся) *нес.* 1 I
Облегчи́ть(ся) *сов.* 8 II
Обледене́ть *сов.* 2 I
Облеза́ть *нес., разг.* 1 I
Обле́зть *сов., разг.* 44 V
Облека́ть(ся) *нес., книжн.* 1 I
облéчь(ся) *сов.*
Облени́ться *сов.* 10 II
Облепи́ть *сов., п.,* **п:пл** 11 II
Облепля́ть *нес., п.* 1 I
Облета́ть *нес., п.* 1 I
Облете́ть *сов., п.,* **т:ч** 20 II
Обле́чь *сов., 3 л.* 59 VI
облега́ть *нес.*
Обле́чь(ся) *сов., книжн.* 54 VI
облека́ть(ся) *нес.*
Облива́ть(ся) *нес.* 1 I
обли́ть(ся) *сов.*
Облиза́ть(ся) *сов.,* **з:ж** 36 III
Обли́зывать(ся) *нес.* 1 I
Облиня́ть *сов., разг.* 1 I
Облипа́ть *нес., разг.* 1 I
Обли́пнуть *сов., разг.* 25 III
Обли́ть[1](ся) *сов.* 69 VII
облива́ть(ся) *нес.*
Облицева́ть *сов., п.* 42 IV
Облицо́вывать *нес., п.* 1 I
Облича́ть *нес., п., книжн.* 1 I
Обличи́ть *сов., п., книжн.* 8 II
Обложи́ть(ся)[2] *сов.* 10 II
обкла́дывать *нес.*
облага́ть *нес.*
Облока́чивать(ся) *нес.* 1 I
Облокоти́ть(ся) *сов.* **т:ч** 11 II

Облома́ть(ся *3 л.*) *сов.* 1 I
обла́мывать(ся) *нес.*
Обломи́ть(ся *3 л.*) *сов.,* **м:мл** 11 II
обла́мывать(ся) *нес.*
Облупи́ть(ся *3 л.*) *сов.,* **п:пл** 11 II
Облуча́ть *нес., п.* 1 I
Облучи́ть(ся) *сов.* 8 II
Облысе́ть *сов.* 2 I
Облюбова́ть *сов., п.* 42 IV
Облюбо́вывать *нес., п.* 1 I
Обма́зать(ся) *сов.,* **з:ж** 33 III
Обма́зывать(ся) *нес.* 1 I
Обма́кивать *нес., п.* 1 I
Обмакну́ть* *сов., п.* 28 III
Обману́ть(ся) *сов.* 29 III
Обма́нывать(ся) *нес.,* 1 I
Обмара́ть(ся) *сов., прост.* 1 I
Обма́тывать(ся) *нес.* 1 I
обмота́ть(ся) *сов.*
Обма́хивать(ся) *нес.* 1 I
Обмахну́ть*(ся) *сов.* 28 III
Обмеле́ть *сов., 3 л.* 2 I
Обме́нивать(ся) *нес.* 1 I
Обмени́ть(ся) *сов., разг.* 10 II
Обменя́ть(ся) *сов.* 1 I
Обмере́ть[1] *сов., разг.* 71 VII
обмира́ть *нес.*
Обмерза́ть *нес., 3 л.* 1 I
Обмёрзнуть *сов., 3 л.* 25 III
Обме́ривать(ся *разг.*) *нес.* 1 I
Обме́рить(ся *разг.*) *сов.* 5 II
Обмести́ *сов., п.,* **с:т** 47 V
Обмета́ть *нес., п.* 1 I
Обмета́ть[2] *сов., п.,* **т:ч** 36 III
Обмётывать *нес., п.* 1 I
Обмина́ть(ся *3 л.*) *нес.* 1 I
обмя́ть(ся) *сов.*
Обмира́ть *нес., разг.* 1 I
обмере́ть *сов.*

[1] **обо**лью́, обли́л, облила́, обли́л|о, -и
[2] обло́жен

[1] **обо**мру́, обме́рший
[2] обмётан

Обмозгова́ть *сов., п., прост.*	42 IV
Обмозго́вывать *нес., п., прост.*	1 I
Обмола́чивать *нес., п.*	1 I
Обмолоти́ть *сов., п.,* **т:ч**	11 II
Обмо́лвиться *сов.,* **в:вл**, *разг.*	7 II
Обмора́живать *нес., п.*	1 I
Обморо́зить *сов., п.,* **з:ж**	6 II
Обморо́чить *сов., п., разг.*	5 II
Обмота́ть(ся) *сов.* обма́тывать(ся) *нес.*	1 I
Обмочи́ть[1](ся) *сов.*	10 II
Обмундирова́ть(ся) *сов.*	42 IV
Обмундиро́вывать(ся) *нес.*	1 I
Обмусо́лить(ся) *сов., разг.*	5 II
Обмыва́ть(ся) *нес.*	1 I
Обмы́ть(ся) *сов.*	67 VII
Обмяка́ть *нес., разг.*	1 I
Обмя́кнуть *сов., разг.*	25 III
Обмя́ть[2](ся *3 л.*) *сов.* обмина́ть(ся) *нес.*	64 VII
Обнагле́ть *сов.*	2 I
Обнадёживать *нес., п.*	1 I
Обнадёжить *сов., п.*	5 II
Обнажа́ть(ся) *нес.*	1 I
Обнажи́ть(ся) *сов.*	8 II
Обнаро́довать *сов., п.*	41 IV
Обнару́живать(ся) *нес.*	1 I
Обнару́жить(ся) *сов.*	5 II
Обна́шивать(ся) *нес. разг.* обноси́ть(ся) *сов.*	1 I
Обнести́ *сов., п.* обноси́ть *нес.*	45 V
Обнима́ть(ся) *нес.* обня́ть(ся) *сов.*	1 I

[1] обмо́чен
[2] **обо**мну́

Обнища́ть *сов.*	1 I
Обнови́ть(ся) *сов.,* **в:вл**	9 II
Обновля́ть(ся) *нес.*	1 I
Обноси́ть *нес., п.,* **с:ш** обнести́ *сов.*	11 II
Обноси́ть(ся) *сов.,* **с:ш**, *разг.* обна́шивать(ся) *нес.*	11 II
Обню́хать *сов., п.*	1 I
Обню́хивать *нес., п.*	1 I
Обня́ть(ся)[1] *сов.* обнима́ть(ся) *нес.*	76 VII
Обобра́ть[2] *сов., п., прост.* and *разг.* обира́ть *нес.*	72 VII
Обобща́ть *нес., п.*	1 I
Обобщи́ть *сов., п.*	8 II
Обобществи́ть *сов., п.,* **в:вл**	9 II
Обобществля́ть *нес., п.*	1 I
Обогати́ть(ся) *сов.,* **т:щ**	9 II
Обогаща́ть(ся) *нес.*	1 I
Обогна́ть[3] *сов., п.* обгоня́ть *нес.*	75 VII
Обогну́ть *сов., п.* огиба́ть *нес.*	28 III
Обогрева́ть(ся) *нес.*	1 I
Обогре́ть(ся) *сов.*	2 I
Ободра́ть[4] *сов., п.* обдира́ть *нес.*	72 VII
Ободри́ть(ся) *сов.*	8 II
Ободря́ть(ся) *нес.*	1 I
Обожа́ть *нес., п.*	1 I
Обожда́ть* *сов., п., разг.*	34 III
Обожестви́ть *сов., п.,* **в:вл**	9 II
Обожествля́ть *нес., п.*	1 I

[1] обня́лся, обняла́сь, обняло́сь, обняли́сь, о́бнят
[2] **об**еру́
[3] **об**гоню́
[4] **об**деру́

Обозва́ть[1] *сов., п., разг.* обзыва́ть *нес.*	74	VII
Обозли́ть(ся) *сов., разг.*	8	II
Обозна́ться *сов., разг.*	1	I
{ Обознача́ть(ся *3 л.*) *нес.*	1	I
{ Обозна́чить(ся *3 л.*) *сов.*	5	II
{ Обозрева́ть *нес., п., книжн.*	1	I
{ Обозре́ть *сов., п., книжн.*	19	II
Обойти́[2](сь) *сов.* обходи́ть(ся) *нес.*	81	VII
Обокра́сть[3] *сов., п.* обкра́дывать *нес.*	48	V
{ Оболва́нивать *нес., п., прост.*	1	I
{ Оболва́нить *сов., п., прост.*	5	II
Оболга́ть *сов., п., разг.*	84	VII
{ Обольсти́ть(ся) *сов.*, **ст:щ**	9	II
{ Обольща́ть(ся) *нес.*	1	I
Обомле́ть *сов., разг.*	2	I
Обомше́ть *сов., 3 л.*	2	I
Обоня́ть *нес., п., книжн.*	1	I
Обора́чивать(ся) *нес.* оберну́ть(ся) *сов.*	1	I
Оборва́ть(ся) *сов.* обрыва́ть(ся) *нес.*	34	III
Обороня́ть(ся) *нес.*	1	I
Обору́довать *нес., сов., п.*	41	IV
{ Обоснова́ть(ся *разг.*) *сов.*	43	IV
{ Обосно́вывать(ся *разг.*) *нес.*	1	I
{ Обосо́бить(ся) *сов.*, **б:бл**	6	II
{ Обособля́ть(ся) *нес.*	1	I
{ Обостри́ть(ся *3 л*) *сов.*	8	II
{ Обостря́ть(ся) *3 л. нес.*	1	I
{ Обраба́тывать *нес., п.*	1	I
{ Обрабо́тать *сов., п.*	1	I
Обра́довать(ся) *сов.*	41	IV
{ Образова́ть[1](ся *3 л.*) *нес., сов.*	42	IV
{ Образо́вывать(ся *3 л.*) *нес.*	1	I
Образу́мить(ся) *сов.*, **м:мл**, *разг.*	6	II
{ Обра́мить[2] *сов., п.*, **м:мл**, *спец.*	5	II
{ Обрамля́ть *нес., п., спец.*	1	I
{ Обраста́ть *нес.*	1	I
{ Обрасти́ *сов.*	51	V
{ Обрати́ть(ся) *сов.*, **т:щ**	9	II
{ Обраща́ть(ся) *нес.*	1	I
{ Обреза́ть(ся) *нес.*	1	I
{ Обре́зать(ся) *сов.*, **з:ж**	33	III
Обрека́ть *нес., п., высок.* обре́чь *сов.*	1	I
{ Обремени́ть *сов., п.*	8	II
{ Обременя́ть *нес., п.*	1	I
{ Обрести́ *сов., п.*, **с:т**, *высок.*	47	V
{ Обрета́ть *нес., п., высок.*	1	I
Обрета́ться *нес., устар.* and *разг. шутл.*	1	I
Обре́чь *сов., п., высок.* обрека́ть *нес.*	54	VI
{ Обрисова́ть(ся *3 л.*) *сов.*	42	IV
{ Обрисо́вывать(ся *3 л.*) *нес.*	1	I
Обри́ть *сов., п.*	66	VII
Оброни́ть[3] *сов., п., разг.*	10	II
{ Обруба́ть *нес., п.*	1	I
{ Обруби́ть *сов., п.*, **б:бл**	11	II

[1] **об**зову́
[2] **обо**йдён
[3] **об**краду́

[1] in the past tense only the perfective form is used
[2] обрамлён
[3] обро́нен

Обругáть *сов., п.* 1 I
Обрусéть *сов.* 2 I
{ Обручáть(ся) *нес.* 1 I
{ Обручи́ть(ся) *сов.* 8 I
Обрýшивать(ся) *нес.* 1 I
Обрýшить(ся) *сов.* 5 II
Обрывáть(ся) *нес.* 1 I
оборвáть(ся) *сов.*
{ Обры́згать(ся) *сов.* 1 I
{ Обры́згивать(ся) *нес.* 1 I
{ Обры́знуть *сов., п.* 24 III
Обры́скать[1] I and 33 III *сов., п.,* **ск:щ**, *разг.*
Обрю́згнуть *сов.* 25 III
{ Обряди́ть(ся) *сов.,* **д:ж,** *разг. шутл.* 11 II
{ Обряжáть(ся) *нес., разг. шутл.* 1 I
{ Обсади́ть *сов., п.,* **д:ж** 11 II
{ Обсáживать *нес., п.* 1 I
{ Обсáливать *нес., п., разг.* 1 I
{ Обсáлить *сов., п., разг.* 5 II
Обсáсывать *нес., п.* 1 I
обсосáть *сов.*
{ Обсáхаривать *нес., п., разг.* 1 I
{ Обсáхарить *сов., п., разг.* 7 II
{ Обсекáть *нес., п.* 1 I
{ Обсéчь *сов., п.* 54 VI
Обскакáть *сов., п.,* **к:ч** 36 III
Обслéдовать *нес., сов., п.* 41 IV
Обслýживать *нес., п.* 1 I
Обслужи́ть[2] *сов., п.* 10 II
Обслюни́ть *сов., п., прост.* 8 II
Обсмотрéть(ся) *сов., прост.* 21 II
Обсосáть[3] *сов., п.* 34 III
обсáсывать *нес.*

[1] обры́щи
[2] обслýжен
[3] обсосáл, обсосáла

Обсóхнуть *сов.* 25 III
обсыхáть *нес.*
Обстáвить(ся) *сов.,* **в:вл** 6 II
Обставля́ть(ся) *нес.* 1 I
{ Обстирáть *сов., п., разг.* 1 I
{ Обсти́рывать *нес., п., разг.* 1 I
Обстоя́ть *нес., 3 л.* 13 II
Обстрáгивать *нес., п.* 1 I
обстрогáть *сов.*
Обстрáивать(ся) *нес., разг.* 1 I
обстрóить(ся) *сов.*
Обстрéливать(ся *разг.*) *нес.* 1 I
Обстреля́ть(ся) *разг. сов.* 1 I
Обстри́чь(ся) *сов.* 56 VI
Обстрогáть *сов., п.* 1 I
обстрáгивать *нес.*
Обстрóить(ся) *сов., разг.* 12 II
обстрáивать(ся) *нес.*
{ Обстря́пать *сов., п., прост.* 1 I
{ Обстря́пывать *нес., п., прост.* 1 I
{ Обступáть[1] *нес., п.* 1 I
{ Обступи́ть[1] *сов., п.,* **п:пл** 11 II
{ Обсуди́ть[2] *сов., п.,* **д:ж:жд** 11 II
{ Обсуждáть *нес., п.* 1 I
{ Обсýшивать(ся) *нес.* 1 I
{ Обсуши́ть[3](ся) *сов.* 10 II
{ Обсчитáть(ся) *сов.* 1 I
{ Обсчи́тывать(ся) *нес.* 1 I
{ Обсыпáть(ся) *нес.* 1 I
{ Обсы́пать(ся) *сов.,* **п:пл** 33 III
Обсыхáть *нес.* 1 I
обсóхнуть *сов.*

[1] the 1st and 2nd persons singular are not used
[2] обсуждён
[3] обсýшен

Обта́чивать *нес., п.* 1 I
обточи́ть *сов.*
Обта́ять *сов., 3 л.* 31 III
Обтека́ть *нес., п., 3 л.* 1 I
обте́чь *сов.*
Обтере́ть[1](ся) *сов.* 71 VII
обтира́ть(ся) *нес.*
Обтерпе́ться *сов.*, **п:пл** 22 II
разг.
{ Обтеса́ть[2](ся *разг.*) 36 III
сов., **с:ш**
Обтёсывать *нес., п.* 1 I }
Обте́чь* *сов., п., 3 л.* 54 VI
обтека́ть *нес.*
Обтира́ть(ся) *нес.* 1 I
обтере́ть(ся) *сов.*
Обточи́ть[3] *сов., п.* 10 II
обта́чивать *нес.*
Обтрепа́ть[4](ся *3 л.*) 36 III
сов., **п:пл**
{ Обтя́гивать *нес., п.* 1 I
Обтяну́ть *сов., п.* 29 III }
{ Обтя́пать *сов., п.,* 1 I
прост.
Обтя́пывать *нес., п.,* 1 I
прост. }
Обува́ть(ся) *нес.* 1 I
обу́ть(ся) *сов.*
{ Обу́гливать(ся *3 л.*) 1 I
нес.
Обу́глить(ся *3 л.*) *сов.* 7 II }
{ Обузда́ть *сов., п.* 1 I
Обу́здывать *нес., п.* 1 I }
{ Обу́живать *нес., п.* 1 I
Обу́зить *сов., п.,* **з:ж** 6 II }
Обурева́ть *нес., п.,* 1 I
3 л., высок.
{ Обусло́вить *сов., п.,* 6 II
в:вл
Обусло́вливать *нес., п.* 1 I }
Обу́ть(ся) *сов.* 3 I
обува́ть(ся) *нес.*
{ Обуча́ть(ся) *нес.* 1 I
Обучи́ть[5](ся) *сов.* 10 II }

Обуя́ть[1] *сов., 3 л.,* 1 I
устар.
Обха́живать *нес., п.,* 1 I
разг.
{ Обхвати́ть *сов., п.,* 11 II
т:ч
Обхва́тывать *нес., п.* 1 I }
Обходи́ть(ся) *нес.*, **д:ж** 11 II
обойти́(сь) *сов.*
Обхохота́ться *сов.*, **т:ч**, 36 III
прост.
Обче́сться[2] *сов., разг.* 52 V
{ Обчи́стить(ся) *сов.*, 7 II
ст:щ
Обчища́ть(ся) *нес.* 1 I }
{ Обша́ривать *нес., п.,* 1 I
разг.
Обша́рить *сов., п.,* 5 II
разг. }
Обша́ркать *сов., п.,* 1 I
прост.
{ Обшива́ть *нес., п.* 1 I
Обши́ть[3] *сов., п.* 69 VII }
Обща́ться *нес.* 1 I
Общипа́ть *сов., п.,* 36 III
п:пл
{ Объего́ривать *нес., п.,* 1 I
прост.
Объего́рить *сов., п.,* 5 II
прост. }
Объеда́ть(ся) *нес.* 1 I
объе́сть(ся) *сов.*
{ Объедини́ть(ся) *сов.* 8 II
Объединя́ть(ся) *нес.* 1 I }
{ Объе́здить *сов., п.,* 7 II
д:ж
Объезжа́ть *нес., п.* 1 I }
объе́хать *сов.*
Объективи́ровать *нес.,* 41 IV
сов., п., книжн.
Объе́сть(ся) *сов.* 87 VII
объеда́ть(ся) *нес.*
Объе́хать *сов., п.* 82 VII
объезжа́ть *нес.*

[1] **обо**тру, **обо**трёшь..., as тере́ть
[2] обтёсан
[3] обто́чен
[4] обтрёпан
[5] обу́чен

[1] обуя́н
[2] **обо**чту́сь
[3] **обо**шью; обши́л, обши́л|а, -о, -и

Объяви́ть(ся *прост.*) *сов.*, **в:вл** 11 II
Объявля́ть(ся *прост.*) *нес.* 11 II
Объясни́ть(ся) *сов.* 8 II
Объясня́ть(ся) *нес.* 1 I
Объя́ть[1] *сов., п., устар.* 78 VII
Обыгра́ть *сов., п.* 1 I
Обы́грывать *нес., п.* 1 I
Обыска́ть(ся *прост.*) *сов.*, **ск:щ** 36 III
Обы́скивать *нес., п.* 1 I
Обюрокра́тить(ся) *сов.*, **т:ч**, *разг.* 6 II
Обюрокра́чивать(ся) *нес., разг.* 1 I
Обяза́ть(ся) *сов.*, **з:ж** 36 III
Обя́зывать(ся) *нес.* 1 I
Овдове́ть *сов.* 2 I
Овева́ть *нес., п.* 1 I
овея́ть *сов.*
Овеществи́ть(ся *3 л.*) *сов.*, **в:вл**, *книжн.* 9 II
Овеществля́ть(ся *3 л.*) *нес., книжн.* 1 I
Ове́ять *сов., п.* 31 III
овева́ть *нес.*
Овладева́ть *нес.* 1 I
Овладе́ть *сов.* 2 I
Огиба́ть *нес.* 1 I
обогну́ть *сов.*
Огласи́ть(ся *3 л.*) *сов.*, **с:ш** 9 II
Оглаша́ть(ся *3 л.*) *нес.* 1 I
Оглоу́шивать *нес., п., прост.* 5 II
Оглоу́шить *сов., п., прост.*
Огло́хнуть *сов.* 25 III
Оглупля́ть *сов., п.* 1 I
Оглуша́ть *нес., п.* 1 I
Оглуши́ть *сов., п.* 8 II
Огляде́ть(ся) *сов.*, **д:ж** 20 II
Огля́дывать(ся) *нес.* 1 I

[1] объя́л, объя́л|а, -о, -и; объя́т; the future tense and the imperative are not used

Огля́дываться *нес.* 1 I
Огляну́ться *сов.* 29 III
Огова́ривать(ся) *нес.* 1 I
Оговори́ть(ся) *сов.* 8 II
Оголи́ть(ся) *сов.*, 8 II
Оголя́ть(ся) *нес.* 1 I
Огора́живать(ся) *нес.* 1 I
Огороди́ть(ся) *сов.*, **д:ж** 11 II
Огоро́дничать *нес., разг.* 1 I
Огоро́шить *сов., п., разг.* 5 II
Огорча́ть(ся) *нес.* 1 I
Огорчи́ть(ся) *сов.* 8 II
Огра́бить *сов., п.*, **б:бл** 6 II
Огради́ть(ся) *сов.*, **д:ж:жд** 9 II
Огражда́ть(ся) *нес.* 1 I
Ограни́чивать(ся) *нес.* 1 I
Ограни́чить(ся) *сов.* 5 II
Огреба́ть *нес., п.* 1 I
Огрести́ *сов., п.* 50 V
Огре́ть *сов., п., прост.* 2 I
Огрубе́ть *сов.* 2 I
Огрыза́ться *нес.* 1 I
Огрызну́ться *сов.* 28 III
Ода́лживать *нес., п.* 1 I
одолжи́ть *сов.*
Ода́ривать *нес., п.* 1 I
Одари́ть *сов., п.* 8 II
Одева́ть(ся) *нес.* 1 I
оде́ть(ся) *сов.*
Одели́ть *сов., п.* 8 II
Оделя́ть *нес., п.* 1 I
Одёргивать *нес., п.* 1 I
одёрнуть *сов.*
Одеревене́ть сов. 2 I
Одержа́ть *сов., п.* 17 II
Оде́рживать *нес., п.* 1 I
Одёрнуть *сов., п.* 24 III
одёргивать *нес.*
Оде́ть(ся) *сов.* 61 VII
одева́ть(ся) *нес.*
Оgrowth
Одо́брить *сов., п.* 7 II
Одобря́ть *нес., п.* 1 I

Одолева́ть *нес., п.* 1 I
Одоле́ть *сов., п.* 2 I
Одолжа́ться *нес.* 1 I
Одолжи́ть[1] *сов., п.* 8 II
одáлживать *нес.*
Одомáшнить(ся *3 л.*) *сов.* 7 II
Одряхле́ть *сов.* 2 I
Оду́маться *сов.* 1 I
Оду́мываться *нес.* 1 I
Одурáчивать *нес., п., разг.* 1 I
Одурáчить *сов., п., разг.* 5 II
Одуре́ть *сов., прост.* 2 I
Одурмáнить(ся) *сов.* 5 II
Одуря́ть *нес., п.* 1 I
Одухотвори́ть *сов., п.* 8 II
Одухотворя́ть *нес., п.* 1 I
Одушеви́ть(ся) *сов.*, **в:вл** 9 II
Одушевля́ть(ся) *нес.* 1 I
Ожереби́ться *сов., 3 л.* 9 II
Ожесточа́ть(ся) *нес.* 1 I
Ожесточи́ть(ся) *сов.* 8 II
Ожéчь[2](ся) *сов.* 58 VI
Ожива́ть *нес.* 1 I
ожи́ть *сов.*
Оживи́ть(ся) *сов.*, **в:вл** 9 II
Оживля́ть(ся) *нес.* 1 I
Ожида́ть *нес., п.* 1 I
Ожире́ть *сов.* 2 I
Ожи́ть *сов.* 62 VII
ожива́ть *нес.*
Озабо́тить(ся) *сов.*, **т:ч** 6 II
Озабо́чивать(ся) *нес.* 1 I
Озагла́вить *сов., п.*, **в:вл** 6 II
Озагла́вливать *нес., п.* 1 I
Озада́чивать *нес., п.* 1 I
Озада́чить *сов., п.* 5 II
Озари́ть(ся *высок.*) *сов., 3 л.* 8 II
Озаря́ть(ся) *высок. нес.* 1 I

[1] одо́лжен
[2] ожжён

Озвере́ть *сов.* 2 I
Озву́чивать *нес., п., спец.* 1 I
Озву́чить *сов., п., спец.* 5 II
Оздорови́ть *сов., п.*, **в:вл** 9 II
Оздоровля́ть *нес., п.* 1 I
Озелени́ть *сов., п.* 9 II
Озеленя́ть *нес., п.* 1 I
Озира́ть(ся) *нес., книжн.* 1 I
Озли́ть(ся) *сов., разг.* 8 II
Озло́бить(ся) *сов.*, **б:бл** 6 II
Озлобля́ть(ся) *нес.* 1 I
Ознако́мить(ся) *сов.*, **м:мл** 6 II
Ознакомля́ть(ся) *нес.* 1 I
Ознаменова́ть(ся *3 л.*) *сов.* 42 IV
Ознамено́вывать(ся *3 л.*) *нес.* 1 I
Означа́ть *нес., п., 3 л.* 1 I
Озолоти́ть *сов., п.*, **т:ч**, *разг.* 9 II
Озорнича́ть *нес.* 1 I
созорнича́ть *сов.*
Озя́бнуть *сов.* 25 III
О́йкать *нес., разг.* 1 I
Оказа́ть(ся) *сов.*, **з:ж** 36 III
Ока́зывать(ся) *нес.* 1 I
Окайми́ть *сов., п.*, **м:мл** 9 II
Окаймля́ть *нес., п.* 1 I
Окамене́ть *сов.* 2 I
Окантова́ть *сов., п.* 42 IV
Ока́нчивать(ся *3 л.*) *нес.* 1 I
око́нчить(ся) *сов.*
Ока́пывать(ся) *нес.* 1 I
окопа́ть(ся) *сов.*
Окати́ть(ся) *сов.*, **т:ч** 11 II
Ока́чивать(ся) *нес.* 1 I
О́кать *нес.* 1 I
Оки́дывать *нес., п.* 1 I
Оки́нуть *сов., п.* 23 III
Оккупи́ровать *нес., сов., п.* 41 IV

Оклевета́ть *сов., п.*, **т:щ** 36 III
Окле́ивать *нес., п.* 1 I
Окле́ить *сов., п.* 12 II
Оклика́ть *нес., п.* 1 I
Окли́кнуть *сов., п.* 24 III
Окова́ть *сов., п.* 43 IV
Око́вывать *нес., п.* 1 I
Окола́чиваться *нес., прост.* 1 I
Околдова́ть *сов., п.* 42 IV
Околодо́вывать *нес., п.* 1 I
Околева́ть *нес.* 1 I
Околе́ть *сов.* 2 I
Околпа́чивать *нес., п., прост.* 1 I
Околпа́чить *сов., п., прост.* 5 II
Окольцева́ть *сов., п.* 42 IV
Оконфу́зить(ся) *сов.*, **з:ж**, *прост.* 6 II
Око́нчить(ся *3 л.*) *сов.* 7 II
ока́нчивать(ся) *нес.*
Окопа́ть(ся) *сов.* 1 I
ока́пывать(ся) *нес.*
Окора́чивать *нес., п., разг.* 1 I
Окороти́ть[1] *сов., п.*, **т:ч**, *разг.* 9 II
Окосе́ть *сов., прост.* 2 I
Окостене́ть *сов.* 2 I
Окоти́ться *сов., 3 л.* 9 II
Окоченеть *сов.* 2 I
Окра́сить(ся) *сов.*, **с:ш** 6 II
Окра́шивать *нес., п.* 1 I
Окре́пнуть *сов.* 26 III
Окрести́ть[2](ся) *сов.* 11 II
Окриве́ть *сов.* 2 I
Окри́кивать *нес., п., разг.* 1 I
Окри́кнуть *сов., п., разг.* 24 III
Окрова́вить(ся) *сов.*, **в:вл** 6 II
Окрова́вливать(ся) *нес.* 1 I

[1] окоро́чен
[2] окрещён

Окропи́ть *сов., п.*, **п:пл** 9 II
Окропля́ть *нес., п.* 1 I
Округле́ть *сов.* 2 I
Округли́ть(ся) *сов.* 8 II
Округля́ть(ся) *нес.* 1 I
Окружа́ть *нес., п.* 1 I
Окружи́ть *сов., п.* 8 II
Окрути́ть(ся) *сов.*, **т:ч** 11 II
Окру́чивать(ся) *нес.* 1 I
Окрыли́ть(ся) *сов., высок.* 8 II
Окрыля́ть(ся) *нес., высок.* 1 I
Окры́ситься[1] *сов.*, **с:ш**, *прост.* 6 II
Окуна́ть(ся) *нес.* 1 I
Окуну́ть(ся) *сов.* 28 III
Окупа́ть(ся *3 л.*) *нес.* 1 I
Окупи́ть(ся *3 л.*) *сов.*, **п:пл** 11 II
Окургу́зить *сов., п.*, **з:ж**, *прост.* 6 II
Оку́ривать *нес., п.* 1 I
Окури́ть[2] *сов., п.* 10 II
Оку́тать(ся) *сов.* 1 I
Оку́тывать(ся) *нес.* 1 I
Оку́чивать *нес., п.* 1 I
Оку́чить *сов., п.* 5 II
Оледене́ть *сов.* 2 I
Оледени́ть *сов., 3 л., п.* 8 II
Олицетвори́ть *сов., п.* 8 II
Олицетворя́ть *нес., п.* 1 I
Омертве́ть *сов.* 2 I
Омертви́ть *сов., п.*, **в:вл** 9 II
Омертвля́ть *нес., п.* 1 I
Омеща́ниваться *нес., разг.* 1 I
Омеща́ниться *разг.* 5 II
Омола́живать(ся) *нес.* 1 I
Омолоди́ть(ся) *сов.*, **д:ж** 9 II
Омрача́ть(ся) *нес.* 1 I
Омрачи́ть(ся *3 л.*) *сов.* 8 II

[1] the 1st person singular is not used
[2] оку́рен

Омыва́ть(ся) *нес., высок. устар.* 67 VII
Омы́ть(ся) *сов., высок. устар.*
Онемéть *сов.* 2 I
Опада́ть *нес., 3 л.* 1 I
опа́сть *сов.*
Опа́здывать *нес.* 1 I
опозда́ть *сов.*
Опа́ивать *нес., п.* 1 I
опои́ть *сов.*
Опали́ть(ся) *сов.* 8 II
Опа́мятываться *сов., разг.* 41 IV
Опарши́веть *сов., разг.* 2 I
Опаса́ться *нес.* 1 I
Опа́сть *сов.* 48 V
опада́ть *нес.*
Опека́ть *нес., п.* 1 I
Опереди́ть *сов., п.,* **д:ж** 9 II
Опережа́ть *нес., п.* 1 I
Оперéть[1](ся) *сов.* 71 VII
опира́ть(ся) *нес.*
Опери́ровать *нес., сов., п.* 41 IV
Опери́ться *сов.* 8 II
Оперя́ться *нес.* 1 I
Опеча́лить(ся) *сов.* 5 II
Опеча́тать *сов., п.* 1 I
Опеча́тывать *нес., п.* 1 I
Опéшить[2] *сов., разг.* 5 II
Опива́ть(ся) *нес., разг.* 1 I
опи́ть(ся) *сов.*
Опира́ть(ся) *нес.* 1 I
оперéть(ся) *сов.*
Описа́ть(ся) *сов.,* **с:ш** 36 III
Опи́сывать(ся) *нес.* 1 I
Опи́ть*(ся)[3] *сов., разг.* 69 VII
опива́ть(ся) *нес.*
Опла́кать *сов., п.,* **т:ч** 33 III
Опла́кивать *нес., п.* 1 I
Оплати́ть *сов., п.,* **т:ч** 11 II
Опла́чивать *нес., п.* 1 I
Оплева́ть[1] *сов., п.* 43 IV
Оплёвывать *нес., п.* 1 I
Оплести́ *нес., п.,* **с:т** 47 V
Оплета́ть *нес., п.* 1 I
Оплеши́веть *сов.* 2 I
Оплодотвори́ть(ся) *сов.* 8 II
Оплодотворя́ть(ся) *нес.* 1 I
Опломбирова́ть *сов., п., спец.* 42 IV
Оплоша́ть *сов., разг.* 1 I
Оплыва́ть *нес.* 1 I
Оплы́ть[2] *сов.* 62 VII
Оповести́ть *сов., п.,* **ст:щ**, *офиц.* 9 II
Оповеща́ть *нес., п., офиц.* 1 I
Опога́нить *сов., п., прост.* 5 II
Опо́длить(ся) *сов., разг.* 7 II
Опозда́ть *сов.* 1 I
опа́здывать *нес.*
Опознава́ть *нес., п., офиц.* 60 VII
Опозна́ть *сов., п., офиц.* 1 I
Опозо́рить(ся) *сов.* 5 II
Опои́ть *сов., п.* 8 II
опа́ивать *нес.*
Опола́скивать *нес., п., разг.* 1 I
ополоска́ть *сов.*
ополосну́ть *сов.*
Ополза́ть *нес.* 1 I
Оползти́ *сов.* 45 V
Ополоска́ть *сов., п.,* **ск:щ**, *разг.* 36 III
опола́скивать *нес.*
Ополосну́ть *сов., п., разг.* 28 III

[1] **обо**прý; опёр, оперла́ (and опёрла); **обо**при́; the verbal adverb is оперёв and опёрши
[2] the imperative is not used
[3] **обо**пью́(сь)

[1] оплюю́; оплёван
[2] оплы́л, оплыла́, оплы́л|о, -и

Ополоу́меть *сов., прост.* 2 I
Ополча́ть(ся) *нес.* 1 I
Ополчи́ть(ся) *сов.* 8 II
Опо́мниться *сов.* 7 II
Опора́жнивать(ся *3 л.*) *нес.* 1 I
Опоро́жнить(ся 8 and *3 л.*) *сов.* 5 II
Опорожня́ть(ся *3 л.*) *нес.* 1 I
Опороси́ться *сов. 3 л.* 9 II
Опоро́чивать *нес., п.* 1 I
Опоро́чить *сов., п.* 5 II
Опосты́леть *сов., разг.* 2 I
Опошле́ть *сов., разг.* 2 I
Опо́шлить(ся) *сов.* 7 II
Опошля́ть(ся) *нес.* 1 I
Опоя́сать(ся) *сов.*, **с:ш** 33 II
Опоя́сывать(ся) *нес.*
Оппони́ровать *нес., книжн.* 1 I 41 IV
Оправда́ть(ся) *сов.* 1 I
Опра́вдывать(ся) *нес.* 1 I
Опра́вить(ся) *сов.*, **в:вл** 6 II
Оправля́ть(ся) *нес.* 1 I
Опра́шивать *нес., п., офиц.* 1 I
опроси́ть *сов.*
Определи́ть(ся) *сов.* 8 II
Определя́ть(ся) *нес.* 1 I
Опресни́ть *сов., п.* 8 II
Опресня́ть *нес., п.* 1 I
Оприхо́довать *сов., п.* 41 IV
Опро́бовать *сов., п.* 41 IV
Опроверга́ть *нес., п.* 1 I
Опрове́ргнуть *сов., п.* 25 III
Опроки́дывать(ся) *нес.* 1 I
Опроки́нуть(ся) *сов.* 23 III
Опроси́ть *сов., п.*, **с:ш**, *офиц.* 11 II
опра́шивать *нес.*
Опрости́ться *сов.*, **ст:щ** 9 II
Опроща́ться *нес.* 1 I
Опростоволо́ситься *сов.*, **с:ш**, *разг.* 6 II
Опротестова́ть *сов., п.* 42 IV
Опроти́веть *сов.* 2 I
Опры́скать(ся) *сов.* 1 I
Опры́скивать(ся) *нес.* 1 I
Опры́снуть *сов., п.* 24 III
Опубликова́ть *сов., п.* 42 IV
Опублико́вывать *нес., п.* 1 I
Опуска́ть(ся) *нес.* 1 I
Опусти́ть(ся) *сов.*, **ст:щ** 11 II
Опусте́ть *сов., 3 л.* 2 I
Опустоша́ть *нес., п.* 1 I
Опустоши́ть *сов., п.* 8 II
Опу́тать *сов., п.* 1 I
Опу́тывать *нес., п.* 1 I
Опуха́ть *нес.* 1 I
Опу́хнуть *сов.* 25 III
Опуша́ть *нес., п.* 1 I
Опуши́ть *сов., п.* 8 II
Опыли́ть(ся *3 л.*) *сов.* 8 II
Опыля́ть(ся *3 л.*) *нес.* 1 I
Опьяне́ть *сов.* 2 I
Опьяни́ть *сов., п.* 8 II
Ора́торствовать *нес., ирон.* 41 IV
Ора́ть[1] *нес., разг.* 34 III
Организова́ть(ся) *нес., сов.* 42 IV
Оригина́льничать *нес., разг.* 1 I
сооригина́льничать *сов.*
Ориенти́ровать(ся) *нес., сов.* 41 IV
Оркестрова́ть *нес., сов., п., спец.* 42 IV
Орнаменти́ровать *нес., сов., п., книжн.* 41 IV
Оробе́ть *сов.* 2 I
Орогове́ть *сов., 3 л.* 2 I
Ороси́ть(ся *3 л.*) *сов.*, **с:ш** 9 II
Ороша́ть(ся *3 л.*) *нес.* 1 I
Ору́довать *нес., разг.* 41 IV
Осади́ть[2] *сов., п.*, **д:ж:жд** 11 II
Осажда́ть(ся *3 л.*) *нес.* 1 I

[1] ора́л, ора́л|а, -о, -и
[2] осаждён

{ Осади́ть[1] *сов., п.,* **д:ж:жд**	11	II
Осажда́ть(ся *3 л.*) *нес.*	1	I
Осатане́ть *нес., прост.*	2	I
Осва́ивать(ся) *нес.* осво́ить(ся) *сов.*	1	I
{ Осведоми́ть(ся) *сов.,* **м:мл**	7	II
Осведомля́ть(ся) *нес.*	1	I
Освежева́ть[2] *сов., п.*	42	IV
{ Освежа́ть(ся) *нес.*	1	I
Освежи́ть(ся) *сов.*	8	II
{ Освети́ть(ся *3 л.*) *сов.,* **т:щ**	9	II
Освеща́ть(ся *3 л.*) *нес.*	1	I
Освиде́тельствовать(ся) *сов., офиц.*	41	IV
{ Освиста́ть[3] *сов., п.,* **ст:ш**	36	III
Осви́стывать *нес., п.*	1	I
{ Освободи́ть(ся) *сов.,* **д:ж:жд**	9	II
Освобожда́ть(ся) *нес.*	1	I
Осво́ить(ся) *сов.* осва́ивать(ся) *нес.*	12	II
{ Освяти́ть *сов., п.,* **т:щ**	9	II
Освяща́ть *нес., п.*	1	I
Оседа́ть *нес.* осе́сть *сов.*	1	I
Оседла́ть *сов., п.*	1	I
{ Осени́ть *сов., п.*	8	II
Осеня́ть *нес., п.*	1	I
Осерди́ться *сов.,* **д:ж,** *устар.*	11	II
Осе́сть *сов.* оседа́ть *нес.*	53	V
Осе́чься *сов.*	54	VI
{ Оси́ливать *нес., п.*	1	I
Оси́лить *сов., п.*	5	II
Оси́пнуть *сов.*	26	III
Осироте́ть *сов.*	2	I
Оска́лить(ся *разг.*) *сов.*	5	II

[1] оса́жен
[2] освежёван
[3] the imperative is освиста́й and освищи́

Оскальпи́ровать *сов., п.*	41	IV
Осканда́лить(ся) *сов., разг. устар.*	5	II
{ Оскверни́ть(ся) *сов., книжн.*	8	II
Оскверня́ть(ся) *нес., книжн.*	1	I
Оскла́бить(ся) *сов.,* **б:бл**, *прост.*	6	II
{ Оскопи́ть *сов., п.,* **п:пл**	9	II
Оскопля́ть *нес., п.*	1	I
{ Оскорби́ть(ся) *сов.,* **б:бл**	9	II
Оскорбля́ть(ся) *нес.*	1	I
{ Оскудева́ть *нес.*	1	I
Оскуде́ть *сов.*	2	I
{ Ослабева́ть *нес.*	1	I
Ослабе́ть *сов.*	2	I
{ **О**сла́бить *сов., п.,* **б:бл**	6	II
Ослабля́ть *нес., п.*	1	I
Осла́бнуть *сов., разг.*	25	III
Осла́вить(ся *разг.*) *сов.,* **в:вл**	6	II
{ Ослепи́ть *сов., п.,* **п:пл**	9	II
Ослепля́ть *нес., п.*	1	I
Осле́пнуть *сов.*	25	III
{ Осложни́ть(ся *3 л.*) *сов.*	8	II
Осложня́ть(ся *3 л.*) *нес.*	1	I
Ослу́шаться *сов., разг. устар.*	1	I
Осль́ішаться[1] *сов.*	14	II
Осма́тривать(ся) *нес.* осмотре́ть(ся) *сов.*	1	I
Осмеле́ть *сов.*	2	I
{ Осме́ивать *нес., п.*	1	I
Осмея́ть[2] *сов., п.*	31	III
{ Осме́ливаться *нес.*	1	I
Осме́литься *сов.,*	5	II
Осмоли́ть *сов., п.*	8	II
Осмотре́ть(ся) *сов.* осма́тривать(ся) *нес.*	21	II

[1] the imperative is not used
[2] осмею́, осмеёшь

Осмы́сливать *нес., п.* 1 I
Осмы́слить *сов., п.* 7 II
Оснасти́ть *сов., п.,* **ст:щ** 9 II
Оснаща́ть *нес., п.* 1 I
Основа́ть(ся) *сов.* 43 IV
Осно́вывать(ся) *нес.* 1 I
Осове́ть *сов., прост.* 2 I
Осовреме́нивать *нес., п.* 1 I
Осовреме́нить *сов., п.* 5 II
Осознава́ть *нес., п.* 60 VII
Осозна́ть *сов., п.* 1 I
Осолове́ть *сов., прост.* 2 I
Оспа́ривать *нес., п.* 1 I
Оспо́рить *сов., п.* 5 II
Осра́ми́ть(ся) *сов.,* **м:мл**, *разг.* 9 II
Остава́ться *нес.* 60 VII
  оста́ться *сов.*
Оста́вить *сов., п.* **в:вл** 6 II
Оставля́ть *нес., п.* 1 I
Остана́вливать(ся) *нес.* 1 I
Останови́ть(ся) *сов.,* **в:вл** 11 II
Оста́ться *сов.* 61 VII
  остава́ться *нес.*
Остеклене́ть *сов., 3 л.* 2 I
Остекли́ть *сов., п.* 8 II
Остепени́ть(ся) *сов.* 8 II
Остепеня́ть(ся) *нес.* 1 I
Остервене́ть *сов., разг.* 2 I
Остервени́ть(ся) *сов., разг.* 9 II
Остерега́ть(ся) *нес.* 1 I
Остере́чь(ся) *сов.* 56 VI
Остолбене́ть *сов.* 2 I
Осторо́жничать *нес., разг.* 1 I
Осточерте́ть *сов., прост.* 2 I
Остри́ть *нес., п.* 8 II
  заостри́ть[1] *сов.*
Остри́ть *нес.* 8 II
  состри́ть[2] *сов.*

[1] to sharpen, to whet
[2] to crack jokes

Остри́чь(ся) *сов.* 56 VI
Острсло́вить *нес.,* **в:вл**, *разг.* 6 II
Остуди́ть[1] *сов., п.,* **д:ж** 11 II
Остужа́ть *нес., п.* 1 I
Оступа́ться *нес.* 1 I
Оступи́ться *сов.,* **п:пл** 11 II
Остыва́ть *нес.* 1 I
Осты́нуть *сов.* 27 III
Осты́ть *сов.* 61 VII
Осуди́ть *сов., п.,* **д:ж:жд** 11 II
Осужда́ть *нес., п.* 1 I
Осу́нуться *сов.* 23 III
Осуша́ть *нес, п.* 1 I
Осуши́ть[2] *сов., п.* 10 II
Осуществи́ть(ся *3 л.*) *сов.,* **в:вл** 9 II
Осуществля́ть(ся *3 л.*) *нес.* 1 I
Осчастли́вить *сов., п.,* **в:вл** 6 II
Осчастли́вливать *нес., п.* 1 I
Осыпа́ть(ся) *нес.* 1 I
Осы́пать(ся) *сов.,* **п:пл** 33 III
Осяза́ть *нес., п.* 1 I
Ота́пливать(ся) *нес.* 1 I
  отопи́ть *сов.*
Отба́вить *сов., п.,* **в:вл** 6 II
Отбавля́ть *нес., п.* 1 I
Отбараба́нить *сов., п.* 5 II
Отбега́ть *нес.* 1 I
Отбежа́ть *сов.* 85 VII
Отбе́ливать *нес., п.* 1 I
Отбели́ть *сов., п.* 10 and 8 II
Отбива́ть(ся) *нес.* 1 I
Отби́ть[3](ся) *сов.,* 69 VII
Отбира́ть *нес., п.* 1 I
  отобра́ть *сов.*
Отблагодари́ть *сов., п.* 8 II
Отбоя́риваться *нес., разг. шутл.* 1 I
Отбоя́риться *сов., разг. шутл.* 5 II

[1] осту́жен
[2] осу́шен
[3] отобью́, отби́л, отби́л|а, о́тбыл|о, -и

Отбра́сывать *нес., п.* 1 I
отбро́сить *сов.*

Отбрива́ть *нес., п., прост.* 1 I
Отбри́ть *сов., п., прост.* 66 VII

Отбро́сить *сов., п.,* **с:ш** 6 II
отбра́сывать *нес.*

Отбрыка́ться *сов.* 1 I
Отбры́киваться *нес.* 1 I

Отбыва́ть *нес., п.* 1 I
Отбы́ть[1] *сов., п.* 83 VII

Отва́дить *сов., п.,* **д:ж,** *прост.* 6 II
Отва́живать *нес., п., прост.* 1 I

Отва́живаться *нес.* 1 I
Отва́житься *сов.* 5 II

Отва́ливать(ся) *нес.* 1 I
Отвали́ть[2](ся) *сов.* 10 II

Отва́ривать(ся *3 л.*) *нес.* 1 I
Отвари́ть[3](ся *3 л.*) *сов.* 10 II

Отве́дать *сов., п., устар.* 1 I
Отве́дывать *нес., п., устар.* 1 I

Отвезти́ *сов., п.* 45 V
отвози́ть *нес.*

Отверга́ть *нес., п.* 1 I
Отве́ргнуть[4] *сов., п.* 26 III

Отвердева́ть *нес., 3 л.* 1 I
Отверде́ть *сов., 3 л.* 2 I

Отверну́ть(ся) *сов.* 28 III
Отвёртывать(ся) *нес.* 1 I
отвора́чивать(ся) *нес.*

Отверте́ть(ся) *сов.,* **т:ч,** *разг.* 22 II
Отвёртывать *нес., п.* 1 I

Отве́сить *сов., п.,* **с:ш** 6 II
отве́шивать *нес.*

Отвести́ *сов., п.,* **с:д** 47 V
отводи́ть *нес.*

Ответви́ть(ся *3 л.*) *сов.,* **в:вл**, *спец.* 9 II

Отве́тить *сов.,* **т:ч** 6 II
Отвеча́ть *нес.* 1 I

Отве́шивать *нес., п.* 1 I
отве́сить *сов.*

Отви́ливать *нес., разг.* 1 I
Отвильну́ть *сов., разг.* 28 III

Отвинти́ть[1](ся *3 л.*) *сов.,* **т:ч** 9 II
Отви́нчивать(ся *3 л.*) *нес.* 1 I

Отвиса́ть *нес., 3 л.* 1 I
Отви́снуть *сов., 3 л.* 25 III

Отвисе́ться *сов., 3 л. разг.* 20 II

Отвлека́ть(ся) *нес.* 1 I
Отвле́чь(ся) *сов.* 54 VI

Отводи́ть** *нес., п.,* **д:ж** 11 II
отвести́ *сов.*

Отвоева́ть[2](ся *разг.*) *сов.* 42 IV
Отвоёвывать *нес., п.* 1 I

Отвози́ть** *нес., п.,* **з:ж** 11 II
отвезти́ *сов.*

Отвола́кивать *нес., п., прост.* 1 I
Отволо́чь *сов., п., прост.* 54 VI

Отвора́чивать(ся) *нес.* 1 I
отверну́ть(ся) *сов.*

Отвори́ть[3](ся *3 л.*) *сов.* 10 II
Отворя́ть(ся *3 л.*) *нес.* 1 I

Отврати́ть *сов., п.,* **т:щ**, *высок.* 9 II
Отвраща́ть *нес., п., высок.* 1 I

Отвыка́ть *нес.* 1 I
Отвы́кнуть *сов.* 25 III

Отвяза́ть(ся) *сов.* **з:ж** 36 III
Отвя́зывать(ся) *нес.* 1 I

Отгада́ть *сов., п.* 1 I
Отга́дывать *нес., п.* 1 I

[1] о́тбыл and отбы́л, отбыла́, о́тбыл|о, -и
[2] отва́лен
[3] отва́рен
[4] отве́ргнут and отве́ржен

[1] отви́нчен
[2] отвою́ю; отвоёван
[3] отво́рен

Отгиба́ть(ся 3 л.) *нес.* 1 I
отогну́ть(ся) *сов.*

{ Отгла́дить(ся 3 л.) *сов.*, **д:ж** 6 II
{ Отгла́живать(ся 3 л.) *нес.* 1 I

Отглотну́ть *сов., п., разг.* 28 III

{ Отгнива́ть *нес., 3 л.* 1 I
{ Отгни́ть *сов., 3 л.* 4 I

{ Отгова́ривать(ся) *нес.* 1 I
{ Отговори́ть(ся) *сов.* 8 II

Отгоня́ть *нес., п.* 1 I
отогна́ть *сов.*

{ Отгора́ть *нес., 3 л.* 1 I
{ Отгоре́ть *сов., 3 л.* 19 II

{ Отгора́живать(ся) *нес.* 1 I
{ Отгороди́ть[1](ся) 11 *сов.*, **д:ж** 9 II

Отгости́ть *сов.*, **ст:щ** *разг.* 9 II

{ Отграни́чивать *нес., п.* 1 I
{ Отграни́чить *сов., п.* 5 I

{ Отгреба́ть *нес., п.* 1 I
{ Отгрести́* *сов., п.* 50 V

Отгреме́ть *сов., 3 л.* 20 II

Отгро́хать *сов., п., разг. прост.* 1 I

{ Отгружа́ть *нес., п., офиц.* 1 I
{ Отгрузи́ть сов., *п.*, **з:ж,** *офиц.* 11 and 9 II

{ Отгрыза́ть *несов., п.* 1 I
{ Отгры́зть *сов., п.* 46 V

{ Отгу́ливать *нес., п., разг.* 1 I
{ Отгуля́ть *сов., п.* 1 I

Отдава́ть *нес., безл., разг.* 60 VII

Отдава́ть(ся) *нес.* 60 VII
отда́ть(ся) *сов.*

Отдави́ть *сов., п.*, **в:вл** 11 II

{ Отдали́ть(ся) *сов.* 8 II
{ Отдаля́ть(ся) *нес.* 1 I

[1] отгоро́жен

{ Отда́ривать(ся) *нес., разг.* 1 I
{ Отдари́ть(ся) *сов., разг.* 10 II

Отда́ть(ся) *сов.* 88 VII
отдава́ть(ся) *нес.*

Отдежу́рить *сов.* 5 II

{ Отде́лать(ся *разг.*) *сов.* 1 I
{ Отде́лывать(ся *разг.*) *нес.* 1 I

{ Отдели́ть(ся) *сов.* 10 II
{ Отделя́ть(ся) *нес.* 1 I

{ Отдёргивать *нес., п.* 1 I
{ Отдёрнуть *сов., п.* 24 III

Отдира́ть(ся 3 л.) *нес., разг., прост.* 1 I
отодра́ть(ся) *сов.*

Отдохну́ть *сов.* 28 III
отдыха́ть *нес.*

Отдуба́сить *сов., п.*, **с:ш**, *прост.* 6 II

Отдува́ться *нес., разг. прост.* 1 I

Отду́мать *сов., разг.* 1 I

Отду́ть *сов., п., прост.* 3 I

Отдыха́ть *нес.* 1 I
отдохну́ть *сов.*

Отдыша́ться *сов.* 17 II

Отека́ть *нес.* 1 I
оте́чь *сов.*

Отели́ться *сов., 3 л.* 10 II

{ Отепли́ть *сов., п.* 8 II
{ Отепля́ть *нес., п.* 1 I

Отере́ть[1](ся) *сов.* 71 VII
отира́ть(ся) *нес.*

{ Отеса́ть[2](ся *разг.*) *сов.*, **с:ш** 36 III
{ Отёсывать *нес., п.* 1 I

Оте́чь *сов.* 54 VI
отека́ть *нес.*

Отжа́ть[3] *сов., п.* 65 VII
отжима́ть *нес.*

Отжа́ть[4] *сов., п.* 64 VII
отжина́ть *нес.*

[1] отере́в and отёрши, as тере́ть
[2] отёсан
[3] **отожму́**
[4] **отожну́**

Отже́чь[1] *сов., п., спец.* 58 VI
Отжига́ть *нес., п., спец.* 1 I
Отжива́ть *нес., п.* 1 I
отжи́ть *сов.*
Отжима́ть *нес., п.* 1 I
отжа́ть *сов.*
Отжина́ть *нес., п.* 1 I
отжа́ть *сов.*
Отжи́ть *сов., п.* 62 VII
отжива́ть *нес.*
Отзва́нивать *нес.* 1 I
Отзвони́ть *сов.* 8 II
Отзвуча́ть *сов., 3 л.* 15 II
Отзыва́ть(ся) *нес.* 1 I
отозва́ть(ся) *сов.*
Отира́ть(ся) *нес.* 1 I
отере́ть(ся) *сов.*
Отказа́ть(ся) *сов.*, **з:ж** 36 III
Отка́зывать(ся) *нес.* 1 I
Отка́лывать(ся) *нес.* 1 I
отколо́ть(ся) *сов.*
Отка́пывать *нес., п.* 1 I
откопа́ть *сов.*
Отка́рмливать *нес., п.* 1 I
откорми́ть(ся) *сов.*
Откати́ть(ся) *сов.*, **т:ч** 11 II
Отка́тывать(ся) *нес.* 1 I
Откача́ть *сов., п.* 1 I
Отка́чивать *нес., п.* 1 I
Откачну́ть*(ся) *сов., разг.* 28 III
Отка́шливать(ся) *нес.* 1 I
Отка́шлянуть* *сов., п.* 24 III
Отка́шлять(ся) *сов.* 1 I
Отквита́ть(ся) *сов., разг.* 1 I
Откида́ть *сов., п.* 1 I
Отки́дывать(ся) *нес.* 1 I
Отки́нуть(ся) *сов.* 23 III
Откла́дывать *нес., п.* 1 I
отложи́ть(ся) *сов.*
Откла́няться *сов., устар.* 1 I
Отклева́ть[2] *сов., п., 3 л.* 43 IV
Отклёвывать *нес., п., 3 л.* 1 I

Откле́ивать(ся *3 л.*) *нес.* 1 I
Откле́ить(ся *3 л.*) *сов.* 12 II
Отклепа́ть[1] *сов., п.* 1 I
Отклика́ться *нес.* 1 I
Откли́кнуться *сов.* 24 III
Отклони́ть(ся) *сов.* 10 II
Отклоня́ть(ся) *нес.* 1 I
Отключа́ть *нес., п.* 1 I
Отключи́ть *сов., п.* 8 II
Отакова́ть *сов., п.* 43 IV
Отковы́ривать *нес., п.* 1 I
Отковырну́ть* *нес., п.* 28 III
Отковыря́ть *сов., п.* 1 I
Откозыря́ть *сов., разг.* 1 I
Откола́чивать *нес., п., разг.* 1 I
Отколоти́ть *сов., п.*, **т:ч**, *разг.* 11 II
Отколо́ть(ся) *сов.* 30 III
отка́лывать(ся) *нес.*
Отколошма́тить *сов., п.*, **т:ч**, *прост.* 6 II
Отколупа́ть *сов., п., прост.* 1 I
Отколупну́ть* *сов., п., прост.* 28 III
Отколу́пывать *нес., п., прост.* 1 I
Откомандирова́ть *сов., п.* 42 IV
Откомандиро́вывать *нес., п.* 1 I
Откопа́ть *сов., п.* 1 I
отка́пывать *нес.*
Откорми́ть(ся *разг.*) *сов.*, **м:мл** 11 II
отка́рмливать *нес.* 42 IV
Откочева́ть *сов.*
Открепи́ть(ся) *сов.*, **п:пл** 9 II
Открепля́ть(ся) *нес.* 1 I
Открести́ться *сов.*, **ст:щ**, *разг.* 11 II
Откре́щиваться *нес., разг.* 1 I

[1] **отож**гу́; **отожги́**, **отожжён**
[2] отклюёт, отклёван

[1] отклёпан

Откровéнничать *нес., разг.*	1	I
Откромсáть *сов., п., разг.*	1	I
{ Открути́ть(ся) *сов.*, **т:ч**	11	II
{ Откру́чивать(ся) *нес.*	1	I
{ Открывáть(ся) *нес.*	1	I
{ Откры́ть(ся) *сов.*,	67	VII
Откупи́ть(ся) *сов.*, **п:пл**, *устар.*	11	II
{ Отку́поривать *нес., п.*	1	I
{ Отку́порить *сов.*, 5 and *п.*	7	II
{ Откуси́ть *сов., п.*, **с:ш**	11	II
{ Отку́сывать *нес., п.*	1	I
Отлакировáть *сов., п.*	42	IV
Отлáмывать(ся *3 л.*) *нес.* отломáть(ся) *сов.* отломи́ть(ся) *сов.*	1	I
{ Отлежáть(ся *разг.*) *сов.*	15	II
{ Отлёживать(ся *разг.*) *нес.*	1	I
{ Отлепи́ть(ся *3 л.*) *сов.* **п:пл**, *разг.*	11	II
{ Отлепля́ть(ся *3 л.*) *нес., разг.*	1	I
{ Отлетáть *нес.*	1	I
{ Отлетéть *сов.*, **т:ч**	20	II
Отлéчь *сов., безл.*	59	VI
Отливáть(ся *3 л.*) *нес.* отли́ть(ся) *сов.*	1	I
{ Отлипáть *нес., 3 л., разг.*	1	I
{ Отли́пнуть *сов., 3 л., разг.*	25	III
Отли́ть[1](ся *3 л.*) *сов.* отливáть *нес.*	69	VII
{ Отличáть(ся) *нес.*	1	I
{ Отличи́ть(ся) *сов.*	8	II
Отлови́ть *сов., п.*, **в:вл**	11	II
Отложи́ть[2](ся *3 л.*) *сов.* отклáдывать *нес.*	10	II
Отломáть(ся *3 л.*) *сов.* отлáмывать(ся) *нес.*	1	I
Отломи́ть(ся *3 л.*) *сов.*, **м:мл** отлáмывать(ся) *нес.*	11	II
Отлупи́ть *сов., п.*, **п:пл**	11	II
Отлупи́ться *сов., 3 л.*	11	II
Отлупцевáть *сов., п., прост.*	42	IV
{ Отлучáть(ся *разг.*) *нес., устар.*	1	I
{ Отлучи́ть(ся *разг.*) *сов., устар.*	8	II
Отлы́нивать *нес., разг.*	1	I
Отмáлчиваться *нес., разг.* отмолчáться *сов.*	1	I
Отмáтывать *нес., п.* отмотáть *сов.*	1	I
Отмахáть * *сов., п.*, **х:ш**, *прост.*	36	III
{ Отмáхивать(ся) *нес.*	1	I
{ Отмахну́ть *(ся) *сов.*	28	III
Отмáчивать *нес., п.* отмочи́ть *сов.*	1	I
{ Отмежевáть[1](ся) *сов.*	42	IV
{ Отмежёвывать(ся) *нес.*	1	I
{ Отмени́ть *сов., п.*	10	II
{ Отменя́ть *нес., п.*	1	I
Отмерéть[2] *сов., 3 л.* отмирáть *нес.*	71	VII
Отмерзáть *нес., 3 л.*	1	I
Отмёрзнуть *сов., 3 л.*	25	III
{ Отмéривать *нес., п.*	1	I
{ Отмéрить *сов., п.*	5	II
Отмеря́ть *нес., п.*	1	I
Отмести́ *сов., п.*, **с:т**	47	V
Отметáть *нес., п.*	1	I
{ Отмéтить(ся) *сов.*, **т:ч**	6	II
{ Отмечáть(ся) *нес.*	1	I
Отмирáть *нес., 3 л.* отмерéть *сов.*	1	I
Отмобилизовáть(ся) *сов.*	42	IV
{ Отмокáть *нес., 3 л.*	1	I
{ Отмо́кнуть *сов., 3 л.*	25	III
Отмолчáться *сов., разг.* отмáлчиваться *нес.*	15	II

[1] **ото**лью́
[2] отло́жен

[1] отмежёван
[2] **ото**мрёт, отмéрший

{ Отмора́живать *нес., п.*	1	I
{ Отморо́зить *сов., п.,* **з:ж**	6	II
Отмота́ть *сов., п.* отма́тывать *нес.*	1	I
Отмочи́ть[1] *сов., п.* отма́чивать *нес.*	10	II
Отму́читься *сов., разг.*	1	I
Отмыка́ть(ся *3 л., разг.*) *нес.* отомкну́ть(ся) *сов.*	1	I
{ Отмыва́ть(ся) *нес.*	1	I
{ Отмы́ть(ся) *сов.*	67	VII
{ Отмяка́ть *нес., 3 л.*	1	I
{ Отмя́кнуть *сов., 3 л.*	25	III
Отне́киваться *нес., разг.*	1	I
Отнести́(сь) *сов.* относи́ть(ся) *нес.*	45	V
Отникелирова́ть *сов., п.*	42	IV
Отнима́ть(ся *3 л.*) *нес.* отня́ть(ся) *сов.*	1	I
Относи́ть**(ся) *нес.,* **с:ш** отнести́(сь) *сов.*	11	II
Отня́ть(ся *3 л.*) *сов.* отнима́ть(ся) *нес.*	76	VII
Отобе́дать *сов.*	1	I
{ Отобража́ть *нес., п.*	1	I
{ Отобрази́ть *сов., п.,* **з:ж**	9	II
Отобра́ть[2] *сов., п.* отбира́ть *нес.*	72	VII
Отогна́ть[3] *сов., п.* отгоня́ть *нес.*	75	VII
Отогну́ть(ся *3 л.*) *сов.* отгиба́ть(ся) *нес.*	28	III
{ Отогрева́ть(ся) *нес.*	1	I
{ Отогре́ть(ся) *сов.*	2	I
{ Отодвига́ть(ся) *нес.*	1	I
{ Отодви́нуть(ся) *сов.*	23	III
Отодра́ть[4](ся *3 л.*) *сов., разг. прост.* отдира́ть(ся) *нес.*	72	VII
{ Отождестви́ть *сов., п.,* **в:вл**	9	II
{ Отождествля́ть *нес., п.*	1	I
Отозва́ть[1](ся) *сов.* отзыва́ть(ся) *нес.*	74	VII
Отойти́ *сов.* отходи́ть *нес.*	81	VII
Отомкну́ть(ся *3 л., разг.*) *сов.* отмыка́ть(ся) *нес.*	28	III
Отомсти́ть *сов.,* **ст:щ**	9	II
Отопи́ть *сов., п.,* **п:пл** ота́пливать(ся) *нес.*	11	II
Отора́чивать *нес., п.* оторо́чить *сов.*	1	I
Оторва́ть(ся) *сов.* отрыва́ть(ся) *нес.*	34	III
Оторопе́ть *сов., разг.*	2	I
Оторо́чить[2] *сов., п.* отора́чивать *нес.*	8	II
Отосла́ть *сов., п.* отсыла́ть *нес.*	80	VII
Отоспа́ться *сов.,* **п:пл** отсыпа́ться *нес.*	16	II
Отоща́ть[3] *сов.*	1	I
Отпада́ть *нес., 3 л.* отпа́сть *сов.*	1	I
Отпа́ивать *нес., п.* отпои́ть *сов.*	1	I
Отпари́ровать *сов., п.*	41	IV
{ Отпа́ривать *нес., п.*	1	I
{ Отпа́рить *сов., п.*	5	II
Отпа́рывать(ся *3 л.*) *нес.* отпоро́ть(ся) *сов.*	1	I
Отпа́сть *сов., 3 л.* отпада́ть *нес.*	48	V
Отпая́ть(ся *3 л.*) *сов.*	1	I
{ Отпева́ть *нес., п.*	1	I
{ Отпе́ть *сов., п.*	68	VII
Отпере́ть[4](ся) *сов.* отпира́ть(ся) *нес.*	71	VII
{ Отпеча́тать(ся *3 л.*) *сов.*	1	I
{ Отпеча́тывать(ся *3 л.*) *нес.*	1	I
Отпива́ть *нес., п.* отпи́ть *сов.*	1	I
{ Отпи́ливать *нес., п.*	1	I
{ Отпили́ть[5] *сов., п.*	10	II

[1] отмо́чен
[2] **от**беру́; **от**бери́
[3] **от**гоню́; **от**гони́
[4] **от**деру́; **от**дери́

[1] **от**зову́, **от**зови́
[2] оторо́чен
[3] to become thin (*of a person or animal*)
[4] **ото**пру́; **ото**при́
[5] отпи́лен

Отпира́ть(ся) *нес.* 1 I
отпере́ть(ся) *сов.*

Отписа́ть(ся *разг.*) *сов.*, **с:ш**, *устар.* and *прост.* 36 III
Отпи́сывать(ся *разг.*) *нес.*, *устар.* and *прост.* 1 I

Отпи́ть[1] *сов.*, *п.* 69 VII

Отпи́хивать(ся) *нес.*, *разг.* 1 I
Отпихну́ть(ся) *сов.*, *разг.* 28 III

Отплати́ть[2] *сов.*, **т:ч** 11 II
Отпла́чивать *нес.* 1 I

Отплёвывать(ся) *нес.* 1 I

Отплести́ *сов.*, *п.*, **с:т** 47 V
Отплета́ть *нес.*, *п.* 1 I

Отплыва́ть *нес.* 1 I
Отплы́ть[3] *сов.* 62 VII

Отплю́нуть* *сов.*, *п.* 23 III

Отплясáть *сов.*, *п.*, **с:ш** 36 III
Отпля́сывать *нес.*, *п.*, *разг.* 1 I

Отпои́ть[4] *сов.*, *п.* 8 II
отпа́ивать *нес.*

Отполза́ть *нес.* 1 I
Отползти́ *сов.* 45 V

Отполирова́ть *сов.*, *п.* 42 IV

Отпоро́ть(ся *3 л.*) *сов.* 30 III
отпа́рывать(ся) *нес.*

Отпотева́ть *нес.*, *3 л.* 1 I
Отпоте́ть *сов.*, *3 л.* 2 I

Отпочкова́ться *сов.*, *3 л.*, *спец.* 42 IV

Отпра́вить(ся) *сов.*, **в:вл** 6 II
Отправля́ть(ся) *нес.* 1 I

Отпра́здновать *сов.*, *п.* 41 IV

Отпра́шиваться *нес.* 1 I
Отпроси́ться *сов.*, **с:ш** 11 II

Отпры́гивать *нес.* 1 I
Отпры́гнуть *сов.* 24 III

Отпряга́ть *нес.*, *п.* 1 I
Отпря́чь *сов.*, *п.* 56 VI

Отпря́нуть *сов.* 23 III

Отпу́гивать *нес.*, *п.* 1 I
Отпугну́ть *сов.*, *п.* 28 III

Отпуска́ть *нес.*, *п.* 1 I
Отпусти́ть *сов.*, *п.*, **ст:ш** 11 II

Отраба́тывать *нес.*, *п.* 1 I
Отрабо́тать *сов.*, *п.* 1 I

Отрави́ть(ся) *сов.*, **в:вл** 11 II
Отправля́ть(ся) *нес.* 1 I

Отража́ть(ся) *нес.* 1 I
Отрази́ть(ся) *сов.*, **з:ж** 9 II

Отрапортова́ть *сов.* 42 IV

Отраста́ть *нес.*, *3 л.* 1 I
Отрасти́ *сов.*, *3 л.* 51 V

Отрасти́ть *сов.*, *п.*, **ст:щ** 9 II
Отра́щивать *нес.*, *п.* 1 I

Отреаги́ровать *сов.* 41 IV

Отрегули́ровать *сов.*, *п.* 41 IV

Отредакти́ровать *сов.*, *п.* 41 IV

Отреза́ть *нес.*, *п.* 1 I
Отре́зать *сов.*, *п.*, **з:ж** 33 III

Отрезве́ть *сов.* 2 I

Отрезви́ть(ся) *сов.*, **в:вл** 9 II
Отрезвля́ть(ся) *нес.* 1 I

Отрека́ться *нес.* 1 I
отре́чься *сов.*

Отрекомендова́ть(ся *книжн.*) *сов.* 42 IV

Отремонти́ровать *сов.*, *п.* 41 IV

Отрепети́ровать *сов.*, *п.* 41 IV

Отреставри́ровать *сов.*, *п.* 41 IV

Отретуши́ровать *сов.*, *п.* 41 IV

Отре́чься *сов.* 54 VI
отрека́ться *нес.*

Отреша́ться *нес.*, *книжн.* 1 I
Отреши́ться *сов.*, *книжн.* 8 II

Отрица́ть *нес.*, *п.* 1 I

[1] **отопью́**
[2] отпла́чен
[3] отплы́л, отплыла́; отплы́л|о, -и
[4] отпо́ен

Отрубáть *нес., п.*	1	I
Отрубúть *сов., п.,* **б:бл**	11	II
Отругáть *сов. п.*	1	I
Отрýгиваться *нес., прост.*	1	I
Отрывáть[1](ся) *нес.* оторвáть(ся) *сов.*	1	I
Отрывáть[2] *нес., п.* отрыть *сов.*	1	I
Отрыгивать(ся *3 л.*) *нес., разг.*	1	I
Отрыгнýть *(ся *3 л.*) *сов., разг.*	28	III
Отрыть *сов., п.* отрывáть *нес.*	67	VII
Отрядúть *сов., п.,* **д:ж**	9	II
Отряжáть *нес., п.*	1	I
Отрясáть *нес., п.*	1	I
Отрястú *сов., п.*	45	V
Отря́хивать(ся) *нес.*	1	I
Отряхнýть(ся) *сов.*	28	III
Отсадúть *сов., п.,* **д:ж**	11	II
Отсáживать *нес., п.*	1	I
Отсáживаться *нес.* отсéсть *сов.*	1	I
Отсалютовáть *сов.*	42	IV
Отсáсывать *нес., п.* отсосáть *сов.*	1	I
Отсвéчивать *нес., 3 л.*	1	I
Отсéивать(ся) *нес.* отсéять(ся) *сов.*	1	I
Отсекáть *нес., п.* отсечь *сов.*	1	I
Отселúть(ся) *сов.*	8	II
Отселя́ть(ся) *нес.*	1	I
Отсéсть *сов.* отсáживаться *нес.*	53	V
Отсéчь *сов., п.* отсекáть *нес.*	54	VI
Отсéять(ся) *сов.* отсéивать(ся) *нес.*	31	III
Отсидéть(ся *разг.*) *сов.,* **д:ж**	20	II
Отсúживать(ся *разг.*) *нес.*	1	I

[1] to tear off
[2] to dig up, to unearth

Отскáбливать(ся *3 л.*) *нес.* отскоблúть(ся) *сов.*	1	I
Отскакáть *сов.,* **к:ч**	36	III
Отскáкивать *нес.*	1	I
Отскочúть *сов.*	10	II
Отскоблúть[1](ся) 11 and *3 л.*) *сов.* отскáбливать(ся) *нес.*	9	II
Отскребáть *нес., п., разг.*	1	I
Отскрестú *сов., п., разг.*	50	V
Отслáиваться *нес., 3 л.*	1	I
Отслоúться *сов., 3 л.*	8	II
Отслýживать *нес., п.*	1	I
Отслужúть[2] *сов., п.*	10	II
Отсовéтовать *сов.,*	41	IV
Отсоединúть *сов., п.*	8	II
Отсоединя́ть *нес., п.*	1	I
Отсортировáть *сов., п.*	42	IV
Отсортирóвывать *нес., п.*	1	I
Отсосáть[3] *сов., п.* отсáсывать *нес.*	34	III
Отсóхнуть *сов., 3 л.* отсыхáть *нес.*	25	III
Отсрóчивать *нес., п.*	1	I
Отсрóчить *сов., п.*	5	II
Отставáть *нес.* отстáть *сов.*	60	VII
Отстáвить *сов., п.,* **в:вл**	6	II
Отставля́ть *нес., п.*	1	I
Отстáиваться *нес., 3 л.* отстоя́ть *сов.*	1	I
Отстáиваться *нес., 3 л.* отстоя́ться *сов.*	1	I
Отстáть *сов.* отставáть *нес.*	61	VII
Отстегáть[4] *сов., п.*	1	I
Отстёгивать(ся *3 л.*) *нес.*	1	I
Отстегнýть(ся *3 л.*) *сов.*	28	III

[1] отскоблён
[2] отслýжен
[3] отсосáла
[4] отстёган

{ Отстира́ть(ся *3 л.*) *сов.*	1	I
{ Отсти́рывать(ся *3 л.*) *нес.*		
Отстоя́ться *сов., 3 л.* отста́ивать *нес.*	13	II
Отстоя́ться *сов., 3 л.* отста́иваться *нес.*	13	II
Отстрада́ть *сов.*	1	I
Отстра́ивать(ся) *нес.* отстро́ить(ся) *сов.*	1	I
{ Отстрани́ть(ся) *сов.*	8	II
{ Отстраня́ть(ся) *нес.*	1	I
{ Отстре́ливать(ся) *нес.*	1	I
{ Отстрели́ть[1] *сов., п.*	10	II
{ Отстреля́ться *сов.*	1	I
{ Отстрига́ть *нес., п.*	1	I
{ Отстри́чь *сов., п.*	56	VI
Отстро́ить(ся) *сов.* отстра́ивать(ся) *нес.*	12	II
{ Отсту́кать *сов., п., разг.*	1	I
{ Отсту́кивать *нес., п., разг.*	1	I
{ Отступа́ть *неперех.* (ся *разг.*) *нес.*	1	I
{ Отступи́ть *неперех.* (ся *разг.*) *сов.*, **п:пл**	11	II
Отсу́тствовать *нес.*	41	IV
{ Отсчита́ть *сов., п.*	1	I
{ Отсчи́тывать *нес., п.*	1	I
Отсыла́ть *нес., п.* отосла́ть *сов.*	1	I
{ Отсыпа́ть *нес., п.*	1	I
{ Отсы́пать[2] *сов., п.*, **п:пл**	33	III
Отсыпа́ться *нес.* отоспа́ться *сов.*	1	I
Отсыре́ть *сов.*	2	I
Отсыха́ть *нес., 3 л.* отсо́хнуть *сов.*	1	I
Отта́ивать *нес.* оттая́ть *сов.*	1	I
Отта́лкивать(ся) *нес.* оттолкну́ть(ся) *сов.*	1	I
Отта́птывать *нес., п., разг.* оттопта́ть *сов.*	1	I

[1] отстре́лен
[2] отсы́пь

Оттаска́ть *сов., п.*	1	I
Отта́скивать *нес., п.* оттащи́ть *сов.*	1	I
Отта́чивать(ся *3 л.*) *нес.* отточи́ть(ся) *сов.*	1	I
Оттащи́ть[1] *сов., п.* отта́скивать *нес.*	10	II
Оття́ть *сов.* отта́ивать *нес.*	31	III
{ Оттени́ть *сов., п.*	8	II
{ Оттеня́ть *нес., п.*	1	I
Оттере́ть[2](ся *3 л.*) *сов.* оттира́ть(ся) *нес.*	71	VII
{ Оттесни́ть *сов., п.*	8	II
{ Оттесня́ть *нес., п.*	1	I
Оттира́ть(ся *3 л.*) *нес.* оттере́ть(ся) *сов.*	1	I
{ Отти́скивать *нес., п.*	1	I
{ Отти́снуть *сов., п.*	24	III
Оттолкну́ть(ся) *сов.* отта́лкивать(ся) *нес.*	28	III
Оттопта́ть *сов., п.*, **т:ч**, *разг.* отта́птывать *нес.*	36	III
{ Оттопы́ривать(ся *3 л.*) *нес., разг.*	1	I
{ Оттопы́рить(ся *3 л.*) *сов., разг.*	5	II
{ Отторга́ть *нес., п., высок.*	1	I
{ Отто́ргнуть[3] *сов., п., высок.*	26	III
Отточи́ть[4](ся 3 л.) *сов.* отта́чивать(ся) *нес.*	10	II
Оттрепа́ть *сов., п.*, **п:пл**, *разг.*	36	III
{ Оття́гивать(ся *3 л.*) *нес.*	1	I
{ Оттяну́ть(ся *3 л.*) *сов.*	29	III
{ Оття́пать *сов., п., прост.*	1	I
{ Оття́пывать *нес., п., прост.*	1	I
Оту́жинать *сов.*	1	I

[1] отта́щен
[2] ототру́; ототри́, as тере́ть
[3] отто́ргнут and отто́ржен
[4] отто́чен

Отума́нивать(ся) *нес.* 1 I
Отума́нить(ся) *сов.* 5 II
Отупе́ть *сов.* 2 I
Отутю́жить *сов., п.* 5 II
Отуча́ть(ся) *нес.* 1 I
Оту́чивать(ся) *нес.* 1 I
Отучи́ть[1](ся) *сов.* 10 II
Отфильтрова́ть *сов., п.* 42 IV
Отфы́ркиваться *нес., разг.* 1 I
Отха́живать *нес., п., разг.* 1 I
отходи́ть *сов.*
Отхаркать *сов., п.* 1 I
Отха́ркивать(ся) *нес.* 1 I
Отха́ркнуть *(ся) *сов.* 24 III
Отхвати́ть *сов., п.*, **т:ч** 11 II
Отхва́тывать *нес., п.* 1 I
Отхлебну́ть * *сов., п., разг.* 28 III
Отхлёбывать *нес., п., разг.* 1 I
Отхлеста́ть[2] *сов., п.*, **ст:щ**, *разг.* 36 III
Отхлёстывать *нес., п., разг.* 1 I
Отхло́пать *сов., п., разг.* 1 I
Отхло́пывать *нес., п., разг.* 1 I
Отхлы́нуть *сов., 3 л.* 23 III
Отходи́ть[3] *сов., п.*, **д:ж**, *разг.* 11 II
отха́живать *нес.*
Отходи́ть[4] *сов.*, **д:ж** 11 II
Отходи́ть *нес.*, **д:ж** 11 II
отойти́ *сов.*
Отцвета́ть *нес.* 1 I
Отцвести *сов.*, **с:т** 47 V
Отцеди́ть *сов., п.*, **д:ж** 11 II
Отце́живать *нес., п.* 1 I

[1] оту́чен
[2] отхлёстан
[3] to nurse (*somebody through an illness*). This verb has a short passive participle: отхо́жен
[4] to have done one's share of walking

Отцепи́ть(ся) *сов.*, **п:пл** 11 II
Отцепля́ть(ся) *нес.* 1 I
Отциклева́ть[1] *сов., п.* 42 IV
Отча́иваться *нес.* 1 I
Отча́яться *сов.* 31 III
Отча́ливать *нес.* 1 I
Отча́лить *сов.* 5 II
Отчека́нивать *нес., п.* 1 I
Отчека́нить *сов., п.* 5 II
Отчеркну́ть *сов., п.* 28 III
Отчёркивать *нес., п.* 1 I
Отчерпну́ть *сов., п.* 28 III
Отче́рпывать *нес., п.* 1 I
Отчи́слить(ся *офиц.*) *сов.* 7 II
Отчисля́ть(ся *офиц.*) *нес.* 1 I
Отчи́стить(ся) *сов.*, **ст:щ** 7 II
отчища́ть(ся) *нес.*
Отчита́ть(ся) *сов., разг.* 1 I
Отчи́тывать(ся) *нес., разг.* 1 I
Отчиха́ться *сов., разг.* 1 I
Отчища́ть(ся) *нес.* 1 I
отчи́стить(ся) *сов.*
Отчужда́ть *нес., п., офиц.* and *книжн.* 1 I
Отшага́ть * *сов., п., разг.* 1 I
Отшагну́ть *сов., разг.* 28 III
Отшатну́ться *сов.* 28 III
Отшвы́ривать *нес., п., разг.* 1 I
Отшвырну́ть *сов., п., разг.* 28 III
Отшиба́ть *нес., п., разг. прост.* 1 I
Отшиби́ть *сов., п., разг. прост.* 39 III
Отшлёпать *сов., п.* 1 I
Отшлёпывать *нес., п.* 1 I
Отшлифова́ть *сов., п.* 42 IV

[1] отциклю́ю

Отшпи́ливать(ся *3 л.*) *нес., разг.* 1 I
Отшпи́лить(ся *3 л.*) *сов., разг.* 5 II
Отштампова́ть *сов., п., спец.* 42 IV
Отштукату́рить *сов., п.* 5 II
Отшуме́ть *сов.*, **м:мл** 20 II
Отшути́ться *сов.*, **т:ч** 11 II
Отшу́чиваться *нес.* 1 I
Отщёлкать *сов., п., прост.* 1 I
Отщепи́ть(ся *3 л.*) *сов.*, **п:пл** 9 II
Отщепля́ть(ся *3 л.*) *нес.* 1 I
Отщипа́ть *сов., п.*, **п:пл** 36 III
Отщипну́ть *сов., п.* 28 III
Отщи́пывать *нес., п.* 1 I
Отъеда́ть(ся) *нес.* 1 I
  отъе́сть(ся) *сов.*
Отъедини́ть *сов., п.* 8 II
Отъе́здить[1] *сов.*, **д:ж**, *разг.* 7 II
Отъезжа́ть *нес.* 1 I
Отъе́хать *сов.* 82 VI
Отъе́сть(ся) *сов.* 87 VII
  отъеда́ть(ся) *нес.*
Отыгра́ть(ся) *сов.* 1 I
Оты́грывать(ся) *нес.* 1 I
Отыска́ть(ся) *сов.*, **ск:щ** 36 III
Оты́скивать(ся) *нес.* 1 I
Отэкзаменова́ть(ся) *сов.* 42 IV
Отяготи́ть *сов., п.*, **с:щ**, *книжн.* 9 II
Отягоща́ть *нес., п., книжн.* 1 I
Отягча́ть *нес., п., книжн.* 1 I
Отягчи́ть *сов., п., книжн.* 8 II
Оттяжеле́ть *сов.* 2 I
Отяжели́ть *сов., п.* 8 II
Отяжеля́ть *нес., п.* 1 I

[1] the imperative is not used

Офо́рмить(ся) *сов.*, **м:мл** 7 II
Оформля́ть(ся) *нес.* 1 I
Оха́ивать *нес., п., прост.* 1 I
  оха́ять *сов.*
Охаме́ть *сов., прост.* 2 I
Охарактеризова́ть *сов., п.* 42 IV
Охать *нес.* 1 I
  о́хнуть *сов.*
Оха́ять *сов., п., прост.* 31 III
  оха́ивать *нес.*
Охвати́ть *сов., п.*, **т:ч** 11 II
Охва́тывать *нес., п.* 1 I
Охладева́ть *нес.* 1 I
Охладе́ть *сов.* 2 I
Охлади́ть(ся) *сов.*, **д:ж:жд** 9 II
Охлажда́ть(ся) *нес.* 1 I
Охмеле́ть *сов.* 2 I
Охмури́ть *сов., п., прост.* 8 II
Охмуря́ть *нес., п., прост.* 1 I
Охнуть *сов.* 24 III
  о́хать *нес.*
Охора́шиваться *нес., разг.* 1 I
Охо́титься *нес.*, **т:ч** 6 II
Охраня́ть *нес., п.* 1 I
Охри́пнуть *сов.* 25 III
Охроме́ть *сов.* 2 I
Оцара́пать(ся) *сов.* 1 I
Оце́нивать *нес., п.* 1 I
Оцени́ть *сов., п.* 10 II
Оцепене́ть *сов.* 2 I
Оцепи́ть *сов., п.*, **п:пл** 11 II
Оцепля́ть *нес., п.* 1 I
Оцинкова́ть *сов., п.* 42 IV
Очарова́ть *сов., п.* 42 IV
Очаро́вывать *нес., п.* 1 I
Очелове́чиваться *нес., 3 л., книжн.* 1 I
Очелове́читься *3 л., книжн.* 5 II
Очерни́ть *сов., п.* 8 II
Очерстве́ть *сов.* 2 I
Очертене́ть *сов., прост.* 2 I

{ Очерти́ть *сов., п.,* **т:ч** 11 II
{ Оче́рчивать *нес., п.* 1 I

{ Очеса́ть *сов., п.,* **с:ш**, *спец.* 36 III
{ Очёсывать *нес., п., спец.* 1 I

Очини́ть[1] *сов., п.* 10 II

{ Очи́стить(ся) *сов.,* **ст:щ** 7 II
{ Очища́ть(ся *3 л.*) *нес.* 1 I

Очну́ться *сов.* 28 III
Очуме́ть *сов., прост.* 2 I
Очути́ться[2] *сов.* 11 II
Ошале́ть *сов., разг.* 2 I

{ Ошара́шивать *нес., п., прост.* 1 I
{ Ошара́шить *сов., п., прост.* 5 II

{ Ошеломи́ть *сов., п.,* **м:мл** 9 II
{ Ошеломля́ть *нес., п.* 1 I

Ошельмова́ть *сов., п.* 42 IV

{ Ошиба́ться *нес.* 1 I
{ Ошиби́ться *сов.* 39 III

Оши́кать *сов., разг.* 1 I

{ Ошпа́ривать(ся) *нес.* 1 I
{ Ошпа́рить(ся) *сов.,* 5 II

Оштрафова́ть *сов., п.* 42 IV
Оштукату́рить *сов., п.* 5 II
Ощени́ться *сов., 3 л.* 8 II
Още́рить(ся) *сов.* 5 II

{ Ощети́нивать*(ся) *нес., 3 л.* 1 I
{ Ощети́нить(ся) *сов., 3 л.* 5 II

Ощипа́ть *сов., п.,* **п:л** 36 II

{ Ощу́пать *сов., п.,* 1 I
{ Ощу́пывать *нес., п.* 1 I

{ Ощути́ть(ся *3 л., книжн.*) *сов.,* **т:щ** 9 II
{ Ощуща́ть(ся *3 л., книжн.*) *нес.* 1 I

Оягни́ться *сов., 3 л.* 8 II

[1] очи́нен
[2] the 1st person singular is not used

П

Па́дать *нес.* 1 I
  пасть *сов.*
  упа́сть *сов.*
Пакова́ть *нес., п.* 42 IV
  запакова́ть *сов.*
  упакова́ть *сов.*
Па́костить *нес., п.,* **ст:щ**, *разг.* 7 II
  запа́костить *сов.*
  испа́костить *сов.*
  напа́костить *сов.*
Пали́ть** *нес., п.* 8 II
Пало́мничать *нес.* 1 I
Паникёрствовать *нес., разг. неодобр.* 41 IV
Паникова́ть *нес., прост.* 42 IV
Паразити́ровать *нес., книжн.* 41 IV
Парализова́ть *нес., сов., п.* 42 IV
Пари́ровать *сов., нес., п.* 41 IV
  отпари́ровать *сов.*
Пари́ть *нес.* 8 II
Па́рить(ся) *нес.* 5 II
  попа́рить(ся) *сов.*
Пароди́ровать *сов., нес., п.* 41 IV
Партиза́нить *нес., разг.* 5 II
Парши́веть *нес., разг.* 2 I
  запарши́веть *сов.*
Пасова́ть *нес.* 42 IV
  спасова́ть *сов.*
Пастеризова́ть *сов., нес., п., спец.* 42 IV
Пасти́[1](сь *3 л.*) *нес.* 45 V
Пасть *сов.* 48 V
  па́дать *нес.*
Патентова́ть *нес., п.* 42 IV
  запатентова́ть *сов.*
Патрули́ровать *нес., п.* 41 IV
Паха́ть *нес., п.,* **х:ш** 36 III
  вспаха́ть *сов.*
Па́хнуть *нес.* 25 III

[1] the verbal adverb is not used

Пахну́ть *сов., 3 л., разг.* 28 III

Па́чкать(ся) *нес.*
выпачкать(ся) *сов.*
запа́чкать(ся) *сов.*
испа́чкать(ся) *сов.*
напа́чкать(ся) *сов.*

Пая́сничать *нес., разг.* 1 I

Пая́ть *нес., п.* 1 I

Пелена́ть *нес., п.* 1 I
запелена́ть *сов.*
спелена́ть *сов.*

Пеленгова́ть *нес., п., спец.* 42 IV

Пе́нить(ся *3 л.*) *нес.* 5 II
вспе́нить(ся) *сов.*

Пеня́ть *нес., разг.* 1 I
попеня́ть *сов.*

Пе́рвенствовать[1] 41 and 42 IV
нес.

{ Переадресова́ть *сов., п.* 42 IV
{ Переадресо́вывать *нес., п.* 1 I

{ Переаттестова́ть *сов., п.* 42 IV
{ Переаттесто́вывать *нес., п.* 1 I

Перебази́ровать(ся) *сов.* 41 IV

{ Перебега́ть *нес., п.* 1 I
{ Перебежа́ть * *сов., п.* 85 VII

Перебеси́ться *сов.*, **с:ш** 11 II

Перебира́ть(ся *разг.*) *нес.* 1 I
перебра́ть(ся) *сов.*

{ Перебива́ть(ся (*разг.*) *нес.* 1 I
{ Переби́ть[2](ся *разг.*) *сов.* 69 VII

Переболе́ть *сов.* 2 I

Переболе́ть *сов., 3 л.* 8 II

Перебо́роть *сов., п.* 30 III

Перебра́ниваться *нес., разг.* 1 I

[1] пе́рвенствующий
[2] переби́л, переби́л|а, -о, и

Перебра́сывать(ся) *нес.* 1 I
переброса́ть *сов.*
перебро́сить(ся) *сов.*

Перебра́ть[1](ся *разг.*) *сов.* 72 VII
перебира́ть(ся) *нес.*

Переброди́ть *сов., 3 л.* 11 II

Переброса́ть *сов., п.* 1 I
перебра́сывать *нес.*

Перебро́сить(ся) *сов.*, **с:ш** 6 II
перебра́сывать(ся) *нес.*

Перебыва́ть *сов.* 1 I

{ Перева́ливать(ся) *нес.* 1 I
{ Перевали́ть[2](ся) *сов.* 10 II

{ Перева́ливать *нес., п.* 1 I
{ Переваля́ть *сов., п.* 1 I

{ Перева́ривать(ся *3 л.*) *нес.* 1 I
{ Перевари́ть[3](ся *3 л.*) *сов.* 10 II

Перевезти́ *сов., п.* 45 V
перевози́ть *нес.*

Переверну́ть(ся) *сов.* 28 III
перевёртывать(ся) *нес.*
перевора́чивать(ся) *нес.*

{ Переверте́ть[4] *сов., п.*, **т:ч**, *разг.* 22 II
{ Перевёртывать *нес., п., разг.* 1 I

Переве́сить(ся) *сов.*, **с:ш** 6 II
переве́шивать(ся) *нес.*

Перевести́(сь) *сов.*, **с:д** 47 V
переводи́ть(ся) *нес.*

{ Переве́шать *сов., п.* 1 I
{ Переве́шивать *нес., п.* 1 I

Переве́шивать(ся) *нес.* 1 I
переве́сить(ся) *сов.*

Перевива́ть(ся *3 л.*) *нес.* 1 I
переви́ть(ся) *сов.*

[1] пере́бран
[2] перева́лен
[3] перева́рен
[4] переве́рчен

Перевида́ть *сов., п., разг.* 1 I

Перевинти́ть[1] *сов., п.,* **т:ч** 9 II
Переви́нчивать *нес., п.* 1 I

Перевира́ть *нес., п., разг.* 1 I
перевра́ть *сов.*

Переви́ть[2](ся *3 л.*) *сов.* 69 VII
перевива́ть(ся) *нес.*

Переводи́ть **(ся) *нес.,* **д:ж** 11 II
перевести́(сь) *сов.*

Перевози́ть ** *нес., п.,* **з:ж** 11 II
перевезти́ *сов.*

Переволнова́ть(ся) *сов., разг.* 42 IV

Перевооружа́ть(ся) *нес.* 1 I
Перевооружи́ть(ся) *сов.* 8 II

Перевоплоти́ть(ся) *сов.,* **т:щ** 9 II
Перевоплоща́ть(ся) *нес.* 1 I

Перевора́чивать(ся) *нес.* 1 I
переверну́ть(ся) *сов.*

Перевороши́ть *сов., п., разг.* 8 II

Перевоспита́ть(ся) *сов.* 1 I
Перевоспи́тывать(ся) *нес.* 1 I

Перевра́ть *сов., п., разг.* 34 III
перевира́ть *нес.*

Перевыбира́ть *нес. п., разг.* 1 I
Переві́брать[3] *сов., п., разг.* 72 VII

Перевы́полнить *сов., п.* 7 II
Перевыполня́ть *нес., п.* 1 I

Перевяза́ть *сов., п.,* **з:ж** 36 III
Перевя́зывать *нес., п.* 1 I

Перегиба́ть(ся) *нес.* 1 I
перегну́ть(ся) *сов.*

Перегла́дить *сов., п.,* **д:ж** 6 II
Перегла́живать *нес., п.* 1 I

Перегля́дываться *нес.* 1 I
Переглянýться *сов.* 29 III

Перегна́ивать *нес., п.* 1 I
перегнои́ть *сов.*

Перегна́ть *сов., п.* 75 VII
перегоня́ть *нес.*

Перегни́ть *сов., 3 л.* 4 I

Перегнои́ть *сов., п.* 8 II
перегна́ивать *нес.*

Перегну́ть(ся) *сов.* 28 III
перегиба́ть(ся) *нес.*

Перегова́ривать(ся) *нес., разг.* 1 I

Переговори́ть *сов., разг.* 8 II

Перегоня́ть *нес., п.* 1 I
перегна́ть *сов.*

Перегора́живать *нес., п.* 1 I
перегороди́ть *сов.*

Перегора́ть *нес., 3 л.* 1 I
Перегоре́ть *сов., 3 л.* 19 II

Перегороди́ть *сов., п.,* **д:ж** 11 II
перегора́живать *нес.*

Перегрева́ть(ся) *нес.* 1 I
Перегре́ть(ся) *сов.* 2 I

Перегружа́ть *нес., п.* 1 I
Перегрузи́ть 11 and *сов., п.,* **з:ж** 9 II

Перегруппирова́ть *сов., п.* 42 IV
Перегруппиро́вывать *нес., п.* 1 I

Перегрыза́ть *нес., п.* 1 I
Перегры́зть(ся *разг.*) *сов.* 46 V

[1] переви́нчен
[2] переви́т, перевита́, переви́т|о, -ы
[3] the stress falls on **вы-** in all the forms

Передава́ть(ся *3 л.*) *нес.* 60 VII
Переда́ть(ся *3 л.*) *сов.* 88 VII
Передвига́ть(ся) *нес.* 1 I
Передви́нуть(ся) *сов.* 23 III
Переде́лать *сов., п.* 1 I
Переде́лывать *нес., п.* 1 I
Передели́ть *сов., п.* 10 II
Переделя́ть *нес., п.* 1 I
Передержа́ть *сов., п.* 17 II
Передéрживать *нес., п.* 1 I
Передёргивать(ся *разг.*) *нес.* 1 I
Передёрнуть(ся *разг.*) *сов.* 24 III
Передове́рить *сов., п.* 5 II
Передоверя́ть *нес., п.* 1 I
Передо́хнуть *сов., 3 л., разг.* 25 III
Передохну́ть *сов., разг.* 28 III
передыха́ть *нес.*
Передра́знивать *нес., п.* 1 I
Передразни́ть* *сов., п.* 10 II
Передра́ться *сов., разг.* 72 VII
Передружи́ться 8 and *сов., разг.* 10 II
Переду́мать *сов.* 1 I
Переду́мывать *нес.* 1 I
Передыха́ть *нес., разг.* 1 I
передохну́ть *сов.*
Перееда́ть *нес., п.* 1 I
Перее́сть *сов., п.* 87 VII
Переезжа́ть *нес., п.* 1 I
Перее́хать *сов., п.* 82 VII
Пережа́ривать(ся *3 л.*) *нес.* 1 I
Пережа́рить(ся *3 л.*) *сов.* 5 II
Пережда́ть* *сов., п.* 34 III
пережида́ть *нес.*
Пережева́ть *сов., п.* 43 IV
Пережёвывать *нес., п.* 1 I
Пережени́ть(ся)[1] *сов.* 10 II

[1] the 1st and 2nd persons singular are not used; the short participle is пере-же́нен

Пережéчь *сов., п.* 58 VI
Пережига́ть *нес., п.* 1 I
Пережива́ть *нес., п.* 1 I
Пережи́ть[1] *сов., п.* 62 VII
Пережида́ть *нес., п.* 1 I
пережда́ть *сов.*
Перезабы́ть *сов., п., разг.* 83 VII
Перезаряди́ть *сов., п.,* **д:ж** 9 II
Перезаряжа́ть *нес., п.* 1 I
Перезва́нивать *нес., разг.* 1 I
Перезвони́ть *сов., разг.* 8 II
Перезимова́ть *сов.* 42 IV
Перезнако́мить(ся) *сов., разг.,* **м:мл** 6 II
Перезрева́ть *нес., 3 л.* 1 I
Перезре́ть *сов., 3 л.* 2 I
Переигра́ть *сов., п.* 1 I
Переи́грывать *нес., п.* 1 I
Переизбира́ть *нес., п.* 1 I
Переизбра́ть *сов., п.* 72 VII
Переиздава́ть *нес., п.* 60 VII
Переизда́ть[2] *сов., п.* 88 VII
Переименова́ть *сов., п.* 42 IV
Переимено́вывать *нес., п.* 1 I
Переина́чивать *нес., п., разг.* 1 I
Переина́чить *сов., п., разг.* 5 II
Перейти́ *сов., п.* 81 VII
переходи́ть *нес.*
Перекале́чить *сов., п.* 5 II
Перека́ливать *нес., п.* 1 I
Перекали́ть *сов., п.* 8 II
Перека́лывать *нес., п.* 1 I
переколо́ть *сов.*
Перека́пывать *нес., п.* 1 I
перекопа́ть *сов.*
Перека́рмливать *нес., п.* 1 I
перекорми́ть *сов.*

[1] пережи́л (and пе́режи́л), пережила́, пе́режило (and пережи́ло), пе́режит (and пережи́т)

[2] переизда́л, переиздала́, переизда́л|о, -и; переи́здан

Перекати́ть(ся) *сов.*, **т:ч** 11 II
Перека́тывать(ся) *нес.* 1 I
Перекача́ть *сов., п.* 1 I
Перека́чивать *нес., п.* 1 I
Перека́шивать(ся *3 л.*) *нес.* 1 I
перекоси́ть(ся) *сов.*
Переквалифици́ровать-(ся) *сов.* 41 IV
Переки́дывать(ся) *нес.* 1 I
Переки́нуть(ся) *сов.* 23 III
Перекла́дывать *нес., п.* 1 I
переложи́ть *сов.*
Перекле́ивать *нес., п.* 1 I
Перекле́ить *сов., п.* 12 II
Переклика́ться *нес.* 1 I
Перекли́кнуться *сов.* 24 III
Переключа́ть(ся) *нес.* 1 I
Переключи́ть(ся) *сов.* 8 II
Перекова́ть *сов., п.* 43 IV
Переко́вывать *нес., п.* 1 I
Переколо́ть *сов., п.* 30 III
перека́лывать *нес.*
Перекопа́ть *сов., п.* 1 I
перека́пывать *нес.*
Перекорми́ть *сов., п.*, **м:мл** 11 II
перека́рмливать *нес.*
Перекоси́ть(ся *3 л.*) *сов.*, **с:ш** 11 II
перека́шивать(ся) *нес.*
Перекочева́ть *сов.* 42 IV
Перекочёвывать *нес.* 1 I
Перекра́ивать *нес., п.* 1 I
перекрои́ть *сов.*
Перекра́сить(ся *разг.*) *сов.*, **с:ш** 6 II
Перекра́шивать(ся *разг.*) *нес.* 1 I
Перекрести́ть[1](ся) **ст:щ** 11 II
Перекри́кивать *нес., п.* 1 I
Перекрича́ть *сов., п.* 15 II
Перекрои́ть[2] *сов., п.* 8 II
перекра́ивать *нес.*

Перекрути́ть *сов., п.*, **т:ч** 11 II
Перекру́чивать *нес., п.* 1 I
Перекрыва́ть *нес., п.* 1 I
Перекры́ть *сов., п.* 67 VII
Перекувы́ркивать(ся) *нес., разг.* 1 I
Перекувырну́ть(ся) *сов., разг.* 28 III
Перекупа́ть *нес., п., разг.* 1 I
Перекупи́ть *сов., п.*, **п:пл**, *разг.* 11 II
Перекру́ривать *нес., п.* 1 I
Перекури́ть[1] *сов., п.* 10 II
Перекуса́ть *сов., п.* 1 I
Перекуси́ть *сов., п.*, **с:ш** 11 II
Переку́сывать *нес., п.* 1 I
Перелага́ть *нес., п.* 1 I
переложи́ть *сов.*
Перела́мывать(ся *3 л.*) *нес.* 1 I
переломи́ть(ся) *сов.*
Перележа́ть *сов.* 15 II
Перелеза́ть *нес.* 1 I
Переле́зть *сов.* 44 V
Перелета́ть *нес.* 1 I
Перелете́ть* *сов., п.*, **т:ч** 20 II
Переле́чь *сов.* 59 VI
Перелива́ть(ся *3 л.*) *нес.* 1 I
Перели́ть[2](ся *3 л.*) *сов.* 69 VII
Перелиста́ть *сов., п.* 1 I
Перели́стывать *нес., п.* 1 I
Перелицева́ть *сов., п.* 42 IV
Перелови́ть *сов., п.*, **в:вл** 11 II
Переложи́ть[3] *сов., п.* 10 II
перекла́дывать *нес.*
перелага́ть *нес.*
Перелома́ть(ся *3 л.*) *сов.* 1 I

[1] перекрещён
[2] перекро́ен

[1] переку́рен
[2] перели́т, перели́та, перели́т|о, -ы
[3] перело́жен

Переломи́ть(ся *3 л.*) *сов.*, **м:мл** перела́мывать(ся) *нес.*	11	II
{ Перема́зать(ся *разг.*) *сов.*, **з:ж**	33	III
{ Перема́зывать(ся *разг.*) *нес.*	1	I
Перема́лывать(ся *3 л.*) *нес.* перемоло́ть(ся) *сов.*	1	I
{ Перема́нивать *нес.*, *п.*, *разг.*	1	I
{ Перемани́ть[1] *сов.*, *п.*, *разг.*	10	II
Перема́тывать *нес.*, *п.* перемота́ть *сов.*	1	I
Перемежа́ть(ся *3 л.*) *нес.*	1	I
Перемени́ть(ся) *сов.*	10	II
Перемёрзнуть *сов.*, *разг.*	25	III
{ Переме́ривать *нес.*, *п.*	1	I
{ Переме́рить *сов.*, *п.*	5	II
Перемеси́ть *сов.*, *п.*, **с:ш** переме́шивать *нес.*	11	II
Перемести́ть(ся) *сов.*, **ст:щ** перемеща́ть(ся) *нес.*	9	II
{ Переме́тить *сов.*, *п.*, **т:ч**	6	II
{ Перемеча́ть *нес.*, *п.*	1	I
Переметну́ться *сов.*, *разг.*	28	III
{ Перемеша́ть(ся *3 л.*) *сов.*	1	I
{ Переме́шивать(ся *3 л.*) *нес.*	1	I
Переме́шивать *нес.*, *п.* перемеси́ть *сов.*	1	I
Перемеща́ть(ся) *нес.* перемести́ть(ся) *сов.*	1	I
{ Переми́гиваться *нес.*, *разг.*	1	I
{ Перемигну́ться *сов.*, *разг.*	28	III
Перемина́ться *нес.*, *разг.*	1	I
{ Перемножа́ть *нес.*, *п.*	1	I
{ Перемно́жить *сов.*, *п.*	5	II
Перемоло́ть(ся *3 л.*) *сов.* перема́лывать(ся) *нес.*	70	VII
Перемота́ть *сов.*, *п.* перема́тывать *нес.*	1	I
Перемудри́ть *сов.*, *разг.*	8	II
{ Перемыва́ть *нес.*, *п.*	1	I
{ Перемы́ть *сов.*, *п.*	67	VII
{ Перенапряга́ть(ся) *нес.*	1	I
{ Перенапря́чь(ся) *сов.*	56	VI
Перенести́(сь) *сов.*	45	V
Переноси́ть **(ся) *нес.*, **с:ш**	11	II
Перенима́ть *нес.*, *п.* переня́ть *сов.*	1	I
Переночева́ть *сов.*	42	IV
{ Перенумерова́ть *сов.*, *п.*	42	IV
{ Перенумеро́вывать *нес.*, *п.*	1	I
Переня́ть[1] *сов.*, *п.*, *разг.* перенима́ть *нес.*	78	VII
Переобору́довать *сов.*, *п.*	41	IV
{ Переобува́ть(ся) *нес.*	1	I
{ Переобу́ть(ся) *сов.*	3	I
{ Переодева́ть(ся) *нес.*	1	I
{ Переоде́ть(ся) *сов.*	61	VII
Переосвиде́тельствовать *нес.*, *сов.*, *п.*	41	IV
Переохлади́ть(ся) *сов.*, **д:ж:жд**	9	II
{ Переоце́нивать *нес.*, *п.*	1	I
{ Переоцени́ть *сов.*, *п.*	10	II
Перепа́дать *сов.*, *3 л.*, *разг.*	1	I
{ Перепада́ть *нес.*, *3 л.*, *разг.*	1	I
{ Перепа́сть *сов.*, *3 л.*, *разг.*	48	V

[1] перема́нен

[1] пе́ренял and переня́л, переняла́, пе́реняло and переня́ло; пе́ренят, перенята́, пе́ренят|о, -ы

Перепа́ивать *нес., п.* 1 I
перепои́ть *сов.*,
Перепа́костить *сов., п.,* 7 II
ст:щ, *разг.*
Перепаха́ть *сов., п.,* 36 III
х:ш
Перепа́хивать *нес., п.* 1 I
Перепа́чкаться *сов.* 1 I
Перепека́ть(ся *3 л.*) *нес.* 1 I
перепе́чь(ся) *сов.*
Перепелена́ть[1] *сов., п.* 1 I
Перепелёнывать *нес., п.* 1 I
Перепе́рчивать *нес., п.* 1 I
Переперчи́ть *сов., п.* 7 II
Перепеча́тать *сов., п.* 1 I
Перепеча́тывать *нес., п.* 1 I
Перепе́чь(ся *3 л.*) *сов.* 54 VI
перепека́ть(ся) *нес.*
Перепи́ливать *нес., п.* 1 I
Перепили́ть[2] *сов., п.* 10 II
Переписа́ть *сов., п.,* 36 III
с:ш
Перепи́сывать(ся) *нес.* 1 I
Перепланирова́ть *сов., п.* 41 IV
Перепланиро́вывать *нес., п.* 1 I
Переплати́ть *сов., п.,* 11 II
т:ч
Перепла́чивать *нес., п.* 1 I
Переплести́(сь *3 л.*) *сов.*, **с:т** 47 V
Переплета́ть(ся *3 л.*) *нес.* 1 I
Переплыва́ть *нес., п.* 1 I
Переплы́ть*[3] *сов., п.* 62 VII
Переплю́нуть *сов., п.* 23 III
Перепои́ть *сов., п.* 8 II
перепа́ивать *нес.*
Переполза́ть *нес., п.* 1 I
Переползти́* *сов., п.* 45 V

[1] перепелёнат
[2] перепи́лен
[3] переплы́л, переплыла́, переплы́л|о, -и

Перепо́лнить(ся *3 л.*) *сов.* 7 II
Переполня́ть(ся *3 л.*) *нес.* 1 I
Переполоши́ть(ся) *сов., разг.* 8 II
Перепоруча́ть *нес., п.* 1 I
Перепоручи́ть[1] *сов., п.* 10 II
Перепра́вить(ся) *сов.,* 6 II
в:вл
Переправля́ть(ся) *нес.* 1 I
Перепрева́ть *нес., 3 л.* 1 I
Перепре́ть *сов., 3 л.* 2 I
Перепро́бовать *сов., п.* 41 IV
Перепродава́ть *нес., п.* 60 III
Перепрода́ть *сов., п.* 88 VII
Перепры́гивать *нес., п.* 1 I
Перепры́гнуть* *сов., п.* 24 III
Перепряга́ть *нес., п.* 1 I
Перепря́чь *сов., п.* 56 VI
Перепуга́ть(ся) *сов.* 1 I
Перепу́тать(ся) *сов.* 1 I
Перепу́тывать(ся *3 л.*) *нес.* 1 I
Перераба́тывать(ся *3 л.*) *нес.* 1 I
Перерабо́тать(ся *3 л.*) *сов.* 1 I
Перераспредели́ть *сов., п.* 8 II
Перераспределя́ть *нес., п.* 1 I
Перераста́ть *нес., п.* 1 I
Перерасти́ *сов., п.* 51 V
Перерасхо́довать *сов., п.* 41 IV
Перерва́ть *сов., п.* 34 III
перерыва́ть *нес.*
Перерегистри́ровать (ся) *сов., нес.* 41 IV
Перереза́ть *нес., п.* 1 I
Перере́зать *сов., п.,* 33 III
з:ж
Перере́зывать *нес., п.* 1 I
Перереша́ть *нес., п.* 1 I
Перереши́ть *сов., п.* 8 II

[1] перепору́чен

Перержаве́ть *сов., 3 л.* 2 I
Перерисова́ть *сов., п.* 42 IV
Перерисо́вывать *нес., п.* 1 I
Переродить(ся) *сов.*, **д:ж:жд** 9 II
Перерожда́ть(ся) *нес.* 1 I
Перерубать *нес., п.* 1 I
Перерубить *сов., п.*, **б:бл** 11 II
Переругаться *сов., разг.* 1 I
Переру́гиваться *нес., разг.* 1 I
Перерыва́ть *нес., п.* 1 I
перерва́ть *сов.*
Перерыва́ть *нес., п.* 1 I
Переры́ть *сов., п.* 67 VII
Перерядить(ся) *сов.*, **д:ж**, *разг.* 11 II
Переря́живать(ся) *нес., разг.* 1 I
Пересадить *сов., п.*, **д:ж** 11 II
Переса́живать *нес., п.* 1 I
Переса́живаться *нес.* 1 I
пересе́сть *сов.*
Переса́ливать *нес., п.* 1 I
пересолить *сов.*
Передава́ть *нес., п.* 60 VII
Пересда́ть[1] *сов., п.* 88 VII
Пересека́ть *нес., п.* 1 I
пересе́чь *сов.*
Переселить(ся) *сов.* 8 II
Переселя́ть(ся) *нес.* 1 I
Пересе́сть *сов.* 53 V
переса́живаться *нес.*
Пересе́чь[2] *сов., п.* 54 VI
пересека́ть *нес.*
Пересиде́ть[3] *сов., п.*, **д:ж** 20 II
Переси́живать *нес., п.* 1 I
Переси́ливать *нес., п.* 1 I
Переси́лить *сов., п.* 5 II

Пересказа́ть *сов., п.*, **з:ж** 36 III
Переска́зывать *нес., п.* 1 I
Переска́кивать *нес., п.* 1 I
Перескочить* *сов., п.* 10 II
Пересластить *сов., п.*, **ст:щ**, *разг.* 9 II
Пересла́щивать *нес., п., разг.* 1 I
Пересла́ть *сов., п.* 80 VII
пересыла́ть *нес.*
Пересма́тривать *нес., п.* 1 I
Пересмотре́ть *сов., п.* 21 II
Пересме́ивать(ся) *нес., разг.* 1 I
Переснима́ть *нес., п.* 1 I
Пересня́ть[1] *сов., п.* 76 VII
Пересоздава́ть *нес., п.* 60 VII
Пересозда́ть *сов., п.* 88 VII
Пересолить[2] *сов.*, 10 and *п.* 8 II
переса́ливать *нес.*
Пересортирова́ть *сов., п.* 42 IV
Пересортиро́вывать *нес., п.* 1 I
Пересо́хнуть *сов., 3 л.* 25 III
пересыха́ть *нес.*
Переспа́ть *сов.*, **п:пл**, *разг. прост.* 16 II
Переспо́рить *сов., п.* 5 II
Переспра́шивать *нес., п.* 1 I
Переспросить *сов., п.*, **с:ш** 11 II
Перессо́рить(ся) *сов.* 5 II
Перестава́ть *нес.* 60 VII
переста́ть *сов.*
Переста́вить *сов., п.*, **в:вл** 6 II
Переставля́ть *нес., п.* 1 I
Переста́ивать *нес., 3 л.* 1 I
перестоя́ть *сов.*

[1] пересда́н
[2] пересе́к; пересе́кший
[3] переси́жен

[1] пересня́л, пересняла́, пересня́л|о, -и; пересня́т
[2] пересо́лен

Перестара́ться *сов., разг.* — 1 I

Переста́ть *сов.* — 61 VII
переставáть *нес.*

Перестели́ть *сов., п.* — 40 III
Перестилáть *нес., п.* — 1 I
Перестлáть *сов., п.* — 73 VII

Перестирáть *сов., п.* — 1 I
Перести́рывать *нес., п.*

Перестоя́ть *сов., 3 л.* — 13 II
перестáивать *нес.*

Перестрадáть* *сов., п.* — 1 I

Перестрáивать(ся) *нес.* — 1 I
перестрóить(ся) *сов.*

Перестраховáть(ся) *сов.* — 42 IV
Перестрахóвывать(ся) *нес.* — 1 I

Перестреля́ть *сов., п.* — 1 I

Перестрóить(ся) *сов.* — 12 II
перестрáивать(ся) *нес.*

Перестýкиваться *нес.* — 1 I

Переступáть *нес., п.* — 1 I
Переступи́ть *сов., п.,* **п:пл** — 11 II

Пересýшивать *нес., п.* — 1 I
Пересуши́ть[1] *сов., п.* — 10 II

Пересчитáть *сов., п.* — 1 I
Пересчи́тывать *нес., п.* — 1 I

Пересылáть *нес., п.* — 1 I
переслáть *сов.*

Пересыпáть *нес., п.* — 1 I
Пересы́пать[2] *сов., п.,* **п:пл** — 33 III

Пересыхáть *нес., 3 л.* — 1 I
пересóхнуть *сов.*

Перетáпливать *нес., п.* — 1 I
перетопи́ть *сов.*

Перетаскáть *сов., п.* — 1 I

Перетáскивать *нес., п.* — 1 I
перетащи́ть *сов.*

Перетасовáть *сов., п.* — 42 IV
Перетасóвывать *нес., п.* — 1 I

[1] пересýшен
[2] пересы́пь

Перетащи́ть[1] *сов., п.* — 10 II
перетáскивать *нес.*

Перетерéть(ся *3 л.*) *сов.* — 71 VII
Перетирáть(ся *3 л.*) *нес.* — 1 I

Перетерпéть* *сов., п.,* **п:пл**, *разг.* — 22 II

Перетолковáть *сов., п., разг.* — 42 IV
Перетолкóвывать *нес., п., разг.* — 1 I

Перетопи́ть *сов., п.,* **п:пл** — 11 II
перетáпливать *нес.*

Перетревóжить(ся) *сов., разг.* — 5 II

Перетрóгать *сов., п.* — 1 I

Перетрýсить *сов.,* **с:ш**, *разг.* — 6 II

Перетрясáть *нес., п.* — 1 I
Перетрясти́ *сов., п.* — 45 V

Перетря́хивать *нес., п.* — 1 I
Перетряхнýть *сов., п.* — 28 III

Перетя́гивать(ся) *нес.* — 1 I
Перетянýть(ся) *сов.* — 29 III

Переубеди́ть(ся)[2] *сов.,* **д:ж:жд** — 9 II
Переубеждáть(ся) *нес.* — 1 I

Переупря́мить* *сов., п.,* **м:мл**, *разг.* — 6 II

Переусéрдствовать *сов., разг., ирон.* — 41 IV

Переутоми́ть(ся) *сов.,* **м:мл** — 9 II
Переутомля́ть(ся) *нес.* — 1 I

Переучéсть *сов., п.* — 52 V
Переучи́тывать *нес., п.* — 1 I

Переýчивать(ся) *нес.* — 1 I
Переучи́ть[3](ся) *сов.* — 10 II

Перефрази́ровать *нес., сов., п.* — 41 IV

Перехвали́ть[4] *сов., п., разг.* — 10 II

[1] перетáщен
[2] the 1st person singular is not used
[3] переýчен
[4] перехвáлен

Перехвати́ть *сов., п.,* **т:ч** 11 II
Перехва́тывать *нес., п.* 1 I
Перехвора́ть *сов., разг.* 1 I
Перехитри́ть *сов., п.* 8 II
Переходи́ть** *нес., п.,* **д:ж** 11 II
перейти́ *сов.*
Перечеркну́ть *сов., п.* 28 III
Перечёркивать *нес., п.* 1 I
Перечерти́ть *сов., п.,* **т:ч** 11 II
Перече́рчивать *нес., п.* 1 I
Перечеса́ть[1] *сов., п.,* **с:ш** 36 III
Перечёсывать *нес., п.* 1 I
Перече́сть *сов., п., разг.* 52 V
Перечи́слить *сов., п.* 7 II
Перечисля́ть *нес., п.* 1 I
Перечита́ть *сов., п.* 1 I
Перечи́тывать *нес., п.* 1 I
Пере́чить *нес., разг.* 5 II
Перечу́вствовать *сов., п.* 41 IV
Переша́гивать *нес., п.* 1 I
Перешагну́ть* *сов., п.* 28 III
Перешёптываться *нес.* 1 I
Перешиба́ть *нес., п., разг.* 1 I
Перешиби́ть *сов., п., разг.* 39 III
Перешива́ть *нес., п.* 1 I
Переши́ть[2] *сов., п.* 69 VII
Перещеголя́ть* *сов., п., разг.* 1 I
Перефрази́ровать *нес., сов., п., книжн.* 41 IV
Пе́рчить *нес., п.* 7 II
напе́рчить *сов.*
попе́рчить *сов.*
Перши́ть *нес., безл., разг.* 8 II
Пе́стовать *нес., п., устар.* and *высок.* 41 IV
вы́пестовать *сов.*

[1] перечёсан

[2] переши́л, переши́л|а, -о, -и; перешит

Пестре́ть *нес., 3 л.* 2 I
Петля́ть *нес., прост.* 1 I
Петуши́ться *нес., разг.* 8 II
Петь *нес., п.* 68 VII
пропе́ть *сов.*
спеть *сов.*
Печа́лить(ся) *нес.* 5 II
опеча́лить(ся) *сов.*
Печа́тать(ся) *нес.* 1 I
напеча́тать(ся) *сов.*
Печь(ся) *3 л.* нес. 54 VI
испе́чь(ся) *сов.*
Пики́ровать(ся *книжн.*) *нес., сов.* 41 IV
спики́ровать *сов.*
Пи́кнуть *сов., разг.* 24 III
Пили́кать *нес., разг.* 1 I
Пили́ть *нес., п.* 10 II
Пилоти́ровать *нес., п.* 41 IV
Пина́ть *нес., п., прост.* 1 I
пнуть *сов.*
Пирова́ть *нес., устар. шутл.* 42 IV
Пи́ршествовать *нес. устар.* and *шутл.* 41 IV
Писа́ть(ся *3 л.*) *нес.,* **с:ш** 36 III
написа́ть *сов.*
Пи́скнуть *сов.* 24 III
пища́ть *нес.*
Пита́ть(ся) *нес.* 1 I
напита́ть *сов.*
Пить *нес., п.* 69 VII
вы́пить *сов.*
Пиха́ть(ся) *нес., разг.* 1 I
Пихну́ть*(ся) *сов., разг.* 28 III
Пи́чкать *нес., п., разг.* 1 I
напи́чкать *сов.*
Пища́ть *нес.* 15 II
пи́скнуть *сов.*
Пла́вать *нес.* 1 I
Пла́вить(ся *3 л.*) *нес.,* **в:вл** 6 II
распла́вить(ся) *сов.*
Пла́кать *неперех.* (ся *разг.*) *нес.,* **к:ч** 33 III
Пламене́ть *нес., высок.* 2 I

Плани́ровать *нес., п.* 41 IV
запланировать *сов.*
распланировать *сов.*
Пласта́ть *нес., п.* 1 I
Плати́ть(ся) *нес.,* **т:ч** 11 II
заплати́ть *сов.*
уплати́ть *сов.*
поплати́ться *сов.*
Плева́ть[1] *неперех.* (ся) *нес.* 43 IV
плю́нуть *сов.*
наплева́ть *сов.*
{ Плени́ть(ся) *сов.* 8 II
{ Плени́ть(ся) *нес.* 1 I
{ Плеска́ть[2](ся) *нес.,* **ск:щ** 36 III
{ Плесну́ть *сов., п.* 28 III
Пле́сневеть *нес., 3 л.* 2 I
запле́сневеть *сов.*
Плести́(сь *разг.*) *нес.,* **с:т** 47 V
сплести́ *сов.*
Плеши́веть *нес.* 2 I
оплеши́веть *сов.*
Плиссирова́ть *нес., п.* 42 IV
Плоди́ть(ся *3 л.*) *нес.,* **д:ж** 9 II
расплоди́ть(ся) *сов.*
Плодоноси́ть *сов., 3 л.* 11 II
Пломбирова́ть *нес., п.* 42 IV
запломбирова́ть *сов.*
опломбирова́ть *сов.*
Плотне́ть *нес.* 2 I
поплотне́ть *сов.*
Пло́тничать *нес.* 1 I
Плута́ть *нес., разг.* 1 I
Плутова́ть *нес., разг.* 42 IV
наплутова́ть *сов.*
сплутова́ть *сов.*
Плыть *нес.* 62 VII
Плю́нуть *сов.* 23 III
плева́ть(ся) *нес.*
Плюсова́ть *нес., п.* 42 IV
Плю́щить *нес., п.* 7 II
сплю́щить *сов.*

[1] плюю́
[2] плещу́ and плеска́ю

Пляса́ть *нес., п.,* **с:ш** 36 III
спляса́ть *сов.*
Пнуть* *сов., п., прост.* 28 III
пина́ть *нес.*
Побагрове́ть *сов.* 2 I
Поба́иваться *нес., разг.* 1 I
Поба́ливать *нес., 3 л., разг.* 1 I
Побе́гать *нес.* 1 I
{ Победи́ть[1] *сов., п.,* **д:жд** 8 II
{ Побежда́ть *сов.* 1 I
Побежа́ть *сов.* 85 VII
Побеле́ть *сов.* 2 I
Побели́ть *сов., п.* 10 and 8 II
Побере́чь(ся) *сов.* 56 VI
Побесе́довать *сов.* 41 IV
Побеспоко́ить(ся) *сов.* 12 II
Побира́ться *нес., разг. устар.* 1 I
Побить[2](ся *3 л.*) *сов.* 69 VII
Поблагодари́ть* *сов., п.* 8 II
Побледне́ть *сов.* 2 I
Поблёкнуть *сов.* 26 III
Побожи́ться *сов.* 8 II
Поборо́ть(ся) *сов.* 30 III
Побоя́ться *сов.* 13 II
Побрани́ть*(ся) *сов.* 8 II
Побрата́ться *сов., разг.* 1 I
Побре́згать *сов.* 1 I
Побрести́ *сов.,* **с:д** 47 V
Побри́ть(ся) *сов.* 66 VII
Броди́ть *сов.,* **д:ж** 11 II
Поброса́ть *сов., п.* 1 I
Побуди́ть[3] *сов., п.* **д:ж**, *разг.* 11 II
{ Побуди́ть *сов., п.,* **д:ж:жд**, *книжн.* 9 II
{ Побужда́ть *нес., п., книжн.* 1 I
Побуре́ть *сов.* 2 I
Побыва́ть *сов.* 1 I
Побы́ть[4] *сов.* 83 VI

[1] the 1st person singular is not used
[2] поби́л, поби́л|а, -о, -и; поби́т
[3] to try to wake up
[4] по́был, побыла́; по́был|о, -и

Пова́диться *сов.*, **д:ж**, *разг.* 6 II
Повали́ть[1](ся) *сов.* 10 II
Поваля́ться *сов.* 1 I
Пове́дать *сов.*, *п.*, *устар.* 1 I
Повезти́ *сов.*, *п.*, *безл.*, *разг.* 45 V
{ Повелева́ть *нес.*, *устар.* and *высок.* 1 I
{ Повеле́ть *сов.*, *высок.* 19 II
Повенча́ть(ся) *сов.* 1 I
{ Поверга́ть *нес.*, *п.*, *устар.* and *высок.* 1 I
{ Пове́ргнуть[2] *сов.*, *п.*, *устар.* and *высок.* 26 III
Пове́рить *сов.* 5 II
{ Пове́рить *сов.*, *п.* 5 II
{ Поверя́ть *нес.*, *п.* 1 I
{ Поверну́ть(ся) *сов.* 28 III
{ Повёртывать(ся) *нес.* 1 I
поворáчивать(ся) *нес.*
Повеселе́ть *сов.* 2 I
Пове́сить(ся) *сов.*, **с:ш** 6 II
ве́шать(ся) *нес.*
Пове́сничать *нес.*, *разг.* *неодобр.* 1 I
Повествова́ть *нес.*, *книжн.* 42 IV
Повести́ *сов.*, *п.*, **с:д** 47 V
поводи́ть *нес.*
Повести́сь *сов.*, **с:д** 47 V
Пове́ять *сов.*, *3 л.* 31 III
Повздо́рить *сов.*, *разг.* 5 II
Повзросле́ть *сов.* 2 I
Повида́ть *(ся) *сов.*, *разг.* 1 I
Повини́ться *сов.*, *разг.* 8 II
Повинова́ться[3] *нес.*, *сов.* 42 IV
Повисе́ть *сов.*, **с:ш** 20 II
Пови́снуть *сов.* 26 III
Повлажне́ть *сов.*, *3 л.* 2 I

[1] пова́лен
[2] пове́ргнут and пове́ржен
[3] only the perfective form is used in the past tense

Повле́чь *сов.*, *п.* 54 VI
Повлия́ть *сов.* 1 I
Поводи́ть* *сов.*, *п.*, **д:ж** 11 II
Поводи́ть *нес.*, **д:ж** 11 II
повести́ *сов.*
Повози́ть* *сов.*, *п.*, **з:ж** 11 II
Повора́чивать(ся) *нес.* 1 I
поверну́ть(ся) *сов.*
{ **По**вреди́ть(ся *прост.*) *сов.*, **д:ж:жд** 9 II
{ Поврежда́ть(ся *прост.*) *нес.* 1 I
Повремени́ть *сов.*, *разг.* 8 II
Повстреча́ть *(ся) *сов.*, *разг.* 1 I
{ Повтори́ть(ся *3 л.*) *сов.* 8 II
{ Повторя́ть(ся) *нес.* 1 I
{ Повы́сить(ся) *сов.*, **с:ш** 6 II
{ Повыша́ть(ся) *нес.* 1 I
{ Повяза́ть(ся) *сов.*, **з:ж** 36 III
{ Повя́зывать(ся) *нес.* 1 I
Повя́нуть *сов.*, *3 л.* 27 III
Погада́ть *сов.* 1 I
Пога́нить *нес.*, *п.*, *прост.* 5 II
опога́нить *сов.*
Погаса́ть *нес.*, *высок.* 1 I
Погаси́ть *сов.*, *п.*, **с:ш** 11 II
Пога́снуть *сов.*, *3 л.* 25 III
Погаша́ть *нес.*, *п.*, *офиц.* 1 I
{ Погиба́ть *нес.* 1 I
{ **По**ги́бнуть *сов.* 25 III
Погла́дить *сов.*, *п.*, **д:ж** 6 II
{ Поглоти́ть[1] *сов.*, *п.*, **т:щ** 11 II
{ Поглоща́ть *нес.*, *п.* 1 I
Поглупе́ть *сов.* 2 I
{ **По**гляде́ть(ся) *сов.*, **д:ж** 20 II
{ Погля́дывать *нес.*, *разг.* 1 I

[1] поглощён

Погна́ть(ся) *сов.* 75 VII
Погни́ть *сов., 3 л., разг.* 4 I
Погну́ть(ся) *сов.* 28 III
Погнуша́ться *сов.* 1 I
Погова́ривать *нес., разг.* 1 I
Поговори́ть *сов.* 8 II
Погоди́ть *сов.,* **д:ж,** *разг.* 9 II
Поголубе́ть *сов., 3 л.* 2 I
Погоня́ть*(ся) *сов.* 1 I
{ Погора́ть *нес.* 1 I
{ Погоре́ть *сов.* 19 II
Погорячи́ться *сов.* 8 II
{ Погреба́ть *нес., п., книжн.* 1 I
{ Погрести́ *сов., п., устар.* 50 V
Погрести́[1] *сов.* 50 V
Погре́ть(ся) *сов.* 2 I
Погреши́ть *сов.* 8 II
Погрози́ть *неперех.*(ся *разг.*) *сов.,* **з:ж** 9 II
Погрубе́ть *сов.* 2 I
{ Погружа́ть(ся) *нес.* 1 I
{ **По**грузи́ть(ся) *сов.* 9 II
Погрузне́ть *сов., разг.* 2 I
Погры́зться *сов.* 46 V
{ Погряза́ть *нес.* 1 I
{ Погря́знуть *сов.* 25 III
Погуби́ть *сов., п.,* **б:бл** 11 II
Погу́ливать *нес., разг.* 1 I
Погуля́ть *сов.* 1 I
Погусте́ть *сов., 3 л.* 2 I
Подава́ть(ся) *нес.* 60 VII
подá́ть(ся) *сов.*
{ **По**дави́ть(ся) *сов.,* **в:вл** 11 II
{ Подавля́ть *нес., п.* 1 I
Подари́ть[2] *сов., п.* 10 II
Пода́ть(ся) *сов.* 88 VII
подава́ть(ся) *нес.*
{ Подба́вить *сов., п.,* **в:вл** 6 II
{ Подбавля́ть *нес., п.* 1 I

[1] to row for a while
[2] пода́рен

Подба́дривать *нес., п., разг.* 1 I
подбодри́ть *сов.*
Подба́лтывать *нес., п., разг.* 1 I
подболта́ть *сов.*
{ Подбега́ть *сов.* 1 I
{ Подбежа́ть *сов.* 85 VII
{ Подбива́ть *нес., п.* 1 I
{ Подби́ть[1] *сов., п.* 69 VII
Подбира́ть(ся) *нес.* 1 I
подобра́ть(ся) *сов.*
{ Подбодри́ть(ся) *сов., разг.* 8 II
{ Подбодря́ть(ся) *нес. разг.* 1 I
подба́дривать *нес.*
Подболта́ть *сов., п., разг.* 1 I
подба́лтывать *нес.*
{ Подбоче́ниваться *нес., разг.* 1 I
{ Подбоче́ниться *сов., разг.* 5 II
{ Подбра́сывать *нес., п.* 1 I
{ Подбро́сить *сов., п.,* **с:ш** 6 II
{ Подбрива́ть *нес., п.* 1 I
{ Подбри́ть *сов., п.* 66 VII
{ Подва́ливать *нес., п.* 1 I
{ Подвали́ть[2] *сов., п.* 10 II
{ Подва́ривать *нес., п. разг.*
{ Подвари́ть[3] *сов., п., разг.* 10 II
Подвезти́ *сов., п.* 45 V
подвози́ть *нес.*
{ Подверга́ть(ся) *нес.* 1 I
{ Подве́ргнуть(ся) *сов.* 26 III
{ Подверну́ть(ся) *сов.* 28 III
{ Подвёртывать(ся) *нес.* 1 I

[1] **подо**бью́, подби́л, подби́л|а, -о, -и; подби́т, подби́т|а, -о, -ы
[2] подва́лен
[3] подва́рен

Подве́сить(ся *разг.*) *сов.*, **с:ш** 6 II
Подве́шивать(ся *разг.*) *нес.* 1 I
Подвести́ *сов.*, *п.*, **с:д** 47 V
подводи́ть *нес.*
Подвива́ть(ся) *нес.* 1 I
подви́ть(ся) *сов.*
Подви́гать *(ся) *сов.* 1 I
Подвига́ть(ся) *нес.* 1 I
подви́нуть(ся) *сов.*
Подвиза́ться *нес.*, *высок.* and *ирон.* 1 I
Подвинти́ть[1] *сов.*, *п.*, **т:ч** 9 II
Подви́нчивать *нес.*, *п.* 1 I
Подви́нуть(ся) *сов.* 23 III
подвига́ть(ся) *нес.*
Подви́ть[2](ся) *сов.* 69 VII
подвива́ть(ся) *нес.*
Подводи́ть ** *нес.*, *п.*, **д:ж** 11 II
подвести́ *сов.*
Подвози́ть ** *нес.*, *п.*, **з:ж** 11 II
подвезти́ *сов.*
Подвяза́ть(ся) *сов.*, **з:ж** 36 III
Подвя́зывать(ся) *нес.* 1 I
Подгада́ть *сов.*, *п.*, *разг.* 1 I
Подга́дывать *нес.*, *п.*, *разг.* 1 I
Подга́дить *сов.*, *п.*, **д:ж**, *прост.* 6 II
Подгиба́ть(ся *3 л.*) *нес.* 1 I
подогну́ть(ся) *сов.*
Подгляде́ть *сов.*, **д:ж**, *разг.* 20 II
Подгля́дывать *нес.*, *разг.* 1 I
Подгнива́ть *нес.*, *3 л.* 1 I
Подгни́ть *сов.*, *3 л.* 4 I
Подговори́ть *сов.*, *п.* 8 II
Подгова́ривать *нес.*, *п.* 1 I

[1] подви́нчен
[2] **подовью́**; подви́л, подви́ла, подви́л|о, -и; подви́т, подви́та, подви́т|о, -ы

Подгоня́ть *нес.*, *п.* 1 I
подогна́ть *сов.*
Подгора́ть *нес.*, *3 л.* 1 I
Подгоре́ть *сов.*, *3 л.* 19 II
Подгота́вливать(ся) *нес.* 1 I
Подгото́вить(ся) *сов.*, **в:вл** 6 II
Подготовля́ть(ся) *нес.* 1 I
Подгреба́ть *нес.*, *п.* 1 I
Подгрести́ *сов.*, *п.* 50 V
Поддава́ть(ся) *нес.* 60 VII
Подда́ть(ся) *сов.* 88 VII
Подда́кивать *нес.*, *разг.* 1 I
Подда́кнуть *сов.*, *разг.* 24 III
Поддева́ть *нес.*, *п.* 1 I
подде́ть *сов.*
Подде́лать(ся) *сов.* 1 I
Подде́лывать(ся) *нес.* 1 I
Поддёргивать *нес.*, *п.*, *разг.* 1 I
Поддёрнуть *сов.*, *п.*, *разг.* 24 III
Поддержа́ть *сов.*, *п.* 17 II
Подде́рживать *нес.*, *п.* 1 I
Подде́ть *сов.*, *п.* 61 VII
поддева́ть *нес.*
Поддра́знивать *нес.*, *п.*, *разг.* 1 I
Поддразни́ть *сов.*, *п.* 10 II
Поддува́ть *нес.* 1 I
Поде́йствовать *сов.* 41 IV
Поде́лать *сов.*, *п.*, *разг.* 1 I
Подели́ть(ся) *сов.* 10 II
Поде́лывать *нес.*, *п.*, *разг.* 1 I
Подёргать *сов.*, *п.* 1 I
Подёргивать *нес.*, *п.* and *безл.* 1 I
Подёргиваться *нес.* 1 I
Подёрнуть(ся) *сов.*, *3 л.* 24 III
Подешеве́ть *сов.*, *3 л.* 2 I
Поджа́ривать(ся *3 л.*) *разг.* 1 I
Поджа́рить(ся *3 л.*) *сов.* 5 II

Поджа́ть[1] *сов., п.* 65 VII
Поджима́ть *нес., п.* 1 I
Подже́чь[2] *сов., п.* 58 VI
Поджига́ть *нес., п.* 1 I
{ Поджива́ть *нес., 3 л., разг.* 1 I
{ Поджи́ть *сов., 3 л., разг.* 62 VII
Поджида́ть *нес., п., разг.* 1 I
Подзабы́ть *сов., п., разг.* 83 VII
{ Подзадо́ривать *нес., п., разг.* 1 I
{ Подзадо́рить *сов., п., разг.* 5 II
Подзарабо́тать *сов., п., разг.* 1 I
Подзаряди́ть *сов.,* **д:ж**, *разг.* 9 and 11 II
Подзыва́ть *нес., п.* 1 I
 подозва́ть *сов.*
Подиви́ть*(ся) *сов.,* **в:вл**, *прост.* 9 II
Подира́ть *нес., 3 л., разг.* 1 I
Подка́лывать *нес., п.* 1 I
 подколоть *сов.*
Подка́пывать(ся) *нес.* 1 I
 подкопа́ть(ся) *сов.*
{ Подкарау́ливать *нес., п., разг.* 1 I
{ Подкарау́лить *сов., п., разг.* 5 II
Подка́рмливать(ся) *нес.* 1 I
 подкорми́ть(ся) *сов.*
{ Подкати́ть(ся) *сов.,* **т:ч** 11 II
{ Подка́тывать(ся) *нес.* 1 I
Подка́шивать(ся *3 л.*) *нес.* 1 I
 подкоси́ть(ся) *сов.*
{ Подки́нуть *сов., п., разг.* 23 III
{ Подки́дывать *нес., п., разг.* 1 I

Подкла́дывать *нес., п.* 1 I
 подложи́ть *сов.*
{ Подкле́ивать *нес., п.* 1 I
{ Подкле́ить *сов., п.* 12 II
{ Подключа́ть(ся) *нес.* 1 I
{ Подключи́ть(ся) *сов.* 8 II
Подкова́ть(ся *прост.*) *сов.* 43 IV
Подко́вывать(ся *прост.*) *нес.* 1 I
Подковырну́ть* *сов., п., разг.* 28 III
Подколо́ть *сов., п.* 30 III
 подка́лывать *нес.*
Подкопа́ть(ся) *сов.* 1 I
 подка́пывать(ся) *нес.*
Подкорми́ть(ся *разг.*) *сов.,* **м:мл** 11 II
 подка́рмливать(ся) *нес.*
Подкоси́ть(ся *3 л.*) *сов.,* **с:ш** 11 II
 подка́шивать(ся) *нес.*
{ Подкра́дываться *нес.* 1 I
{ Подкра́сться *сов.* 48 V
{ Подкра́сить(ся) *сов.,* **с:ш** 6 II
{ Подкра́шивать(ся) *нес.* 1 I
{ Подкрепи́ть(ся) *сов.,* **п:пл** 9 II
{ Подкрепля́ть(ся) *нес.* 1 I
{ Подкупа́ть *нес., п.* 1 I
{ Подкупи́ть *сов., п.,* **п:пл** 11 II
{ Подла́диться *сов.,* **д:ж**, *разг.* 6 II
{ Подла́живаться *нес., разг.* 1 I
Подла́мывать(ся *3 л.*) *нес.* 1 I
 подломи́ть(ся) *сов.*
Подлежа́ть *нес., офиц.* 15 II
{ Подлеза́ть *нес.* 1 I
{ Подле́зть *сов.* 44 V
{ Подлета́ть *нес.* 1 I
{ Подлете́ть *сов.,* **т:ч** 20 II
Подле́ть *нес., разг.* 2 I

[1] **подожму́; подожми́**
[2] **подожгу́; подожги́**

Подле́чивать(ся) *нес., разг.*	1	I
Подлечи́ть[1](ся) *сов., разг.*	10	II
Подлива́ть *нес., п.*	1	I
Подли́ть[2] *сов., п.*	69	VII
Подлиза́ться *сов.,* **з:ж,** *разг.*	36	III
Подли́зываться *нес., разг.*	1	I
По́дличать *нес., разг.* спо́дличать *сов.*	1	I
Подложи́ть[3] *сов., п.* подкла́дывать *нес.*	10	II
Подломи́ть(ся *3 л.*) *сов.* подла́мывать(ся) *нес.*	11	II
Подма́зать(ся *разг.*) *сов.,* **з:ж**	23	III
Подма́зывать(ся *разг.*) *нес.*	1	I
Подмалева́ть[4] *сов., п., разг.*	41	IV
Подмалёвывать *нес., п., разг.*	1	I
Подма́нивать *нес., п., разг.*	1	I
Подмани́ть[5] *сов., п., разг.*	10	II
Подма́сливать *нес., п.*	1	I
Подма́слить *сов., п.*	7	II
Подма́хивать *нес., п., разг. шутл.*	1	I
Подмахну́ть* *сов., п., разг. шутл.*	28	III
Подма́чивать *нес., п.* подмочи́ть *сов.*	1	I
Подме́нивать *нес., п.*	1	I
Подмени́ть *сов., п.*	10	II
Подменя́ть *нес., п.*	1	I
Подмерза́ть *нес., 3 л.*	1	I
Подмёрзнуть *сов., 3 л.* **с:ш**	25	III

[1] подле́чен

[2] **подо**лью́; подли́т, подли́та, подли́т|о, -ы

[3] подло́жен

[4] подмалю́ю, подмалёван

[5] подма́нен and подманён

Подмеси́ть *сов., п.,* **с:ш** подме́шивать *нес.*	11	II
Подмести́ *сов., п.,* **с:т**	47	V
Подмета́ть *нес., п.*	1	I
Подмета́ть[1] *нес., п.*	1	I
Подмётывать *нес., п.*	1	I
Подме́тить *сов., п.,* **т:ч**	6	II
Подмеча́ть *нес., п.*	1	I
Подмеша́ть *сов., п.*	1	I
Подме́шивать *нес., п.* подмеси́ть *сов.*	1	I
Подми́гивать *нес.*	1	I
Подмигну́ть *сов.*	28	III
Подмина́ть *нес., п.* подмя́ть *сов.*	1	I
Подмока́ть *нес.*	1	I
Подмо́кнуть *сов.*	25	III
Подмора́живать *нес., безл.*	1	I
Подморо́зить *сов., безл.*	6	II
Подмочи́ть[2] *сов., п.* подма́чивать *нес.*	10	II
Подмыва́ть(ся) *нес.*	1	I
Подмы́ть(ся) *сов.*	67	VII
Подмя́ть[3] *сов., п.* подмина́ть *нес.*	64	VII
Поднажа́ть *сов., прост.*	65	VII
Поднести́ *сов., п.* подноси́ть *нес.*	45	V
Поднима́ть(ся) *нес.* подня́ть(ся) *сов.*	1	I
Поднови́ть *сов., п.,* **в:вл**	9	II
Подновля́ть *нес., п.*	1	I
Подноси́ть** *нес., п.,* **с:ш** поднести́ *сов.*	11	II
Подны́ривать *нес.*	1	I
Поднырну́ть *сов.*	28	III
Подня́ть(ся) *сов.* поднима́ть(ся) *нес.*	76	VII
Подоба́ть *нес., безл.*	1	I

[1] подмётан

[2] подмо́чен

[3] **подо**мну́

Подобра́ть[1](ся) *сов.* 72 VII
подбира́ть(ся) *нес.*
Подобре́ть *сов.* 2 I
Подогна́ть[2] *сов., п.* 75 VII
подгоня́ть *нес.*
Подогну́ть(ся *3 л.*) *сов.* 28 III
подгиба́ть(ся) *нес.*
Подогрева́ть *нес., п.* 1 I
Подогре́ть *сов., п.* 2 I
Пододвига́ть(ся) *нес.* 1 I
Пододви́нуть(ся) *сов.* 23 III
Подожда́ть* *сов., п.* 34 III
Подозва́ть[3] *сов., п.* 74 VII
подзыва́ть *нес.*
Подозрева́ть(ся) *нес.* 1 I
Подои́ть[4] *сов., п.* 8 II
Подойти́ **сов.** 81 VII
подходи́ть *нес.*
Подольсти́ться *сов.*, **ст:щ**, *разг.* 9 II
Подольща́ться *нес.*, *разг.* 1 I
Подопрева́ть *нес., 3 л.* 1 I
Подопре́ть *сов., 3 л.* 2 I
Подорва́ть(ся) *сов.* 34 III
подрыва́ть(ся) *нес.*
Подорожа́ть *сов., 3 л.* 1 I
Подосла́ть *сов., п.* 80 VII
подсыла́ть *нес.*
Подоспе́ть *сов., разг.* 2 I
Подостла́ть[5] *сов., п.* 73 VII
подстила́ть *нес.*
Подоткну́ть *сов., п.* 28 III
подтыка́ть *нес.*
Подо́хнуть *сов., 3 л.* 25 III
подыха́ть *нес.*
Подпада́ть *нес.* 1 I
подпа́сть *сов.*
Подпа́ливать *нес., п.* 1 I
Подпали́ть *сов., п.* 8 II
Подпа́рывать *нес., п.* 1 I
подпоро́ть *сов.*
Подпа́сть *сов.* 48 V
подпада́ть *нес.*

Подпева́ть *нес.* 1 I
Подпере́ть[1](ся *разг.*) *сов.* 71 VII
Подпира́ть(ся *разг.*) *нес.* 1 I
Подпи́ливать *нес., п.* 1 I
Подпили́ть[2] *сов., п.* 10 II
Подписа́ть(ся) *сов.*, **с:ш** 36 III
Подпи́сывать(ся) *нес.* 1 I
Подпи́хивать *нес., п., разг.* 1 I
Подпихну́ть *сов., п., разг.* 28 III
Подплыва́ть *нес.* 1 I
Подплы́ть[3] *сов.* 62 VII
Подполза́ть *нес.* 1 I
Подползти́ *сов.* 45 V
Подпоро́ть *сов., п.* 30 III
подпа́рывать *нес.*
Подпо́ртить *сов., п.*, **т:ч**, *разг.* 6 II
Подпоя́сать(ся) *сов.*, **с:ш** 33 III
Подпоя́сывать(ся) *нес.* 1 I
Подпра́вить *сов., п.*, **в:вл** 6 II
Подправля́ть *нес., п.* 1 I
Подпры́гивать *нес.* 1 I
Подпры́гнуть *сов.* 24 III
Подпуска́ть *нес., п.* 1 I
Подпусти́ть *сов., п.*, **ст:щ** 11 II
Подраба́тывать *нес., п., разг.* 1 I
Подрабо́тать *сов., п., разг.* 1 I
Подра́внивать *нес., п.* 1 I
подровня́ть *сов.*
Подра́гивать *нес., разг.* 1 I
Подража́ть *нес.* 1 I
Подраздели́ть *сов., п.* 8 II
Подраздели́ть(ся *3 л.*) *нес.* 1 I

[1] **под**беру́
[2] **под**гоню́
[3] **под**зову́
[4] подо́ен
[5] **под**стелю́

[1] **подо**пру́; подперши́сь and подпёршись
[2] подпи́лен
[3] подплы́л, подплыла́, подплы́л|о, -и

Подразумева́ть(ся *3 л.*) *нес.*	1	I
{ Подраста́ть *нес.*	1	I
{ Подрасти́ *сов.*	51	V
Подра́ться *сов.*	72	VII
{ Подре́зать *сов., п.,* **з:ж**	33	III
{ Подреза́ть *нес., п.*	1	I
{ Подре́зывать *сов., п.*	1	I
{ Подрисова́ть *сов., п.*	42	IV
{ Подрисо́вывать *нес., п.*	1	I
Подровня́ть[1] *сов., п.* подра́внивать *нес.*	1	I
{ Подруба́ть *нес., п.*	1	I
{ Подруби́ть *сов., п.,* **б:бл**	11	II
Подружи́ться *сов.*	8	II
{ Подру́ливать *нес.*	1	I
{ Подрули́ть *сов.*	8	II
{ Подрумя́нивать(ся) *нес.*	1	I
{ Подрумя́нить(ся) *сов.*	5	II
Подрыва́ть(ся) *нес.* подорва́ть(ся) *сов.*	1	I
{ Подрыва́ть *нес., п.*	1	I
{ Подры́ть *сов., п.*	67	VII
{ Подсади́ть *сов., п.,* *д:ж*	11	II
{ Подса́живать *нес., п.*	1	I
Подса́живаться *нес.* подсе́сть *сов.*	1	I
Подса́ливать *нес., п.* подсоли́ть *сов.*	1	I
Подсве́чивать *нес., п.*	1	I
{ Подсева́ть *нес., п.*	1	I
{ Подсе́ивать *нес., п.* подсе́ять *сов.*	1	I
{ Подсека́ть *нес., п.*	1	I
{ Подсе́чь *сов., п.*	54	VI
Подсе́сть *сов.* подса́живаться *нес.*	53	V
Подсе́ять *сов., п.* подсева́ть *нес.* подсе́ивать *нес.*	31	III
{ Подсиде́ть *сов., п.,* **д:ж**, *разг.*	20	II
{ Подси́живать *нес., п., разг.*	1	I
{ Подси́нивать *нес., п.*	1	I
{ **Под**сини́ть *сов., п.*	8	II
Подска́бливать *нес., п.* подскобли́ть *сов.*	1	I
{ Подсказа́ть *сов., п.,* **з:ж**	36	III
{ Подска́зывать *нес., п.*	1	I
{ Подска́кивать *нес.*	1	I
{ Подскочи́ть *сов.*	10	II
{ Подсласти́ть *сов., п.,* **ст:щ**	9	II
{ Подсла́щивать *нес., п.*	1	I
{ Подслу́живаться *нес., разг.*	10	II
{ Подслужи́ться *сов., разг.*		
{ Подслу́шать *сов., п.*	1	I
{ Подслу́шивать *нес., п.*	1	I
{ Подсма́тривать *нес., п.*	1	I
{ Подсмотре́ть *сов., п.*	21	II
Подсме́иваться *нес.*	1	I
Подсо́вывать *нес., п.* подсу́нуть *сов.*	1	I
Подсоли́ть[1] *сов.,* 10 and *п.* подса́ливать *нес.*	8	II
Подсо́хнуть *сов.* подсыха́ть *нес.*	25	III
{ Подста́вить *сов., п.,* **в:вл**	6	II
{ Подставля́ть *нес., п.*	1	I
{ Подстегну́ть *сов., п.*	28	III
{ Подстёгивать *нес., п.*	1	I
{ Подстели́ть *сов., п.*	40	III
{ Подстила́ть *нес., п.*	1	I
{ Подстерега́ть *нес., п.*	1	I
{ Подстере́чь *сов., п.*	56	VI
Подстра́ивать *нес., п.* подстро́ить *сов.*	1	I
Подстрахова́ть *сов., п., разг.*	42	IV

[1] подро́внен

[1] подсо́лен

Подстрека́ть *нес., п.* 1 I
Подстрекну́ть* *сов., п.* 28 III
Подстре́ливать *нес., п.* 1 I
Подстрели́ть[1] *сов., п.* 10 II
Подстрига́ть(ся) *нес.* 1 I
Подстри́чь(ся) *сов.* 56 VI
Подстро́ить *сов., п.* 12 II
подстра́ивать *нес.*
Подступа́ть *неперех.* (ся *разг.*) *нес.* 1 I
Подступи́ть *неперех.* (ся *разг.*) *сов.*, **п:пл** 11 II
Подсу́живать *нес., разг.* 1 I
Подсу́нуть *сов., п.* 23 III
подсо́вывать *нес.*
Подсу́шивать *нес., п.* 1 I
Подсуши́ть[2] *сов., п.* 10 II
Подсчита́ть *сов., п.* 1 I
Подсчи́тывать *нес., п.* 1 I
Подсыла́ть *нес., п.* 1 I
подосла́ть *сов.*
Подсы́пать *нес., п.* 1 I
Подсыпа́ть *сов., п.*, **п:пл** 33 III
Подсыха́ть *нес.* 1 I
подсо́хнуть *сов.*
Подта́ивать *нес., 3 л.* 1 I
подта́ять *сов.*
Подта́лкивать *нес., п.* 1 I
подтолкну́ть *сов.*
Подта́скивать *нес., п.* 1 I
подтащи́ть *сов.*
Подтасова́ть *сов., п.* 42 IV
Подтасо́вывать *нес., п.* 1 I
Подта́чивать *нес., п.* 1 I
подточи́ть *сов.*
Подтащи́ть[3] *сов., п.* 10 II
подта́скивать *нес.*
Подта́ять *сов., 3 л.* 31 III
подта́ивать *нес.*
Подтверди́ть(ся *3 л.*) *сов.*, **д:ж:дж** 9 II
Подтвержда́ть(ся *3 л.*) *нес.* 1 I

[1] подстре́лен
[2] подсу́шен
[3] подта́щен

Подтека́ть *нес., 3 л.* 1 I
Подте́чь *сов., 3 л.* 54 VI
Подтере́ть[1] *сов., п.* 71 VII
Подтира́ть *нес., п.* 1 I
Подтолкну́ть *сов., п.* 28 III
подта́лкивать *нес.*
Подточи́ть *сов., п.* 11 II
подта́чивать *нес.*
Подтру́нивать *нес., разг.* 1 I
Подтруни́ть *сов., разг.* 8 II
Подтыка́ть *нес., п.* 1 I
подоткну́ть *сов.*
Подтя́гивать(ся) *нес.* 1 I
Подтяну́ть(ся) *сов.* 29 III
Поду́мать *сов.* 1 I
Поду́мывать *нес., разг.* 1 I
Подурне́ть *сов.* 2 I
Поду́ть *сов.* 3 I
Поду́чивать(ся) *нес., разг.* 1 I
Подучи́ть[2](ся) *сов., разг.* 10 II
Подуши́ть(ся) *сов.* 10 II
Подхали́мничать *нес., разг.* 1 I
Подхвати́ть *сов., п.*, **т:ч** 11 II
Подхва́тывать *нес., п.* 1 I
Подхлестну́ть *сов., п.* 28 III
Подхлёстывать *нес., п.* 1 I
Подходи́ть *нес.*, **д:ж** 11 II
подойти́ *сов.*
Подцепи́ть *сов., п.* **п:пл** 11 II
Подцепля́ть *нес., п.* 1 I
Подча́ливать *нес.* 1 I
Подча́лить *сов.* 5 II
Подчеркну́ть *сов., п.* 28 III
Подчёркивать *нес., п.* 1 I
Подчини́ть(ся) *сов.* 8 II
Подчиня́ть(ся) *нес.* 1 I
Подчи́стить *сов., п.*, **ст:щ** 7 II
Подчища́ть *нес., п.* 1 I

[1] **подо**тру́
[2] поду́чен

Подшиба́ть *нес., п., разг.*	1	I
Подшиби́ть *сов., п., разг.*	39	III
Подшива́ть *нес., п.*	1	I
Подши́ть[1] *сов., п.*	69	VII
Подши́ливать *нес., п., разг.*	1	I
Подши́лить *сов., п., разг.*	5	II
Подшто́пать *сов., п., разг.*	1	I
Подшто́пывать *нес., п., разг.*	1	I
Подшути́ть *сов.*, **т:ч**	11	II
Подшу́чивать *нес.*	1	I
Подъеда́ть *нес., п., прост.*	1	I
Подъе́сть *сов., п., прост.*	87	VII
Подъезжа́ть *нес.*	1	I
Подъе́хать *сов.*	82	VII
Подыгра́ть(ся) *сов., разг.*	1	I
Поды́грывать(ся) *нес., разг.*	1	I
Подыска́ть *сов., п.,* **ск:щ**	36	III
Поды́скивать *нес., п.*	1	I
Подыто́живать *нес., п.*	1	I
Подыто́жить *сов., п.*	5	II
Подыха́ть *нес.* подо́хнуть *сов.*	1	I
Подыша́ть *сов.*	17	II
Поеда́ть *нес., п.*	1	I
Пое́сть *сов., п.*	87	VII
Пое́здить *сов.*, **д:ж**	7	II
Пое́хать *сов.*	82	VII
Пожа́дничать *сов., разг.*	1	I
Пожале́ть* *сов., п.*	2	I
Пожа́ловать(ся) *сов.*	41	IV
Пожа́ть(ся) *сов.* пожима́ть(ся) *нес.*	65	VII
Пожа́ть *сов., п.* пожина́ть *нес.*	64	VII
Пожева́ть *сов., п.*	43	IV
Пожёвывать *нес., п.*	1	I
Пожела́ть *сов., п.*	1	I
Пожелте́ть *сов.*	2	I
Пожени́ть(ся)[1] *сов., разг.*	10	II
Поже́ртвовать *сов., п.*	41	IV
Поже́чь *сов., п.*	58	VI
Пожива́ть *нес., разг.*	1	I
Поживи́ться *сов.*, **в:вл**, *разг.*	9	II
Пожима́ть(ся) *нес.* пожа́ть(ся) *сов.*	1	I
Пожина́ть *нес., п., высок.* пожа́ть *сов.*	1	I
Пожира́ть *нес., п., прост.*	1	I
Пожра́ть *сов., п., прост.*	34	III
Пожи́ть *сов.*	62	VII
Позаба́вить(ся) *сов.*, **в:вл**	6	II
Позабо́титься *сов.*, **т:ч**	6	II
Позабыва́ть *нес., п., разг.*	1	I
Позабы́ть *сов., п. разг.*	83	VII
Позави́довать *сов.*	41	IV
Поза́втракать *сов.*	1	I
Позаи́мствовать *сов., п.*	41	IV
Поза́риться *сов., прост.*	5	II
Позва́ть *сов., п.*	74	VII
Позво́лить *сов., п.*	5	II
Позволя́ть *нес., п.*	1	I
Поздоро́ваться *сов.*	1	I
Поздорове́ть *сов.*	2	I
Поздоро́виться[2] *сов., безл., разг.*	6	II
Поздра́вить *сов., п.,* **в:вл**	6	II
Поздравля́ть *нес., п.*	1	I
Позелене́ть *сов.*	2	I

[1] **подо**шью́; подши́л, подши́л|а, -о, -и

[1] the perfective forms are not used in the singular

[2] used with the negative particle

Пози́ровать *нес.* 41 IV
Познава́ть *нес., п., книжн.* 60 VII
Позна́ть *сов., п., книжн.* 1 I
Познава́ться *нес.* 60 VII
Познако́мить(ся) *сов.*, **м:мл** 6 II
Позолоти́ть[1] *сов., п.*, **т:ч** 9 II
Позонди́ровать *сов., п.* 41 IV
Позо́рить(ся) *нес.* 5 II
опозо́рить(ся) *сов.*
Позыва́ть *нес., п., безл.* 1 I
Поименова́ть *сов., п., офиц.* 42 IV
Поинтересова́ться *сов.* 42 IV
Поиска́ть* *сов., п.*, **ск:щ** 36 III
Пои́ть *нес., п.* 10 and 8 II
напои́ть *сов.*
Пойма́ть *сов., п.* 1 I
лови́ть *нес.*
Пойти́ *сов.* 81 VII
Показа́ть(ся) *сов.*, **з:ж** 36 III
Пока́зывать(ся) *нес.* 1 I
Покале́чить(ся *разг.*) *сов.* 5 II
Пока́лывать *нес.* 1 I
Покара́ть *сов., п., высок.* 1 I
Праката́ть*(ся) *сов.* 1 I
Покати́ть(ся) *сов.*, **т:ч** 11 II
Покача́ть(ся) *сов.* 1 I
Пока́чивать(ся) *нес.* 1 I
Покачну́ть*(ся) *сов.* 28 III
Пока́шливать *нес.* 1 I
Пока́шлять *сов.* 1 I
Пока́яться *сов.* 31 III
Покида́ть *нес., п.* 1 I
Поки́нуть *сов., п.* 23 III
Поклева́ть[2] *сов., п.* 43 IV
Поклони́ться *сов.* 10 II
кла́няться *нес.*

[1] позоло́чен
[2] **по**клюю́

Поклоня́ться *нес., высок.* 1 I
Покля́сться[2] *сов.* 49 V
Поко́иться *нес., 3 л., книжн.* 12 II
Поколеба́ть[2](ся *3 л.*) *сов.*, **б:бл** 33 III
Поколоти́ть(ся *3 л., прост*) *сов.*, **т:ч** 11 II
Поко́нчить *сов.* 7 II
Покорёжить(ся *3 л.*) *сов., прост.* 5 II
Покори́ть(ся) *сов.* 8 II
покоря́ть(ся) *нес.*
Покорми́ть(ся) *сов.*, **м:мл** 11 II
Покоро́бить(ся *3 л.*) *сов.*, **б:бл** 6 II
Покоря́ть(ся) *нес.* 1 I
покори́ть(ся) *сов.*
Покоси́ть[3](ся) *сов.*, **с:ш** 9 II
Покра́пать *сов., 3 л.* 1 I
Покра́пывать *нес., 3 л.* 1 I
Покра́сить(ся) *сов.*, **с:ш** 6 II
Покрасне́ть *сов.* 2 I
Покрасова́ться *сов.* 42 IV
Покриви́ть(ся) *сов.*, **в:вл** 8 II
Покри́кивать *нес., разг.* 1 I
Покритикова́ть *сов., п., разг.* 42 IV
Покрови́тельствовать *нес.* 41 IV
Покроши́ть[4] *сов., п.* 10 II
Покругле́ть *сов.* 2 I
Покрупне́ть *сов.* 2 I
Покрыва́ть(ся) *нес.* 1 I
Покры́ть(ся) *сов.* 67 VII
Покупа́ть(ся) *сов.* 1 I
Покупа́ть *нес., п.* 1 I
купи́ть *сов.*
Поку́ривать *нес., разг.* 1 I
Покури́ть *сов.* 10 II

[1] **покля́**лся, **поклял**а́сь, **поклял**о́сь, **по**кляли́сь
[2] **поколе́**бли, **поколе́**блен
[3] **поко́**шен
[4] покро́шен

Entry	Table	Class
Покуса́ть *сов., п.*	1	I
Покуси́ться *сов.*, **с:ш**	9	II
Покуша́ться *нес.*	1	I
Поку́сывать *нес., п.*	1	I
Поку́шать *сов., п.*	1	I
Полага́ть *нес.*	1	I
Полага́ться *нес.* положи́ться *сов.*	1	I
Пола́дить *сов.*, **д:ж**	6	II
Пола́комиться[1] *сов.*, **м:мл**	6	II
Полевéть *сов.*	2	I
Полега́ть *нес., 3 л., спец.* полéчь *сов.*	1	I
Полежа́ть *сов.*	15	II
Полёживать *нес., разг.*	1	I
Полéзть *сов.*	44	IV
Полемизи́ровать *нес.*	41	IV
Полéниваться *нес., разг.*	1	I
Полени́ться *сов.*	10	II
Полета́ть *сов.*	1	I
Полетéть *сов.*, **т:ч**	20	II
Полéчь *сов., 3 л.* полега́ть *нес.*	59	VI
По́лзать *нес.*	1	I
Ползти́ *нес.*	45	V
Полива́ть(ся) *нес.* поли́ть(ся) *сов.*	1	I
Полиловéть *сов.*	2	I
Полиня́ть *сов., 3 л.*	1	I
Полирова́ть *нес., п.* наполирова́ть *сов.* отполирова́ть *сов.*	42	IV
Политика́нствовать *нес., неодобр.*	41	IV
Поли́ть[2](ся) *сов.* полива́ть(ся) *нес.*	69	VII
Полнéть *нес.* пополнéть *сов.*	2	I
Полни́ть *нес., п., 3 л. разг.*	8	II
По́лниться *нес., 3 л., разг.*	7	II
Положи́ть[1] *сов., п.* класть *нес.*	10	II
Положи́ться *сов.* полага́ться *нес.*	10	II
Полома́ть(ся *3 л.*) *сов.*	1	I
Полонизи́ровать *нес., сов., п.*	41	IV
Поло́паться *сов., 3 л.*	1	I
Полоска́ть(ся) *нес.*, **ск:щ** вы́полоскать *сов.* прополоска́ть *сов.*	36	III
Поло́ть *нес., п.*	30	III
Полулежа́ть *нес.*	15	II
Полуно́чничать *нес., разг.*	1	I
Получа́ть(ся) *нес.*	1	I
Получи́ть[2](ся) *сов.*	10	II
Полысéть *сов.*	2	I
Полыха́ть *нес., 3 л.*	1	I
Полыхну́ть *сов., 3 л.*	28	III
По́льзоваться *нес.* воспо́льзоваться *сов.*	41	IV
Польсти́ть[3](ся *разг.*) *сов.*, **ст:щ**	9	II
Полюби́ть*(ся *разг.*) *сов.*, **б:бл**	11	II
Полюбова́ться *сов.*	42	IV
Полюбопы́тствовать *сов.*	41	IV
Пома́дить(ся) *нес., разг.*, **д:ж**	6	II
Пома́зать(ся *разг.*) *сов.*, **з:ж**	33	III
Пома́лкивать *нес., разг.*	1	I
Помани́ть* *сов., п.*	10	II
Пома́слить *сов., п.*	7	II
Помаха́ть *сов.*, **х:ш**	36	III
Пома́хивать *нес.*	1	I
Помéдлить *сов.*	7	II
Поменя́ть*(ся) *сов.*	1	I
Померéщиться[4] *сов., разг.*	7	II

[1] **по**ла́комься and **по**ла́комись
[2] по́лит and поли́т

[1] поло́жен
[2] полу́чен
[3] an intransitive verb; it may take an object in the dative; the short passive participle is польщён, польщен|а́, -о́, -ы́
[4] the imperative is not used

Помёрзнуть *сов.*	25	III
Поме́рить(ся) *сов.*	5	II
Поме́ркнуть *сов., 3 л.*	25	III
Помертве́ть *сов.*	2	I
Помести́ть(ся) *сов.*, **ст:щ**	9	II
помеща́ть(ся) *нес.*		
Поме́тить *сов., п.*	6	II
Помеча́ть *нес., п.*	1	I
Помеша́ть *сов.*	1	I
Помеща́ть(ся) *нес.*	1	I
помести́ть(ся) *сов.*		
Поми́ловать *сов., п.*	41	IV
Помина́ть *нес., п.*	1	I
помяну́ть *сов.*		
Помири́ть(ся) *сов.*	8	II
По́мнить(ся *3 л.*) *нес.*	7	II
Помножа́ть *нес., п.*	1	I
Помно́жить *сов., п.*	5	II
Помога́ть *нес.*	1	I
помо́чь *сов.*		
Помоли́ться *сов.*	10	II
Помолоде́ть *сов.*	2	I
Помори́ть *сов., п.*	8	II
Поморо́зить *сов., п.*, **з:ж**	6	II
Помо́рщиться *сов.*	7	II
Помочи́ться *сов., разг.*	10	II
Помо́чь *сов.*	57	VI
помога́ть *нес.*		
Помрачи́ться *сов., 3 л., книжн.*	8	II
Помрачне́ть *сов.*	2	I
Помути́ть[1](ся *3 л.*) *сов.*, **т:ч**	9	II
Помутне́ть *сов., 3 л.*	2	I
Пому́чить(ся) *сов.*	5	II
Помча́ть*(ся) *сов.*	15	II
Помыка́ть *нес., разг.*	1	I
Помы́слить *сов.*	7	II
Помышля́ть *нес.*	1	I
Помы́ть(ся) *сов.*	67	VII
Помяну́ть *сов., п.*	29	III
помина́ть *нес.*		
Помя́ть(ся *3 л.*) *сов.*	64	VII
Понаде́яться *сов., разг.*	31	III

[1] помутнён

Пона́добиться *сов.*, **б:бл**	6	II
Поне́рвничать *сов., разг.*	1	I
Понести́(сь) *сов.*	45	V
Понижа́ть(ся) *нес.*	1	I
Пони́зить(ся) *сов.*, **з:ж**	6	II
Пони́кнуть *сов., разг.*	25	III
Понима́ть *нес., п.*	1	I
поня́ть *сов.*		
Поноси́ть *нес., п.*, **с:ш**	11	II
Понра́виться *сов.*, **в:вл**	6	II
Пону́дить[1] *сов., п.*, **д:ж:жд**, *книжн.*	7	II
Понужда́ть *нес., п., книжн.*	1	I
Понука́ть *нес., п., разг.*	1	I
Пону́рить(ся) *сов.*	5	II
Поню́хать* *сов., п.*	1	I
Поня́ть *сов., п.*	78	VII
понима́ть *нес.*		
Пообе́дать *сов.*	1	I
Пообе́ща́ть *сов., п.*	1	I
Поощри́ть *сов., п.*	8	II
Поощря́ть *нес., п.*	1	I
Попада́ть *сов., 3 л.*	1	I
Попада́ть *неперех.* (ся) *нес.*	1	I
Попа́сть *неперех.* (ся) *сов.*	48	V
Попа́рить(ся) *сов.*	5	II
Попа́хивать *нес., 3 л., разг.*	1	I
Попеня́ть *сов., разг.*	1	I
Поперхну́ться *сов.*	28	III
Попе́рчить *сов., п.*	7	II
Попира́ть *нес., п., высок.*	1	I
попра́ть *сов.*		
Написа́ть* *сов., п.*, **с:ш**	36	III
Попи́сывать *нес., п., разг., пренебр.*	1	I
Попи́ть[2] *сов., п.*	69	VII

[1] понуждён; понуждён|а́, -о́, -ы́

[2] по́пил (and попи́л), попила́, по́пило (and попи́ло), по́пили (and попи́ли); по́пит

Поплати́ться *сов.*, **т:ч** 11 II
Поплести́сь *сов.*, **с:т** 47 V
Поплотне́ть *сов.* 2 I
Поплы́ть[1] *сов.* 62 VII
Пополне́ть *сов.* 2 I
{ Попо́лнить(ся *3 л.*) *сов.* 7 II
{ Пополня́ть(ся *3 л.*) *нес.* 1 I
Поправе́ть *сов.* 2 I
{ Попра́вить(ся) *сов.*, **в:вл** 6 II
{ Поправля́ть(ся) *нес.* 1 I
Попра́ть[2] *сов.*, *п.*, *высок.* 34 III
попира́ть *нес.*
{ Попрека́ть *нес.*, *п.* 1 I
{ Попрекну́ть* *сов.*, *п.* 28 III
Поприве́тствовать *сов.*, *п.*, *разг.* 41 IV
Попро́бовать *сов.*, *п.* 41 IV
Попроси́ть(ся) *сов.*, **с:ш** 11 II
Попроща́ться *сов.* 1 I
Попры́скать *сов.*, *п.* *разг.* 1 I
Попря́тать(ся)[3] *сов.*, *п.*, **т:ч** 33 III
Попуга́йничать *нес.*, *разг.*, *неодобр.* 1 I
Попуга́ть *сов.*, *п.*, *разг.* 1 I
Попу́дрить(ся) *сов.* 7 II
Популяризи́ровать *нес.*, *сов.*, *п.*, *книжн.* 41 IV
Попусти́тельствовать *нес.* 41 IV
Попу́тать *сов.*, *п.*, *3 л.*, *разг.*, *шутл.* 1 I
Попыта́ть*(ся) *нес.*, *разг.* 1 I
Попя́титься *сов.*, **т:ч** 6 II
Порабо́тать *сов.* 1 I
{ Поработи́ть *сов.*, *п.*, **т:щ**, *высок.* 9 II
{ Порабоща́ть *нес.*, *п.*, *высок.* 1 I
Поравня́ться *сов.* 1 I

[1] поплы́л, поплыла́, поплы́л|о, -и
[2] this verb is not used in the future tense and the imperative; in the past: попра́л, попра́ла
[3] the particle **-ся** is not used in the 1st and 2nd persons singular

Пораде́ть *сов.*, *устар.* 2 I
Пора́довать(ся) *сов.* 41 IV
{ Поража́ть(ся) *нес.* 1 I
{ Порази́ть(ся) *сов.*, **з:ж** 9 II
Поразмы́слить *сов.*, *разг.* 7 II
Пора́нить(ся) *сов.* 5 II
{ Пораста́ть *нес.*, *3 л.* 1 I
{ Порасти́ *сов.*, *3 л.* 51 V
Порва́ть(ся *3 л.*) *сов.* 34 III
порыва́ть(ся) *нес.*
Поре́деть *сов.*, *3 л.* 2 I
Поре́зать(ся) *сов.*, **з:ж** 33 III
Порекомендова́ть *сов.*, *п.* 42 IV
Порица́ть *нес.*, *п.*, *книжн.* 1 I
{ Породи́ть *сов.*, *п.*, **д:ж:жд** 9 II
{ Порожда́ть *нес.* 1 I
Породни́ться *сов.* 8 II
Порозове́ть *сов.* 2 I
Пороси́ться *нес.*, *3 л.* 8 II
опороси́ться *сов.*
Поро́ть(ся *3 л.*) *нес.* 30 III
Поро́чить *нес.*, *п.* 5 II
опоро́чить *сов.*
Пороши́ть *нес.*, *п.*, *3 л.* 8 II
запороши́ть *сов.*
По́ртить(ся) *нес.*, **т:ч** 10 II
испо́ртить(ся) *сов.*
Поруби́ть *сов.*, *п.*, **б:бл** 11 II
Поруга́ть(ся) *сов.* 1 I
{ Поруча́ть *нес.*, *п.* 1 I
{ Поручи́ть[1] *сов.*, *п.* 10 II
Поручи́ться *сов.* 10 II
руча́ться *нес.*
Порха́ть *нес.* 1 I
Порхну́ть *сов.* 28 III
Порыва́ть(ся *3 л.*) *нес.* 1 I
порва́ть(ся) *сов.*
Порыже́ть *сов.* 2 I
Порябе́ть *сов.*, *3 л.* 2 I
Посади́ть *сов.*, **д:ж** 11 II
сажа́ть *нес.*
Поса́пывать *нес.*, *разг.* 1 I
Поса́харить *сов.*, *п.* 7 II

[1] пору́чен

Посва́тать(ся) *сов.* 1 I
Посвеже́ть *сов.* 2 I
Посвети́ть *сов.*, **т:ч** 11 II
Посветле́ть *сов.* 2 I
Посвиста́ть *сов.*, **ст:щ** 36 III
Посвисте́ть *сов.*, **ст:щ** 20 II
Посви́стывать *нес.* 1 I
Посвяти́ть *сов.*, *п.*, **т:щ** 9 II
Посвяща́ть *нес.*, *п.* 1 I
Поседе́ть *сов.* 2 I
Посели́ть(ся) *сов.* 8 II
Поселя́ть(ся) *нес.* 1 I
Посеребри́ть *сов.*, *п.* 8 II
Посере́ть *сов.* 2 I
Посети́ть *сов.*, *п.*, **т:щ** 9 II
Посеща́ть *нес.*, *п.* 1 I
Посе́товать *сов.*, *книжн.* 41 IV
Посе́чься *сов.*, *3 л.* 54 VI
Посе́ять *сов.*, *п.* 31 III
Посиде́ть *сов.*, **д:ж** 20 II
Посине́ть *сов.* 2 I
Поскака́ть *сов.*, **к:ч** 36 III
Поскользну́ться *сов.* 28 III
Поскро́мничать *сов.*, *разг.* 1 I
Поскупи́ться *сов.*, **п:пл** 9 II
Поскучне́ть *сов.* 2 I
Посласти́ть *сов.*, *п.*, **ст:щ** 9 II
Посла́ть *сов.*, *п.* 80 VII
посыла́ть *нес.*
Последи́ть *сов.*, **д:ж** 9 II
После́довать *сов.* 41 IV
Послужи́ть *сов.* 10 II
Послу́шать(ся) *сов.* 1 I
Послы́шаться *сов.*, *3 л.* 14 II
Посма́тривать *нес.* 1 I
Посме́иваться *нес.* 1 I
Посме́ть *сов.* 2 I
Посмотре́ть(ся) *сов.* 21 II
Посмугле́ть *сов.* 2 I
Посо́веститься *сов.*, **ст:щ**, *разг.* 7 II
Посове́товать *неперех.* (ся) *сов.* 41 IV
Посоде́йствовать *сов.* 41 IV

Посоли́ть[1] *сов.*, *п.* 8 II
Посо́хнуть *сов.*, *3 л.* 25 III
Поспа́ть *сов.*, **п:пл** 16 II
Поспева́ть *нес.*, *3 л.* 1 I
Поспе́ть *сов.*, *3 л.* 2 I
Поспеши́ть *сов.* 8 II
Поспо́рить *сов.* 5 II
Поспосо́бствовать *сов.* 41 IV
Посрами́ть *сов.*, *п.*, **м:мл**, *высок.* 9 II
Посрамля́ть *нес.*, *п.*, *высок.* 1 I
Посре́дничать *нес.* 1 I
Поссо́рить(ся) *сов.* 5 II
Поста́вить *сов.*, *п.*, **в:вл** 6 II
Поставля́ть[2] *нес.*, *п.*, *спец.* 1 I
Постанови́ть *сов.*, **в:вл** 11 II
Постановля́ть *нес.* 1 I
Постара́ться *сов.* 1 I
Постаре́ть *сов.* 2 I
Постели́ть *сов.*, *п.* 40 III
постила́ть *нес.*
стлать *нес.*
Постесня́ться *сов.* 1 I
Постига́ть *нес.*, *п.* 1 I
Пости́гнуть[3] *сов.*, *п.* 25 III
пости́чь *сов.*
Постила́ть *нес.*, *п.* 1 I
постели́ть *сов.*
Постира́ть *сов.*, *п.*, *разг.* 1 I
Пости́ться *нес.*, **ст:щ** 9 II
Пости́чь[3] *сов.*, *п.* 25 III
постига́ть *нес.*
Постла́ть *сов.*, *п.* 73 VII
Посторони́ться *сов.* 10 II
Постоя́ть[4] *сов.* 13 II
Пострада́ть *сов.* 1 I
Постре́ливать *нес.*, *разг.* 1 I
Постреля́ть* *сов.*, *п.* 1 I

[1] посо́лен
[2] to supply (with goods)
[3] пости́гнут
[4] посто́й

{ Постригáть(ся) *нес.*	1 I
{ **Пост**ри́чь(ся) *сов.*	56 VI
Пострóить(ся) *сов.*	12 II
Постули́ровать *нес., сов., п., книжн.*	41 IV
{ Поступáть *неперех.* (ся) *нес.*	1 I
{ Поступи́ть *неперех.*(ся) *сов.*, **п:пл**	11 II
Постучáть *неперех.*(ся) *сов.*	15 II
Постыди́ть*(ся) *сов.*, **д:ж**, *разг.*	9 II
Посуди́ть *сов.*, **д:ж**	11 II
Посули́ть *сов., п.*	8 II
Посуровéть *сов.*	2 I
Посчастли́виться *сов., безл.*	6 II
Посчитáться *сов.*	1 I
Посылáть *нес., п.* послáть *сов.*	1 I
{ Посыпáть *нес., п.*	1 I
{ Посы́пать[1](ся) *сов.*, **п:пл**	33 III
{ Посягáть *нес., книжн.*	1 I
{ Посягну́ть *сов., книжн.*	28 III
Потакáть *нес., разг.*	1 I
Потащи́ть(ся *разг.*) *сов.*	10 II
Потвóрствовать *нес.*	41 IV
Потемнéть *сов., 3 л.*	2 I
Потеплéть *сов., 3 л.*	2 I
Потерéть(ся *разг.*) *сов.*	71 VII
Потерпéть *сов.*, **п:пл**	22 II
Потеря́ть(ся) *сов.*	1 I
Потесни́ть(ся) *сов.*	8 II
Потéть *нес.* вспотéть *сов.*	2 I
Потéчь *сов., 3 л.*	54 VI
{ Потешáть(ся) *нес., разг.*	1 I
{ **Пот**éшить(ся) *сов.*	5 II
Потирáть *нес.*	1 I
Потолковáть *сов., разг.*	42 IV
Потолстéть *сов.*	2 I
Потону́ть *сов., разг.*	29 III
Потопи́ть *сов., п.*, **п:пл**, *разг.*	11 II
Потоптáть *сов., п.*, **т:ч**	36 III
{ Потoрáпливать(ся) *нес., разг.*	1 I
{ **Пот**ороп́ить(ся) *сов.*, **п:пл**	11 II
Потрави́ть *сов., п.*, **в:вл**	11 II
Потрáтить(ся) *разг., сов.*, **т:ч**	6 II
{ Потреби́ть *сов., п.*, **б:бл**	9 II
{ Потребля́ть *нес., п.*	1 I
Потрéбовать(ся) *сов.*	41 IV
Потревóжить(ся) *сов.*	5 II
Потрепáть(ся) *сов.*, **п:пл**, *разг.* and *прост.*	36 III
Потрéскаться *сов., 3 л.*	1 I
Потрéскивать *нес.*	1 I
Потрóгать *сов., п.*	1 I
Потроши́ть *нес., п.* вы́потрошить *сов.*	8 II
Потруди́ться *сов.*, **д:ж**	11 II
{ Потрясáть *нес., п.*	1 I
{ Потрясти́ *сов., п.*	45 V
Потря́хивать *нес.*	1 I
{ Поту́пить(ся) *сов.*, **п:пл**	6 II
{ Потупля́ть(ся) *нес.*	1 I
Потускнéть *сов., 3 л.*	2 I
{ Потухáть *нес., 3 л.*	1 I
{ **Пот**у́хнуть *сов., 3 л.*	25 III
Потучнéть *сов.*	2 I
Потуши́ть[1] *сов., п.*	10 II
Пóтчевать *нес., п., разг.*	41 IV
Потягáться *сов., разг., прост.*	1 I
Потя́гиваться *нес.*	1 I
Потяжелéть *сов.*	2 I
Потяну́ть(ся) *сов.*	29 III
Поу́жинать *сов.*	1 I
Поумнéть *сов.*	2 I
Поучáть *нес., п., разг.*	1 I
Похáживать *нес., разг.*	1 I
Похвали́ть[2](ся *прост.*) *сов.*	10 II
Похваля́ться *нес., разг.*	1 I

[1] посы́пь

[1] поту́шен
[2] похвáлен

Похва́рывать *нес., разг.* 1 I

Похва́стать *неперех.*(ся) *сов.* 1 I

{ Похи́тить *сов., п.,* **т:щ**, *книжн.* 6 II
{ Похища́ть *нес., п., книжн.* 1 I

Похлопота́ть *сов.*, **т:ч** 36 III

Похода́тайствовать *сов.* 41 IV

Походи́ть[1] *нес.,* **д:ж** 11 II

Походи́ть[2] *сов.*, **д:ж** 11 II

Похолода́ть *сов., безл.* 1 I

Похолоде́ть *сов.* 2 I

Похорони́ть[3] *сов., п.* 10 II

Похороше́ть *сов.* 2 I

Похрабре́ть *сов., разг.* 2 I

Похра́пывать *нес., разг.* 1 I

Похуде́ть *сов.* 2 I

Поцара́пать *сов.* 1 I

Поца́паться *сов., прост.* 1 I

Поцелова́ть(ся) *сов.* 42 IV

Поцеремо́ниться *сов., разг.* 5 II

Поча́хнуть *сов., 3 л., разг.* 25 III

Почерне́ть *сов.* 2 I

{ Почерпа́ть *нес., п.* 1 I
{ Почерпну́ть *сов., п.* 28 III

Почерстве́ть *сов.* 2 I

Почеса́ть*(ся) *сов.,* **с:ш** 36 III

Почёсывать(ся) *нес., разг.* 1 I

Почини́ть[4] *сов., п.* 10 II

Почи́стить(ся) *сов.,* **ст:щ** 7 II

Почита́ть[5] *нес., п., книжн., устар.* 1 I

Почита́ть[6] *сов., п.* 1 I

Почи́тывать *нес., п., разг.* 1 I

Почкова́ться *нес., 3 л.* 42 IV

Почти́ть[1] *сов., п., высок.* 8 II

Почу́вствовать(ся *3 л.*) *сов.* 41 IV

Почу́диться[2] *сов., разг.* 6 II

Почу́ять(ся *3 л.*) *сов., разг.* 31 III

Поша́ливать *нес., разг.* 1 I

Пошали́ть *сов.* 8 II

Поша́рить *сов.* 5 II

Пошатну́ть*(ся) *сов.* 28 III

Поша́тываться *нес.* 1 I

Пошеве́ливать(ся) *нес.* 1 I

Пошевели́ть[3](ся) 8 and 10 II *сов.*

Пошевельну́ть*(ся) *сов.* 28 III

Поши́ть[4] *сов., п.* 69 VII

Пошле́ть *нес., разг.* 2 I
опошле́ть *сов.*

Пошути́ть *сов.*, **т:ч** 11 II

Пощади́ть *сов., п.*, **д:ж** 9 II

Пощекота́ть* *сов., п.,* **т:ч** 36 III

Пощипа́ть *сов., п.,* **п:пл** 36 III

Пощи́пывать *нес., п.* 1 I

Пощу́пать* *сов., п.* 1 I

Поэтизи́ровать *нес., сов., п., книжн.* 41 IV

{ Появи́ться *сов.*, **в:вл** 11 II
{ Появля́ться *нес.* 1 I

{ Поясни́ть *сов., п.* 8 II
{ Поясня́ть *нес., п.* 1 I

Праве́ть *нес.* 2 I
поправе́ть *сов.*

Пра́вить *нес., п.*, **в:вл** 6 II

Пра́здновать *нес., п.* 41 IV
отпра́здновать *сов.*

[1] to look like (*somebody else*), to resemble
[2] to walk for a while
[3] похоро́нен
[4] почи́нен
[5] to respect, to honour
[6] to read for a while

[1] почтя́т and почту́т
[2] the 1st person singular is not used
[3] пошевелён
[4] поши́л, поши́л|а, -о, -и

Практикова́ть(ся) *нес.*	42	IV
напрактикова́ться *сов.*		
Пребыва́ть *нес., офиц.* and *книжн.*	1	I
Превали́ровать *нес., книжн.*	41	IV
Превзойти́ *сов., п.*	81	VII
превосходи́ть *нес.*		
Превозмога́ть *нес., п., книжн.*	1	I
Превозмо́чь* *сов., п., книжн.*	57	VI
Превознести́ *сов., п., книжн.*	45	V
Превозноси́ть** *нес., п.,* **с:ш**, *книжн.*	11	II
Превосходи́ть *нес., п.,* **д:ж**	11	II
превзойти́ *сов.*		
Преврати́ть(ся) *сов.,* **т:щ**	9	II
Превраща́ть(ся) *нес.*	1	I
Превы́сить *сов., п.,* **с:ш**	6	II
Превыша́ть *нес., п.*	1	I
Прегради́ть *сов., п.,* **д:ж:жд**, *книжн.*	1	I
Прегражда́ть *нес., п., книжн.*	1	I
Предава́ть(ся) *нес.*	60	VII
Преда́ть(ся) *сов.*	88	VII
Предвари́ть *сов., п., устар. книжн.*	8	II
Предваря́ть *нес., п., устар., книжн.*	1	I
Предвеща́ть *нес., п.*	1	I
Предви́деть(ся) *3 л., нес.,* **д:ж**	18	II
Предвкуша́ть *нес., п.*	1	I
Предводи́тельствовать *нес., высок.*	41	IV
Предвосхити́ть *сов.,* **т:щ**, *книжн.*	6	II
Предвосхища́ть *нес., п., книжн.*	1	I
Предлага́ть *нес.*	1	I
Предложи́ть[1] *сов., п.*	10	II

[1] предло́жен

Предназнача́ть *нес., п.*	1	I
Предназна́чить *сов., п.*	5	II
Предначерта́ть *сов., п., высок.*	1	I
Предопредели́ть *сов., п.*	8	II
Предопределя́ть *нес., п.*	1	I
Предоста́вить *сов., п.,* **в:вл**	6	II
Предоставля́ть *нес., п.*	1	I
Предостерега́ть *нес., п.*	1	I
Предостере́чь *сов., п.*	56	VI
Предотврати́ть *сов., п.,* **т:щ**	9	II
Предотвраща́ть *нес., п.*	1	I
Предохрани́ть *сов.*	8	II
Предохраня́ть *нес., п.*	1	I
Предписа́ть *сов., п.,* **с:ш**, *офиц.* and *книжн.*	36	III
Предпи́сывать *нес., п., офиц.* and *книжн.*	1	I
Предполага́ть(ся *3 л.*) *нес.*	1	I
Предположи́ть[1] *сов., п.*	10	II
Предпосла́ть *сов., п., книжн.*	80	VII
Предпосыла́ть *нес., п., книжн.*	1	I
Предпоче́сть *сов., п.*	52	V
Предпочита́ть *нес., п.*	1	I
Предпринима́ть *нес., п.*	1	I
Предприня́ть *сов., п.*	77	VII
Предрасполага́ть *нес., п., книжн.*	1	I
Предрасположи́ть[2] *сов., п., книжн.*	10	II
Предреша́ть *нес., п.*	1	I
Предреши́ть *сов., п.*	8	II
Председа́тельствовать *нес.*	41	IV

[1] предполо́жен
[2] предрасполо́жен

Предсказа́ть *сов., п.,* **з:ж** 36 III
Предска́зывать *нес., п.* 1 I
Представа́ть *нес., книжн.* 60 VII
предста́ть *сов.*
Представи́тельствовать *нес., книжн.* 41 IV
Предста́вить(ся) *сов.,* **в:вл** 6 II
Представля́ть(ся) *нес.* 1 I
Предста́ть *сов., книжн.* 61 VII
представа́ть *нес.*
Предстоя́ть *сов., 3 л.* 13 II
Предугада́ть *сов., п.* 1 I
Предуга́дывать *нес., п.* 1 I
Предупреди́ть *сов., п.,* **д:ж:жд** 9 II
Предупрежда́ть *нес., п.* 1 I
Предусма́тривать *нес., п.* 1 I
Предусмотре́ть *сов., п.* 21 II
Предчу́вствовать *нес., п.* 41 IV
Предше́ствовать *нес.* 41 IV
Предъяви́ть *сов., п.,* **в:вл** 11 II
Предъявля́ть *нес., п.* 1 I
Презира́ть *нес., п.* 1 I
Презре́ть *сов., п., устар.* and *книжн.* 19 II
Преиспо́лнить(ся) *сов., высок.* 7 II
Преисполня́ть(ся) *нес., высок.* 1 I
Преклони́ть(ся) *сов., высок.* 1 I
Преклоня́ть(ся) *нес., высок.* 8 II
Прекосло́вить *нес.,* **в:вл** 6 II
Прекрати́ть(ся *3 л.*) *сов.,* **т:щ** 9 II
Прекраща́ть(ся *3 л.*) *нес.* 1 I
Преломи́ть[1](ся *3 л.*) *сов.,* **м:мл** 11 II
Преломля́ть(ся *3 л.*) *нес.* 1 I

[1] преломлён

Прельсти́ть(ся) *сов.,* **ст:щ** 9 II
Прельща́ть(ся) *нес.* 1 I
Премирова́ть *нес., сов., п.* 42 IV
Пренебрега́ть *нес.* 1 I
Пренебре́чь *сов.* 56 VI
Преоблада́ть *нес., 3 л.* 1 I
Преобража́ть(ся) *нес.* 1 I
Преобрази́ть(ся) *сов.,* **з:ж** 9 II
Преобразова́ть *сов., п.* 42 IV
Преобразо́вывать *нес., п.* 1 I
Преодолева́ть *нес., п.* 1 I
Преодоле́ть[1] *сов., п.* 2 I
Препари́ровать *нес., сов., п., спец.* 41 IV
Препира́ться *нес., разг.* 1 I
Преподава́ть *нес., п.* 60 VII
Препода́ть *сов., п., книжн.* 88 VII
Преподнести́ *сов., п.* 45 V
Преподноси́ть ** *сов., п.,* **с:ш** 11 II
Препроводи́ть[2] *сов., п.,* **д:ж:жд**, *офиц.* 11 II
Препровожда́ть *нес., п., офиц.* 1 I
Препя́тствовать *нес.* 41 IV
Прерва́ть(ся *3 л.*) *сов.* 34 III
Пререка́ться *нес., разг.* 1 I
Пресека́ть(ся *3 л., устар.*) *нес., книжн.* 1 I
Пресе́чь(ся *3 л. устар.*) *сов., книжн.* 54 VI
Пресле́довать *нес., п.* 41 IV
Пресмыка́ться *нес.* 1 I
Прессова́ть *нес., п.* 42 IV
Преступа́ть *нес., п., устар.* 1 I
Преступи́ть *сов., п.,* **п:пл**, *устар.* 11 II

[1] преодолён
[2] препровождён

Пресы́титься *сов.*, **т:щ**	6	II
Пресыща́ться *нес.*	1	I
Претвори́ть(ся *3 л.*) *сов., высок.*	8	II
Претворя́ть(ся *3 л.*) *нес., высок.*	1	I
Претендова́ть *нес.*	42	IV
Претерпева́ть *нес., п., книжн.*	1	I
Претерпе́ть *сов., п.,* **п:пл**, *книжн.*	22	II
Прети́ть *сов., 3 л.*	9	II
Преть *нес.*	2	I
сопре́ть *сов.*		
упре́ть *сов.*		
Преувели́чивать *нес., п.*	1	I
Преувели́чить *сов., п.*	5	II
Преуменьша́ть *нес., п.*	1	I
Преуме́ньшить *сов., п.*	7	II
Преуспева́ть *нес.*	1	I
Преуспе́ть *сов.*	2	I
Приба́вить(ся *3 л.*) *сов.*, **в:вл**	6	II
Прибавля́ть(ся *3 л.*) *нес.*	1	I
Прибега́ть *нес.*	1	I
Прибе́гнуть *сов.*	26	III
Прибежа́ть *сов.*	85	VII
Прибедни́ться *сов., разг., неодобр.*	8	II
Прибедня́ться *нес., разг., неодобр.*	1	I
Приберега́ть *нес., п.*	1	I
Прибере́чь *сов., п.*	56	VI
Прибива́ть *нес., п.*	1	I
Приби́ть[1] *сов., п.*	69	VII
Прибира́ть(ся) *нес., разг.*	1	I
прибра́ть(ся) *сов.*		
Приближа́ть(ся) *нес.*	1	I
Прибли́зить(ся) *сов.*, **з:ж**	6	II
Прибра́ть(ся) *сов., разг. разг.*	72	VII
прибира́ть(ся) *нес.*		

[1] приби́л, приби́л|а, -о, -и

Прибрести́ *сов.*, **с:д**, *разг.*	47	V
Прибыва́ть *нес.*	1	I
Прибы́ть[1] *сов.*	83	VII
Прива́ливать *нес., п.*	1	I
Привали́ть[2] *сов., п.*	10	II
Прива́ривать *нес., п.*	1	I
Привари́ть[3] *сов., п.*	10	II
Привезти́ *сов., п.*	45	V
привози́ть *нес.*		
Приверé́дничать *нес., разг.*	1	I
Приверну́ть *сов., п., разг.*	28	III
Приверте́ть *сов., п.,* **т:ч**, *прост.*	22	II
Привёртывать *нес., п., разг.*	1	I
Приве́сить *сов., п.,* **с:ш**	6	II
Приве́шивать *нес., п.*	1	I
Привести́(сь *безл., разг.*) *сов.*, **с:д**	47	V
приводи́ть *нес.*		
Приве́тствовать *нес., сов.,*[4] *п.*	41	IV
Привива́ть(ся *3 л.*) *нес.*	1	I
приви́ть(ся) *сов.*		
Приви́деться *сов.*, **д:ж**	18	II
Приви́нчивать *нес., п.*	1	I
Привинти́ть[5] *сов., п.,* **т:ч**	9	II
Привира́ть *нес., п., разг.*	1	I
привра́ть *сов.*		
Приви́ть(ся *3 л.*)[6] *сов.*	69	VII
привива́ть(ся) *нес.*		
Привлека́ть *нес., п.*	1	I
Привле́чь *сов., п.*	54	VI

[1] при́был, прибыла́, при́был|о, -и

[2] прива́лен

[3] прива́рен

[4] the perfective forms are used only in the past tense

[5] приви́нчен

[6] приви́лось (and привило́сь), приви́лись (and привили́сь)

Привнести́ *сов., п.* 45 V
Привноси́ть** *нес., п.,* **с:ш** 11 II
Приводи́ть** *нес., п.,* **д:ж** 11 II
привести́ *сов.*
Приводни́ться *сов.* 8 II
Приводня́ться *нес.* 1 I
Привози́ть** *нес., п.,* **з:ж** 11 II
привезти́ *сов.*
Привра́ть *сов., п., разг.* 34 III
привира́ть *нес.*
Привска́кивать *нес.* 1 I
Привскочи́ть *сов.* 10 II
Привстава́ть *нес.* 60 VII
Привста́ть *сов.* 61 VII
Привходи́ть *нес., 3 л., книжн.* 11 II
Привыка́ть *нес.* 1 I
Привы́кнуть *сов.* 25 III
Привяза́ть(ся) *сов.,* **з:ж** 36 III
Привя́зывать(ся) *нес.* 1 I
Пригвожда́ть *нес., п.* 1 I
Пригвозди́ть[1] *сов., п.,* **д:ж:жд** 9 II
Пригиба́ть(ся) *нес.* 1 I
пригну́ть(ся) *сов.*
Пригла́дить *сов., п.,* **д:ж** 6 II
Пригла́живать *нес., п.* 1 I
Пригласи́ть *сов., п.,* **с:ш** 9 II
Приглаша́ть *нес., п.* 1 I
Приглуша́ть *нес., п.* 1 I
Приглуши́ть *сов., п.* 8 II
Пригляде́ться *сов.,* **д:ж**, *разг.* 20 II
Пригля́дываться *нес., разг.* 1 I
Пригляну́ться *сов., разг.* 29 III
Пригна́ть *сов., п.* 75 VII
пригоня́ть *нес.*
Пригну́ть(ся) *сов.* 28 III
пригиба́ть(ся) *нес.*

Пригова́ривать *нес., п.* 1 I
Приговори́ть[1] *сов., п.* 8 II
Пригоди́ться *сов.,* **д:ж** 9 II
Приголу́бить *сов., п.,* **б:бл**, *разг.* 6 II
Приголу́бливать *нес., п., разг.* 1 I
Пригоня́ть *нес., п.* 1 I
пригна́ть *сов.*
Пригора́ть *нес., 3 л.* 1 I
Пригоре́ть *сов., 3 л.* 19 II
Пригорю́ниваться *нес., разг.* 1 I
Пригорю́ниться *сов., разг.* 5 II
Пригота́вливать(ся) *нес.* 1 I
Пригото́вить(ся) *сов.,* **в:вл** 6 II
Пригрева́ть *нес., п.* 1 I
Пригре́ть *сов., п.* 2 I
Пригреба́ть *нес., п.* 1 I
Пригрести́ *сов., п.* 50 V
Пригре́зиться *сов.,* **з:ж** 6 II
Пригрози́ть *сов.,* **з:ж** 9 II
Пригуби́ть *сов., п.,* **б:бл** 6 II
Придава́ть *нес., п.* 60 VII
Прида́ть *сов., п.* 88 VII
Придави́ть *сов., п.,* **в:вл** 11 II
Прида́вливать *нес., п.* 1 I
Придвига́ть(ся) *нес.* 1 I
Придви́нуть(ся) *сов.* 23 III
Приде́лать *сов., п.* 1 I
Приде́лывать *нес., п.* 1 I
Придержа́ть *сов., п., разг.* 17 II
Приде́рживать(ся) *нес., разг.* 1 I
Придира́ться *нес.* 1 I
Придра́ться *сов.* 72 VII
Приду́мать *сов., п.* 1 I
Приду́мывать *нес., п.* 1 I
Придуши́ть[2] *сов., п.* 10 II

[1] пригвождён

[1] to sentence, to condemn
[2] приду́шен

Приеда́ться *нес., 3 л.* 1 I
Прие́сться *сов., 3 л.* 87 VII
Приезжа́ть *нес.* 1 I
Прие́хать *сов.* 82 VII
Прижа́ть(ся) *сов.* 65 VII
прижима́ть(ся) *нес.*
Приже́чь *сов., п.* 58 VII
Прижига́ть *п.* 1 I
Прижива́ть(ся) *нес., прост.* 1 I
Прижи́ть(ся)[1] *сов., прост.* 62 VII
Приживи́ть *сов., п.,* **в:вл** 9 II
Приживля́ть *нес., п.* 1 I
Прижима́ть(ся) *нес.* 1 I
прижа́ть(ся) *сов.*
Призаду́маться *сов., разг.* 1 I
Призаду́мываться *нес., разг.* 1 I
Призаня́ть *сов., п., разг.* 78 VII
Призва́ть(ся *разг.*.) *сов., п.* 74 VII
призыва́ть(ся) *нес.*
Приземли́ть(ся) *сов.* 8 II
Приземля́ть(ся) *нес.* 1 I
Признава́ть(ся) *нес.* 60 VII
Призна́ть(ся) *сов.* 1 I
Призыва́ть(ся *разг.*) *нес.* 1 I
призва́ть(ся) *сов.*
Прииска́ть *сов., п.,* **ск:щ**, *разг.* 36 III
При́искивать *нес., п., разг.* 1 I
Прийти́ *неперех.* (сь) *сов.* 81 VII
приходи́ть(ся) *нес.*
Приказа́ть *сов.,* **з:ж** 36 III
Прика́зывать *нес.* 1 I
Прика́лывать *нес., п.* 1 I
приколо́ть *сов.*

[1] прижи́лся, прижила́сь, прижи́лось, (and прижило́сь), прижи́лись (and прижили́сь)

Прика́нчивать *нес., п., прост.* 1 I
прико́нчить *сов.*
Прика́рмливать *нес., п.* 1 I
Прикаса́ться *нес.* 1 I
прикосну́ться *сов.*
Прикати́ть *сов., п.,* **т:ч** 11 II
Прика́тывать *нес., п.* 1 I
Прики́дывать(ся) *нес., разг.* 1 I
Прики́нуть(ся) *сов., разг.* 23 III
Прикипе́ть *сов., 3 л., разг.* 20 II
Прикла́дывать(ся) *нес.* 1 I
приложи́ть(ся) *сов.*
Прикле́ивать(ся *3 л.*) *нес.* 1 I
Прикле́ить(ся *3 л.*) *сов.* 12 II
Приклепа́ть[1] *сов., п.* 1 I
Приклёпывать *нес., п.* 1 I
Приклони́ть *сов., п.* 10 II
Приклоня́ть *нес., п.* 1 I
Приключа́ться *нес., 3 л., разг.* 1 I
Приключи́ться *сов., 3 л. разг.* 8 II
Прикова́ть *сов., п.* 43 IV
Прико́вывать *нес., п.* 1 I
Прикола́чивать *нес., п.* 1 I
Приколоти́ть *сов., п.,* **т:ч** 11 II
Приколо́ть *сов., п.* 30 III
прика́лывать *нес.*
Прикомандирова́ть *сов., п.* 42 IV
Прикомандиро́вывать 1 I
Прико́нчить *сов., п., прост.* 7 II
прика́нчивать *нес.*
Прикорну́ть *сов., разг.* 28 III
Прикосну́ться *сов.* 28 III
прикаса́ться *нес.*

[1] приклёпан

Прикра́сить *сов., п.,* **с:ш**, *разг.*	6	II
Прикра́шивать *нес., п., разг.*	1	I
Прикрепи́ть(ся) *сов.,* **п:пл**	9	II
Прикрепля́ть(ся) *нес.*	1	I
Прикри́кивать *нес.*	1	I
Прикри́кнуть *сов.*	24	III
Прикрути́ть *сов., п.,* **т:ч**	11	II
Прикру́чивать *нес., п.*	1	I
Прикрыва́ть(ся) *нес.*	1	I
Прикры́ть(ся) *сов.*	67	VII
Прикупа́ть *нес., п.*	1	I
Прикупи́ть *сов., п.,* **п:пл**	11	II
Прику́ривать *нес., п.*	1	I
Прикури́ть[1] *сов., п.*	10	II
Прикуси́ть *сов., п.,* **с:ш**	11	II
Прику́сывать *нес., п.*	1	I
Прилага́ть(ся) *нес.* приложи́ть(ся) *сов.*	1	I
Прила́дить *сов., п.,* **д:ж**	6	II
Прила́дить *сов., п.,*	1	I
Приласка́ть(ся) *сов.*	1	I
Прилега́ть *нес., 3 л.* приле́чь *сов.*	1	I
Прилежа́ть *нес., 3 л.*	15	II
Прилепи́ть(ся *3 л., разг.*) *сов.,* **п:пл**	11	II
Прилепля́ть(ся *3 л., разг.*) *нес.*	1	I
Прилета́ть *нес.*	1	I
Прилете́ть *сов.,* **т:ч**	20	II
Приле́чь *сов.*	59	VI
Приле́чь *сов., 3 л.* прилега́ть *нес.*	59	VI
Прилива́ть *нес., 3 л.* прили́ть *сов.*	1	I
Прилиза́ть(ся) *сов.,* **з:ж**	36	III
Прили́зывать(ся) *нес.*	1	I
Прилипа́ть *нес., 3 л.*	1	I
Прили́пнуть *сов., 3 л.*	26	III

[1] прику́рен

Прили́ть *сов., 3 л.* прилива́ть *нес.*	69	VII
Приложи́ть[1](ся) *сов.* прикла́дывать(ся) *нес.* прилага́ть *нес.*	10	II
Прилуни́ться *сов.*	8	II
Прилуня́ться *нес.*	1	I
Прильну́ть *сов.*	28	III
Прима́заться *сов.,* **з:ж**, *разг.*	33	III
Прима́зываться *нес., разг.*	1	I
Прима́нивать *нес., п., разг.*	1	I
Примани́ть[2] *сов., п., разг.*	10	II
Примелька́ться *сов., разг.*	1	I
Примени́ть(ся) *сов.*	10	II
Применя́ть(ся) *нес.*	1	I
Примерза́ть *нес.*	1	I
Примёрзнуть *сов.*	25	III
Приме́рить *сов., п.*	5	II
Примеря́ть *нес., п.*	1	I
Примета́ть[3] *сов., п.*	1	I
Примётывать *нес., п.*	1	I
Приме́тить *сов., п.,* **т:ч**, *разг.*	6	II
Примеча́ть *нес., п., разг.*	1	I
Примеша́ть *сов., п.*	1	I
Приме́шивать *нес., п.*	1	I
Примина́ть *нес., п.* примя́ть *сов.*	1	I
Примири́ть(ся) *сов.*	8	II
Примиря́ть(ся) *нес.*	1	I
Примкну́ть *сов.* примыка́ть *нес.*	28	III
Примо́лкнуть *сов., разг.*	25	III
Примости́ть(ся) *сов.,* **ст:щ**, *разг.*	9	II
Примча́ться *сов.*	15	II

[1] прило́жен
[2] прима́нен
[3] примётан

Примыка́ть *нес.* 1 I
примкну́ть *сов.*

Приму́ть *сов., п.* 64 VII
примина́ть *нес.*

Принадлежа́ть *нес.* 15 II

{ Принаряди́ть(ся) *сов.*, **д:ж**, *разг.* 11 II
Принаряжа́ть(ся) *нес., разг.* 1 I }

Принево́лить *сов., п., разг.* 5 II

Принести́ *сов., п.* 45 V
приноси́ть *нес.*

{ Принижа́ть *нес., п.* 1 I
Принизить *сов., п.*, **з:ж** 6 II }

{ Принúка́ть *нес.*, 1 I
Прини́кнуть *сов.* 26 III }

Принима́ть(ся) *нес.* 1 I
приня́ть(ся) *сов.*

{ Принора́вливать(ся) *нес., разг.* 1 I
Принорови́ть[1](ся) *сов.*, **в:вл**, *разг.* 9 II }

Приноси́ть** *нес., п.*, **с:ш** 11 II
принести́ *сов.*

{ Принуди́ть[2] *сов., п.*, **д:ж:жд** 6 II
Принужда́ть *нес., п.* 1 I }

Принципиа́льничать *нес., прост.* 1 I

{ Принюхаться *сов., разг.* 1 I
Принюхиваться *нес., разг.* 1 I }

Приня́ть(ся) *сов.* 77 VII
принима́ть(ся) *нес.*

{ Приободри́ть(ся) *сов.* 8 II
Приободря́ть(ся) *нес.* 1 I }

{ Приобрести́ *сов., п.*, **с:т** 47 V
Приобрета́ть *нес., п.* 1 I }

{ Приобща́ть(ся) *нес.* 1 I
Приобщи́ть(ся) *сов.* 8 II }

Приоде́ть(ся) *сов., разг.* 61 VII

{ Приоса́ниваться *нес., разг.* 1 I
Приоса́ниться *сов., разг.* 5 II }

{ Приостана́вливать(ся) *нес.* 1 I
Приостанови́ть(ся) *сов.*, **в:вл** 11 II }

{ Приотвори́ть(ся *3 л.*) *сов.* 8 II
Приотворя́ть(ся *3 л.*) *нес.* 1 I }

Приоткрыва́ть(ся *3 л.*) *нес.* 1 I

Приоткры́ть(ся *3 л.*) *сов.* 67 VII

Приохо́тить(ся) *сов.*, **т:ч**, *разг.* 6 II

{ Припада́ть *нес., разг.* 1 I
Припа́сть *сов., разг.* 48 V }

{ Припа́ивать *нес., п.* 1 I
Припая́ть *сов., п.* 1 I }

{ Припаса́ть *нес., п., разг.* 1 I
Припасти́ *сов., п., разг.* 45 V }

Припева́ть *нес., разг.* 1 I

Припека́ть *нес., 3 л., разг.* 1 I

{ Припеча́тать *сов., п., разг.* 1 I
Припеча́тывать *нес., п., разг.* 1 I }

{ Приписа́ть *сов., п.*, **с:ш** 36 III
Припи́сывать *нес., п.* 1 I }

{ Приплати́ть *сов., п.*, **т:ч** 11 II
Припла́чивать *нес., п.* 1 I }

{ Приплести́[1] *сов., п.*, **с:т** 47 V
Приплета́ть *нес., п.* 1 I }

{ Приплыва́ть *нес.* 1 I
Приплы́ть[2] *сов.* 62 VII }

[1] принoро́влен
[2] принуждён

[1] приплётший
[2] приплы́л, приплыла́, приплы́л|о, -и

Приплю́снуть *сов., п.* 24 III
Приплю́щивать *нес., п.* 1 I

Припля́сывать *нес.* 1 I

Приподнима́ть(ся) *нес.* 1 I
Приподня́ть(ся) *сов.* 76 VII

Приполза́ть *нес.* 1 I
Приползти́ *сов.* 45 V

Припомина́ть(ся) *нес.* 1 I
Припо́мнить(ся) *сов.* 7 II

Припра́вить *сов., п.,* **в:вл** 6 II
Приправля́ть *нес., п.* 1 I

Припры́гивать *нес., разг.* 1 I

Припря́тать *сов., п.,* **т:ч**, *разг.* 33 III
Припря́тывать *нес., п., разг.* 1 I

Припу́гивать *нес., п., разг.* 1 I
Припугну́ть *сов., п., разг.* 28 III

Припу́дривать(ся) *нес., разг.* 1 I
Припу́дрить(ся) *сов., разг.* 7 II

Припуска́ть *нес., п.* 1 I
Припусти́ть *сов., п.,* **ст:щ** 11 II

Припуха́ть *нес., 3 л.* 1 I
Припу́хнуть *сов., 3 л.* 25 III

Прираба́тывать *нес., п.* 1 I
Прирабо́тать *сов., п.* 1 I

Прира́внивать *нес., п.* 1 I
Приравня́ть[1] *сов., п.* 1 I

Прира́внивать *нес., п.* 1 I
приро́вня́ть *сов.*

Прираста́ть *нес., 3 л.* 1 I
Прирасти́ *сов., 3 л.* 51 V

Приревнова́ть* *сов., п.* 42 IV

Прireза́ть *нес., п.* 1 I
Прире́зать *сов., п.,* **з:ж** 33 III

Приро́вня́ть[2] *сов., п.* 1 I
прира́внивать *нес.*

Приуча́ть(ся) *нес.* 1 I
Приучи́ть(ся) *сов.* 8 II

Приса́живаться *нес.* 1 I
присе́сть *сов.*

Приса́сываться *нес.* 1 I
присоса́ться *сов.*

Присва́ивать *нес., п.* 1 I
Присво́ить *сов., п.* 12 II

Присви́стывать *нес.* 1 I

Приседа́ть *нес.* 1 I
Присе́сть *сов.* 53 V
приса́живаться *нес.*

Прискака́ть *сов.,* **к:ч** 36 III

Приску́чивать *нес., разг.* 1 I
Приску́чить *сов., разг.* 5 II

Присла́ть *сов., п.* 80 VII
присыла́ть *нес.*

Прислони́ть(ся) 8 and *сов.* 10 II
Прислоня́ть(ся) *нес.* 1 I

Прислу́шаться *сов.* 1 I
Прислу́шиваться *нес.* 1 I

Присма́тривать(ся) *нес.* 1 I
Присмотре́ть(ся) *сов.* 21 II

Присмире́ть *сов.* 2 I

Присни́ться *сов.* 8 II

Присовокупи́ть *сов., п.,* **п:пл**, *книжн.* and *офиц.* 9 II
Присовокупля́ть *нес., п., книжн.* and *офиц.* 1 I

Присоедини́ть(ся) *сов.* 8 II
Присоединя́ть(ся) *нес.* 1 I

Присоса́ться[1] *сов.* 34 III
приса́сываться *нес.*

Присо́хнуть *сов., 3 л.* 25 III
присыха́ть *нес.*

Приспоса́бливать(ся) *нес.* 1 I
Приспосо́бить(ся) *сов.,* **б:бл** 6 II

Приспуска́ть *нес., п.* 1 I
Приспусти́ть *сов., п.,* **ст:щ** 11 II

1 прира́внен
2 приро́внен

1 присоса́лся, присоса́лась, присоса́лось, присоса́лись

Приставáть *нес.* 60 VII
Пристáть *сов.* 61 VII

Пристáвить *сов., п.,* **в:вл** 6 II
Приставля́ть *нес., п.* 1 I

Пристегáть[1] *сов., п.* 1 I
Пристёгивать[2] *нес., п.* 1 I

Пристёгивать[3] *нес., п.* 1 I

Пристрáивать(ся) *нес.* 1 I
пристрóить(ся) *сов.*

Пристрасти́ть(ся) *сов.,* **ст:щ**, *разг.* 9 II

Пристрáчивать *нес., п.* 1 I
пристрочи́ть *сов.*

Пристрéливать[4] *нес., п.* 1 I

Пристрели́ть[5] *сов., п.* 10 II

Пристрéливать[6](ся) *нес.* 1 I
Пристреля́ть(ся) *сов.* 1 I

Пристрóить(ся) *сов.* 12 II
пристрáивать(ся) *нес.*

Пристрочи́ть[7] 8 and *сов., п.* 10 II
пристрáчивать *нес.*

Пристру́нивать *нес., п., разг.* 1 I
Приструни́ть *сов., п., разг.* 5 II

Присту́кивать *нес., п., разг.* and *прост.* 1 I
Присту́кнуть *сов., п., разг.* and *прост.* 24 III

Приступáть *нес.* 1 I
Приступи́ть *сов.,* **п:пл** 11 II

Пристыди́ть *сов., п.,* **д:ж** 9 II

Присуди́ть[1] *сов., п.,* **д:ж:жд** 11 II
Присуждáть *нес., п.* 1 I

Прису́тствовать *нес.* 41 IV

Присчитáть *сов., п.* 1 I
Присчи́тывать *нес., п.* 1 I

Присылáть *нес., п.* 1 I
прислáть *сов.*

Присыпáть *нес., п.* 1 I
Присы́пать[2] *сов., п.,* **п:пл** 33 III

Присыхáть *нес., 3 л.* 1 I
присóхнуть *сов.*

Присягáть *нес.* 1 I
Присягну́ть *сов.* 28 III

Притаи́ться *сов.* 8 II

Притáптывать(ся *3 л.*) *нес.* 1 I
притоптáть(ся) *сов.*

Притáскивать *нес., п.* 1 I
Притащи́ть[3](ся *разг.*) *сов.* 10 II

Притвори́ть[4](ся *3 л.*) *сов.* 10 II
Притворя́ть(ся *3 л.*) *нес.* 1 I

Притвори́ться[5] *сов.* 8 II
Притворя́ться *нес.* 1 I

Притерéться *нес., 3 л.* 71 VII

Притерпéться *сов.,* **п:пл**, *разг.* 22 II

Притесни́ть *сов., п.* 8 II
Притесня́ть *нес., п.* 1 I

Притéчь *сов., 3 л.* 54 VI
Притекáть *нес., 3 л.* 1 I

Прити́скивать *нес., п.* 1 I
Прити́снуть *сов., п., разг.* 24 III

Прити́хнуть *сов.* 25 III

Приткну́ть(ся) *сов., разг.* 28 III
притыкáть *нес.*

Притóпнуть *сов.* 24 III

[1] пристёган
[2] to stitch
[3] to fasten
[4] to shoot, to kill by shooting
[5] пристрéлен
[6] to adjust (*a gun, etc.*)
[7] пристрóчен

[1] присуждён
[2] присы́пь
[3] притáщен
[4] to shut (*not completely*)
[5] to pretend

Притопта́ть(ся *3 л.*) *сов.*, **т:ч** прита́птывать(ся) *нес.* 36 III

Прито́пывать *нес.* 1 I

{ Притормá́живать *нес., п., разг.* 1 I
{ Притормози́ть *сов., п.*, **з:ж**, *разг.* 9 II

{ Притра́гиваться *нес.* 1 I
{ Притро́нуться *сов.* 23 III

{ Притупи́ть(ся *3 л.*) *сов.*, **п:пл** 11 II
{ Притупля́ть(ся *3 л.*) *нес.* 1 I

Притуши́ть[1] *сов., п., разг.* 10 II

Притыка́ть *нес., п., разг.* приткну́ть(ся) *сов.* 1 I

{ Притя́гивать *нес., п.* 1 I
{ Притяну́ть *сов., п.* 29 III

Притяза́ть *нес., книжн.* 1 I

{ Приукра́сить *сов., п.*, **с:ш**, *разг.* 6 II
{ Приукра́шивать *нес., п., разг.* 1 I

{ Приуменьша́ть *нес., п.* 1 I
{ Приуме́ньшить *сов., п.* 7 II

{ Приумножа́ть(ся *3 л.*) *нес.* 1 I
{ Приумно́жить(ся *3 л.*) *сов.* 5 II

Приумо́лкнуть *сов., разг.* 25 III

Приуны́ть[2] *сов., разг.* 67 VII

{ Приуро́чивать *нес., п.* 1 I
{ Приуро́чить *сов., п.* 5 II

Приуста́ть *сов., разг.* 61 VII

Приути́хнуть *сов., разг.* 25 III

{ Приуча́ть(ся) *нес.* 1 I
{ Приучи́ть[3](ся) *сов.* 10 II

[1] приту́шен
[2] the future tense and the imperative are not used
[3] приу́чен

Прихва́рывать *нес., разг.* 1 I

Прихвастну́ть *сов., разг.* 28 III

{ Прихвати́ть *нес., п.* **т:ч** 11 II
{ Прихва́тывать *нес., п.* 1 I

Прихворну́ть *сов., разг.* 28 III

{ Прихлебну́ть *сов., п., разг.* 28 III
{ Прихлёбывать *нес., п., разг.* 1 I

{ Прихло́пнуть *сов., п.* 24 III
{ Прихло́пывать *нес., п.* 1 I

Прихлы́нуть *сов., 3 л., разг.* 23 III

Приходи́ть *неперех.* (ся) *нес.*, **д:ж** прийти́(сь) *сов.* 11 II

Прихо́довать *нес., п.* заприхо́довать *сов.* 41 IV

Прихора́шивать(ся) *нес., разг.* 1 I

Прихра́мывать *нес.* 1 I

{ Прице́литься *сов.* 5 II
{ Прице́ливаться *нес.* 1 I

{ Прице́ниваться *нес., разг.* 1 I
{ Прицени́ться *сов., разг.* 10 II

{ Прицепи́ть(ся) *сов.*, **п:пл** 11 II
{ Прицепля́ть(ся) *нес.* 1 I

{ Прича́ливать *нес., п.* 1 I
{ Прича́лить *сов., п.* 5 II

{ Причасти́ть(ся) *сов.*, **ст:щ** 9 II
{ Причаща́ть(ся) *нес.* 1 I

{ Причеса́ть[1](ся) *сов.*, **с:ш** 36 III
{ Причёсывать(ся) *нес.* 1 I

{ Причини́ть *сов., п.* 8 II
{ Причиня́ть *нес., п.* 1 I

{ Причи́слить *сов., п.* 7 II
{ Причисля́ть *нес., п.* 1 I

Причита́ть(ся *3 л.*) *нес.* 1 I

[1] причёсан

Причмо́кивать *нес.* 1 I
Причмо́кнуть *сов.* 24 III
{ **При**швартова́ть(ся) *сов., спец.* 42 IV
Пришварто́вывать(ся) *нес., спец.* 1 I }
Пришёптывать *нес., разг.*
Пришиби́ть *сов., п.* 39 III
{ Пришива́ть *нес., п.* 1 I
Приши́ть[1] *сов., п.* 69 VII }
Пришпи́ливать *нес., п.* 1 I
Пришпи́лить *сов., п.* 5 II
Пришпо́ривать *нес., п.* 1 I
Пришпо́рить *сов., п.* 5 II
{ Прищёлкивать *нес., разг.* 1 I
Прищёлкнуть *сов., разг.* 24 III }
{ Прищеми́ть *сов., п.,* **м:мл** 9 II
Прищемля́ть *нес., п.* 1 I }
Прищу́ривать(ся) *нес.* 1 I
Прищу́рить(ся) *сов.* 5 II
Приюти́ть(ся) *сов.,* **т:ч** 9 II
Проанализи́ровать *сов., п* 41 IV
Пробавля́ться *нес., разг.* 1 I
Проба́лтываться *нес., разг.* 1 I
проболта́ться *сов.*
Пробе́гать *сов., п.* 1 I
{ Пробега́ть *нес., п.* 1 I
Пробежа́ть(ся) *сов.* 85 VII }
{ Пробива́ть(ся) *нес.* 1 I
Проби́ть[2](ся) *сов.* 69 VII }
Пробира́ть(ся) *нес.* 1 I
пробра́ть(ся) *сов.*
Проби́ровать *нес., п., спец.* 41 IV
{ Проблесну́ть *сов., 3 л.* 28 III
Проблёскивать *нес., 3 л.* 1 I }
Про́бовать *нес., п.* 41 IV
испро́бовать *сов.*
попро́бовать *сов.*

[1] пришил, приши́л|а, -о, -и
[2] проби́л, проби́л|а, -о, -и

Пробода́ть *сов., п., 3 л.* 1 I
Проболе́ть[1] *сов.* 2 I
Проболе́ть[2] *сов., 3 л.* 19 II
Проболта́ться *сов., разг.* 1 I
проба́лтываться *нес.*
Пробормота́ть *сов., п.,* **т:ч**, *разг.* 36 III
Пробра́ть(ся) *сов.* 72 VII
пробира́ть(ся) *нес.*
Пробренча́ть *сов., п.* 15 II
Пробубни́ть *сов., п., разг.* 8 II
Пробуди́ть[3](ся) *сов., п.,* **д:ж:жд,** *высок.* 11 II
Пробужда́ть(ся) *нес., высок.* 1 I
Пробура́вить *сов., п.,* **в:вл** 6 II
Пробури́ть *сов., п.* 8 II
Пробурча́ть *сов.* 15 II
Пробы́ть[4] *сов.* 83 VII
{ Прова́ливать(ся) *нес.* 1 I
Провали́ть[5](ся) *сов.* 10 II }
{ Прова́ривать(ся *3 л.*) *нес.* 1 I
Провари́ть[6](ся) *3 л. сов.* 10 II }
{ Прове́дать *сов., п., разг.* 1 I
Прове́дывать *нес., п., разг.* 1 I }
Провезти́ *сов., п.* 45 V
провози́ть *нес.*
Провентили́ровать *сов., п.* 41 IV
Проверещáть *сов.* 15 II
{ Прове́рить *сов., п.* 5 II
Проверя́ть *нес., п.* 1 I }
{ Проверну́ть *сов., п.* 28 III
Провёртывать *нес., п.* 1 I }

[1] to be ill (*for a certain time*)
[2] to ache, to hurt (*for a certain time*)
[3] пробуждён
[4] про́был, пробыла́, про́был|о, -и
[5] прова́лен
[6] прова́рен

Провертéть *сов., п.,* **т:ч** 22 II
Провёртывать *нес., п., разг.* 1 I
Провести́ *сов., п.,* **с:д** 47 V
проводи́ть *нес.*
Провéтривать(ся) *нес.* 1 I
Провéтрить(ся) *сов.* 7 II
Провéять *сов., п.* 31 III
Прови́деть* *нес., п.,* **д:ж**, *высок., устар.* 18 II
Провини́ться *сов.* 8 II
Провисáть *нес., 3 л.* 1 I
Прови́снуть *сов., 3 л.* 25 III
Проводи́ть** *нес., п.,* **д:ж** 11 II
провести́ *сов.*
Проводи́ть* *сов., п.,* **д:ж** 11 II
Провожáть *нес., п.* 1 I
Провозвести́ть *сов., п.,* **ст:щ**, *высок.* 9 II
Провозвещáть *нес., п., высок.* 1 I
Провозгласи́ть *сов., п.,* **с:ш** 9 II
Провозглашáть *нес., п.* 1 I
Провози́ть** *нес., п.,* **з:ж** 11 II
провезти́ *сов.*
Провози́ться *нес.,* **з:ж,** *разг.* 11 II
Провоня́ть *сов., прост.* 1 I
Провороваться *сов., разг.* 42 IV
Проворóнить *сов., п., прост.* 5 II
Проворчáть* *сов., п.* 15 II
Провоци́ровать *нес., сов., п.* 41 IV
спровоци́ровать *сов.*
Провя́лить(ся *3 л.*) *сов.* 5 II
Прогадáть *сов., разг.* 1 I
Прогáдывать *нес., разг.* 1 I
Прогибать(ся *3 л.*) *нес.* 1 I
прогну́ться(ся) *сов.*
Проглáдить *сов., п.,* **д:ж** 6 II
Проглáживать *нес., п.* 1 I
Проглáтывать *нес., п.* 1 I
Проглоти́ть *сов., п.* **т:ч** 11 II
Проглядéть *сов., п.,* **д:ж** 20 II
Прогля́дывать[1] *нес. п.* 1 I
Прогля́дывать[2] *нес., 3 л.* 1 I
Прогляну́ть *сов., 3 л.* 29 III
Прогнáть *сов., п.* 75 VII
прогоня́ть *нес.*
Прогнéвать(ся) *сов., устар.* 1 I
Прогневи́ть *сов., п.,* **в:вл**, *устар.* 9 II
Прогнивáть *нес.* 1 I
Прогни́ть *сов.* 4 I
Прогнози́ровать *нес., сов., п., книжн.* 41 IV
Прогну́ть(ся *3 л.*) *сов.* 28 III
прогибáть(ся) *нес.*
Проговáривать(ся) *нес.* 1 I
Проговори́ть(ся) *сов.* 8 II
Проголодáть *неперех.* (ся) *сов.* 4 I
Проголосовáть *сов., п.* 42 IV
Прогоня́ть *нес., п.* 1 I
прогнáть *сов.*
Прогорáть *нес.* 1 I
Прогорéть *сов.* 19 II
Прогóркнуть *сов., 3 л.* 25 III
Программи́ровать *нес., п., спец.* 41 IV
запрограмми́ровать *сов.*
Прогревáть(ся) *нес.* 1 I
прогрéть(ся) *сов.*
Прогремéть *сов.,* **м:мл** 20 II
Прогресси́ровать *нес.* 41 IV
Прогрéть(ся) *сов.* 2 I
прогревáть(ся) *нес.*

[1] to look through
[2] to show, to appear

Прогромыха́ть *сов.*, *разг.* — 1 I
Прогрохота́ть *сов.*, **т:ч** — 36 III
Прогрыза́ть *нес.*, *п.* — 1 I
Прогры́зть *сов.*, *п.* — 46 V
Прогуде́ть *сов.*, **д:ж** — 20 II
Прогу́ливать(ся) *нес.* — 1 I
Прогуля́ть(ся) *сов.* — 1 I
Продава́ть(ся) *нес.* — 60 VII
  прода́ть(ся) *сов.*
Продави́ть(ся) *3 л.*, *сов.*, **в:вл** — 11 II
Прода́вливать(ся *3 л.*) *нес.* — 1 I
Прода́лбливать *нес.*, *п.* — 1 I
  продолби́ть *сов.*
Прода́ть(ся) *сов.* — 88 VII
  продава́ть(ся) *нес.*
Продвига́ть(ся) *нес.* — 1 I
Продви́нуть(ся) *сов.* — 23 III
Продева́ть *нес.*, *п.* — 1 I
  проде́ть *сов.*
Продезинфици́ровать *сов.*, *п.* — 41 IV
Продеклами́ровать *сов.*, *п.* — 41 IV
Проде́лать *сов.*, *п.* — 1 I
Проде́лывать *нес.*, *п.* — 1 I
Продемонстри́ровать *сов.*, *п.* — 41 IV
Продержа́ть(ся) *сов.* — 17 II
Продёргивать *нес.*, *п.*, *разг.* and *прост.* — 1 I
Продёрнуть *сов.*, *п.*, *разг.* and *прост.* — 24 III
Проде́ть *сов.*, *п.* — 61 VII
  продева́ть *нес.*
Продешеви́ть *сов.*, *п.*, **в:вл**, *разг.* — 9 II
Продиктова́ть *сов.*, *п.* — 42 IV
Продира́ть(ся) *нес.*, *прост.* — 1 I
  продра́ть(ся) *сов.*
Продлева́ть *нес.*, *п.*, *разг.* — 1 I
Продли́ть *сов.* — 8 II
Продли́ться *сов.*, *3 л.* — 8 II
Продолби́ть *сов.*, *п.*, **б:бл** — 9 II
  прода́лбливать *нес.*
Продолжа́ть(ся *3 л.*) *нес.* — 1 I
Продо́лжить(ся *3 л.*) *сов.* — 7 II
Продохну́ть *сов.*, *разг.* — 28 III
Продра́ть(ся) *сов.*, *прост.* — 72 VII
  продира́ть(ся) *нес.*
Продро́гнуть *сов.* — 25 III
Продува́ть *нес.*, *п.* — 1 I
Проду́ть *сов.*, *п.* — 3 I
Проду́мать *сов.*, *п.* — 1 I
Проду́мывать *нес.*, *п.*
Продыря́вить(ся *3 л.*) *сов.*, **в:вл**, *разг.* — 6 II
Продыря́вливать(ся *3 л.*) *нес.*, *разг.* — 1 I
Продыша́ться *сов.*, *разг.* — 17 II
Проеда́ть *нес.*, *п.*, *прост.* — 1 I
  прое́сть *сов.*
Прое́здить(ся *разг.*) *сов.*, **д:ж** — 7 II
Проезжа́ть(ся *разг.*) *нес.* — 1 I
  прое́хать(ся) *сов.*
Проекти́ровать *нес.*, *п.* — 41 IV
  запроекти́ровать *сов.*
  спроекти́ровать *сов.*
Прое́сть *сов.*, *п.* — 87 VII
  проеда́ть *нес.*
Прое́хать(ся *разг.*) *сов.* — 82 VII
  проезжа́ть *нес.*
Проеци́ровать *нес.*, *сов.*, *п.* — 41 IV
Прожа́ривать(ся *3 л.*) *нес.* — 1 I
Прожа́рить(ся *3 л.*) *сов.* — 5 II
Прожда́ть *сов.*, *п.* — 34 III
Прожева́ть *сов.*, *п.* — 43 IV
Прожёвывать *нес.*, *п.* — 1 I
Проже́чь *сов.*, *п.* — 58 VI
Прожига́ть *нес.*, *п.* — 1 I

{ Прожива́ть(ся *разг.*) *нес.*	1	I
Прожи́ть(ся *разг.*)[1] *сов.* }	62	VII
Прожужжа́ть *сов.*	15	II
Прозва́ть *сов., п.* прозыва́ть *нес.*	74	VII
Прозвене́ть *сов.*	19	II
Прозвони́ть *сов.*	8	II
Прозвуча́ть *сов., 3 л.*	15	II
Прозева́ть *сов., п., разг.*	1	I
Прозимова́ть *сов.*	42	IV
{ Прозрева́ть *нес., книжн.*	1	I
Прозре́ть *сов., книжн.* }	2	I
Прозыва́ть *нес., п.* прозва́ть *сов.*	1	I
Прозяба́ть *нес.*	1	I
Прозя́бнуть *сов., прост.*	25	III
{ Проигра́ть(ся) *сов.*	1	I
Прои́грывать(ся) *нес.* }	1	I
{ Произвести́ *сов., п.,* **с:д**	47	V
Производи́ть**(ся *3 л.*) *нес.,* **д:ж** }	11	II
{ Произнести́ *сов., п.*	45	V
Произноси́ть** *нес., п.,* **с:ш** }	11	II
Произойти́ *сов.* происходи́ть *нес.*	81	VII
{ Произраста́ть *нес., 3 л., книжн.*	1	I
Произрасти́ *сов., 3 л., книжн.* }	51	V
Проиллюстри́ровать *сов., п.*	41	IV
Проинструкти́ровать *сов., п.*	41	IV
Проинтервьюи́ровать *сов., п., книжн.*	41	IV
Проинформи́ровать(ся) *сов.*	41	IV
Происка́ть *сов., п.,* **ск:щ**	36	III
{ Проистека́ть *нес., 3 л., книжн.*	1	I
Происте́чь *сов., 3 л., книжн.* }	54	VI
Происходи́ть[1] *нес.,* **д:ж** произойти́ *сов.*	11	II
Пройти́(сь) *сов.* проходи́ть *нес.* проха́живаться *нес.*	81	VII
Прока́зничать *нес., разг.* напрока́зничать *сов.*	1	I
{ Прока́ливать(ся *3 л.*) *нес.*	1	I
Прокали́ть(ся *3 л.*) *сов.* }	8	II
Прока́лывать *нес., п.* проколо́ть *сов.*	1	I
Прока́пывать *нес., п.* прокопа́ть *сов.*	1	I
Прока́пчивать(ся) *нес.* прокопти́ть(ся) *сов.*	1	I
Прокарау́лить *сов., п., разг.*	5	II
{ Проката́ть(ся *3 л.*) *сов.*	1	I
Прока́тывать(ся *3 л.*) *нес.* }	1	I
Прокати́ть[2](ся) *сов.,* **т:ч**	9	II
Прока́тывать(ся *3 л.*) *нес.*	1	I
{ Прока́шливать(ся) *нес.*	1	I
Прока́шлять(ся) *сов.* }	1	I
{ Прокв́асить(ся *3 л.*) *сов.,* **с:ш**	6	II
Прокв́ашивать(ся *3 л.*) *нес.* }	1	I
Прокида́ть *сов., п.*	1	I
Прокипе́ть *сов., 3 л.*	20	II
Прокипяти́ть *сов., п.,* **т:ч**	9	II
Прокиса́ть *нес., 3 л.*	1	I
Проки́снуть *сов., 3 л.*	25	III

[1] прожи́лся, прожила́сь, прожило́сь, прожили́сь

[1] the imperative is not used
[2] прока́чен

Прокла́дывать *нес., п.* проложи́ть *сов.*	1	I
Прокламйровать *нес., сов., п., книжн.*	41	IV
{ Проклева́ть[1] *сов., п.*	43	IV
{ Проклёвывать *нес., п.*	1	I
{ Прокле́ивать *нес., п.*	1	I
{ Прокле́ить *сов., п.*	12	II
Проклина́ть *нес., п.*	1	I
Прокля́сть *сов., п. высок.*	49	V
Проклю́нуть(ся) *сов., 3 л., разг.*	23	III
Проковыля́ть *сов., разг.*	1	I
{ Проковы́ривать *нес., п., разг.*	1	I
{ Проковырну́ть *сов., п., разг.*	28	III
{ Проковыря́ть *сов., п., разг.*	1	I
Проколо́ть *сов., п.* прока́лывать *нес.*	30	III
Прокомменти́ровать *сов., п.*	41	IV
Прокомпости́ровать *сов., п.*	41	IV
{ Проконопа́тить *сов., п.,* **т:ч**	6	II
{ Проконопа́чивать *нес., п.*	1	I
Проконспекти́ровать *сов., п.*	41	IV
Проконсульти́ровать (ся) *сов.*	41	IV
Проконтроли́ровать *сов., п.*	41	IV
Прокопа́ть(ся *разг.*) *сов.* прока́пывать *нес.*	1	I
Прокопти́ть(ся) *сов.,* **т:ч** прока́пчивать(ся) *нес.*	9	II
Прокорми́ть(ся) *сов.,* **м:мл**	11	II
Прокорректи́ровать *сов., п.*	41	IV
{ Прокра́дываться *нес.*	1	I
{ Прокра́сться *сов.*	48	V
{ Прокра́сить *сов., п.,* **с:ш**	6	II
{ Прокра́шивать *нес., п.*	1	I
{ Прокрахма́ливать(ся *3 л.*) *нес.*	1	I
{ Прокрахма́лить(ся *3 л.*) *сов.*	5	II
Прокрича́ть *сов., п.*	15	II
{ Прокрути́ть *сов., п.* **т:ч**	11	II
{ Прокру́чивать *нес., п.*	1	I
Проку́ривать *нес., п.*	1	I
Прокури́ть[1] *сов., п.*	10	II
Прокуса́ть *сов., п.*	1	I
{ Прокуси́ть *сов., п.,* **с:ш**	11	II
{ Проку́сывать *нес., п.*	1	I
{ Прокути́ть(ся) *сов.,* **т:ч**, *разг.*	11	II
{ Проку́чивать(ся) *нес., разг.*	1	I
Пролага́ть *нес., п.* проложи́ть *сов.*	1	I
Прола́мывать(ся *3 л.*) *нес.* пролома́ть(ся) *сов.* проломи́ть(ся) *сов.*	1	I
Пролега́ть *нес., 3 л.* проле́чь *сов.*	1	I
{ Пролежа́ть *сов., п.*	15	II
{ Пролёживать *нес., п.*	1	I
{ Пролеза́ть *нес.*	1	I
{ Проле́зть *сов.*	44	V
Пролепета́ть *сов., п.,* **т:ч**	36	III
{ Пролета́ть *нес., п.*	1	I
{ Пролете́ть *сов., п.,* **т:ч**	20	II
Проле́чь *сов., 3 л.* пролега́ть *нес.*	59	VI
{ Пролива́ть(ся *3 л.*) *нес.*	1	I
{ Проли́ть(ся *3 л.*) *сов.*	69	VII
Проложи́ть[2] *сов., п.*	10	II

[1] проклюю

[1] проку́рен
[2] проло́жен

прокла́дывать *нес.*
пролага́ть *нес.*
Пролома́ть(ся *3 л.*) *сов.* 1 I
прола́мывать(ся) *нес.*
Проломи́ть(ся *3 л.*) *сов.*, **м:мл** 11 II
прола́мывать(ся) *нес.*
Пролонги́ровать *сов.*, *п.*, *офиц.* 44 IV
Пролопота́ть *сов.*, **т:ч**, *прост.* 36 III
Прома́зать *сов.*, **з:ж**, *прост.* 33 III
{ Прома́зать *сов.*, *п.*, **з:ж** 33 III
{ Прома́зывать *нес.*, *п.* 1 I
Прома́ргивать *нес.*, *п.*, *прост.* 1 I
проморга́ть *сов.*
Промаринова́ть(ся *3 л.*) *сов.* 42 IV
Промарширова́ть *разг.* 42 IV
{ Прома́сливать(ся) *нес.* 1 I
{ Прома́слить(ся) *сов.* 7 II
Прома́тывать(ся) *нес.*, *разг.* 1 I
промота́ть(ся) *сов.*
{ Прома́хиваться *нес.* 1 I
{ Промахну́ться *сов.* 28 III
Прома́чивать *нес.*, *п.* 1 I
промочи́ть *сов.*
Поме́длить *сов.* 7 II
Промелькну́ть *сов.* 28 III
{ Проме́нивать *нес.*, *п.* 1 I
{ Променя́ть *сов.*, *п.* 2 I
{ Промерза́ть *нес.* 1 I
{ Промёрзнуть *сов.* 25 III
{ Проме́ривать *нес.*, *п.* 1 I
{ Проме́рить *сов.*, *п.* 5 II
{ Промеря́ть *нес.*, *п.* 1 I
Промеси́ть *сов.*, *п.*, **с:ш** 11 II
проме́шивать *нес.*
Промести́ *сов.*, *п.*, **с:т** 47 V
Промета́ть[1] *сов.*, *п.* 1 I

[1] промётан

{ Промеша́ть *сов.*, *п.* 1 I
{ Проме́шивать *нес.*, *п.* 1 I
промеси́ть *сов.*
Проме́шкать *неперех.* (ся) *сов.*, *разг.* 1 I
Промина́ть(ся) *разг.*, *нес.* 1 I
промя́ть(ся) *сов.*
{ Промока́ть *нес.*, *п.* 1 I
{ Промо́кнуть *сов.* 26 III
Промо́лвить *сов.*, *п.*, **в:вл** 7 II
Промолча́ть *сов.* 15 II
{ Проморáживать *нес.*, *п.* 1 I
{ Проморо́зить *сов.*, *п.*, *п.*, **з:ж** 6 II
Проморга́ть *сов.*, *п.*, *прост.* 1 I
прома́ргивать *нес.*
Проморить *сов.*, *п.*, *разг.* 8 II
Промота́ть(ся) *сов.*, *разг.* 1 I
прома́тывать(ся) *нес.*
Промочи́ть[1] *сов.*, *п.* 10 II
прома́чивать *нес.*
Прому́чить(ся) *сов.* 5 II
Промча́ться *сов.* 15 II
{ Промыва́ть *нес.*, *п.* 1 I
{ Промы́ть *сов.*, *п.* 67 VII
Промышля́ть *нес.*, *п.* 1 I
Промя́млить *сов.*, *п.*, 7 II
Промя́ть(ся *разг.*) *сов.* 64 VII
промина́ть(ся) *нес.*
Прона́шивать(ся *3 л.*) *нес.* 1 I
проноси́ть(ся) *сов.*
Пронести́(сь) *сов.* 45 V
проноси́ть(ся) *нес.*
{ Пронза́ть *нес.*, *п.* 1 I
{ Пронзи́ть[2] *сов.*, *п.*, **з:ж** 9 II
{ Пронизáть *сов.*, *п.*, **з:ж** 36 III
{ Прони́зывать *нес.*, *п.* 1 I

[1] промо́чен
[2] пронзён

{ Проника́ть *неперех.* (ся) *нес.*	1	I
{ Прони́кнуть *неперех.* (ся) *сов.*	25	III
Пронима́ть *нес., п., разг.*	1	I
пронять *сов.*		
Проноси́ть(ся) *нес.,* **с:ш**	11	II
пронести́(сь) *сов.*		
Проноси́ть(ся *3 л.*) *сов.,* **с:ш**	11	II
прона́шивать(ся) *нес.*		
Пронумерова́ть *сов., п.*	42	IV
{ Проню́хать *сов., п., разг. неодобр.*	1	I
{ Проню́хивать *нес., п., п., разг. неодобр.*	1	I
Проня́ть *сов., п., разг.*	78	VII
пронима́ть *нес.*		
Пропаганди́ровать *нес., п.*	41	IV
Пропада́ть *нес.*	1	I
пропа́сть *сов.*		
Пропа́лывать *нес., п.*	1	I
прополо́ть *сов.*		
{ Пропа́ривать(ся) *нес.*	1	I
{ Пропа́рить(ся) *сов.*	5	II
Пропа́рывать *нес., п., разг.*	1	I
пропоро́ть *сов.*		
Пропа́сть *сов.*	48	V
пропада́ть *нес.*		
{ Пропаха́ть *сов., п.,* **х:ш**	36	III
{ Пропа́хивать *нес., п.*	1	I
Пропа́хнуть *сов.*	25	III
{ Пропека́ть(ся *3 л.*) *нес.*	1	I
{ Пропе́чь(ся *3 л.*) *сов.*	54	VI
Пропе́ть *сов., п.*	68	VII
{ Пропи́ливать *нес., п.*	1	I
{ Пропили́ть[1] *сов., п.*	10	II
{ Прописа́ть(ся) *сов.,* **с:ш**	36	III
{ Пропи́сывать(ся) *нес.*	1	I
{ Пропита́ть(ся) *сов.*	1	I
{ Пропи́тывать(ся) *нес.*	1	I
{ Пропи́хивать *нес., п., разг.*	1	I
{ Пропихну́ть *сов., п., разг.*	28	III
Пропла́вать *сов.*	1	I
Пропла́кать *сов.,* **к:ч**	33	III
Проплести́сь *сов.,* **с:т,** *разг.*	47	V
{ Проплыва́ть *нес., п.*	1	I
{ Проплы́ть[1] *сов., п.*	62	VII
Пропове́довать *нес., п., устар.* and *книжн.*	41	IV
{ Прополза́ть *нес., п.*	1	I
{ Проползти́ *сов., п.*	45	V
Прополоска́ть *сов., п.,* **ск:щ**	36	III
Прополо́ть *сов., п.*	30	III
пропа́лывать *нес.*		
Пропоро́ть *сов., п., разг.*	30	III
пропа́рывать *нес.*		
Пропоте́ть *сов.*	2	I
{ Пропуска́ть *нес., п.*	1	I
{ Пропусти́ть *сов., п.,* **т:щ**	11	II
Пропыли́ть(ся) *сов.*	8	II
{ Прораба́тывать *нес., п., разг.*	1	I
{ Прорабо́тать *сов., п.*	1	I
{ Прораста́ть *нес., 3 л.*	1	I
{ Прорасти́ *сов., 3 л.*	51	V
{ Прорасти́ть *сов., п.,* **ст:щ**	9	II
{ Прора́щивать *нес., п.*	1	I
Прорва́ть(ся) *сов.*	34	III
прорыва́ть(ся) *нес.*		
Прореаги́ровать *сов.*	411	IV
{ Прореди́ть *сов., п.,* **д:ж**	9	II
{ Проре́живать *нес., п.*	1	I
{ Проре́зать(ся *3 л.*) *сов.,* **з:ж**	33	III
{ Прореза́ть(ся *3 л.*) *нес.*	1	I
{ Проре́зывать(ся *3 л.*) *нес.*	1	I

[1] пропи́лен

[1] проплы́л, проплыла́, проплы́л|о, -и

Прорепети́ровать *сов., п.* 41 IV
Прорецензи́ровать *сов., п* 41 IV
Проржаве́ть *сов., 3 л.* 2 I
Прорисова́ть *сов., п.* 42 IV
Прорица́ть *нес., п., книжн.* 1 I
Пророни́ть[1] *сов., п.* 10 II
Проро́чествовать *нес., книжн.* 41 IV
Проро́чить *нес., п.* 5 II
напроро́чить *сов.*
Прoруба́ть *нес., п.* 1 I
Прoруби́ть *сов., п.,* **б:бл** 11 II
Прорыва́ть(ся) *нес.* 1 I
прорва́ть(ся) *сов.*
Прорыва́ть(ся) *нес.* 1 I
Проры́ть(ся) *сов.* 67 VII
Просади́ть *сов., п.,* **д:ж**, *прост.* 11 II
Проса́живать *нес., п., прост.* 1 I
Проса́ливать(ся *3 л.*) *нес.* 1 I
просоли́ть(ся) *сов.*
Проса́ливать *нес., п.* 1 I
Проса́лить *сов., п.* 5 II
Проса́чиваться *нес., 3 л.* 1 I
просочи́ться *сов.*
Просве́рливать *нес., п.* 1 I
Просверли́ть *сов., п.* 8 II
Просвети́ть(ся) *сов.,* **т:щ** 9 II
Просвеща́ть(ся) *нес.* 1 I
Просвети́ть(ся *разг.*) *сов.,* **т:ч** 11 II
Просве́чивать(ся *разг.*) *нес.* 1 I
Просветле́ть *сов., 3 л.* 2 I
Просвисте́ть *сов., п.,* **ст:щ** 20 II
Просе́ивать(ся *3 л.*) *нес.* 1 I
Просе́ять(ся *3 л.*) *сов., п.* 31 III
Просека́ть(ся *3 л.*) *нес.* 1 I
Просе́чь(ся *3 л.*) *сов.* 54 VI
Просигнализи́ровать *сов.* 41 IV
Просигна́лить *сов.* 5 II
Просиде́ть[1] *сов., п.,* **д:ж** 20 II
Проси́живать *нес., п.* 1 I
Проси́ть(ся) *нес.,* **с:ш** 11 II
попроси́ть(ся) *сов.*
Просия́ть *сов.* 1 I
Проскака́ть *сов.,* **к:ч** 36 III
Проска́кивать *нес., п.* 1 I
проскочи́ть *сов.*
Проска́льзывать *нес.* 1 I
проскользну́ть *сов.*
Просквози́ть * *сов.. п., 3 л., разг.* 9 II
Прослоня́ть * *сов., п.* 1 I
Просклоня́ть * *сов., п.* 1 I
Проскользну́ть *сов.* 28 III
проска́льзывать *нес.*
Проскочи́ть * *сов., п.* 10 II
проска́кивать *нес.*
Проскреба́ть *нес., п.* 1 I
Проскрести́ *сов., п.* 50 V
Проскуча́ть *сов.* 1 I
Просла́бить *сов., 3 л.* and *безл., п.* 6 II
Просла́вить(ся) *сов.,* **в:вл** 6 II
Прославля́ть(ся) *нес.* 1 I
Просла́ивать *нес., п.* 1 I
прослои́ть *сов.*
Проследи́ть[2] *сов., п.,* **д:ж** 9 II
Просле́живать *нес.,* 1 I
Просле́довать *сов., офиц.* 41 IV
Прослези́ться *сов.,* **з:ж** 9 II
Прослои́ть *сов., п.* 8 II
просла́ивать *нес.*

[1] проро́нен

[1] проси́жен
[2] просле́жен

Прослужи́ть[1] *сов., п.* 10 II
Прослу́шать *сов., п.* 1 I
Прослу́шивать *нес., п.* 1 I
Прослы́ть[2] *сов., разг.*
Прослы́шать *сов., разг.* 14 II
Просма́ливать *нес., п.* 1 I
Просмоли́ть *сов., п.* 8 II
Просма́тривать(ся *3 л.*) *нес.* 1 I
Просмотре́ть *сов., п.* 21 II
Просну́ться *сов.* 28 III
просыпа́ться *нес.*
Просо́вывать(ся) *нес.* 1 I
просу́нуть(ся) *сов.*
Просоли́ть[3](ся 10 and *3 л.*) 8 II
проса́ливать(ся) *нес.*
Просо́хнуть *сов.* 25 III
Просочи́ться *сов., 3 л.* 8 II
проса́чиваться *нес.*
Проспа́ть(ся *разг.*) *сов.*, **п:пл** 16 II
просыпа́ть *нес.*
Проспиртова́ть(ся *3 л.*) *сов.* 42 IV
Проспирто́вывать(ся *3 л.*) *сов.* 1 I
Проспо́ривать *нес., п.* 1 I
Проспо́рить *сов., п.* 5 II
Проспряга́ть* *сов., п.* 1 I
Просро́чивать *нес., п.* 1 I
Просро́чить *сов., п.* 5 II
Прота́вить *сов., п.*, **в:вл**, *офиц.* 6 II
Проставля́ть *нес., п.*, *офиц.* 1 I
Проста́ивать *нес.* 1 I
простоя́ть *сов.*
Простега́ть *сов., п.* 1 I
Простере́ть(ся *3 л.*) *сов.* 71 VII
Простира́ть(ся *3 л.*) *нес.* 1 I
Простира́ть(ся *3 л.*, *разг.*) *сов.* 1 I
Прости́рывать(ся *3 л.*, *разг.*) *нес.* 1 I

Простирну́ть *сов., п.*, *прост.* 28 II
Прости́ть(ся) *сов.*, **ст:щ** 9 II
проща́ть(ся) *нес.*
Простона́ть *сов., п.* 35 III
Простоя́ть *сов.* 13 II
проста́ивать *нес.*
Простра́гивать *нес., п.* 1 I
прострога́ть *сов.*
Простра́чивать *нес., п.* 1 I
прострочи́ть *сов.*
Простре́ливать(ся *3 л.*) *нес., п.* 1 I
Простре́лить[1] *сов., п.* 10 II
Простреля́ть *сов., п.* 1 I
Простригáть *нес., п.* 1 I
Простри́чь *сов., п.* 56 VI
Прострога́ть *сов., п.* 1 I
простра́гивать *нес.*
Прострочи́ть[2] *сов., п.* 8 II
простра́чивать *нес.*
Простуди́ть(ся) *сов.*, **д:ж** 11 II
Простужа́ть(ся) *нес.* 1 I
Просту́кать *сов., п.*, *разг.* 1 I
Просту́кивать *нес., п.*, *разг.* 1 I
Проступа́ть *нес., 3 л.* 1 I
Проступи́ть *сов., 3 л.* 11 II
Просты́нуть *сов., прост.* 27 III
Просты́ть *сов., прост.* 61 VII
Просу́нуть(ся) *сов.* 23 III
просо́вывать(ся) *нес.*
Просу́шивать(ся) *нес.* 1 I
Просуши́ть[3](ся) *сов.* 10 II
Просуществова́ть *сов.* 42 IV
Просчита́ть(ся) *сов.* 1 I
Просчи́тывать(ся) *нес.* 1 I
Просыпа́ть *нес., п.* 1 I
проспа́ть(ся) *сов.*
Просыпа́ть(ся *3 л.*) *нес., п.* 1 I
Просы́пать[4](ся *3 л.*) *сов.*, **п:пл** 33 III

[1] прослу́жен
[2] **про**слы́л, **про**слыла́, **про**слы́л|о, -и
[3] просо́лен

[1] простре́лен
[2] **про**стро́чен
[3] просу́шен
[4] просы́пь

Просыпа́ться *нес.* 1 I
проснýться *сов.*
Просыха́ть *нес.* 1 I
просóхнуть *сов.*
Прота́ивать *нес., 3 л.* 1 I
прота́ять *сов.*
Прота́лкивать(ся *разг.*) 1 I
нес.
протолкнýть *сов.*
протолка́ть(ся) *сов.*
Прота́пливать(ся *3 л.*) 1 I
нес.
протопи́ть(ся) *сов.*
Прота́птывать *нес., п.* 1 I
протопта́ть *сов.*
{ Протара́нивать *нес., п.* 1 I
{ **Про**тара́нить *сов., п.* 5 II
Протаска́ть *сов., п.,* 1 I
разг.
{ Прота́скивать *нес., п.* 1 I
{ Протащи́ть[1] *сов., п.* 10 II
Прота́чивать *нес., п.* 1 I
проточи́ть *сов.*
Прота́ять *сов., 3 л.* 31 III
прота́ивать *нес.*
Протежи́ровать *нес.,* 41 IV
книжн.
Протези́ровать *нес.,* 41 IV
сов., п., спец.
Протека́ть *нес.* 1 I
протéчь *сов.*
Протерéть(ся *3 л.*) *сов.* 71 VII
протира́ть(ся) *нес.*
Протерпéть *сов., п.,* 22 II
п:пл
Протестова́ть *нес., п.* 42 IV
опротестова́ть *сов.*
Протéчь *сов.* 54 VI
протека́ть *нес.*
Проти́виться *нес.,* **в:вл** 6 II
воспроти́виться *сов.*
Противобóрствовать 41 IV
нес., устар.
Противодéйствовать 41 IV
нес.

{ Противополага́ть 1 I
нес., п., книжн.
{ Противоположи́ть[1] 10 II
сов., п., книжн.
{ Противопоста́вить 6 II
сов., п., **в:вл**
{ Противопоставля́ть 1 I
нес., п.
Противорéчить *нес.* 5 II
Противостоя́ть[2] *нес.,* 13 II
книжн.
Протира́ть(ся *3 л.*) 1 I
нес.
протерéть(ся) *сов.*
{ Проти́скаться *сов.,* 1 I
разг.
{ Проти́скиваться *нес.,* 1 I
разг.
{ Проти́снуть(ся) *сов.,* 24 III
разг.
Проткнýть *сов., п.* 28 III
протыка́ть *нес.*
Протоколи́ровать *нес.,* 41 IV
сов., п., книжн.
запротоколи́ровать
сов.
Протолка́ть(ся) *сов.,* 1 I
разг.
прота́лкивать(ся)
нес.
Протолкнýть *сов., п.* 28 III
прота́лкивать *нес.*
Протóпать *сов., п.* 1 I
разг.
Протопи́ть(ся *3 л.*) 11 II
сов., **п:пл**
прота́пливать(ся)
нес.
Протопта́ть *сов., п.,* 36 III
т:ч
прота́птывать *нес.*
Проторгова́ть(ся 42 IV
прост.) *сов.*
{ Протори́ть *сов., п.* 8 II
{ Проторя́ть *нес., п.* 1 I

[1] прота́щен

[1] противоположен
[2] противостоя́

Проточи́ть[1] *сов., п.* 10 II
протáчивать *нес.*

Протрави́ть *сов., п.,* **в:вл** 11 II
Протрáвливать *нес., п.* 1 I
Протравля́ть *нес., п.* 1 I

Протрáливать *нес., п., спец.* 1 I

Протрáлить *сов., п.* 5 II

Протруби́ть *сов., п.,* **б:бл** 9 II

Протухáть *нес., 3 л.* 1 I
Протýхнуть *сов., 3 л.* 25 III

Протыкáть *нес., п.* 1 I
проткнýть *сов.*

Протя́гивать(ся) *нес.* 1 I

Протянýть(ся) *сов.* 29 III

Проýчивать *нес., п., разг.* 1 I
Проучи́ть[2](ся) *сов.* 10 II

Профани́ровать *нес., сов., п., книжн.* 41 IV

Профили́ровать *нес., сов., п., книжн.* 41 IV

Профильтровáть *сов., п.* 42 IV

Прохáживаться *нес.* 1 I
пройти́сь *сов.*

Прохвати́ть *сов., п.,* **т:ч**, *разг.* and *прост.* 11 II
Прохвáтывать *нес., п., разг.* and *прост.* 1 I

Прохворáть *сов., разг.* 1 I

Прохлади́ться *сов.*, **д:ж**, *разг.* 9 II

Прохлаждáться *нес., разг.* 1 I

Прохлóпать *сов., п., прост.* 1 I

Проходи́ть** *нес., п.,* **д:ж** 11 II
пройти́ *сов.*

Процвести́ *сов.*, **с:т** 47 V
Процветáть *нес.* 1 I

Процеди́ть *сов., п.,* **д:ж** 11 II
Процéживать *нес., п.* 1 I

Процити́ровать *сов., п.* 41 IV

Прочёркивать *нес., п.* 1 I
Прочеркнýть *сов., п.* 28 III

Прочерти́ть *сов., п.,* **т:ч** 11 II
Прочéрчивать *нес., п.* 1 I

Прочесáть[1] *сов., п.,* **с:ш** 36 III
Прочёсывать *нес., п.* 1 I

Прочéсть *сов., п., разг.* 52 V
читáть *нес.*

Прочи́стить *сов., п.,* **ст:щ** 7 II
прочищáть *нес.*

Прочитáть *сов., п.* 1 I
Прочи́тывать *нес., п., разг.* 1 I

Прóчить *нес., п., разг.* 5 II

Прочихáться *сов.* 1 I

Прочищáть *нес., п.* 1 I
прочи́стить *сов.*

Прочýвствовать *сов., п.* 41 IV

Прошептáть *сов., п.,* **т:ч** 36 III

Прошибáть *нес., п., прост.* 1 I
Прошиби́ть *сов., п., прост.* 39 III

Прошивáть *нес., п.* 1 I
Проши́ть[2] *сов., п.* 69 VII

Прошмы́гивать *нес., разг.* 1 I
Прошмыгнýть *сов., разг.* 28 III

Прошнуровáть *сов., п.* 42 IV

Прошпаклевáть[3] *сов., п.* 42 IV

Прошпаклёвывать *нес., п.* 1 I

[1] протóчен
[2] проýчен

[1] прочёсан
[2] проши́л, проши́л|а, -о, -и
[3] прошпаклю́ю

Прошпигова́ть *сов., п.* 42 IV

Проштра́фиться *сов.*, **ф:фл**, *прост.* 6 II

Проштуди́ровать *сов., п., книжн.* 41 IV

Проштукату́рить *сов., п.* 5 II

Проща́ть(ся) *нес.* 1 I
простить(ся) *сов.*

{ Прощу́пать(ся *3 л.*) *сов.* 1 I
{ Прощу́пывать(ся *3 л.*) *нес.* 1 I

Проэкзаменова́ть(ся) *сов.* 42 IV

{ Прояви́ть(ся *3 л*) *сов.*, **в:вл** 9 II
{ Проявля́ть(ся *3 л.*) *нес.* 1 I

Проясне́ть *сов., 3 л.* 2 I

{ Проясни́ть(ся) *сов., 3 л.* 8 II
{ Проясня́ть(ся) *нес., 3 л.* 1 I

Пруди́ть 11 and 9 II
нес., п., **д:ж**
запруди́ть *сов.*

Пружи́нить(ся *3 л.*) *нес.* 5 II
напружи́нить(ся) *сов.*

{ Пры́гать *нес.* 1 I
{ Пры́гнуть *сов.* 24 III

{ Пры́скать(ся) *нес., разг.* 1 I
{ Пры́снуть *сов., разг.* 24 III

Прясть *нес., п.*, **с:д** 48 V
спрясть *сов.*

Пря́тать(ся) *нес.*, **т:ч** 33 III
спря́тать(ся) *сов.*

Психова́ть *нес., прост.* 42 IV

Публикова́ть *нес., п.* 42 IV
опубликова́ть *сов.*

Пуга́ть(ся) *нес.* 1 I
испуга́ть(ся) *сов.*

Пугну́ть *сов., п., разг.* 28 III

Пу́дрить(ся) *нес.* 7 II
напу́дрить(ся) *сов.*

Пузы́риться *нес., 3 л., разг.* 5 II

Пульси́ровать *нес., 3 л.* 41 IV

{ Пуска́ть(ся *разг.*) *нес.* 1 I
{ Пусти́ть(ся *разг.*) *сов.* 11 II
{ **ст:щ**

Пусте́ть *нес., 3 л.* 2 I
опусте́ть *сов.*

Пустова́ть *нес., 3 л.* 42 IV

Пустозво́нить *нес., разг.* 5 II

Пустосло́вить *нес.*, **в:вл**, *разг.* 6 II

Пу́тать(ся) *нес.* 1 I

Путеше́ствовать *нес.* 41 IV

Пу́хнуть *нес.* 26 III

Пу́чить(ся) *нес., разг.* 5 II

Пуши́ть *нес., п.* 8 II
распуши́ть *сов.*

Пы́житься *нес., разг.* 5 II

Пыла́ть *нес.* 1 I

Пыли́ть(ся) *нес.* 8 II

Пыта́ть *нес., п.* 1 I

Пыта́ться *нес.* 1 I
попыта́ться *сов.*

Пыхте́ть *нес.*, **т:ч** 20 II

Пьяне́ть *нес.* 2 I
опьяне́ть *сов.*

Пьяни́ть *нес., п.* 8 II
опьяни́ть *сов.*

Пя́лить(ся) *нес., прост. неодобр.* 5 II

Пя́тить(ся) *нес.*, **т:ч** 6 II
попя́тить(ся) *сов.*

Пятна́ть *нес., п.* 1 I
запятна́ть *сов.*

Р

Раболе́пствовать *нес.* 41 IV

Рабо́тать(ся *безл., разг.*) *нес.* 1 I

Равня́ть(ся) *нес., разг.* 1 I

Радиофици́ровать *нес., сов., п.* 41 IV

Ради́ровать *нес., сов.* 41 IV

Ра́довать(ся) *нес.* 41 IV
обра́довать(ся) *сов.*

Разагити́ровать *сов., п.* 41 IV

{ Разба́вить *сов., п.*, **в:вл** 6 II
{ Разбавля́ть *нес., п.* 1 I

{ Разбаза́ривать *нес., п., прост. неодобр.* 1 I
{ Разбаза́рить *сов., п., прост. неодобр.* 5 II

Разба́ливаться *нес., разг.* 1 I
разболе́ться *сов.*
Разба́ливаться *нес., 3 л.* 1 I
разболе́ться *сов.*
Разбалова́ться *сов., разг.* 42 IV
Разба́лтывать(ся) *нес., разг.* 1 I
разболта́ть(ся) *сов.*
{ Разбега́ться *нес.* 1 I
{ Разбежа́ться *сов.* 85 VII
Разбереди́ть* *сов., п.,* **д:ж** 9 II
Разбива́ть(ся) *нес.* 1 I
разби́ть(ся) *сов.*
{ Разбинтова́ть(ся) *сов.* 42 IV
{ Разбинто́вывать(ся) *нес.* 1 I
Разбира́ть(ся) *нес.* 1 I
разобра́ть(ся) *сов.*
Разби́ть[1](ся) *сов.* 69 VII
разбива́ть(ся) *нес.*
Разбогате́ть *сов.* 2 I
Разбо́йничать *нес.* 1 I
Разболе́ться[2] *сов., разг.* 2 I
разба́ливаться *нес.*
Разболе́ться[3] *сов., 3 л.* 19 II
разба́ливаться *нес.*
Разболта́ть(ся) *сов., разг.* 1 I
разба́лтывать(ся) *нес.*
Разбомби́ть *сов., п.,* **б:бл** 9 II
Разбрани́ть(ся) *сов., разг.* 8 II
Разбра́сывать(ся) *нес.* 1 I
разброса́ть(ся) *сов.*
Разбреда́ться[4] *нес.* 1 I
Разбрести́сь[4] *сов.,* **с:д** 47 V

Разброни́ровать *сов., п.* 41 IV
Разброса́ть(ся) *сов., разг.* 1 I
разбра́сывать(ся) *нес.*
{ Разбры́згать(ся *3 л.*) *сов.* 1 I
{ Разбры́згивать(ся *3 л.*) *нес.* 1 I
Разбрюзжа́ться *сов., разг.* 15 II
Разбуди́ть *сов., п.,* **д:ж** 11 II
{ Разбуха́ть *нес., 3 л.* 1 I
{ Разбу́хнуть *сов., 3 л.* 25 III
Разбушева́ться *сов.* 42 IV
Разбуя́ниться *сов., разг.* 5 II
Разва́жничаться *сов., разг.* 1 I
{ Разва́ливать(ся) *нес.* 1 I
{ Развали́ть[1](ся) *сов.* 10 II
{ Разва́ривать*(ся *3 л.*) *нес.* 1 I
{ Развари́ть[2](ся *3 л.*) *сов.* 10 II
Развева́ть(ся) *нес., 3 л.* 1 I
{ Разве́дать *сов., п.* 1 I
{ Разве́дывать *нес., п.* 1 I
Развезти́ *сов., п.* 45 V
развози́ть *нес.*
Разве́ивать(ся *3 л.*) *нес.* 1 I
разве́ять(ся) *сов.*
{ Развенча́ть *сов., п.* 1 I
{ Разве́нчивать *нес., п.* 1 I
{ Разверну́ть(ся) *сов.* 28 III
{ Развёртывать(ся) *нес.* 1 I
развора́чивать(ся) *нес.*
{ Разверте́ть(ся *3 л.*) *сов.,* **т:ч** 22 II
{ Разве́рчивать(ся *3 л.*) *нес.* 1 I
Развесели́ть(ся) *сов.* 8 II
Разве́сить *сов., п.,* **с:ш** 6 II
разве́шивать *нес.*
Развести́(сь) *сов.,* **с:д** 47 V
разводи́ть(ся) *нес.*

[1] **разо**бью́, **раз**би́л, **раз**би́л|а, -о, -и
[2] to become quite ill (*for a long time*)
[3] to begin aching, hurting (*of a part of the body*)
[4] the 1st and 2nd persons singular are not used

[1] разва́лен
[2] разва́рен

Разветви́ться *сов., 3 л.*	9	II
Разветвля́ться *нес., 3 л.*	1	I
Разве́шать *сов., п.*	1	I
Разве́шивать *нес., п.*	1	I
разве́сить *сов.*		
Разве́ять(ся *3 л.*) *сов.*	31	III
разве́ивать(ся) *нес.*		
Развива́ть(ся) *нес.*	1	I
Разви́ть[1](ся) *сов.*	69	VII
Развинти́ть[2](ся) *сов.*, **т:ч**	9	II
Разви́нчивать(ся) *нес.*	1	I
Развлека́ть(ся) *нес.*	1	I
Развле́чь(ся) *сов.*	54	VI
Разводи́ть**(ся) *нес.*, **д:ж**	11	II
развести́(сь) *сов.*		
Развоева́ться[3] *сов., разг., шутл.*	42	IV
Развози́ть**(ся *разг.*) *нес.*, **з:ж**	11	II
развести́ *сов.*		
Разволнова́ть(ся) *сов., разг.*	42	IV
Развора́чивать(ся) *нес.*	1	I
разверну́ть(ся) *сов.*		
Развора́чивать *нес., п., прост.*	1	I
развороти́ть *сов.*		
Разворова́ть *сов., п., разг.*	42	IV
Разворо́вывать *нес., п., разг.*	1	I
Развороти́ть *сов., п.*, **т:ч**, *прост.*	11	II
развора́чивать *нес.*		
Развороши́ть *сов., п.*	8	II
Разворча́ться *сов., разг.*	15	II
Разврати́ть(ся) *сов.*, **т:щ**	9	II
Развраща́ть(ся) *нес.*	1	I
Развра́тничать *нес., разг.*	1	I

Развью́чивать *нес., п.*	1	I
Развью́чить *сов., п.*	5	II
Развяза́ть(ся) *сов.*, **з:ж**	36	III
Развя́зывать(ся) *нес.*	1	I
Разгада́ть *сов., п.*	1	I
Разга́дывать *нес., п.*	1	I
Разгиба́ть(ся) *нес.*	1	I
разогну́ть(ся) *сов.*		
Разгильдя́йничать *нес., разг. презр.*	1	I
Разглаго́льствовать *нес., разг. неодобр.*	41	IV
Разгла́дить(ся *3 л.*) *сов.*, **д:ж**	6	II
Разгла́живать(ся *3 л.*) *нес.*	1	I
Разгласи́ть *сов., п.*, **с:ш**	9	II
Разглаша́ть *нес., п.*	1	I
Разгля́дывать *нес., п.*	1	I
Разгляде́ть *сов., п.*, **д:ж**	20	II
Разгне́вать(ся) *сов., устар.*	1	I
Разгова́ривать *нес.*	1	I
Разговори́ть(ся) *сов., прост.*	8	II
Разгоня́ть(ся) *нес.*	1	I
разогна́ть(ся) *сов.*		
Разгора́живать(ся) *нес.*	1	I
Разгороди́ть(ся) *сов.*, **д:ж**	11	II
Разгора́ться *нес.*	1	I
Разгоре́ться *сов.*	19	II
Разгорячи́ть(ся) *сов.*	8	II
Разгра́бить *сов., п.*, **б:бл**	6	II
Разграни́чивать *нес., п.*	1	I
Разграни́чить *сов., п.*	5	II
Разграфи́ть *сов., п.*, **ф:фл**	9	II
Разгреба́ть *нес., п.*	1	I
Разгрести́ *сов., п.*	50	V
Разгроми́ть[1] *сов., п.*, **м:мл**	9	II

[1] **разо**вью́; разви́л, развила́, разви́л|о, -и
[2] разви́нчен
[3] развою́юсь

[1] разгромлён and разгро́млен

{ Разгружа́ть(ся) *нес.*	1	I
{ Разгрузи́ть(ся) 11 and *сов.*, **з:ж**	9	II
{ Разгрыза́ть *нес., п.*	1	I
{ **Раз**гры́зть *сов., п.*	46	V
{ Разгу́ливать(ся) *нес., разг.*	1	I
{ Разгуля́ть*(ся) *сов., разг.*	1	I
Раздава́ть(ся *3 л.*) *нес., п.* разда́ть(ся) *сов.*	60	VII
Раздави́ть *сов., п.*, **в:вл**	11	II
Разда́лбливать *нес., п.* раздолби́ть *сов.*	1	I
{ Разда́ривать *нес., п.*	1	I
{ Раздари́ть[1] *сов., п.*	10	II
Разда́ть[2](ся *3 л.*) *сов.* раздава́ть(ся) *нес.*	88	VII
Раздва́ивать(ся *3 л.*) *нес.*	1	I
Раздво́ить[3](ся *3 л.*) *сов.*	8	II
{ Раздвига́ть(ся *3 л.*) *нес.*	1	I
{ Раздви́нуть(ся *3 л.*) *сов.*	23	III
Раздева́ть(ся) *нес.* разде́ть(ся) *сов.*	1	I
{ Разде́лать(ся *разг.*) *сов.*	1	I
{ Разде́лывать(ся *разг.*) *нес.*	1	I
{ **Раз**дели́ть(ся) *сов.*	10	II
{ Разделя́ть(ся) *нес.*	1	I
{ Раздёргать *сов., п.*	1	I
{ Раздёргивать *нес., п.*	1	I
{ Раздёрнуть *сов., п., разг.*	24	III
Разде́ть(ся) *сов.* раздева́ть(ся) *нес.*	61	VII
Раздира́ть(ся *3 л.*) *нес., разг.* разодра́ть(ся) *сов.*	1	I
Раздобре́ть *сов., разг.*	2	I
Раздо́бриться *сов., разг.* and *ирон.*	7	II
{ Раздобыва́ть *нес., п., разг.*	1	I
{ Раздобы́ть *сов., п., разг.*	83	VII
Раздолби́ть *сов., п.*, **б:бл** разда́лбливать *нес.*	9	II
Раздоса́довать *сов., п., разг.*	41	IV
{ Раздража́ть(ся) *нес.*	1	I
{ Раздражи́ть(ся) *сов.*	8	II
Раздразни́ть *сов., п., разг.*	10	II
Раздроби́ть[1](ся *3 л.*) *сов.*, **б:бл**	9	II
Раздружи́ться *сов., разг.*	8	II
{ Раздува́ть(ся) *нес.*	1	I
{ Разду́ть(ся) *сов.*	3	I
{ Разду́мать *сов.*	1	I
{ Разду́мывать *нес.*	1	I
Разева́ть *сов., п., разг.* рази́нуть *сов.*	1	I
Разжа́лобить(ся *разг.*) *сов.*, **б:бл**	7	II
Разжа́ловать *сов., п., устар.*	41	IV
Разжа́ть[2](ся *3 л.*) *сов.* разжима́ть *нес.*	65	VII
{ Разжева́ть *сов., п.*	43	IV
{ Разжёвывать *нес., п.*	1	I
{ Разже́чь[3](ся *3 л.*) *сов.*	58	VI
{ Разжига́ть(ся *3 л.*) *нес.*	1	I
Разжива́ться *нес., прост.* разжи́ться *сов.*	1	I
Разжима́ть(ся *3 л.*) *нес.* разжа́ть(ся) *сов.*	1	I
Разжире́ть *сов.*	2	I

[1] разда́рен
[2] ро́здал (and разда́л), раздала́, ро́здало (and разда́ло); ро́здан
[3] раздвоён and раздво́ен

[1] раздро́блен and раздроблён
[2] **разо**жму́
[3] **разо**жгу́

Разжи́ться[1] *сов., прост.* 62 VII
разжива́ться *нес.*
Раззадо́ривать(ся) *нес., разг.* 1 I
Раззадо́рить(ся) *сов., разг.* 5 II
{ Раззва́нивать *нес.* 1 I
{ Раззвони́ть *сов., прост. неодобр.* 8 II
Раззнако́мить *(ся) *сов.*, **м:мл**, *разг.* 6 II
Рази́нуть *сов., п., разг.* 23 III
разева́ть *нес.*
Рази́ть *нес., п.*, **з:ж** *книжн.* 9 II
порази́ть *сов.*
Разлага́ть(ся) *нес.* 1 I
разложи́ть(ся) *сов.*
{ Разла́дить(ся *3 л.*) *сов.*, **д:ж** 6 II
{ Разла́живать(ся *3 л.*) *нес.* 1 I
{ Разла́мывать(ся *3 л.*) *нес.* 1 I
разлома́ть(ся) *сов.*
разломи́ть(ся) *сов.*
Разлежа́ться *сов., разг.* 15 II
Разлёживаться *нес., разг. неодобр.* 1 I
{ Разлеза́ться *нес., 3 л., прост.* 1 I
{ Разле́зться *сов., 3 л., прост.* 44 V
{ Разле́ниваться *нес., разг.* 1 I
{ Разлени́ться *сов., разг.* 10 II
{ Разлепи́ть(ся *3 л.*) *сов.*, **п:пл**, *разг.* 11 II
{ Разлепля́ть(ся *3 л.*) *нес., разг.* 1 I
{ Разлета́ться *нес.* 1 I
{ Разлете́ться *сов.*, **т:ч** 20 II
Разле́чься *сов., разг.* 59 VI

{ Разлива́ть(ся *3 л.*) *нес.* 1 I
{ Разли́ть[1](ся *3 л.*) *сов.* 69 VII
{ Разлинова́ть *сов., п.* 42 IV
{ Разлино́вывать *нес., п.* 1 I
{ Различа́ть(ся) *нес.* 1 I
{ Различи́ть *сов., п.* 8 II
Разложи́ть[2](ся) *сов.* 10 II
разлага́ть(ся) *нес.*
Разложи́ть[2](ся *разг.*) *сов.* 10 II
раскла́дывать(ся) *нес.*
Разлома́ть(ся *3 л.*) *сов.* 1 I
разла́мывать(ся) *нес.*
Разломи́ть(ся *3 л.*) *сов.*, **м:мл** 11 II
разла́мывать(ся) *нес.*
Разлохма́тить(ся) *сов.*, **т:ч**, *разг.* 6 II
{ Разлуча́ть(ся) *нес.* 1 I
{ Разлучи́ть(ся) *сов.* 8 II
Разлюби́ть* *сов., п.*, **б:бл** 11 II
{ Размагни́титься *сов.*, **т:ч** 6 II
{ Размагни́чиваться *нес.* 1 I
{ Разма́зать(ся *3 л.*) сов., **з:ж** 33 III
{ Разма́зывать(ся *3 л.*) *нес.* 1 I
{ Размалева́ть[3] *сов., п., разг.* 42 IV
{ Размалёвывать *нес., п., разг.* 1 I
Разма́лывать *нес., п.* 1 I
размоло́ть *сов.*
Разма́тывать(ся *3 л.*) *нес.* 1 I
размота́ть(ся) *сов.*
Размаха́ться *сов.*, **х:ш**, *разг.* 36 III and 1 I
{ Разма́хивать(ся) *нес.* 1 I
{ Размахну́ть(ся) *сов.* 28 III
Разма́чивать *нес., п.* 1 I
размочи́ть *сов.*

[1] разжи́лся, разжила́сь, разжило́сь, разжили́сь

[1] **разо**лью́
[2] разло́жен
[3] размалю́ю

Размежева́ть[1](ся) *сов.* 42 IV
Размежёвывать(ся) *нес.* 1 I
Размельчи́ть *сов., п.* 8 II
Разме́нивать(ся *разг.*) *нес.* 1 I
Разменя́ть(ся *разг.*) *сов.* 1 I
Разме́рить *сов., п.* 5 II
Размеря́ть *нес., п.* 1 I
Размеси́ть *сов., п.,* **с:ш** 11 II
размéшивать *нес.*
Размести́ *сов., п.,* **с:т** 47 V
Размета́ть *нес., п.* 1 I
Размести́ть(ся) *сов.,* **ст:щ** 9 II
размеща́ть(ся) *нес.*
Размета́ть[2] *сов., п.,* **т:ч** 36 III
Размётывать *нес., п.* 1 I
Размета́ться *сов.,* **т:ч** 36 III
Разме́тить *сов., п.,* **т:ч** 6 II
Размеча́ть *нес., п.* 1 I
Размечта́ться *сов., разг.* 1 I
Размеша́ть *сов., п.* 1 I
Разме́шивать *нес., п.* 1 I
размеси́ть *сов.*
Размеща́ть(ся) *нес.* 1 I
размести́ть(ся) *сов.*
Размина́ть(ся) *нес.* 1 I
размя́ть(ся) *сов.*
Размини́ровать *сов., нес., п.* 41 IV
Разминýться *сов., прост.* 28 III
Размножа́ть(ся *3 л.*) *нес.* 1 I
Размно́жить(ся *3 л.*) *сов.* 5 II
Размозжи́ть *сов., п., разг.* 8 II
Размока́ть *нес., 3 л.* 1 I
Размо́кнуть *сов., 3 л.* 25 III
Размоло́ть *сов., п.* 70 VII
разма́лывать *нес.*

Размори́ть *сов., п., 3 л.* and *безл. разг.* 8 II
Размори́ться *сов., разг.* 8 II
Размота́ть(ся *3 л.*) *сов.* 1 I
разма́тывать(ся) *нес.*
Размочи́ть[1] *сов., п.* 10 II
разма́чивать *нес.*
Размусо́ливать *нес., п., прост.* 1 I
Размусо́лить *сов., п., прост.* 5 II
Размыва́ть(ся) *нес., 3 л.* 1 I
размы́ть(ся) *сов.*
Размыка́ть(ся *3 л.*) *нес.* 1 I
разомкнýть(ся) *сов.*
Размы́слить *сов., разг.* 7 II
Размы́ть(ся) *сов., 3 л.* 67 VII
размыва́ть(ся) *нес.*
Размышля́ть *нес.* 1 I
Размягча́ть(ся) *нес.* 1 I
Размягчи́ть(ся) *сов.* 8 II
Размяка́ть *нес., разг.* 1 I
Размя́кнуть *сов.* 25 III
Размя́ть[2](ся) *сов.* 64 VII
размина́ть(ся) *нес.*
Разна́шивать(ся *3 л.*) *нес.* 1 I
разноси́ть(ся) *сов.*
Разне́живать(ся) *нес., разг.* 1 I
Разне́жить(ся) *сов., разг.* 5 II
Разне́жничаться *сов., разг. неодобр.* 1 I
Разнести́(сь *3 л.*) *сов.* 45 V
разноси́ть(ся) *нес.*
Разнима́ть *нес., п.* 1 I
разня́ть *сов.*
Ра́зниться *нес., книжн.* 7 II
Разнообра́зить(ся *3 л., книжн.*) *нес.,* **з:ж** 6 II
Разноси́ть(ся *3 л.*) *сов.,* **с:ш** 11 II
разна́шивать(ся) *нес.*

[1] размежёван
[2] размётан

[1] размо́чен
[2] **разо**мнý

Разноси́ть**(ся *3 л.*) *нес.*, **с:ш** 11 II
разнести́(сь) *сов.*

Разнузда́ть(ся *3 л.*) *сов., п.* 1 I
Разну́здывать *нес., п.* 1 I

Разню́хать *сов., п.* 1 I
Разню́хивать *нес., п.* 1 I

Разня́ть[1] *сов., п.* 76 VII
разнима́ть *нес.*

Разоби́деть(ся) *сов.*, **д:ж**, *разг.* 18 II

Разоблача́ть(ся) *нес.* 1 I
Разоблачи́ть(ся) *сов.* 8 II

Разобра́ть[2](ся) *сов.* 72 VII
разбира́ть(ся) *нес.*

Разобща́ть(ся) *нес.* 1 I
Разобщи́ть(ся) *сов.* 8 II

Разогна́ть[3](ся) *сов.* 75 VII
разгоня́ть(ся) *нес.*

Разогну́ть(ся) *сов.* 28 III
разгиба́ть(ся) *нес.*

Разогрева́ть(ся *3 л.*) *нес.* 1 I / 2 I
Разогре́ть(ся *3 л.*) *сов.* 61 VII

Разоде́ть(ся) *сов., разг.* 72 VII

Разодра́ть[4](ся *3 л.*) *сов.*, *разг.*
раздира́ть(ся) *нес.*

Разозли́ть(ся) *сов.* 8 II

Разойти́сь *сов.* 81 VII
расходи́ться *нес.*

Разомкну́ть(ся *3 л.*) *сов.* 28 III
размыка́ть(ся) *нес.*

Разомле́ть *сов., разг.* 2 I

Разора́ться[5] *сов., прост.* 34 III

Разорва́ть(ся)[6] *сов.* 34 III
разрыва́ть(ся) *нес.*

Разори́ть(ся) *сов.* 8 II
Разоря́ть(ся) *нес.* 1 I

Разоружа́ть(ся) *нес.* 1 I
Разоружи́ть(ся) *сов.* 8 II

[1] разня́л (and ро́знял), разняла́, разня́ло (and ро́зняло); разня́т
[2] **раз**беру́
[3] **раз**гоню́
[4] **раз**деру́
[5] разора́лась
[6] разорвало́сь (and разорва́лось)

Разосла́ть *сов., п.* 80 VII
рассыла́ть *нес.*

Разоспа́ться *сов.*, **п:пл**, *разг.* 16 II

Разостла́ть[1](ся *3 л.*) *сов.* 73 VII
расстила́ть(ся) *нес.*

Разоткрове́нничаться *сов., разг. неодобр.* 1 I

Разохо́тить*(ся)[2] *сов.*, **т:ч**, *разг.* 6 II

Разочарова́ть(ся) *сов.* 42 IV
Разочаро́вывать(ся) *нес.* 1 I

Разраба́тывать *нес., п.* 1 I
Разрабо́тать *сов., п.* 1 I

Разра́внивать *нес., п.* 1 I
разровня́ть *сов.*

Разража́ться *нес.* 1 I
Разрази́ть(ся) *сов.*, **з:ж** 9 II

Разраста́ться *нес., 3 л.* 1 I
Разрасти́сь *сов., 3 л.* 51 V

Разреве́ться *сов., разг.* 37 III

Разреди́ть(ся *3 л.*) *сов.*, **д:ж** 9 II
Разрежа́ть(ся *3 л.*) *нес.* 1 I

Разреза́ть *нес., п.* 1 I
Разре́зать *сов., п.*, **з:ж** 33 III

Разреклами́ровать *сов., п., разг.* 41 IV

Разреша́ть(ся) *нес.* 1 I
Разреши́ть(ся) *сов.* 8 II

Разрисова́ть *сов., п.* 42 IV
Разрисо́вывать *нес., п.* 1 I

Разровня́ть[3] *сов., п.* 1 I
разра́внивать *нес.*

Разроди́ться *сов.*, **д:ж**, *прост.* 9 II

Разро́знивать *нес., п.* 1 I

Разро́знить(ся *3 л.*) *сов.*, *разг.* 7 II

Разроня́ть* *сов., п., разг.* 1 I

Разруба́ть *нес., п.* 1 I
Разруби́ть *сов., п.*, **б:бл** 11 II

Разруга́ть(ся *прост.*) *сов., разг.* 1 I

[1] **рас**стелю́
[2] the imperative is not used
[3] разро́внен

{ Разрумя́нивать(ся) *нес.*	1	I
{ Разрумя́нить(ся) *сов.*	5	II
{ Разруша́ть(ся *3 л.*) *нес.*	1	I
{ Разру́шить(ся *3 л.*) *сов.*	5	II
{ Разрыва́ть *нес., п.*	1	I
{ Разры́ть *сов., п.*	67	VII
Разрыва́ть(ся) *нес.* разорва́ть(ся) *сов.*	1	I
Разрыда́ться *сов.*	1	I
Разрыхли́ть *сов., п.*	8	II
Разряди́ть[1](ся *3 л.*) *сов.*, **д:ж**	9	II
Разряжа́ть[1](ся *3 л.*) *нес.*	1	I
{ Разряди́ть[2](ся) *сов.*, **д:ж**, *разг.*	9	II
{ Разряжа́ть[2](ся) *нес.*, *разг.*	1	I
{ Разубеди́ть(ся) *сов.*, **д:ж:жд**	9	II
{ Разубежда́ть(ся) *нес.*	1	I
Разува́ть(ся) *нес.* разу́ть(ся) *сов.*	1	I
{ Разуве́рить(ся) *сов.*	5	II
{ Разуверя́ть(ся) *нес.*	1	I
{ Разузнава́ть *нес., п.*, *разг.*	60	VII
{ Разузна́ть *сов., п., разг.*	1	I
{ Разукра́сить(ся) *сов.*, **с:ш**, *разг.*	6	II
{ Разукра́шивать(ся) *нес., разг.*	1	I
{ Разукрупни́ть(ся *3 л.*) *сов.*	8	II
{ Разукрупня́ть(ся *3 л.*) *нес.*	1	I
Разуме́ть(ся *3 л.*) *нес.*	2	I
Разу́ть(ся) *сов.* разува́ть(ся) *нес.*	3	I
{ Разу́чивать(ся) *нес.*	1	I
{ Разучи́ть[3](ся) *сов.*	10	II
Разъеда́ть(ся *разг.*) *нес., 3 л.* разъе́сть(ся) *сов.*	1	I
{ Разъедини́ть(ся) *сов.*	8	II
{ Разъединя́ть(ся) *нес.*	1	I
{ Разъезжа́ть(ся) *нес.*	1	I
{ Разъе́хаться *сов.*	82	VII
Разъе́сть(ся *разг.*) *сов., 3 л.* разъеда́ть(ся) *нес.*	87	VII
{ Разъяри́ть(ся) *сов.*	8	II
{ Разъяря́ть(ся) *нес.*	1	I
Разъясни́ть(ся) *безл., сов., разг.*	7	II
{ Разъясни́ть(ся *3 л.*) *сов.*	8	II
{ Разъясня́ть(ся *3 л.*) *нес.*	1	I
{ Разыгра́ть(ся) *сов.*	1	I
{ Разы́грывать(ся) *нес.*	1	I
{ Разыска́ть(ся) *сов.*, **ск:щ**	36	III
{ Разы́скивать(ся) *нес.*	1	I
Райони́ровать *нес., сов., п.*	41	IV
Ра́нить *нес., сов., п.*	5	II
Рапортова́ть *нес., сов.*	42	IV
Раска́иваться *нес.* раска́яться *сов.*	1	I
{ Раскали́ть(ся *3 л.*) *сов.*	8	II
{ Раскаля́ть(ся *3 л.*) *нес.*	1	I
Раска́лывать(ся) *нес.* расколо́ть(ся) *сов.*	1	I
Раска́пывать *нес., п.* раскопа́ть *сов.*	1	I
Раска́рмливать *нес., п.* раскорми́ть *сов.*	1	I
{ Раската́ть(ся *3 л.*) *сов.*	1	I
{ Раска́тывать(ся *3 л.*) *нес.*	1	I
{ Раскати́ть(ся) *сов.*, **т:ч**	11	II
{ Раска́тывать(ся) *нес.*	1	I
{ Раскача́ть(ся) *сов.*	1	I
{ Раска́чивать(ся) *нес.*	1	I
Раска́шляться *сов.*	1	I
Раска́яться *сов.* раска́иваться *нес.*	31	III
{ Расквартирова́ть(ся) *сов., спец.*	42	IV
{ Расквартиро́вывать (ся) *нес., спец.*	1	I
{ Расква́сить *сов., п.*, **с:ш**, *прост.*	6	II
{ Расква́шивать *нес., п.*, *прост.*	1	I
Расквита́ться *сов., разг.*	1	I

[1] to unload (a gun, etc.)
[2] to dress up
[3] разу́чен

Раскида́ть(ся *разг.*) *сов.*	1	I
Раски́дывать(ся *разг.*) *нес.*	1	I
Раски́дывать(ся) *нес.*	1	I
Раски́нуть(ся) *сов.*	23	III
Раскиса́ть *нес.*	1	I
Раски́снуть *сов.*	25	III
Раскла́дывать(ся *разг.*) *нес.* разложи́ть(ся) *сов.*	1	I
Раскла́ниваться *нес.*	1	I
Раскла́няться *сов.*	1	I
Расклассифици́ровать *сов., п.*	41	IV
Расклева́ть[1] *сов., п., 3 л.*	43	IV
Расклёвывать *нес., п., 3 л.*	1	I
Раскле́ивать(ся) *нес.*	1	I
Раскле́ить(ся) *сов.*	12	II
Расклепа́ть[2](ся *3 л.*) *сов.*	1	I
Расклёшить *сов., п.*	5	II
Раскли́нивать(ся *3 л.*) *нес.*	1	I
Раскли́нить(ся *3 л.*) *сов.*	5	II
Раскова́ть(ся *3 л.*) *сов.*	43	IV
Раско́вывать(ся *3 л.*) *нес.*	1	I
Расковы́ривать *нес., п.*	1	I
Расковыря́ть *сов., п.*	1	I
Раско́кать *сов., п., прост.*	1	I
Расколя́чивать *нес., п.*	1	I
Расколоти́ть *сов., п.,* **т:ч**	11	II
Расколо́ть(ся) *сов.* раска́лывать(ся) *нес.*	30	III
Раскопа́ть *сов., п.* раска́пывать *нес.*	1	I
Раскорми́ть *сов., п.,* **м:мл** раска́рмливать *нес.*	11	II
Раскорчева́ть *сов., п.*	42	IV
Раскорчёвывать *нес., п.*	1	I
Раскосма́тить *сов., п.,* **т:ч**, *разг.*	6	II

[1] расклюёт, расклёван
[2] расклёпан

Раскоше́ливаться *нес., разг.*	1	I
Раскоше́литься *сов., разг.*	5	II
Раскра́ивать *нес., п.* раскрои́ть *сов.*	1	I
Раскра́сить *сов., п.,* **с:ш**	6	II
Раскра́шивать *нес., п.*	1	I
Раскрасне́ться *сов.*	2	I
Раскрепости́ть(ся) *сов.,* **ст:щ**	9	II
Раскрепоща́ть(ся) *нес.*	1	I
Раскритикова́ть *сов., п.*	42	IV
Раскрича́ться *сов.*	15	II
Раскрои́ть[1] *сов., п.* раскра́ивать *нес.*	8	II
Раскроши́ть[2](ся *3 л.*) *сов.*	10	II
Раскрути́ть(ся *3 л.*) *сов.,* **т:ч**	11	II
Раскру́чивать(ся *3 л.*) *нес.*	1	I
Раскрыва́ть(ся) *нес.*	1	I
Раскры́ть(ся) *сов.*	67	VII
Раскуда́хтаться[3] *сов.,* **т:ч**, *разг.*	33	III
Раскула́чивать *нес., п.*	1	I
Раскула́чить *сов., п.*	5	II
Раскупа́ть[4] *нес., п.*	1	I
Раскупи́ть[4] *сов., п.*	11	II
Раску́поривать(ся *3 л.*) *нес.*	1	I
Раску́порить(ся *3 л.*) *сов.*	5	II
Раску́ривать(ся *3 л.*) *нес.*	1	I
Раскури́ть[5](ся *3 л.*) *сов.*	10	II
Раскуси́ть *сов., п.,* **с:ш**	11	II
Раску́сывать *нес., п.*	1	I

[1] раскро́ен
[2] раскро́шен
[3] раскуда́хчись
[4] the 1st and 2nd persons singular are not used
[5] раску́рен

Раску́тать(ся) *сов.* 1 I
Раску́тывать(ся) *нес.* 1 I
Раскути́ться *сов.*, **т:ч**, *разг.* 11 II
Распада́ться *нес.*, *3 л.* 1 I
распа́сться *сов.*
Распакова́ть(ся) *сов.* 42 IV
Распако́вывать(ся) *нес.* 1 I
Распали́ть(ся) *сов.* 8 II
Распаля́ть(ся) *нес.* 1 I
Распа́ривать(ся) *нес.* 1 I
Распа́рить(ся) *сов.* 5 II
Распа́рывать(ся *3 л.*) *нес.* 1 I
распоро́ть(ся) *сов.*
Распа́сться *сов.*, *3 л.* 48 V
распада́ться *нес.*
Распаха́ть *сов.*, *п.*, **х:ш** 36 III
Распа́хивать *нес.*, *п.* 1 I
Распа́хивать(ся) *нес.* 1 I
Распахну́ть(ся) *сов.* 28 III
Распая́ть(ся *3 л.*) *сов.* 1 I
Распева́ть *нес.*, *п.* 1 I
Распека́ть *нес.*, *п.*, *разг.* 1 I
распе́чь *сов.*
Распелена́ть[1](ся) *сов.* 1 I
Распелёнывать(ся) *нес.* 1 I
Распере́ть[2] *сов.*, *п.*, *прост.* 71 VII
распира́ть *нес.*
Распетуши́ться *сов.*, *разг.* 8 II
Распе́ться *сов.*, *разг.* 68 VII
Распеча́тать(ся *3 л.*) *сов.* 1 I
Распеча́тывать(ся *3 л.*) *нес.* 1 I
Распе́чь *сов.*, *п.*, *разг.* 54 VI
распека́ть *нес.*
Распи́ливать *нес.*, *п.* 1 I
Распили́ть[3] *сов.*, *п.* 10 II
Распина́ть(ся *разг. неодобр.*) *нес.* 1 I
распя́ть *сов.*

Распира́ть *нес.*, *п.*, *прост.* 1 I
распере́ть *сов.*
Расписа́ть(ся) *сов.*, **с:ш** 36 III
Распи́сывать(ся) *нес.* 1 I
Распиха́ть *сов.*, *п.*, *разг.* 1 I
Распи́хивать *нес.*, *п.*, *разг.* 1 I
Распла́вить(ся *3 л.*) *сов.*, **в:вл** 6 II
Расплавля́ть(ся *3 л.*) *сов.* 1 I
Распла́каться *сов.*, **к:ч** 33 III
Расплани́ровать *сов.*, *п.* 41 IV
Распласта́ть(ся) *сов.* 1 I
Распла́стывать(ся) *нес.* 1 I
Расплати́ться *сов.*, **т:ч** 11 II
Распла́чиваться *нес.* 1 I
Расплеска́ть[1](ся *3 л.*) *сов.*, **ск:щ** 36 III
Расплёскивать(ся *3 л.*) *нес.* 1 I
Расплести́(сь *3 л.*) *сов.*, **с:т** 47 V
Расплета́ть(ся *3 л.*) *нес.* 1 I
Расплоди́ть*(ся *3 л.*) *сов.*, **д:ж** 9 II
Расплыва́ться *нес.* 1 I
Расплы́ться[2] *сов.* 62 VII
Расплю́щивать(ся *3 л.*) *нес.* 1 I
Расплю́щить(ся *3 л.*) *сов.* 7 II
Распознава́ть *нес.*, *п.* 60 VII
Распозна́ть *сов.*, *п.* 1 I
Располага́ть(ся) *нес.* 1 I
Расположи́ть[3](ся) *сов.* 10 II
Располза́ться *нес.* 1 I
Расползти́сь *сов.* 45 V
Располосова́ть *сов.*, *п.*, *спец.* 42 IV
Распоро́ть(ся *3 л.*) *сов.* 30 III
распа́рывать(ся) *нес.*

1 распелёнат
2 **разо**пру́
3 распи́лен

1 расплёскан
2 расплы́лся, расплыла́сь, расплыло́сь (and расплы́лось), расплыли́сь (and расплы́лись)
3 располо́жен

Распоряди́ться *сов.*, **д:ж**	9	II
Распоряжа́ться *нес.*	1	I
Распоя́сать(ся) *сов.*, **с:ш**	33	III
Распоя́сывать(ся) *нес.*	1	I
Распра́вить(ся) *сов.*, **в:вл**	6	II
Расправля́ть(ся) *нес.*	1	I
Распредели́ть(ся) *сов.*	8	II
Распределя́ть(ся) *нес.*	1	I
Распродава́ть *нес., п.*	60	VII
Распрода́ть *сов., п.*	88	VII
Распропаганди́ровать *сов., п.*	41	IV
Распростере́ть(ся)[1] *сов., книжн.*	71	VII
Распростира́ть(ся) *нес., книжн.*	1	I
Распрости́ться *сов.*, **ст:щ**, *разг.*	9	II
Распространи́ть(ся) *сов.*	8	II
Распространя́ть(ся) *нес.*	1	I
Распроща́ться *сов., разг.*	1	I
Распры́скать *сов., п., разг.*	1	I
Распры́скивать *нес., п., разг.*	1	I
Распряга́ть(ся *3 л.*) *нес.*	1	I
Распря́чь[2](ся *3 л.*) *сов.*	56	VI
Распрями́ть(ся) *сов.*, **м:мл**	9	II
Распрямля́ть(ся) *нес.*	1	I
Распуга́ть *сов., п.*	1	I
Распу́гивать *нес., п.*	1	I
Распуска́ть(ся) *нес.*	1	I
Распусти́ть(ся) *сов.*, **ст:щ**	11	II
Распу́тать(ся) *сов.*	1	I
Распу́тывать(ся) *нес.*	1	I
Распу́тничать *нес.*	1	I
Распуха́ть *нес.*	1	I
Распу́хнуть *сов.*	25	III

[1] the future tense is not used; распростере́в (and распростёршись)
[2] распряжён

Распуши́ть *сов., п.*	8	II
Распыли́ть(ся *3 л.*) *сов.*	8	II
Распыля́ть(ся *3 л.*) *нес.*	1	I
Распя́ливать *нес., п.*	1	I
Распя́лить *сов., п.*	5	II
Распя́ть *сов., п.* распина́ть *нес.*	64	VII
Рассади́ть *сов., п.*, **д:ж**	11	II
Расса́живать *нес., п.*	1	I
Расса́живаться *нес., 3 л.* рассе́сться *сов.*	1	I
Расса́сывать(ся *3 л.*) *нес.* рассоса́ть(ся) *сов.*	1	I
Рассве́рливать *нес., п.*	1	I
Рассверли́ть *сов., п.*	8	II
Рассвести́ *сов.*, **с:т**, *безл.*	47	V
Рассвета́ть *нес., безл.*	1	I
Рассвирепе́ть *сов.*	2	I
Рассedла́ть(ся *3 л.*) *сов.*	1	I
Рассе́ивать(ся) *нес.* рассе́ять(ся) *сов.*	1	I
Рассека́ть(ся *3 л.*) *нес.* рассе́чь(ся) *сов.*	1	I
Рассекре́тить *сов., п.*, **т:ч**	6	II
Рассекре́чивать *нес., п.*	1	I
Рассели́ть(ся)[1] *сов.*	8	II
Расселя́ть(ся)[1] *нес.*	1	I
Рассерди́ть(ся) *сов.*, **д:ж**	11	II
Рассе́сться *сов.* расса́живаться *нес.*	53	V
Рассе́чь(ся *3 л.*) *сов.* рассека́ть(ся) *нес.*	54	VI
Рассе́ять(ся) *сов.* рассе́ивать(ся) *нес.*	31	III
Рассказа́ть *сов., п.*, **з:ж**	36	III
Расска́зывать *нес., п.*	1	I
Расскака́ться *сов.*, **к:ч**, *разг.*	36	III
Рассла́бить *сов., п.*, **б:бл**	6	II
Расслабля́ть *нес., п.*	1	I
Рассла́бнуть *сов., разг.*	25	III

[1] the 1st and 2nd persons singular with **-ся** are not used

Расслáвить *сов., п.*, **в:вл**, *разг.* 6 II
Расславля́ть *нес., п., разг.* 1 I
Рассла́ивать(ся *3 л.*) *нес.* 1 I
Расслои́ть(ся *3 л.*) *сов.* 8 II
Расслéдовать *нес., сов., п.* 41 IV
Рассль́ішать *сов., п.* 14 II
Рассмáтривать *нес., п.* 1 I
Рассмотрéть *сов., п.* 21 II
Рассмеши́ть *сов., п.* 8 II
Рассмея́ться[1] *сов.* 31 III
Рассовáть *сов., п., разг.* 43 IV
Рассóвывать *нес., п., разг.* 1 I
Рассóрить[2](ся) *сов.* 5 II
Рассóрить[3] *сов., п., разг.* 8 II
Рассортировáть *сов., п.* 42 IV
Рассортирóвывать *нес., п.* 1 I
Рассосáть[4](ся *3 л.*) *сов.* 34 III
рассáсывать(ся) *нес.*
Рассóхнуться *сов., 3 л.* 25 III
рассыхáться *нес.*
Расспрáшивать *нес., п.* 1 I
Расспроси́ть *сов., п.*, **с:ш** 11 II
Рассредотóчивать(ся)[5] *нес.* 1 I
Рассредотóчить(ся)[5] *сов.* 5 II
Рассрóчивать *нес., п.* 1 I
Рассрóчить *сов., п.* 5 II
Расставáться *нес.* 60 VII
Расстáться *сов.* 61 VII
Расстáвить(ся *3 л.*) *сов.*, **в:вл** 6 II
Расставля́ть(ся *3 л.*) *нес.* 1 I
Расстёгивать(ся) *нес.* 1 I
Расстегну́ть(ся) *сов.* 28 III

[1] рассмею́сь, рассмеёшься
[2] to set (*people*) at variance
[3] to scatter about
[4] рассосáл, рассосал|а, -о, -и
[5] the reflexive forms of the 1st and 2nd persons singular are not used

Расстели́ть(ся *3 л.*) *сов.* 40 III
Расстилáть(ся *3 л.*) *нес.* 1 I
разостлáть(ся) *сов.*
Расстрáивать(ся) *нес.* 1 I
Расстрóить(ся) *сов.* 12 II
Расстрéливать *нес., п.* 1 I
Расстреля́ть *сов., п.* 1 I
Расступáться[1] *нес.* 1 I
Расступи́ться[1] *сов.* 11 II
Расстыковáть(ся) *сов.* 42 IV
Расстыкóвывать(ся) *нес.* 1 I
Рассуди́ть* *сов., п.*, **д:ж** 11 II
Рассуждáть *нес.* 1 I
Рассусóливать *нес., прост., неодобр.* 1 I
Рассу́чивать(ся *3 л.*) *нес.* 1 I
Рассучи́ть[2] (ся *3 л.*) *сов.* 10 and 8 II
Рассчитáть(ся) *сов.* 1 I
Рассчи́тывать(ся) *нес.* 1 I
расчéсть(ся) *сов.*
Рассылáть *нес., п.* 1 I
разослáть *сов.*
Рассыпáть(ся) *нес.* 1 I
Рассь́іпать[3](ся) *сов.*, **п:пл** 33 III
Рассыхáться *нес., 3 л.* 1 I
рассóхнуться *сов.*
Растáлкивать *нес., п.* 1 I
растолкáть *сов.*
Растáпливать(ся *3 л.*) *нес.* 1 I
растопи́ть(ся) *сов.*
Растáптывать *нес., п.* 1 I
растоптáть *сов.*
Растаскáть *сов., п.* 1 I
Растáскивать *нес., п.* 1 I
растащи́ть *сов.*
Растасовáть *сов., п., разг.* 42 IV
Растасóвывать *нес., п., разг.* 1 I

[1] the 1st and 2nd persons singular are not used
[2] рассу́чен
[3] рассь́іпь

Раста́чивать *нес., п., спец.* 1 I
расточи́ть *сов.*

Растащи́ть[1] *сов., п.* 10 II
раста́скивать *нес.*

Раста́ять *сов.* 31 III

{ Раствори́ть[2] 8 and 10 II (ся *3 л.*) *сов.*
{ Растворя́ть(ся *3 л.*) *нес.* 1 I

Растека́ться *нес., 3 л.* 1 I
расте́чься *сов.*

Растереби́ть *сов., п.,* **б:бл** 9 II

Растере́ть[3](ся) *сов.* 71 VII
растира́ть(ся) *нес.*

Растерза́ть *сов., п., книжн.* 1 I

Растеря́ть(ся) *сов.* 1 I

Расте́чься *сов., 3 л.* 54 VI
растека́ться *нес.*

Расти́ *нес.* 51 V
вы́расти *сов.*

Растира́ть(ся) *нес.* 1 I
растере́ть(ся) *сов.*

Расти́ть *нес., п.,* **ст:щ** 9 II
вы́растить *сов.*

{ Растлева́ть(ся *устар.*) *нес.* 1 I
{ Растли́ть(ся *устар.*) *сов.* 8 II

Растолка́ть *сов., п.* 1 I
раста́лкивать *нес.*

{ Растолкова́ть *сов., п.* 42 IV
{ Растолко́вывать *нес., п.* 1 I

Растоло́чь *сов., п.* 55 VI

Растолсте́ть *сов.* 2 I

Растопи́ть(ся *3 л.*) *сов.,* **п:пл** 11 II
раста́пливать(ся) *нес.*

Растопта́ть *сов., п.,* **т:ч** 36 III
раста́птывать *нес.*

{ Растопы́ривать(ся) *нес., разг.* 1 I
{ Растопы́рить(ся) *сов., разг.* 5 II

{ Расторга́ть *нес., п., офиц.* 1 I
{ Расто́ргнуть[1] *сов., п., офиц.* 26 III

{ Расторгова́ться *сов., прост.* 42 IV
{ Расторго́вываться *нес., прост.* 1 I

Растормоши́ть *сов., п., разг.* 8 II

{ Расточа́ть *нес., п., устар.* and *книжн.* 1 I
{ Расточи́ть *сов., п., устар.* and *книжн.* 8 II

Расточи́ть[2] *сов., п., спец.* 10 II
раста́чивать *нес.*

{ Растрави́ть *сов., п.,* **в:вл** 11 II
{ Растра́вливать *нес., п.* 1 I
{ Растравля́ть *нес., п.* 1 I

{ Растранжи́ривать *нес., п., разг.* 1 I
{ Растранжи́рить *сов., п., разг.* 5 II

{ Растра́тить(ся) *сов.,* **т:ч** 6 II
{ Растра́чивать(ся) *нес.* 1 I

Растрево́жить(ся) *сов., разг.* 5 II

Растрезво́нить *сов., разг. неодобр.* 5 II

{ Растрепа́ть(ся) *сов.,* **п:пл** 36 III
{ Растрёпывать(ся) *нес.* 1 I

{ Растре́скаться *сов., 3 л.* 1 I
{ Растре́скиваться *нес., 3 л.* 1 I

Растро́гать(ся) *сов.* 1 I

Раструби́ть* *сов., п.,* **б:бл**, *прост, неодобр.* 8 II

Растрясти́ *сов., п.* 45 V

[1] раста́щен
[2] a) to dissolve (Table 8); b) to open (Table 10)
[3] **разо**тру́

[1] расто́ргнут (and расто́ржен)
[2] расто́чен

Растушева́ть *сов., п., спец.* 42 IV
Растушёвывать *нес., п., спец.* 1 I
Растя́гивать(ся) *нес.* 1 I
Растяну́ть(ся) *сов.* 29 III
Расфасова́ть *сов., п.* 42 IV
Расфасо́вывать *нес., п.* 1 I
Расформирова́ть *сов., п.* 42 IV
Расформиро́вывать *нес., п.* 1 I
Расфранти́ться *сов.*, **т:ч**, *разг.* 9 II
Расха́живать *нес.* 1 I
Расха́ять *сов., п., прост.* 31 III
Расхва́ливать *нес., п.* 1 I
Расхвали́ть[1] *сов., п.* 10 II
Расхва́статься *сов., разг.* 1 I
Расхвата́ть *сов., п., разг.* 1 I
Расхва́тывать *нес., п., разг.* 1 I
Расхвора́ться *сов., разг.* 1 I
Расхити́ть[2] *сов., п.*, **т:щ** 6 II
Расхища́ть *нес., п.* 1 I
Расхлеба́ть *сов., п., прост.* 1 I
Расхлёбывать *нес., п., прост.* 1 I
Расхлопота́ться *сов.*, **т:ч**, *разг.* 36 III
Расходи́ться *нес.*, **д:ж** разойти́сь *сов.* 11 II
Расхо́довать(ся) *нес.* израсхо́довать(ся) *сов.* 41 IV
Расхола́живать *нес., п.* 1 I
Расхолоди́ть[3] *сов., п.*, **д:ж** 9 II
Расхоте́ть(ся *безл.*) *сов.*, **т:ч**, *разг.* 86 VII
Расхохота́ться *сов.*, **т:ч** 36 III
Расхрабри́ться *сов., разг.* 8 II

[1] расхва́лен
[2] the imperative is not used
[3] расхоло́жен

Расцара́пать(ся) *сов.* 1 I
Расцара́пывать(ся) *нес.* 1 I
Расцвести́ *сов.*, **с:т** 47 V
Расцвета́ть *нес.* 1 I
Расцве́тить[1] *сов., п.*, **т:ч**, *разг.* 9 II
Расцве́чивать *нес., п.* 1 I
Расцелова́ть(ся) *сов.* 42 IV
Расце́нивать *нес., п.* 1 I
Расцени́ть *сов., п.* 10 II
Расцепи́ть(ся)[2] *сов.*, **п:пл** 11 II
Расцепля́ть(ся)[2] *нес.* 1 I
Расчека́нить *сов., п., спец.* 5 II
Расчерти́ть *сов., п.*, **т:ч** 11 II
Расче́рчивать *нес., п.* 1 I
Расчеса́ть[3](ся *разг.*) *сов.*, **с:ш** 36 III
Расчёсывать(ся *разг.*) *нес.* 1 I
Расче́сть[3](ся) *сов., разг.* рассчи́тывать(ся) *нес.* 52 V
Расчехли́ть *сов., п., спец.* 8 II
Расчехля́ть *нес., п., спец.* 1 I
Расчи́стить(ся *3 л.*) *сов.* **ст:щ** 7 II
Расчища́ть(ся *3 л.*) *нес.* 1 I
Расчиха́ться *сов., разг.* 1 I
Расчлени́ть(ся *3 л. книжн.*) *сов.* 8 II
Расчленя́ть(ся *3 л., книжн.*) *нес.* 1 I
Расчу́вствоваться *сов., разг.* 41 IV
Расшали́ться *сов.* 8 II
Расша́ркаться *сов.* 1 I
Расша́ркиваться *нес.* 1 I

[1] расцве́чен
[2] the 1st and 2nd persons singular with **-ся** are not used
[3] расчёсан
[4] **разо**чту́

Расшата́ть(ся *3 л.*) *сов.* 1 I
Расша́тывать(ся *3 л.*) *нес.* 1 I

Расшвы́ривать *нес., п., разг.* 1 I
Расшвыря́ть *сов., п., разг.* 1 I

Расшевели́ть(ся) *сов., разг.* 8 II

Расшиба́ть(ся) *нес., разг.* 1 I
Расшиби́ть(ся) *сов., разг.* 39 III

Расшива́ть(ся *3 л.*) *нес.* 1 I
Расши́ть[1](ся *3 л.*) *сов.* 69 VII

Расши́рить(ся *3 л.*) *сов.* 5 II
Расширя́ть(ся *3 л.*) *нес.* 1 I

Расшифрова́ть *сов., п.* 42 IV
Расшифро́вывать *нес., п.* 1 I

Расшнурова́ть(ся) *сов.* 42 IV
Расшнуро́вывать(ся) *нес.* 1 I

Расшуме́ться *сов.*, **м:мл**, *разг.* 20 II

Расще́дриваться *нес., разг. ирон.* 1 I
Расще́дриться *сов., разг. ирон.* 7 II

Расщепи́ть(ся *3 л.*) *сов.*, **п:пл** 9 II
Расщепля́ть(ся *3 л.*) *нес.* 1 I

Ратифици́ровать *нес., сов., п.* 41 IV

Ра́товать *нес., устар.* 41 IV

Рафини́ровать *нес., сов., п., спец.* 41 IV

Рационализи́ровать *нес., сов., п.* 41 IV

Рвану́ть*(ся) *сов.* 28 III

Рвать(ся *3 л.*) *нес.* 34 III

Рдеть *неперех.*(ся) *нес. 3 л. книжн.* 2 I

Реабилити́ровать(ся) *нес., сов.* 41 IV

Реаги́ровать *нес.* 41 IV
прореаги́ровать *сов.*
отреаги́ровать *сов.*

Реализова́ть(ся *3 л.*) *нес., сов., книжн. спец.* 41 IV

Ребя́читься *нес., разг.* 5 II

Реве́ть *нес.* 37 III

Ревизова́ть *нес., сов., п.* 42 IV

Ревнова́ть *нес., п.* 42 IV
приревнова́ть *сов.*

Революционизи́ровать (ся) *нес., сов.* 41 IV

Регистри́ровать(ся) *нес.* 41 IV
зарегистри́ровать(ся) *сов.*

Регламенти́ровать *нес., сов., п., книжн.* 41 IV

Регресси́ровать *нес., п., книжн.* 41 IV

Регули́ровать *нес., п.* 41 IV
отрегули́ровать *сов.*
урегули́ровать *сов.*

Редакти́ровать *нес., п.* 41 IV
отредакти́ровать *сов.*

Реде́ть *нес., 3 л.* 2 I
пореде́ть *сов.*

Режисси́ровать *нес., п., спец.* 41 IV

Ре́зать(ся) *нес.*, **з:ж** 33 III
разре́зать *сов.*
заре́зать *сов.*
вы́резать *сов.*

Резви́ться *нес.*, **в:вл** 9 II

Резерви́ровать *нес., сов., п., книжн.* 41 IV
зарезерви́ровать *сов.*

Резну́ть* *сов., 3 л., безл., п.* 28 III

Резонёрствовать *нес., книжн.* 41 IV

Резони́ровать *нес., 3 л.* 41 IV

Резюми́ровать *нес., сов., п., книжн.* 41 IV

Реквизи́ровать *нес., сов., п.* 41 IV

Реклами́ровать *нес., сов., п.* 41 IV

[1] **разо**шью́, расши́л|а, -о, -и

Рекомендова́ть(ся *книжн.) нес., сов.* 42 IV
отрекомендова́ть(ся) *сов.*
порекомендова́ть *сов.*
Реконструи́ровать(ся *3 л.) нес., сов.* 41 IV
Реме́сленничать *нес., разг.* 1 I
Ремилитаризова́ть *нес., сов., п.* 42 IV
Ремонти́ровать *нес., п.* 42 IV
отремонти́ровать *сов.*
Реорганизова́ть[1] *нес., сов., п.* 42 IV
Репатрии́ровать(ся) *нес., сов.* 41 IV
Репети́ровать *нес., п.* 41 IV
Репресси́ровать *нес., сов., п., офиц.* 41 IV
Реставри́ровать *нес., сов., п.* 41 IV
отреставри́ровать *сов.*
Ретирова́ться *нес., сов., разг. устар.* 42 IV
Ретуши́ровать *нес., сов., п.* 41 IV
отретуши́ровать *сов.*
Рефери́ровать *нес., сов., п., книжн.* 41 IV
Реформи́ровать *нес., сов., п.* 41 IV
Рехну́ться *сов., прост.* 28 III
Рецензи́ровать *нес., п.*
прорецензи́ровать *сов.* 41 IV
{ Реша́ть(ся) *нес.* 1 I
{ Реши́ть(ся) *сов.* 8 II
Реэвакуи́ровать(ся) *нес., сов.* 41 IV
Ре́ять *нес., высок.* 31 III
Ржаве́ть *нес., 3 л.* 2 I
заржаве́ть *сов.*

[1] only the perfective forms are used in the past tense

Ржать[1] *нес.* 34 III
Ри́нуться *сов.* 23 III
{ Рискну́ть *сов.* 28 III
{ Рискова́ть *нес.* 42 IV
Рисова́ть(ся) *нес.* 42 IV
нарисова́ть *сов.*
Рифмова́ть(ся *3 л.) нес.* 42 IV
срифмова́ть *сов.*
Робе́ть *нес.* 2 I
оробе́ть *сов.*
Ровня́ть *нес., п.* 1 I
сровня́ть *сов.*
{ Роди́ть(ся)[2] *нес.*, **д:ж:жд** 9 II
{ Роди́ть(ся)[3] *сов.*, **д:ж:жд** 9 II
Родни́ть *нес., п., 3 л.* 8 II
Родни́ться *нес.* 8 II
породни́ться *сов.*
Рожа́ть *нес., п., разг.* 1 I
Рожда́ть(ся) *нес.* 1 I
Розове́ть *нес.* 2 I
порозове́ть *сов.*
Рои́ть(ся *3 л.) нес.* 8 II
Рокирова́ться *нес., сов.* 42 IV
Рокота́ть *нес., 3 л,* **т:ч** 36 III
Роня́ть *нес., п.* 1 I
урони́ть *сов.*
Ропта́ть *нес.*, **т:щ** 36 III
Роско́шествовать *нес.* 41 IV
Роско́шничать *нес., разг.* 1 I
Ротозе́йничать *нес., разг.* 1 I
Рубану́ть * *сов., п., разг.* 28 III
Руби́ть(ся) *нес.*, **б:бл** 11 II
сруби́ть *сов.*
Рубцева́ться *нес., 3 л.* 42 IV
зарубцева́ться *сов.*
сов., разг. устар.
Руга́ть(ся) *нес.*
вы́ругать(ся) *сов.*
обруга́ть *сов.*

[1] ржала́
[2] роди́л(ся), роди́ла(сь), роди́ло(сь)
[3] роди́лся and роди́лся, роди́лась and родила́сь, роди́лось and родило́сь; рождён

отруга́ть *сов.*
поруга́ться *сов.*

Ругну́ть *(ся) *сов., разг.* 28 III

Руководи́ть ** *нес.*, **д:ж** 9 II

Руково́дствоваться *нес.* 41 IV

Рукоде́льничать *нес., разг.* 1 I

Рукоплеска́ть *нес.*, **ск:щ** 36 III

Румя́нить(ся) *нес.* 5 II
зарумя́нить(ся) *сов.*

Русифици́ровать(ся) *нес., сов.* 41 IV

Ру́хнуть *сов.* 24 III

Руча́ться *нес.* 1 I
поручи́ться *сов.*

Ру́шить(ся *3 л.*) *нес.* 5 II
обру́шить(ся) *сов.*

Рыба́чить *нес., разг.* 5 II

{ Рыга́ть *нес.* 1 I
{ Рыгну́ть *сов.* 28 III

Рыда́ть *нес.* 1 I

Рыже́ть *нес.* 2 I
порыже́ть *нес.*

Рыка́ть *нес.* 1 I

Рыси́ть[1] *нес.* 8 II

Ры́скать[2] *нес.*, **ск:щ** 33 III

Рыть(ся) *нес.* 67 VII
вы́рыть *сов.*

Рыхли́ть *нес., п.* 8 II
взрыхли́ть *сов.*
разрыхли́ть *сов.*

Рыча́ть *нес.* 15 II

Рябе́ть *сов., 3 л.* 2 I

Ряби́ть *нес., 3 л., безл., п.* 9 II

{ Ря́вкать *нес.* 1 I
{ Ря́вкнуть *сов.* 24 III

Ряди́ть(ся) *нес.*, **д:ж** 11 II

С

Саботáжничать *нес., разг.* 1 I

Саботи́ровать *нес., сов., п.* 41 IV

[1] the 1st person singular is not used
[2] рыщи́

Сагити́ровать *сов., п.* 41 IV

Сади́ть *нес., п.*, **д:ж** 11 II

Сади́ться *нес.*, **д:ж** 11 II
сесть *сов.*

Са́днить *нес., безл.* 7 II

Сажа́ть *нес., п.* 1 I
посади́ть *сов.*

Са́лить *нес., п.* 5 II

Салютова́ть *нес., сов.* 42 IV
отсалютова́ть *сов.*

Самово́льничать *нес., разг.* 1 I

Самоду́рствовать *нес.* 41 IV

{ Самоопредели́ться *сов.* 8 II
{ Самоопределя́ться *нес.* 1 I

Самоупра́вствовать *нес., разг.* 41 IV

{ Самоуспока́иваться *нес.* 1 I
{ Самоуспоко́иться *сов.* 12 II

{ Самоустрани́ться *сов.* 8 II
{ Самоустраня́ться *нес.* 1 I

Самочи́нствовать *нес.* 41 IV

Санкциони́ровать *нес., сов., п., книжн.* 41 IV

Сапо́жничать *нес.* 1 I

Сатане́ть *нес., прост.* 2 I
осатане́ть *сов.*

Са́харить *нес., п.* 7 II
поса́харить *сов.*

{ Сба́вить *сов., п.*, **в:вл** 6 II
{ Сбавля́ть *нес., п.* 1 I

Сбаланси́ровать *сов.* 41 IV

Сба́лтывать *нес., п.* 1 I
сболта́ть *сов.*

Сбе́гать *сов., разг.* 1 I

{ Сбега́ть *неперех.*(ся)[1] *нес.* 1 I
{ Сбежа́ть *неперех.*(ся)[1] *сов.* 85 VII

Сберега́ть(ся *3 л.*) *нес.* 1 I

[1] the reflexive forms of the 1st and 2nd persons singular are not used

{ Сбивáть(ся) *нес.*	1	I
{ Сбить[1] *сов.*	69	VII
{ Сближáть(ся) *нес.*	1	I
{ Сбли́зить(ся) *сов.*, **з:ж**	6	II
Сболтáть *сов., п.* сбáлтывать *нес.*	1	I
Сболтну́ть* *сов., п., разг.*	28	III
Сбрáсывать(ся) *нес.* сбрóсить(ся) *сов.*	1	I
{ Сбредáться[2] *нес., разг.*	1	I
{ Сбрести́сь[2] *сов.*, **с:д**, *разг.*	47	V
{ Сбривáть *нес., п.*	1	I
{ Сбрить *сов., п.*	66	VII
Сбрóсить(ся) *сов.*, **с:ш** сбрáсывать(ся) *нес.*	6	II
Сброшюровáть *сов., п.*	42	IV
{ Сбры́згивать *нес., п.*	1	I
{ Сбры́знуть *сов., п.*	24	III
{ Сбывáть(ся *3 л.*) *нес.*	1	I
{ Сбыть(ся *3 л.*)[3] *сов.*	83	VII
{ Свáливать(ся) *нес., разг.*	1	I
{ Свали́ть[4](ся) *сов.*	10	II
Сваля́ть(ся *3 л.*) *сов.*	1	I
Свари́ть[5](ся) *сов.*	10	II
Свáтать(ся) *нес.* посвáтать(ся) *сов.*	1	I
Свежевáть *нес., п.* освежевáть *сов.*	42	IV
Свежéть *нес.* посвежéть *сов.*	2	I
Свезти́ *сов., п.* свози́ть *нес.*	45	V
Свеликоду́шничать *сов., разг.*	1	I
{ Свергáть *нес., п., высок.*	1	I
{ Свéргнуть[6] *сов., п., высок.*	26	III

[1] собью́; сби́л|а, -о, -и
[2] the 1st and 2nd persons singular are not used
[3] сбы́лся, -лась, -лось, -лись
[4] свáлен
[5] свáрен
[6] свéрнут

Свéрзиться *сов.*, **з:ж**, *разг. шутл.*	6	II
Свéрить(ся) *сов.* сверя́ть(ся) *нес.*	5	II
{ Сверкáть *нес.*	1	I
{ Сверкну́ть *сов.*	28	III
Сверли́ть *нес., п.* просверли́ть *сов.*	8	II
{ Сверну́ть(ся) *сов.*	28	III
{ Свёртывать(ся) *нес.* сворáчивать(ся) *нес.*	1	I
{ Свершáть(ся *3 л.*) *нес., высок.*	1	I
{ Сверши́ть(ся *3 л.*) *сов., высок.*	8	II
Сверя́ть(ся) *нес.* свéрить(ся) *сов.*	1	I
Свéсить(ся) *сов.*, **с:ш** свéшивать(ся) *нес.*	6	II
Свести́(сь *3 л.*) *сов.*, **с:д** своди́ть(ся) *нес.*	47	V
Светáть *нес., безл.*	1	I
Свети́ть(ся) *нес.*, **т:ч** посвети́ть *сов.*	11	II
Светлéть *неперех.*(ся *3 л.*) *нес.* посветлéть *сов.*	2	I
Свéшивать(ся) *нес.* свéсить(ся) *сов.*	1	I
Свéшать(ся *разг.*) *сов.*	1	I
Свивáть(ся *3 л.*) *нес.* свить(ся) *сов.*	1	I
Свидéтельствовать *нес., п.*	41	IV
Сви́деться *сов.*, **д:ж**, *разг.*	18	II
Свирепéть *нес.*	2	I
рассвирепéть *сов.*	2	I
Свирéпствовать *нес.*	41	IV
Свиристéть *нес.*, **ст:щ**	20	II
{ Свисáть *нес.*	1	I
{ Сви́снуть *сов., разг.*	25	III
Свистáть *нес.*, **ст:щ**	36	III
{ Свистéть[1] *нес.*, **ст:щ** 20 II and	38	III
{ Сви́стнуть *сов.*	24	III

[1] свистя́

Свить[1](ся *3 л.*) *сов.*	69	VII
свива́ть(ся) *нес.*		
Свихну́ть(ся) *сов., разг.*	28	III
Своди́ть **(ся *3 л.*) *нес.*, **д:ж**	11	II
свести́(сь) *сов.*		
Сво́дничать *нес., разг.*	1	I
Своево́льничать *нес., разг.*	1	I
Своди́ть **(ся *3 л.*)	11	II
свезти́ *сов.*		
Свора́чивать(ся) *нес., разг.*	1	I
свéрнуть(ся) *сов.*		
{ Свора́чивать *нес., п.*	1	I
{ Свороти́ть *сов., п.,* **т:ч**	11	II
{ Свыка́ться *нес.*	1	I
{ Свы́кнуться *сов.*	25	III
{ Связа́ть(ся) *сов.*, **з:ж**	36	III
{ Связывать(ся) *нес.*	1	I
Святи́ть *нес., п.,* **т:ч**	9	II
освяти́ть *сов.*		
Святота́тствовать *нес., книжн.*	41	IV
Священноде́йствовать *нес., ирон.*	41	IV
Сгиба́ть(ся) *нес.*	1	I
согну́ть(ся) *сов.*		
Сги́нуть *сов., разг.*	23	III
{ Сгла́дить(ся *3 л.*) *сов.,* **д:ж**	6	II
{ Сгла́живать(ся *3 л.*) *нес.*	1	I
Сгла́зить *сов., п.,* **з:ж,** *разг.*	6	II
Сглода́ть *сов., п.,* **д:ж,** *разг.*	36	III
Сглупи́ть *сов.,* **п:пл,** *разг.*	9	II
{ Сгнива́ть *нес.*	1	I
{ **С**гни́ть *сов.*	4	I
Сгнои́ть *сов., п.*	8	II
{ Сгова́риваться *нес.*	1	I
{ Сговори́ться *сов.*	8	II
Сгоня́ть *нес., п.*	1	I
согна́ть *сов.*		

[1] совью́

{ Сгора́ть *нес.*	1	I
{ **С**горе́ть *сов.*	19	II
Сго́рбить(ся) *сов.,* **б:бл**	7	II
{ Сгреба́ть *нес., п.*	1	I
{ Сгрести́ *сов., п.*	50	V
Сгру́диться[1] *сов., разг.*	9	II
{ Сгружа́ть *нес., п.*	1	I
{ Сгрузи́ть *сов.,* 11 and *п.,* **з:ж**	9	II
Сгруппирова́ть(ся *3 л.*) *сов.*	42	IV
Сгрызть *сов., п.*	46	V
Сгуби́ть *сов., п.,* **б:бл,** *разг.*	11	II
{ Сгусти́ть(ся *3 л.*) *сов.,* **ст:щ**	9	II
{ Сгуща́ть(ся *3 л.*) *нес.*	1	I
Сда́бривать *нес., п.*	1	I
сдобри́ть *сов.*		
{ Сдава́ть(ся) *нес.*	60	VII
{ Сдать(ся) *сов.*	88	VII
{ Сдави́ть *сов., п.,* **в:вл**	11	II
{ Сда́вливать *нес., п.*	1	I
{ Сдва́ивать *нес., п.*	1	I
{ Сдвои́ть[2] *сов., п.*	8	II
{ Сдвига́ть(ся) *нес.*	1	I
{ Сдви́нуть(ся) *сов.*	23	III
Сдвуру́шничать *сов.*	1	I
Сде́лать(ся) *сов.*	1	I
{ Сдёргивать *нес., п.*	1	I
{ Сдёрнуть *сов., п.*	24	III
{ Сдержа́ть(ся) *сов.*	17	II
{ Сде́рживать(ся) *нес.*	1	I
Сдира́ть(ся *3 л.*) *нес.*	1	I
содра́ть(ся) *сов.*		
Сдо́брить *сов., п.*	7	II
сда́бривать *нес.*		
Сдо́хнуть *сов., 3 л., прост.*	25	III
Сдре́йфить *сов.,* **ф:фл,** *прост.*	6	II
Сдружи́ть[3](ся) *сов.*	8 and 10	II

[1] the 1st and 2nd persons singular are not used
[2] сдво́ен
[3] сдружён

Verb	No.	Class
Сдува́ть *нес., п.*	1	I
Сду́нуть *сов., п.*	23	III
Сдуть *сов., п.*	3	I
Сиде́ть *нес.* поседе́ть *сов.*	2	I
Седла́ть *нес., п.* оседла́ть *сов.*	1	I
Секрета́рствовать *нес.*	41	IV
Секре́тничать *нес., разг.*	1	I
Сели́ть(ся) *нес.* посели́ть(ся) *сов.*	8	II
Семени́ть *нес.*	8	II
Сентимента́льничать *нес., разг.*	1	I
Сервирова́ть *нес., сов., п.*	42	IV
Серди́ть(ся) *нес.*, **д:ж** рассерди́ть(ся) *сов.*	11	II
Серебри́ть(ся *3 л.*) *нес.* посеребри́ть *сов.*	8	II
Сере́ть *нес.* посере́ть *сов.*	2	I
Серьёзничать *нес., разг.*	1	I
Сесть *сов.* сади́ться *нес.*	53	V
Се́товать *нес., книжн.* посе́товать *сов.*	41	IV
Сечь(ся *3 л.*) *нес.* посе́чь(ся) *сов.*	54	VI
Се́ять *нес., п.* посе́ять *сов.*	31	III
Сжа́литься *сов.*	5	II
Сжать[1] *сов., п.*	64	VII
Сжать[2](ся) *сов.*	65	VII
Сжима́ть(ся) *нес.*	1	I
Сжева́ть[3] *сов., п., разг.*	43	IV
Сжечь[4] *сов., п.*	58	VI
Сжига́ть *нес., п.*	1	I
Сжива́ть(ся) *нес., разг.*	1	I
Сжить(ся)[5] *сов.*	62	VII
Сжу́льничать *сов., разг.*	1	I
Сзыва́ть *нес., п.* созва́ть *сов.*	1	I

1 **сожну́**
2 **сожму́**
3 **сжёван**
4 **сожгу́**
5 сжи́лся, сжила́сь, сжило́сь, сжили́сь

Verb	No.	Class
Сибари́тствовать *нес., книжн.*	41	IV
Сиве́ть *нес.*	2	I
Сигану́ть *сов., прост.*	28	III
Сигнализи́ровать *нес., сов.* просигнализи́ровать *сов.*	41	IV
Сигна́лить *нес.* просигна́лить *сов.*	5	II
Сиде́ть[1] *неперех.*(ся *безл.*) *нес.*, **д:ж**	20	II
Си́живать[2] *нес.*	1	I
Си́литься *нес., разг.*	5	II
Силосова́ть *нес., сов., п.* засилосова́ть *сов.*	42	IV
Символизи́ровать *нес., п., книжн.*	41	IV
Симпатизи́ровать *нес.*	41	IV
Симули́ровать *нес., сов., п.*	41	IV
Сине́ть *нес.* посине́ть *сов.*	2	I
Сини́ть *нес., п.* подсини́ть *сов.*	8	II
Синтези́ровать *нес., сов., п.*	41	IV
Сипе́ть *нес.*, **п:пл**	20	II
Си́пнуть *нес.* оси́пнуть *сов.*	26	III
Сироте́ть *нес.* осироте́ть *сов.*	2	I
Систематизи́ровать *нес., сов., п.*	41	IV
Сия́ть *нес.*	1	I
Сказану́ть* *сов., п., прост.*	28	III
Сказа́ть *сов., п.*, **з:ж** говори́ть *нес.*	36	III
Сказа́ться *сов.*, **з:ж**, *разг.*	36	III
Ска́зываться *нес., разг.*	1	I
Скака́ть *нес.*, **к:ч**	36	III
Скакну́ть *сов.*	28	III
Скаламбу́рить *сов.*	5	II

1 си́дя
2 not used in the present tense

Ска́лить(ся *разг.*) *нес.* оска́лить(ся) *сов.*	5 II
Ска́лывать *нес., п.* сколо́ть *сов.*	1 I
Скалькули́ровать *сов., п., спец.*	41 IV
Скальпи́ровать *нес., сов., п.* оскальпи́ровать *сов.*	41 IV
Скандализи́ровать *нес., сов., п., книжн.*	41 IV
Сканда́лить(ся *устар.*) *нес.* оскандáлить(ся) *сов.*	5 II
Сканди́ровать *нес., п.*	41 IV
Ска́пливать(ся) *нес.* скопи́ть(ся) *сов.*	1 I
Ска́пывать *нес., п.* скопа́ть *сов.*	1 I
Ска́редничать *нес., прост.*	1 I
Ска́рмливать *нес., п.* скорми́ть *сов.*	1 I
{ Ската́ть *сов., п.*	1 I
{ Ска́тывать *нес., п.*	1 I
{ Скати́ть(ся) *сов.*, **т:ч**	11 II
{ Ска́тывать(ся) *нес.*	1 I
Ска́шивать *нес., п.* скоси́ть *сов.*	1 I
Скверносло́вить *нес.*, **в:вл**	6 II
Сквита́ть(ся *прост.*) *сов.*	1 I
Сквози́ть *нес., 3 л., безл.*	9 II
{ Скида́ть *сов., п., прост.*	1 I
{ Ски́дывать *нес., п., прост.*	1 I
{ Ски́дывать *нес., п.*	1 I
{ Ски́нуть *сов., п.*	23 II
{ Скипа́ться *нес., 3 л. спец.*	1 I
{ Скипе́ться *сов., 3 л., спец.*	20 II
Скирдова́ть *нес., п.* заскирдова́ть *сов.*	42 IV
{ Скиса́ть *нес.*	1 I
{ Ски́снуть *сов.*	25 III
Скита́ться *нес.*	1 I
Скла́дывать(ся) *нес.* сложи́ть(ся) *сов.*	1 I
{ Склева́ть[1] *сов., п.*	43 IV
{ Склёвывать *нес., п.*	1 I
{ Скле́ивать(ся *3 л.*) *нес.*	1 I
{ Скле́ить(ся *3 л.*) *сов.*	12 II
Склика́ть *нес., п., прост.*	1 I
{ Склони́ть(ся) *сов.*	10 II
{ Склоня́ть(ся) *нес.*	1 I
Склоня́ть(ся) *нес.* просклоня́ть *сов.*	1 I
Скло́чничать *нес., разг.*	1 I
Скобли́ть *нес., п.*	8 II
{ Скова́ть *сов., п.*	43 IV
{ Ско́вывать *нес., п.*	1 I
{ Сковы́ривать *нес., п.*	1 I
{ Сковырну́ть* *сов., п.*	28 III
{ Скола́чивать *нес., п.*	1 I
{ Сколоти́ть *сов., п.*, **т:ч**	11 II
Сколо́ть *сов., п.* ска́лывать *нес.*	30 III
{ Сколупну́ть *сов., п., прост.*	28 III
{ Сколу́пывать *нес., п., прост.*	1 I
{ Скользи́ть *нес.*, **з:ж**	9 II
{ Скользну́ть *сов.*	28 III
Скома́ндовать *сов.*	41 IV
Скомбини́ровать *сов., п.*	41 IV
Ско́мкать *сов., п.*	1 I
Скоморо́шничать *нес., разг. неодобр.*	1 I
Скомпили́ровать *сов., п., книжн.*	41 IV
Скомплектова́ть *сов., п., спец.*	42 IV
Скомпонова́ть *сов., п., книжн.*	42 IV
Скомпромети́ровать *сов., п.*	41 IV
Сконструи́ровать *сов., п.*	41 IV
Сконфу́зить(ся) *сов.*, **з:ж**	6 II

[1] склюю́; склёван

Сконцентри́ровать(ся 3 *л.*) *сов.* 41 IV
Сконча́ться *сов., высок.* 1 I
Скоордини́ровать *сов., п., книжн.* 41 IV
Скопа́ть *сов., п.* 1 I
скáпывать *нес.*
Скопидо́мничать *нес., разг.* 1 I
Скопи́ровать *сов., п.* 41 IV
Скопи́ть(ся)[1] *сов.*, **п:пл** 11 II
скáпливать(ся) *нес.*
Скопни́ть *сов., п.* 8 II
Скорбе́ть *нес.*, **б:бл**, *высок.* 20 II
Скорёжить(ся) *сов., прост.* 5 II
Скорми́ть *сов., п.*, **м:мл** 11 II
скáрмливать *нес.*
Скорота́ть* *сов., п.* 1 I
Скорректи́ровать *сов., сов., п.* 41 IV
Ско́рчить(ся) *сов.* 7 II
Скоси́ть *сов., п.*, **с:ш** 11 II
Скра́дывать(ся) *нес., 3 л.* 1 I
{ Скра́сить(ся 3 *л.*) *сов.*, **с:ш** 6 II
{ Скра́шивать(ся 3 *л.*) *нес.* 1 I
Скрежета́ть *нес.*, **т:щ** 36 III
{ Скрепи́ть *сов., п.*, **п:пл** 9 II
{ Скрепля́ть *нес., п.* 1 I
Скрести́(сь) *сов.* 50 V
{ Скрести́ть(ся 3 *л.*) *сов.*, **ст:щ** 9 II
{ Скре́щивать(ся 3 *л.*) *нес.* 1 I
Скриви́ть(ся) *сов.*, **в:вл** 9 II
{ Скрипе́ть *нес.*, **п:пл** 20 II
{ Скри́пнуть *сов.* 24 III
Скрои́ть[2] *сов., п.* 8 II
Скро́мничать *нес., разг.* 1 I

[1] the 1st and 2nd persons singular with **-ся** are not used
[2] скро́ен

{ Скрути́ть(ся 3 *л.*) *сов.*, **т:ч** 11 II
{ Скру́чивать *нес., п.* 1 I
{ Скрыва́ть(ся) *нес.* 1 I
{ Скры́ть(ся) *сов.* 67 VII
Скры́тничать *нес., разг.* 1 I
Скря́жничать *нес., разг.* 1 I
Скуде́ть *нес., книжн.* 2 I
оскуде́ть *сов.*
Скули́ть *нес.* 8 II
{ Скупа́ть *нес., п.* 1 I
{ Скупи́ть *сов., п.*, **п:пл** 11 II
Скупи́ться *нес.*, **п:пл** 9 II
поскупи́ться *сов.*
Скуча́ть *нес.*
{ Ску́чивать(ся)[1] *нес., разг.* 1 I
{ Ску́чить(ся)[1] *сов., разг.* 5 II
Скучне́ть *нес.* 2 I
Ску́шать *сов., п.* 1 I
Слабе́ть *нес.* 2 I
ослабе́ть *сов.*
Сла́бить *нес., 3 л.* and *безл.* 6 II
прослáбить *сов.*
Сла́бнуть[2] *нес., разг.* 26 III
Сла́вить(ся) *нес.*, **в:вл** 6 II
ослáвить(ся) *сов.*
прослáвить(ся) *сов.*
Славосло́вить *нес., п.*, **в:вл** 6 II
Слага́ть *нес., п.* 1 I
сложи́ть *сов.*
Сла́дить(ся 3 *л.*) *сов.*, **д:ж**, *прост.* 6 II
Сла́живать(ся 3 *л.*) *нес., прост.* 1 I
Сла́зить *сов.*, **з:ж**, *разг.* 6 II
Сласти́ть *нес., п.*, **ст:щ** 9 II
посласти́ть *сов.*
Слать *нес., п.* 80 VII
посла́ть *сов.*

[1] the 1st and 2nd persons singular with **-ся** are not used
[2] сла́бнул, сла́бла (and сла́бнула)

Следи́ть *нес.*, **д:ж** 9 II
наследи́ть[1] *сов.*
Сле́довать *нес.* 41 IV
после́довать *сов.*
{ Слежа́ться *сов., 3 л.* 15 II
{ Слёживаться *нес., 3 л.* 1 I
{ Слеза́ть *нес.* 1 I
{ Сле́зть *сов.* 44 V
Слези́ться *нес., 3 л.* 9 II
Слезоточи́ть *нес., 3 л.* 8 II
Слепи́ть *нес., п., 3 л.* and *безл.* 9 II
{ Слепи́ть(ся *3 л.*) *сов.*, **п:пл** 11 II
{ Слепля́ть(ся *3 л.*) *нес.* 1 I
Слепи́ть *сов.*, **п:пл** 11 II
Сле́пнуть *нес.* 26 III
осле́пнуть *сов.*
{ Слета́ть *неперех.* (ся)[2] *нес.* 1 I
{ Слете́ть *неперех.* (ся)[2] *сов.*, **т:ч** 20 II
Слечь *сов., разг.* 59 VI
Слибера́льничать *сов., разг.* 1 I
Слива́ть(ся) *нес.* 1 I
сли́ть(ся) *сов.*
{ Слиза́ть *сов., п.*, **з:ж** 36 III
{ Слизну́ть *сов., п.* 28 III
{ Сли́зывать *нес., п.* 1 I
Слиня́ть *сов., 3 л.* 1 I
{ Слипа́ться *нес., 3 л.* 1 I
{ Сли́пнуться *сов., 3 л.* 25 III
Сли́ть[3](ся) *сов.* 69 VII
слива́ть(ся) *нес.*
{ Слича́ть *нес., п.* 1 I
{ Сличи́ть *сов., п.* 8 II
Словчи́ть *сов.* 8 II
Сложи́ть[4](ся) *сов.* 10 II
слага́ть(ся) *нес.*
скла́дывать(ся) *нес.*
Слои́ть(ся *3 л.*) *нес.* 8 II
Слома́ть(ся *3 л.*) *сов.* 1 I
Сломи́ть *сов., п.*, **м:мл** 11 II

[1] to leave footprints, traces
[2] the 1st and 2nd persons singular with **-ся** are not used
[3] **солью́**
[4] сло́жен

Слоня́ться *нес., разг.* 1 I
Служи́ть[1] *нес.* 10 II
послужи́ть *сов.*
Слука́вить *сов.*, **в:вл** 6 II
{ Случа́ть(ся *3 л.*) *нес.* 1 I
{ Случи́ть(ся *3 л.*) *сов.* 8 II
Слу́шать(ся) *нес.* 1 I
послу́шать(ся) *сов.*
Слыть *нес., разг.* 62 VII
Слыха́ть[2] *нес., п.*
Слы́шать(ся *3 л.*) *нес.* 14 II
услы́шать *сов.*
послы́шаться *сов.*
Слюби́ться[3] *сов., прост.* 11 II
{ Сма́зать(ся *3 л.*) *сов.*, **з:ж** 33 III
{ Сма́зывать(ся *3 л.*) *нес.* 1 I
Смакова́ть *нес., п., разг.* 42 IV
Смалоду́шничать *сов., разг.* 1 I
Сманеври́ровать *сов., разг.* 41 IV
{ Сма́нивать *нес., п.* 1 I
{ Смани́ть[4] *сов., п.* 10 II
Смастери́ть *сов., п.* 8 II
Сма́тывать *нес., п.* 1 I
смота́ть *сов.*
{ Сма́хивать *нес., п.* 1 I
{ Смахну́ть *сов., п.* 28 III
Сма́чивать *нес., п.* 1 I
смочить *сов.*
Сме́жить *сов., п., устар.* 8 II
{ Смека́ть *нес., п., прост.* 1 I
{ Смекну́ть *сов., п., прост.* 28 III
Смеле́ть *нес.* 2 I
осмеле́ть *сов.*
{ Смени́ть(ся) *сов.* 10 II
{ Сменя́ть(ся) *нес.* 1 I

[1] слу́жащий
[2] the present tense is not used
[3] the 1st and 2nd persons singular are not used
[4] сма́нен and сманён

{ Смерза́ться *нес., 3 л.* 1 I
{ Смёрзнуться *сов., 3 л.* 25 III
Сме́рить *сов., п.* 5 II
{ Смерка́ться *нес., безл.* 1 I
{ Сме́ркнуться *сов., безл.* 25 III
{ Смести́ *сов., п.,* **с:т** 47 V
{ Смета́ть *нес., п.* 1 I
Смести́ть(ся) *сов.,* **ст:щ** 9 II
смеща́ть(ся) *нес.*
{ Смета́ть[1] *сов., п.,* **т:ч** 36 III
{ Смётывать *нес., п.* 1 I
Сметь *нес.* 2 I
посме́ть *сов.*
{ Смеша́ть(ся) *сов.* 1 I
{ Сме́шивать(ся) *нес.* 1 I
Смеши́ть *нес., п.* 8 II
насмеши́ть *сов.*
рассмеши́ть *сов.*
Смеща́ть(ся) *нес.* 1 I
смести́ть(ся) *сов.*
Смея́ться[2] *нес.* 31 III
Смина́ть(ся *3 л.*) *нес.* 1 I
смя́ть(ся) *сов.*
{ Смири́ть(ся) *сов., книжн.* 8 II
{ Смиря́ть(ся) *нес., книжн.* 1 I
Смоли́ть *нес., п.* 8 II
осмоли́ть *сов.*
{ Смолка́ть *нес.* 1 I
{ Смо́лкнуть[3] *сов.* 26 III
Смоло́ть *сов., п.* 70 VII
Смолча́ть *сов.* 15 II
Смонти́ровать *сов., п.* 41 IV
Сморгну́ть *сов.* 28 III
{ Сморка́ть(ся) *нес.* 1 I
{ Сморкну́ть(ся) *сов.* 28 III
вы́сморкать(ся) *сов.*
Смо́рщить(ся) *сов.* 7 II
Смота́ть *сов., п.* 1 I
сма́тывать *нес.*
Смотре́ть(ся) *нес.* 21 II
посмотре́ть(ся) *сов.*

[1] смётан
[2] смею́сь, смеёшься
[3] смо́лкший, смо́лкнувший

Смочи́ть[1] *сов., п.* 10 II
сма́чивать *нес.*
Смочь[2] *сов.* 57 VI
Смоше́нничать *сов.* 1 I
Смугле́ть *нес.* 2 I
посмугле́ть *сов.*
Смудри́ть *сов., разг.* 8 II
{ Смути́ть(ся) *сов.,* **т:щ** 9 II
{ Смуща́ть(ся) *нес.* 1 I
Смыка́ть(ся)[3] *нес.* 1 I
сомкну́ть(ся) *сов.*
{ Смыва́ть(ся *3 л.*) *нес.* 1 I
{ Смыть(ся *3 л.*) *сов.* 67 VII
Смы́слить *нес., разг.* 7 II
{ Смягча́ть(ся) *нес.* 1 I
{ Смягчи́ть(ся) *сов.* 8 II
Смять[4](ся) *нес.* 64 VII
{ Снабди́ть *сов., п.,* **д:ж** 9 II
{ Снабжа́ть *нес., п.* 1 I
{ Снаряди́ть(ся *разг.*) *нес.* 9 II
{ Снаряжа́ть(ся *разг.*) *нес.* 1 I
Сна́шивать(ся *3 л.*) *нес., разг.* 1 I
сноси́ть(ся) *сов.*
Снеда́ть *нес., п., высок.* and *ирон.* 1 I
Снести́(сь) *сов.* 45 V
сноси́ть(ся) *нес.*
Снести́(сь *сов.*) *3 л.* 45 V
{ Снижа́ть(ся) *нес.* 1 I
{ Сни́зить(ся) *сов.,* **з:ж** 6 II
Снизойти́ *сов., книжн.* and *ирон.* 81 VII
снисходи́ть *нес.*
Сни́кнуть *сов.* 25 III
Снима́ть(ся) *нес.* 1 I
снять(ся) *сов.*
Снիска́ть* *сов., п.,* **ск:щ**, *устар.* 36 III

[1] смо́чен
[2] the imperative is not used
[3] the 1st and 2nd persons singular with **-ся** are not used
[4] **со**мну́

Снисходи́ть *нес.*, **д:ж**, *книжн.* and *ирон.* снизойти́ *сов.* снисходи́ть *нес.*	11	II
Сни́кнуть *сов.*	25	III
Снима́ть(ся) *нес.* сня́ть(ся) *сов.*	1	I
Сниска́ть* *сов., п.*, **ск:щ**, *устар.*	36	III
Снисходи́ть *нес.*, **д:ж**, *книжн.* and *ирон.* снизойти́ *сов.*	11	II
Сни́ться *нес.* присни́ться *сов.*	8	II
Снова́ть *нес.*	43	IV
Сноси́ть(ся *3 л.*) *сов.*, **с:ш** сна́шивать(ся) *нес.*	11	II
Сноси́ть(ся *3 л.*) *сов.* снима́ть(ся) *нес.*	11	II
Сню́хаться *сов., разг.* and *прост. презр.*	1	I
Снять(ся) *сов.* снима́ть(ся) *нес.*	76	VII
Собезья́нничать *сов.*, *разг.*	1	I
Собира́ть(ся) *нес.* собра́ть(ся) *сов.*	1	I
Соблаговоли́ть *сов.*, *устар.* and *ирон.*	8	II
{ Соблазни́ть(ся) *сов.*	8	II
{ Соблазня́ть(ся) *нес.*	1	I
{ Соблюда́ть *нес., п.*	1	I
{ Соблюсти́ *сов., п.*, **с:д**	47	V
Соболе́зновать *нес.*, *книжн.*	41	IV
Собра́ть(ся) *сов.* собира́ть(ся) *нес.*	72	VII
Сова́ть*(ся *разг. неодобр.*) *нес.* су́нуть(ся) *сов.*	43	IV
{ Соверша́ть(ся *3 л.*) *нес.*	1	I
{ Соверши́ть(ся *3 л.*) *сов.*	8	II
Соверше́нствовать(ся) *нес.* усоверше́нствовать (ся) *сов.*	41	IV
Со́вестить(ся) *нес.*, **ст:щ**, *разг. устар.*	7	II
Сове́товать(ся) *нес.* посове́товать(ся) *сов.*	41	IV
Совеща́ться *нес.*	1	I
{ Совмести́ть(ся *3 л.*) *сов.*, **ст:щ**	9	II
{ Совмеща́ть(ся *3 л.*) *нес.*	1	I
{ Совокупи́ть *сов., п.*, **п:пл**, *книжн.*	9	II
{ Совокупля́ть *нес., п.*, *книжн.*	11	II
{ Совпада́ть *нес., 3 л.*	1	I
{ Совпа́сть *сов., 3 л.*, **с:д**	47	V
{ Соврати́ть(ся) *сов.*, **т:щ**, *книжн.*	9	II
{ Совраща́ть(ся) *нес.*, *книжн.*	1	I
Совра́ть *сов., разг.*	34	III
{ Согласи́ться *сов.*, **с:ш**	9	II
{ Соглаша́ться *нес.*	1	I
{ Согласова́ть(ся *3 л.*) *сов.*	42	IV
{ Согласо́вывать(ся *3 л.*) *нес.*	1	I
Согна́ть[1] *сов., п.* сгоня́ть *нес.*	75	VII
Согну́ть(ся) *сов.* сгиба́ть(ся) *нес.*	28	III
{ Согрева́ть(ся) *нес.*	1	I
{ Согре́ть(ся) *сов.*	2	I
Согреши́ть *сов.*	8	II
Соде́йствовать *нес.*, *сов.* посоде́йствовать *сов.*	41	IV
Содержа́ть(ся) *нес.*	17	II
Содра́ть[2] (ся *3 л.*) *сов.* сдира́ть(ся) *нес.*	72	VII
{ Содрога́ться *нес.*	1	I
{ Содрогну́ться *сов.*	28	III
{ Соедини́ть(ся) *сов.*	8	II
{ Соединя́ть(ся) *нес.*	1	I
Сожале́ть *нес.*	2	I

[1] сгоню́
[2] сдеру́

Entry	No.	Class
Сожрáть[1] *сов., п.*	34	III
Созвáниваться *нес., разг.*	1	I
Созвонúться *сов., разг.*	8	II
Созвáть *сов., п.* сзывáть *нес.* созывáть *нес.*	74	VII
Создавáть(ся *3 л.*) *нес.*	60	VII
Создáть(ся *3 л.*) *сов.*	88	VII
Созидáть *нес., п., высок.*	1	I
Созерцáть *нес., п., книжн.*	1	I
Сознавáть(ся) *нес.*	60	VII
Сознáть(ся) *сов.*	1	I
Созорничáть *сов.*	1	I
Созревáть *нес.*	1	I
Созрéть *сов.*	2	I
Созывáть *нес., п.* созвáть *сов.*	1	I
Соизвóлить *сов., устар.* and *ирон.*	5	II
Сойтú *неперех.* (сь) *сов.* сходúть(ся) *нес.*	81	VII
Сократúть(ся *3 л.*) *сов.*, **т:щ**	9	II
Сокращáть(ся *3 л.*) *нес.*	1	I
Сокрушáть *нес., п., высок.* and *книжн.*	1	I
Сокрушúть *сов., п., высок.* and *книжн.*	8	II
Сокрушáться *нес., разг.*	1	I
Солгáть *сов.*	84	VII
Солидаризúроваться *нес., сов., книжн.*	41	IV
Солúть *нес., п.,* 10 and посолúть *сов.*	8	II
Соловéть *нес., прост.*	2	I
Сомкнýть(ся)[2] *сов.* смыкáть(ся) *нес.*	28	III
Сомневáться *нес.*	1	I
Соображáть *нес., п.*	1	I
Сообразúть *сов., п.,* **з:ж**	9	II
Сообразовáть(ся) *нес., сов., книжн.*	42	IV
Сообщáть(ся *3 л. книжн.*) *нес.*	1	I
Сообщúть(ся *3 л.*) *книжн.*) *сов.*	8	II
Соорудúть *сов., п.,* **д:ж**	9	II
Сооружáть *нес., п.*	1	I
Соотвéтствовать *нес.*	41	IV
Соотнестú *сов., п., книжн.*	45	V
Соотносúть **(ся *3 л.*) *нес.,* **с:щ**, *книжн.*	11	II
Сопéрничать *нес.*	1	I
Сопéть *нес.,* **п:пл**	20	II
Соподчинúть *сов., п., книжн.*	8	II
Сопостáвить *сов., п.,* **в:вл**	6	II
Сопоставля́ть *нес., п.*	1	I
Сопрéть *сов., 3 л.*	2	I
Соприкасáться *нес.*	1	I
Соприкоснýться *сов.*	28	III
Сопроводúть *сов., п.,* **д:ж:жд**	9	II
Сопровождáть(ся *3 л., книжн.*) *нес.*	1	I
Сопротивля́ться *нес.*	1	I
Сопýтствовать *нес.*	41	IV
Соразмéрить *сов., п.*	5	II
Соразмеря́ть *нес., п.*	1	I
Сорвáть(ся)[1] *сов.* срывáть(ся) *нес.*	34	III
Сорганизовáть(ся) *сов., разг.*	42	IV
Соревновáться *нес.*	42	IV
Соригинáльничать *сов., разг.*	1	I
Сориентúроваться *сов.*	41	IV
Сорúть *нес.* насорúть *сов.*	8	II

[1] **сó**жран
[2] the 1st and 2nd persons singular with **-ся** are not used

[1] сорвалóсь and сорвáлось

Сортирова́ть *нес., п.* 42 IV
  рассортирова́ть *сов.*
Соса́ть[1] *нес., п.* 34 III
Сосва́тать *сов., п.* 1 I
{ Соска́бливать *нес., п.* 1 I
{ Соскобли́ть *сов., п.* 8 II
{ Соска́кивать *нес.* 1 I
{ Соскочи́ть *сов.* 10 II
{ Соска́льзывать *нес.* 1 I
{ Соскользну́ть *сов.* 28 III
{ Соскреба́ть *нес., п.* 1 I
{ Соскрести́ *сов., п.* 50 V
Соску́читься *сов.* 5 II
Сосла́ть(ся) *сов.* 80 VII
  ссыла́ть(ся) *нес.*
Сослужи́ть[2] *сов., п.* 10 II
Сосну́ть *сов., разг.* 28 III
{ Сосредото́чивать(ся) *нес.* 1 I
{ Сосредото́чить(ся) *сов.* 5 II
{ Соста́вить(ся *3 л., книжн.*) *сов.*, **в:вл** 6 II
{ Составля́ть(ся *3 л., книжн.*) *нес.* 1 I
Соста́рить(ся) *сов.* 5 II
  ста́рить(ся) *нес.*
Состоя́ть[3] *неперех.* (ся *3 л.*) *сов.* 13 II
Состра́гивать *нес., п.* 1 I
  сострога́ть *сов.*
{ Сострига́ть *нес., п.* 1 I
{ Остри́чь *сов., п.* 56 VI
Состри́ть *сов.* 8 II
Сострога́ть *сов., п.* 1 I
  состра́гивать *нес.*
Состро́ить *сов., п., разг. неодобр.* 12 II
Состря́пать *сов., п., разг.* 1 I
Состыкова́ть(ся *3 л.*) *сов., спец.* 42 IV
Состяза́ться *нес.* 1 I
Сосуществова́ть *нес., книжн.* 42 IV

[1] соса́ла
[2] сослу́жен
[3] the imperative is not used

Сосчита́ть *сов., п.* 1 I
Сотвори́ть *сов., п., высок.* 8 II
Сотка́ть[1] *сов., п.* 34 III
Сотру́дничать *нес.* 1 I
{ Сотряса́ть(ся) *нес.* 1 I
{ Сотрясти́(сь) *сов.* 45 V
Со́хнуть *нес.* 25 III
{ Сохрани́ть(ся) *сов.* 8 II
{ Сохраня́ть(ся) *нес.* 1 I
Сочета́ть(ся) *нес., сов.* 1 I
{ Сочини́ть *сов., п., разг.* 8 II
{ Сочиня́ть *нес., п., разг.* 1 I
Сочи́ться *нес., 3 л.* 8 II
{ Сочлени́ть *сов., п., книжн.* 8 II
{ Сочленя́ть *нес., п., книжн.* 1 I
Сочу́вствовать *нес.* 41 IV
{ Сощу́ривать(ся) *нес.* 1 I
{ Сощу́рить(ся) *сов.* 5 II
Спада́ть *нес., 3 л.* 1 I
  спасть *сов.*
Спа́ивать(ся *3 л.*) *нес., п.* 1 I
  спая́ть *сов.*
Спали́ть *сов., п.* 8 II
{ Спа́ривать *нес., п.* 1 I
{ Спа́рить *сов., п.* 5 II
Спа́рывать *нес., п.* 1 I
  споро́ть *сов.*
{ Спаса́ть(ся) *нес.* 1 I
{ Спасти́(сь) *сов.* 45 V
Спасова́ть *сов.* 42 IV
Спасть *сов., 3 л.* 48 V
  спада́ть *нес.*
Спать(ся *безл.*) *нес.*, **п:пл** 16 II
Спая́ть(ся *3 л.*) *сов.* 1 I
  спа́ивать(ся) *нес.*
Спека́ть(ся *3 л.*) *нес.* 1 I
  спечь(ся) *сов.*
Спекули́ровать *нес.* 41 IV
Спелена́ть[2] *сов., п.* 1 I

[1] сотка́ла and соткала́
[2] спелёнат

Спеть *нес., 3 л.* 2 I
поспе́ть *сов.*
Спеть *сов., п.* 68 VII
Спе́ться *сов.* 68 VII
Специализи́ровать(ся) *нес., сов.* 41 IV
Спе́чься *сов., 3 л.* 54 VI
спека́ться *нес.*
Спеши́ть *нес.* 8 II
поспеши́ть *сов.*
{ **С**пики́ровать *сов.* 41 IV
{ Спи́ливать *нес., п.* 1 I
Спили́ть[1] *сов., п.* 10 II
{ Списа́ть(ся) *сов.,* **с:ш** 36 III
{ Спи́сывать(ся) *нес.* 1 I
{ Спи́хивать *нес., п.* 1 I
{ Спихну́ть *сов., п.* 28 III
{ Спла́вить(ся *3 л.*) *сов.,* **в:вл** 6 II
{ Сплавля́ть(ся *3 л.*) *нес.* 1 I
Сплани́ровать *сов., п.* 41 IV
Спла́чивать(ся)[2] *нес.* 1 I
сплоти́ть(ся) *сов.*
Сплёвывать *нес., п.* 1 I
сплю́нуть *сов.*
Сплесну́ть *сов., п., разг.* 28 III
{ **С**плести́(сь) *сов.,* **с:т** 47 V
{ Сплета́ть(ся) *нес.* 1 I
Спле́тничать *нес.* 1 I
насплетничать *сов.*
Сплоти́ть(ся)[3] *сов.,* **т:ч** 9 II
спла́чивать(ся) *нес.*
Сплохова́ть *сов., разг.* 42 IV
Сплутова́ть *сов., разг.* 42 IV
Сплю́нуть *сов., п.* 23 III
сплёвывать *нес.*
Сплю́снуть(ся *3 л.*) *сов., разг.* 24 III
{ Сплю́щивать(ся *3 л.*) *нес.* 1 I
{ **С**плю́щить(ся *3 л.*) *сов.* 7 II

[1] спи́лен
[2] the 1st and 2nd persons singular with **-ся** are not used
[3] the 1st and 2nd persons singular with **-ся** are not used

Спляса́ть *сов., п.,* **с:щ** 36 III
Спо́дличать *сов., разг.* 1 I
Сподо́бить(ся) *сов.,* **б:бл,** *разг. шутл. ирон.* 6 II
{ Спола́скивать *нес., п.* 1 I
{ Сполосну́ть *сов., п.* 28 III
Сполза́ть(ся) *нес.* 1 I
Сползти́(сь) *сов.* 45 V
Спо́рить *нес., 3 л.* 8 II
поспо́рить *сов.*
Спо́риться *нес., 3 л., разг.* 8 II
Споро́ть *сов., п.* 30 III
спа́рывать *нес.*
Спосо́бствовать *нес.* 41 IV
поспосо́бствовать *сов.*
{ Споткну́ться *сов.* 28 III
{ Спотыка́ться *нес.* 1 I
{ Спохвати́ться *сов.,* **т:ч**, *разг.* 11 II
{ Спохва́тываться *разг.* 1 I
{ Спра́вить(ся) *сов.,* **в:вл** 6 II
{ Справля́ть(ся) *нес., прост.* 1 I
Спра́шивать(ся *разг.*) *нес.* 1 I
спроси́ть(ся) *сов.*
Спрессова́ть(ся *3 л.*) *сов.* 42 IV
{ Спрова́дить *сов., п.,* **д:ж** 6 II
{ Спрова́живать *нес., п.* 1 I
Спровоци́ровать *сов., п.* 41 IV
Спроекти́ровать *сов., п.*
Спроси́ть(ся) *разг. сов.,* **с:ш** 11 II
спра́шивать(ся) *нес.*
{ Спры́гивать *нес.* 1 I
{ Спры́гнуть *сов.* 24 III
{ Спры́скивать *нес., п., разг.* 1 I
{ Спры́снуть *сов., разг.* 24 III
Спряга́ть *нес., п.* 1 I
проспряга́ть *сов.*

Спрями́ть *сов., п.,* **м:мл** 9 II
Спрямля́ть *нес., п.* 1 I
Спрясть[1] *сов., п.* 48 V
Спря́тать(ся) *сов.,* **т:ч** 33 III
Спу́гивать *нес., п.* 1 I
Спугну́ть *сов., п.* 28 III
Спуска́ть(ся) *нес.* 1 I
Спусти́ть(ся) *сов.,* **ст:щ** 11 II
Спу́тать(ся) *сов.* 1 I
Спу́тывать(ся) *нес.* 1 I
Спя́тить *сов.,* **т:ч,** *прост.* 6 II
Сраба́тывать(ся) *нес., прост.* 1 I
Срабо́тать(ся) *сов., прост.* 1 I
Сра́внивать *нес., п.* 1 I
Сравни́ть(ся) *сов.* 8 II
Сра́внивать *нес., п.* 1 I
Сравня́ть[2](ся) *сов.* 1 I
Сража́ть(ся) *нес.* 1 I
Срази́ть(ся) *сов.,* **з:ж** 9 II
Срами́ть(ся) *нес.,* **м:мл,** *разг.* 9 II
осрами́ть(ся) *сов.*
Сраста́ться *нес., 3 л.* 1 I
Срасти́сь *сов., 3 л.* 51 V
Срасти́ть *сов., п.,* **ст:щ** 9 II
Сра́щивать *нес., п.* 1 I
Среза́ть *нес., п.* 1 I
Сре́зать *сов., п.,* **з:ж** 33 III
Срисова́ть *сов., п.* 42 IV
Срисо́вывать *нес., п.* 1 I
Срифмова́ть *сов., п., разг.* 42 IV
Сровня́ть[3] *сов., п.* 1 I
Сродни́ть(ся) *сов.* 8 II
Сруба́ть *нес., п.* 1 I
Сруби́ть *сов., п.,* **б:бл** 11 II
Срыва́ть(ся) *нес.* 1 I
сорва́ть(ся) *сов.*

Срыва́ть *нес., п.* 1 I
Срыть *сов., п.* 67 VII
Сры́гивать *нес.* 1 I
Срыгну́ть *сов.* 24 III
Ссади́ть *сов., п.,* **д:ж** 11 II
Сса́живать *нес., п.* 1 I
Ссека́ть *нес., п.* 1 I
Ссечь *сов., п.* 54 VI
Ссели́ть *сов., п.* 8 II
Сселя́ть *нес., п.* 1 I
Ссо́рить(ся) *нес.* 5 II
поссо́рить(ся) *сов.*
Ссо́хнуться *сов., 3 л.* 25 III
ссыха́ться *нес.*
Ссуди́ть *сов., п.,* **д:ж** 11 II
Ссужа́ть *нес., п.* 1 I
Ссуту́лить(ся) *сов.* 5 II
Ссучи́ть[1] *сов., п.* 10 II
Ссыла́ть(ся) *нес.* 1 I
сосла́ть(ся) *сов.*
Ссыпа́ть *нес., п.* 1 I
Ссы́пать[2] *сов., п.,* **п:пл** 33 III
Ссыха́ться *нес., 3 л.* 1 I
ссо́хнуться *сов.*
Стабилизова́ть(ся *3 л.*) *нес., сов.* 42 IV
Ста́вить *нес., п.,* **в:вл** 6 II
поста́вить *сов.*
Стажирова́ть *неперех.* (ся) *нес.* 41 IV
Ста́ивать *нес., 3 л.* 1 I
ста́ять *сов.*
Ста́лкивать(ся) *нес.* 1 I
столкну́ть(ся) *сов.*
Стандартизова́ть *нес., сов., п.* 42 IV
Стандартизи́ровать *нес., сов., п.* 41 IV
Станови́ться *нес.,* **в:вл** 11 II
стать *сов.*
Ста́птывать(ся *3 л.*) *нес.* 1 I
стопта́ть(ся) *сов.*

[1] спряла́ and спря́ла
[2] сра́внен
[3] сро́внен

[1] ссучу́, ссу́чишь and ссучи́шь, ссу́чен
[2] ссыпь

Стара́ться *нес.* 1 I
постара́ться *сов.*
Старе́ть *нес.* 2 I
постаре́ть *сов.*
Ста́рить(ся) *нес.* 5 II
соста́рить(ся) *сов.*
Стартова́ть *нес., сов.* 42 IV
{ Стаска́ть *сов., п.* 1 I
{ Ста́скивать *нес., п.* 1 I
стащи́ть *сов.*
Стать(ся *3 л., разг.*) *сов.* 61 VII
станови́ться *нес.*
Ста́чивать(ся *3 л.*) *нес.* 1 I
сточи́ть(ся) *сов.*
Стащи́ть[1] *сов., п.* 10 II
ста́скивать *нес.*
Ста́ять *сов., 3 л.* 31 III
ста́ивать *нес.*
{ Стега́ть *нес., п.* 1 I
{ Стегну́ть *сов., п.* 28 III
Стега́ть *нес., п.* 1 I
простега́ть *сов.*
Стека́ть *неперех.* (ся) *нес., 3 л.* 1 I
стечь(ся) *сов.*
Стеклене́ть *нес., 3 л.* 2 I
остеклене́ть *сов.*
Стеклографи́ровать *нес., сов., п.* 41 IV
Стели́ть *нес., п.* 40 III
постели́ть *сов.*
Стемне́ть *сов., безл.* 2 I
Стенографи́ровать *нес., п.* 41 IV
застенографи́ровать *сов.*
Стервене́ть *нес., разг.* 2 I
остервене́ть *сов.*
Стере́ть[2](ся *3 л.*) *сов.* 71 VII
стира́ть(ся) *нес.*
Стере́чь(ся *разг.*) *нес.* 56 VI
Стерилизова́ть *нес., сов., п.* 42 IV
Стерпе́ть*(ся *разг.*) *сов.*, **п:пл** 22 II

[1] ста́щен
[2] сотру́

{ Стеса́ть[1] *сов., п.*, **с:ш** 36 III
{ Стёсывать *нес., п.* 1 I
{ Стесни́ть(ся)[2] *сов.* 8 II
{ Стесня́ть *нес., п.* 1 I
Стесня́ться *нес.* 1 I
постесня́ться *сов.*
Стечь *неперех.*(ся) *сов. 3 л.* 54 VI
стека́ть(ся) *нес.*
Стилизова́ть *нес., сов., п.* 42 IV
Стимули́ровать *нес., сов., п., книжн.* 41 IV
Стира́ть *нес., п.* 1 I
вы́стирать *сов.*
Стира́ть(ся *3 л.*) *нес.* 1 I
стере́ть(ся) *сов.*
{ Сти́скивать(ся *3 л.*) *нес.* 1 I
{ Сти́снуть(ся *3 л.*) *сов.* 24 III
{ Стиха́ть *нес.* 1 I
{ Сти́хнуть[3] *сов.* 25 III
Стлать(ся *3 л.*) *нес.* 73 VII
постла́ть *сов.*
Сто́ить *нес.* 12 II
Столбене́ть *нес.* 2 I
остолбене́ть *сов.*
Столкну́ть(ся) *сов.* 28 III
ста́лкивать(ся) *нес.*
{ Столкова́ться *сов., разг.* 42 IV
{ Столко́вываться *нес., разг.* 1 I
Столкова́ться *нес.* 42 IV
Столо́чь *сов., п.* 55 VI
Столпи́ться[4] *сов.* 9 II
Столя́рничать *нес., разг.* 1 I
Стона́ть *нес.* 35 III
Сто́порить(ся *3 л., разг.*) *нес.* 7 II
засто́порить(ся) *сов.*

[1] стёсан
[2] the 1st and 2nd persons singular with **-ся** are not used
[3] сти́хший and сти́хнувший
[4] the 1st and 2nd persons singular are not used

Стопта́ть(ся *3 л.*) *сов.*, **т:ч** стáптывать(ся) *нес.*	36	III
Сторгова́ть(ся) *сов.*	42	IV
Сторожи́ть *нес., п.*	8	II
Сторони́ться *нес.* посторони́ться *сов.*	10	II
Стоскова́ться *сов.*	42	IV
Сточи́ть[1](ся *3 л.*) *сов.* ста́чивать(ся) *нес.*	10	II
Стошни́ть *сов., безл.*	8	II
Стоя́ть *нес.*		
{ Страви́ть *сов., п.*, **в:вл**	11	II
{ Стра́вливать *нес., п.*	1	I
Страда́ть *нес.* пострада́ть *сов.*		
Стра́нствовать *нес.*	41	IV
Страхова́ть(ся) *нес.* застрахова́ть(ся) *сов.*	42	IV
Страши́ть(ся) *нес.*	8	II
Стрекота́ть *нес.*, **т:ч**	36	III
{ Стрельну́ть* *сов., п.*	28	III
{ Стреля́ть(ся *разг.*) *нес.*	1	I
Стреми́ться *нес.*, **м:мл**	9	II
Стрено́жить *сов., п.*	5	II
Стричь(ся) *нес.* постри́чь(ся) *сов.*	56	VI
Строга́ть *нес., п.* вы́строгать *сов.*	1	I
Стро́ить**(ся) *нес.* постро́ить(ся) *сов.*	12	II
Стро́нуть(ся) *сов.*	23	III
Строчи́ть *нес., п.* прострочи́ть *сов.*	8	II
Струи́ться *нес., 3 л.*	8	II
Стру́сить *сов.*, **с:ш**	6	II
Струхну́ть *сов., разг.*	28	III
Стря́пать *нес., п., разг.* состря́пать *сов.*	1	I
Стрясти́сь *сов., 3 л., разг.*	45	V
{ Стря́хивать *нес., п.*	1	I
{ Стряхну́ть *сов., п.*	28	III
Студи́ть *нес., п.*, **д:ж** остуди́ть *сов.*	11	II
{ Сту́кать(ся) *нес.*	1	I
{ Сту́кнуть(ся) *сов.*	24	III
{ Ступа́ть *нес.*	1	I
{ Ступи́ть *сов.*, **п:пл**	11	II
Стуча́ть *неперех.*(ся) *нес.* постуча́ть(ся) *сов.*	15	II
{ Стушева́ться *сов., разг.*	42	IV
{ Стушёвываться *нес., устар.*	1	I
Стуши́ть[1] *сов., п.*	10	II
Стыди́ть(ся) *нес.*, **д:ж** пристыди́ть *сов.* постыди́ться *сов.*	9	II
Стыкова́ть(ся *3 л.*) *сов., спец.*	42	IV
Сты́нуть *нес.* осты́нуть *сов.*	27	III
Стыть *нес.* осты́ть *сов.*	61	VII
{ Стя́гивать(ся) *нес.*	1	I
{ Стяну́ть(ся) *сов.*	29	III
Стяжа́ть *сов., п., высок.*	1	I
Субсиди́ровать *нес., сов., п., книжн.*	41	IV
Суда́чить *нес., прост.*	5	II
Суди́ть**(ся) *нес.*, **д:ж**	11	II
Сует́иться *нес.*, **т:ч**	9	II
Су́живать(ся *3 л.*) *нес.*	1	I
Су́зить(ся *3 л.*) *сов.*, **з:ж**	6	II
Сули́ть *нес., п., прост. высок.*	8	II
Сумасбро́дить *нес.*, **д:ж**, *разг.*	6	II
Су́мерничать *нес., разг.*	1	I
Суме́ть *сов.*	2	I
Сумми́ровать *нес., сов., п., книжн.*	41	IV
Су́мничать *сов., разг. неодобр.*	1	I
Су́нуть(ся *разг. неодобр.*) *сов.* сова́ть(ся) *нес.*	23	III
Суро́веть *нес.* посуро́веть *сов.*	2	I

[1] сто́чен

[1] сту́шен

Суту́лить(ся) *нес.* 5 II
ссуту́лить(ся) *сов.*
Сутя́жничать *нес., разг. неодобр.* 1 I
Суфли́ровать *нес.* 41 IV
Сучи́ть[1] *нес., п.* 10 II
Суши́ть[2](ся) *нес.* 10 II
вы́сушить(ся) *сов.*
Существова́ть *нес.* 42 IV
Сфабрикова́ть *сов., п.* 42 IV
Сфальши́вить *сов.,* **в:вл** 6 II
Сфантази́ровать *сов.* 41 IV
Сформирова́ть(ся) *сов.* 42 IV
Сформули́ровать *сов., п.* 41 IV
Сфотографи́ровать(ся) *сов.* 41 IV
{ Схвати́ть(ся) *сов.,* **т:ч** 11 II
{ Схва́тывать(ся *разг.*) *нес.* 1 I
Схематизи́ровать *нес., сов., п.* 41 IV
Схитри́ть *сов.* 8 II
Схлы́нуть *сов., 3 л.* 23 III
Сходи́ть *сов.,* **д:ж** 11 II
Сходи́ть *неперех.*(ся) *нес.,* **д:ж** 11 II
сойти́(сь) *сов.*
Схорони́ть[3](ся) *сов., прост.* 10 II
Сца́пать *сов., п., прост.* 1 I
{ Сцара́пать *сов., п.* 1 I
{ Сцара́пнуть *сов., п.* 24 III
{ Сцара́пывать *нес., п.* 1 I
{ Сцеди́ть *сов., п.,* **д:ж** 11 II
{ Сце́живать *нес., п.* 1 I
Сцементи́ровать *сов., п.* 41 IV
{ Сцепи́ть(ся) *сов.,* **п:пл** 11 II
{ Сцепля́ть(ся) *нес.* 1 I

{ Счерти́ть *сов., п.,* **т:ч**, *разг.* 11 II
{ Счё́рчивать *нес., п., разг.* 1 I
{ Счеса́ть[1] *сов., п.,* **с:ш** 36 III
{ Счёсывать *нес., п.* 1 I
Счесть[2](ся *разг.*) *сов., п.* 52 V
Счи́стить(ся *3 л.*) *сов.,* **ст:щ** 7 II
счища́ть(ся) *нес.*
Счита́ть *нес., п.* 1 I
сосчита́ть *сов.*
{ Счита́ть *сов., п.* 1 I
{ Счи́тывать *нес., п.* 1 I
Счита́ться *нес.,* 1 I
посчита́ться *сов.*
Счища́ть(ся *3 л.*) *нес.* 1 I
счи́стить(ся) *сов.*
{ Сшиба́ть(ся *прост.*) *нес., разг.* 1 I
{ Сшиби́ть(ся *прост.*) *сов.,* **б:бл**, *разг.* 39 III
{ Сшива́ть *нес., п.* 1 I
{ Сшить[3] *сов., п.* 69 VII
Съеда́ть *нес., п.* 1 I
съесть *сов.*
{ Съёживаться *нес.* 1 I
{ **С**ъёжиться *сов.* 5 II
Съе́здить *сов.,* **д:ж** 7 II
{ Съезжа́ть *неперех.*(ся) *нес.* 1 I
{ Съе́хать *неперех.*(ся) *сов.* 82 VII
Съесть *сов., п.* 87 VII
съеда́ть *нес.*
Съехи́дничать *сов., разг.* 1 I
Съязви́ть *сов.,* **в:вл** 9 II
{ Сыгра́ть(ся) *сов.* 1 I
{ Сы́грываться *нес.* 1 I
игра́ть *нес.*
Сымпровизи́ровать *сов., п.* 41 IV
импровизи́ровать *нес.*

[1] сучу́, су́чишь (and сучи́шь)
[2] су́шащий
[3] схоро́нен

[1] счёсан
[2] **со**чту́
[3] **со**шью́, сши́ла

Сы́пать[1](ся *3 л.*) *нес.*, **п:пл** 33 III
Сыре́ть *нес.* 2 I
 отсыре́ть *сов.*
Сыска́ть(ся) *сов.*, **ск:щ**, *прост.* 36 III
Сэконо́мить *сов.*, **м:мл** 6 II
Сюсю́кать(ся) *нес.*, *разг. неодобр.* 1 I

Т

Таба́нить *нес.* 5 II
Таи́ть(ся) *нес.* 8 II
Танцева́ть *нес.*, *п.* 42 IV
Тара́нить *нес.*, *п.* 5 II
 протара́нить *сов.*
Тарато́рить *нес.*, *разг.* 5 II
Тарахте́ть *нес.*, **т:ч**, *разг.* 20 II
Тара́щить(ся) *нес.*, *разг.* 5 II
 вы́таращить(ся) *сов.*
Таска́ть(ся *прост. неодобр.*) *нес.* 1 I
Татуи́ровать(ся) *нес.*, *сов.* 41 IV
Тащи́ть(ся) *нес.*, *разг.* 10 II
Та́ять *нес.* 31 III
 раста́ять *сов.*
Тверде́ть *нес.*, *3 л.* 2 I
 затверде́ть *сов.*
Тверди́ть *нес.*, *п.*, **д:ж**, *разг.* 9 II
 вы́твердить *сов.*
 затверди́ть *сов.*
Твори́ть**(ся *3 л.*, *разг.*) *нес.*, *высок.* 8 II
 сотвори́ть *сов.*
Театрализирова́ть *нес.*, *сов.*, *п.* 42 IV
Телеграфи́ровать *нес.*, *сов.*, *п.* 41 IV
Телефони́ровать *нес.*, *сов.*, *п.*, *спец.* 41 IV
Тели́ться *нес.*, *3 л.* 10 II
 отели́ться *сов.*

Темне́ть *неперех.*(ся *разг.*) *нес.*, *3 л.*, *безл.* 2 I
 потемне́ть *сов.*
 стемне́ть *сов.*
Темни́ть *нес.*, *разг.* 8 II
Температу́рить *нес.*, *разг.* 5 II
Теоретизи́ровать *нес.*, *книжн.* 41 IV
Тепле́ть *нес.*, *3 л.* 2 I
 потепле́ть *сов.*
Те́плиться *нес.*, *3 л.* 7 II
Теплофици́ровать *нес.*, *сов.*, *п.* 41 IV
Теребе́ть *нес.*, *п.*, **б:бл** 9 II
Тере́ть(ся) *нес.* 71 VII
 потере́ть(ся) *сов.*
Терза́ть(ся) *нес.*, *книжн.* 1 I
Терпе́ть(ся *безл. разг.*) *нес.*, **п:пл** 22 II
Терроризи́ровать *нес.*, *сов.*, *п.* 41 IV
Теря́ть(ся) *нес.* 1 I
 потеря́ть(ся) *сов.*
 растеря́ть(ся) *сов.*
Теса́ть *нес.*, *п.*, **с:ш** 36 III
Тесни́ть**(ся) *нес.* 8 II
 потесни́ть(ся) *сов.*
 стесни́ть(ся) *сов.*
Течь *нес.*, *3 л.* 65 VI
Те́шить(ся) *нес.* 5 II
 поте́шить(ся) *сов.*
Ти́кать *нес.*, *3 л.*, *разг.* 1 I
Типизи́ровать *нес.*, *сов.*, *п.* 41 IV
Тиражи́ровать *нес.*, *сов.*, *п.* 41 IV
Тира́нить *нес.*, *п.* 5 II
Ти́скать *нес.*, *п.*, *разг.* and *спец.* 1 I
Ти́снуть *сов.*, *п.*, *разг.* and *спец.* 24 III
Титулова́ть *нес.*, *сов.*, *п.* 42 IV
Ткать[1] *нес.*, *п.* 34 III
 сотка́ть *сов.*

[1] сыпь

[1] ткала́ and тка́ла

Ткнуть *(ся *прост.*) *сов.* 28 III
тыкать(ся *прост.*) *нес.*

Тлеть(ся *разг.*) *нес., 3 л.* 2 I

Токáрничать *нес., разг.* 1 I

Токовáть *нес., 3 л.* 42 IV

{ Толкáть(ся) *нес.* 1 I
Толкнýть *(ся *прост.*) *сов.* 28 III }

Толковáть *нес., п.* 42 IV

Толóчь(ся *прост.*) *нес.* 55 VI
истолóчь *сов.*
растолóчь *сов.*

Толпúться[1] *нес.* 9 II

Толстéть *нес.* 2 I
потолстéть *сов.*

Толстúть *нес., п., 3 л., разг.* 9 II

Томúть **(ся) *нес.*, **м:мл** 9 II

Тонизúровать *нес., сов., п.* 41 IV

Тонýть *нес.* 29 III
потонýть *сов.*
утонýть *сов.*

Тóпать *нес.* 1 I
тóпнуть *сов.*

Топúть(ся) *нес.*, **п:пл** 11 II
потопúть *сов.*
утопúть(ся) *сов.*

Топúть(ся *3 л.*) *нес.*, **п:пл** 11 II
истопúть *сов.*

Тóпнуть *сов.* 24 III
тóпать *нес.*

Топóрщить(ся *3 л.*) *нес.* 7 II

Топотáть *нес.*, **т:ч**, *прост.* 36 III

Топтáть(ся) *нес.*, **т:ч** 36 III
потоптáть(ся) *сов.*

Топы́риться *нес., 3 л., прост.* 5 II

Торговáть(ся) *нес.* 42 IV

Торжествовáть *нес., п.* 42 IV

[1] the 1st and 2nd persons singular are not used

Тормозúть(ся *3 л.*) *нес.*, **з:ж** 9 II
затормозúть(ся) *сов.*

Тормошúть *нес., п., разг.* 8 II

Торопúть(ся) *нес.*, **п:пл** 11 II
поторопúть(ся) *сов.*

Торпедúровать *нес., сов., п.* 41 IV

Торчáть *нес.* 15 II

Тосковáть *нес.* 42 IV

Точúть *нес., п.* 10 II
вы́точить *сов.*
наточúть *сов.*

Тошнúть *нес., безл.* 8 II
стошнúть *сов.*

Тощáть *нес.* 1 I

Травúть(ся *разг.*) *нес.*, **в:вл** 11 II

Травмúровать *нес., сов., п.* 41 IV

Трактовáть *нес., п., книжн.* 42 IV

Трáлить *нес., п.* 5 II
протрáлить *сов.*

Трамбовáть *нес., п.* 42 IV
утрамбовáть *сов.*

Транжúрить *нес., п., разг.* 5 II
растранжúрить *сов.*

Транслúровать *нес., сов., п.* 41 IV

Транспортúровать *нес., сов., п.* 41 IV

Трансформúровать *нес., сов., п., книжн. спец.* 41 IV

Трассúровать *нес., сов., п.* 41 IV

Трáтить(ся *разг.*) *нес.*, **т:ч** 6 II
истрáтить(ся) *сов.*
потрáтить(ся) *сов.*

{ Трáхать *нес., п., прост.* 1 I
Трáхнуть *(ся) *сов., прост.* 24 III }

Тре́бовать(ся) *нес.* 41 IV
потре́бовать(ся) *сов.*
Трево́жить(ся) *нес.* 5 II
встрево́жить(ся) *сов.*
потрево́жить(ся) *сов.*
Трезве́ть *нес.* 2 I
отрезве́ть *сов.*
Трезво́нить *нес.* 5 II
Тренирова́ть(ся) *нес.* 42 IV
натренирова́ть(ся) *сов.*
Трено́жить *нес., п.* 5 II
Тре́нькать *нес., разг.* 1 I
Трепа́ть(ся) *нес.*, **п:пл** 36 III
истрепа́ть(ся) *сов.*
потрепа́ть(ся) *сов.*
Трепета́ть *нес.*, **т:щ** 36 III
Трепыха́ться *нес., прост.* 1 I
Тре́скаться *нес., 3 л.* 1 I
потре́скаться *сов.*
Тре́снуть(ся *прост.*) *сов.* 24 III
Трети́ровать *нес., п.* 41 IV
Треща́ть *нес.* 15 II
{ Тро́гать(ся) *нес.* 1 I
{ Тро́нуть(ся) *сов.* 23 III
Тро́иться *нес., 3 л.* 8 II
Труби́ть *нес., п.*, **б:бл** 9 II
Труди́ться *нес.*, **д:ж** 11 II
Трудоустро́ить *сов., п., офиц.* 12 II
Труни́ть *нес., разг.* 8 II
Тру́сить *нес.*, **с:ш** 6 II
стру́сить *сов.*
Трухля́веть *нес., 3 л.* 2 I
{ Трясти́(сь) *нес.* 45 V
{ Тряхну́ть *(ся *разг.*) *сов.* 28 III
Тужи́ть *нес., прост.* 10 II
Ту́житься *нес., прост.* 5 II
Тума́нить(ся *3 л.*) *нес.* 5 II
затума́нить(ся) *сов.*
Тупе́ть *нес.* 2 I
отупе́ть *сов.*
Тупи́ть(ся *3 л.*) *нес.*, **п:пл** 11 II
затупи́ть(ся) *сов.*

Тускне́ть *нес., 3 л.* 2 I
потускне́ть *сов.*
Ту́скнуть *сов., 3 л., разг.* 26 III
Ту́хнуть *нес., 3 л.* 25 III
поту́хнуть *сов.*
Тучне́ть *нес.* 2 I
потучне́ть *сов.*
Тушева́ть(ся) *нес.* 42 IV
стушева́ться *сов.*
затушева́ть *сов.*
Туши́ть *нес., п.* 10 II
потуши́ть *сов.*
Туши́ть *нес., п.* 10 II
стуши́ть *сов.*
Тщи́ться *нес., книжн.* 8 II
Ты́кать(ся *прост.*) *нес.*, **к:ч** 33 III and 1 I
ткнуть(ся) *сов.*
{ Тю́кать *нес., п., прост.* 1 I
{ Тю́кнуть * *сов., п., прост.* 24 III
{ Тя́вкать *нес.* 1 I
{ Тя́вкнуть *сов.* 24 III
Тяга́ться *нес., разг., прост.* 1 I
потяга́ться *сов.*
Тяготе́ть *нес., книжн. высок.* 2 I
Тяготи́ть **(ся) *нес.*, **т:щ** 9 II
Тяжеле́ть *нес.* 2 I
отяжеле́ть *сов.*
Тяну́ть(ся) *нес.* 29 III
{ Тя́пать *нес., п.* 1 I
{ Тя́пнуть * *сов., п.* 24 III

У

{ Уба́вить(ся *3 л.*) *сов.*, **в:вл** 6 II
{ Убавля́ть(ся *3 л.*) *нес.* 1 I
{ Убаю́кать *сов., п.* 1 I
{ Убаю́кивать *нес., п.* 1 I
{ Убега́ть *нес.* 1 I
{ Убежа́ть *сов.* 85 VII

{ Убеди́ть(ся)[1] *сов.*, **д:ж:жд** 9 II
{ Убежда́ть(ся) *нес.* 1 I
Убели́ть *сов., 3 л., п., книжн.* 8 II
Убере́чь(ся) *сов., разг.* 56 VI
{ Убива́ть(ся *прост.*) *нес.* 1 I
{ Уби́ть(ся *прост.*)[2] *сов.* 69 VII
Убира́ть(ся) *нес.* 1 I
убрать(ся) *сов.*
{ Ублажа́ть *нес., п., разг.* 1 I
{ Ублажи́ть *сов., п., разг.* 8 II
Убра́ть(ся) *сов.* 72 VII
убира́ть(ся) *нес.*
{ Убыва́ть *нес.* 1 I
{ Убы́ть[3] *сов.* 83 VII
{ Убы́стрить *сов., п., разг.* 8 II
{ Убыстря́ть *нес., п., разг.* 1 I
Уважа́ть *нес., п.* 1 I
Ува́жить *сов., п.* 5 II
{ Ува́риваться *нес., 3 л., разг.* 1 I
{ Свари́ться *сов., 3 л., разг.* 10 II
{ Уве́домить *сов., п.,* **м:мл**, *офиц.* 7 II
{ Уведомля́ть *нес., п., офиц.* 1 I
Увезти́ *сов., п.* 45 V
увози́ть *нес.*
{ Увекове́чивать *нес., п.* 1 I
{ Увекове́чить *сов., п.* 5 II
{ Увели́чивать(ся *3 л.*) *нес.* 1 I
{ Увели́чить(ся *3 л.*) *сов.* 5 II
{ Увенча́ть(ся *3 л.* *книжн.*) *сов.* 1 I
{ Уве́нчивать(ся *3 л., книжн.*) *нес.* 1 I

{ Уве́рить(ся *разг.*) *сов.* 5 II
{ Уверя́ть *нес., п.* 1 I
Уверну́ться *сов.* 28 III
Уве́ровать *сов., книжн.* 41 IV
Увеселя́ть *нес., п.* 1 I
Увести́ *сов., п.,* **с:д** 47 V
уводи́ть *нес.*
Уве́чить(ся) *нес.* 5 II
{ Уве́шать(ся *разг.*) *сов.* 1 I
{ Уве́шивать(ся) *нес.* 1 I
Увещева́ть *нес., п.* 1 I
Увива́ть(ся *разг.*) *нес.* 1 I
увить *сов.*
Уви́деть(ся) *сов.,* **д:ж** 18 II
{ Уви́ливать *нес., разг.* 1 I
{ Увильну́ть *сов., разг.* 28 III
Уви́ть *сов., п.* 69 VII
увива́ть(ся) *нес.*
{ Увлажни́ть(ся *3 л.*) *сов.* 8 II
{ Увлажня́ть(ся) *3 л.*) *нес.* 1 I
{ Увлека́ть(ся) *нес.* 1 I
{ Увле́чь(ся) *сов.* 54 VI
Уводи́ть** *нес., п.,* **д:ж** 11 II
увести́ *сов.*
Увози́ть** *нес., п.,* **з:ж** 11 II
увезти́ *сов.*
{ Увола́кивать *нес., п., прост.* 1 I
Уволо́чь *сов., п., прост.* 54 VI
{ Уво́лить(ся) *сов.* 5 II
{ Увольня́ть(ся) *нес.* 1 I
Увяда́ть *нес.* 1 I
увя́нуть *сов.*
{ Увяза́ть[1](ся *прост.*) *сов.,* **з:ж** 36 III
{ Увя́зывать(ся *прост.*) *нес.* 1 I
Увяза́ть[1] *нес.* 1 I
Увя́знуть[2] *сов.* 25 III
Увя́нуть *сов.* 27 III
увяда́ть *нес.*

[1] the 1st person singular is not used
[2] уби́ла(сь)
[3] у́был, убыла́, у́было, у́были

[1] to tie up, to pack up
[2] to stick (*in something*)

Угада́ть *сов., п.* 1 I
Уга́дывать *нес., п.* 1 I
Угаса́ть *нес., 3 л.* 1 I
Уга́снуть *сов., 3 л.* 25 III
Углуби́ть(ся) *сов.,* **б:бл** 9 II
Углубля́ть(ся) *нес.* 1 I
Угна́ть(ся) *сов.* 75 VII
угоня́ть *нес.*
Угнета́ть *нес., п.* 1 I
Угова́ривать(ся *разг.*) *нес.* 1 I
Уговори́ть(ся *разг.*) *сов.* 8 II
Угоди́ть *сов.,* **д:ж** 9 II
Угожда́ть *нес.* 1 I
Уго́дничать *нес., разг.* 1 I
Угомони́ть(ся) *сов., разг.* 8 II
Угоня́ть *нес., п.* 1 I
угна́ть(ся) *сов.*
Уго́раздить *сов., 3 л., безл., разг.* 7 II
Угора́ть *нес.* 1 I
Угоре́ть *сов.* 19 II
Угости́ть(ся *разг.*) *сов.,* **ст:щ** 9 II
Угоща́ть(ся *разг.*) *нес.* 1 I
Угро́бить *сов., п.,* **б:бл**, *прост.* 6 II
Угрожа́ть *нес.* 1 I
Удава́ться *нес., 3 л., безл.* 60 VII
уда́ться *сов.*
Удави́ть(ся *разг.*) *сов.,* **в:вл** 11 II
Удали́ть(ся) *сов.* 8 II
Удаля́ть(ся) *нес.* 1 I
Уда́рить(ся) *сов.* 5 II
Ударя́ть(ся) *нес.* 1 I
Уда́ться *сов., 3 л., безл.* 88 VII
удава́ться *нес.* 1 I
Удва́ивать(ся *3 л.*) *нес.* 1 I
Удво́ить(ся *3 л.*) *сов.* 12 II
Удели́ть *сов., п.* 8 II
Уделя́ть *нес., п.* 1 I
Удержа́ть(ся) *сов.* 17 II
Уде́рживать(ся) *нес.* 1 I

Удесятери́ть(ся *3 л.*) *сов.* 8 II
Удесятеря́ть(ся *3 л.*) *нес.* 1 I
Удешеви́ть(ся *3 л.*) *сов.,* **в:вл** 9 II
Удиви́ть(ся) *сов.,* **в:вл** 9 II
Удивля́ть(ся) *нес.* 1 I
Удира́ть *нес., разг.* 1 I
удра́ть *сов.*
Уди́ть(ся *3 л.*) *нес.,* **д:ж** 11 II
Удлини́ть(ся *3 л.*) *сов.* 8 II
Удлиня́ть(ся *3 л.*) *нес.* 1 I
Удо́брить *сов., п.* 7 II
Удобря́ть *нес., п.* 1 I
Удовлетвори́ть(ся) *сов.* 8 II
Удовлетворя́ть(ся) *нес.* 1 I
Удово́льствоваться *сов.* 41 IV
Удорожи́ть *сов., п.* 8 II
Удоста́ивать(ся) *нес.* 1 I
Удосто́ить(ся) *сов.* 12 II
Удостове́рить(ся) *сов., офиц.* 5 II
Удостоверя́ть(ся) *нес., офиц.* 1 I
Удосу́живаться *нес., разг.* 1 I
Удосу́житься *сов., разг.* 5 II
Удочери́ть *сов., п.* 8 II
Удочеря́ть *нес., п.* 1 I
Удра́ть *сов., разг.* 72 VII
удира́ть *нес.*
Удружи́ть *сов., разг.* 8 II
Удруча́ть *нес., п.* 1 I
Удручи́ть *сов., п.* 8 II
Удуши́ть[1] *сов., п., книжн.* 10 II
Уедини́ть(ся) *сов.* 8 II
Уединя́ть(ся) *нес.* 1 I
Уезжа́ть *нес.* 1 I
Уе́хать *сов.* 82 VII
Ужа́лить *сов., п.* 5 II

[1] уду́шен

{ Ужа́риваться *нес., 3 л., разг.*	1	I
Ужа́риться *сов., 3 л., разг.*	5	II
Ужаса́ть(ся) *нес.*	1	I
Ужасну́ть*(ся) *сов.*	28	III
{ Ужива́ться *нес.*	1	I
Ужи́ться[1] *сов.*	62	VII
У́жинать *нес.* поу́жинать *сов.*	1	I
{ Узако́нивать *нес., п.*	1	I
Узако́нить *сов., п.*	5	II
{ Узнава́ть *нес., п.*	60	VII
Узна́ть *сов., п.*	1	I
Узурпи́ровать *нес., сов., п., книжн.*	41	IV
Уйти́ *сов.* уходи́ть *нес.*	81	VII
{ Указа́ть *сов., п.,* **з:ж**	36	III
Ука́зывать *нес., п.*	1	I
Ука́лывать(ся) *нес.* уколо́ть(ся) *сов.*	1	I
{ Уката́ть(ся *3 л.*) *сов.*	1	I
Ука́тывать(ся *3 л.*) *нес.*	1	I
{ Укати́ть(ся *3 л.*) *сов.,* **т:ч**	11	II
Ука́тывать(ся *3 л.*) *нес.*	1	I
{ Укача́ть(ся *разг.*) *сов.*	1	I
Ука́чивать(ся *разг.*) *нес.*	1	I
Укла́дывать(ся) *нес.* уложи́ть(ся) *сов.*	1	I
Укла́дываться *нес.* уле́чься *сов.*	1	I
{ Уклони́ться *сов.*	10	II
Уклоня́ться *нес.*	1	I
Укоко́шить *сов., п., прост.*	5	II
Уколо́ть(ся) *сов.* ука́лывать(ся) *нес.*	30	III
Укомплектова́ть *сов., п.*	42	IV
Укора́чивать(ся *3 л.*) *нес.* укороти́ть(ся) *сов.*	1	I
Укорени́ть(ся *3 л.*) *сов.*	8	II
Укореня́ть(ся *3 л.*) *нес.*	1	I
Укори́ть *сов., п.*	8	II
Укоря́ть *нес., п.*	1	I
Укороти́ть[1](ся *3 л.*) *сов.,* **т:ч** укора́чивать(ся) *нес.*	9	II
Украинизи́ровать(ся) *нес., сов.*	41	IV
{ Укра́сить(ся) *сов.,* **с:ш**	6	II
Украша́ть(ся) *нес.*	1	I
Укра́сть *сов., п.*	48	V
{ Укрепи́ть(ся) *сов.,* **п:пл**	9	II
Укрепля́ть(ся) *нес.*	1	I
{ Укроти́ть(ся) *сов.,* **т:щ**	9	II
Укроща́ть(ся) *нес.*	1	I
{ Укрупни́ть *сов., п.*	8	II
Укрупня́ть *нес., п.*	1	I
{ Укрыва́ть(ся) *нес.*	1	I
Укры́ть(ся) *сов.*	67	VII
Укуси́ть *сов., п.,* **с:ш**	11	II
{ Уку́тать(ся) *сов.*	1	I
Уку́тывать(ся) *нес.*	1	I
Ула́вливать *нес., п.* улови́ть *сов.*	1	I
{ Ула́дить(ся *3 л.*) *сов.,* **д:ж**	6	II
Ула́живать(ся *3 л.*) *нес.*	1	I
Ула́мывать *нес., п., разг.* улома́ть *сов.*	1	I
Улежа́ть *сов., разг.*	15	II
{ Улепетну́ть *сов., прост.*	28	III
Улепётывать *нес., прост.*	1	I
{ Улета́ть *нес.*	1	I
Улете́ть *сов.,* **т:ч**	20	II
Улету́чиваться *нес.*	1	I
Улету́чиваться *сов.*	5	II
Уле́чься *сов.* укла́дываться *нес.*	59	VI
Улизну́ть *сов., прост.*	28	III
{ Улича́ть *нес., п.*	1	I
Уличи́ть *сов., п.*	8	II
Улови́ть *сов., п.,* **в:вл** ула́вливать *нес.*	11	II

[1] ужи́лся, ужила́сь

[1] укоро́чен

Уложи́ть[1](ся) *сов.* 10 II
укла́дывать(ся) *нес.*
Улома́ть *сов., п., разг.* 1 I
ула́мывать *нес.*
{ Улуча́ть *нес., п., разг.* 1 I
{ Улучи́ть *сов., п., разг.* 8 II
{ Улучша́ть(ся *3 л.*) *нес.* 1 I
{ Улу́чшить(ся *3 л.*) *сов.* 7 II
{ Улыба́ться *нес.* 1 I
{ Улыбну́ться *сов.* 28 III
Улюлю́кать *нес.* 1 I
{ Умали́ть(ся *3 л.*) *сов.* 8 II
{ Умаля́ть(ся *3 л.*) *нес.* 1 I
Ума́лчивать *нес.* 1 I
умолча́ть *сов.*
{ Ума́сливать *нес., п., прост.* 1 I
{ Ума́слить *сов., п., прост.* 7 II
Ума́ять(ся) *сов., прост.* 31 III
{ Уменьша́ть(ся) *нес.* 1 I
{ Уме́ньшить(ся) *сов.* 7 II
Умере́ть[2] *сов.* 71 VII
умира́ть *нес.*
{ Уме́рить *сов., п.* 5 II
{ Умеря́ть *нес., п.* 1 I
{ Умертви́ть[3] *сов., п.* 9 II
{ Умерщвля́ть *нес., п.* 1 I
Умести́ть(ся) *сов.*, **ст:щ** 9 II
Умеща́ть(ся) *нес.* 1 I
Уме́ть *нес.* 2 I
суме́ть *сов.*
{ Умили́ть(ся) *сов.* 8 II
{ Умиля́ть(ся) *нес.* 1 I
Умина́ть(ся *3 л.*) *нес.* 1 I
умя́ть(ся) *сов.*
Умира́ть *нес.* 1 I
умере́ть *сов.*
{ Умиротвори́ть(ся) *сов.* 8 II
{ Умиротворя́ть(ся) *нес.* 1 I
Умне́ть *нес.* 2 I
поумне́ть *сов.*
У́мничать *нес., разг., неодобр.* 1 I

[1] уло́жен
[2] у́мер, умерла́, у́мерло, у́мерли; уме́рший
[3] умерщвлю́, умерщвлён

{ Умножа́ть(ся *3 л.*) *нес.* 1 I
{ Умно́жить(ся *3 л., высок.*) *сов.* 5 II
{ Умозаключа́ть *нес., п., книжн.* 1 I
{ Умозаключи́ть *сов., п., книжн.* 8 II
{ Умоли́ть *сов., п.* 8 II
{ Умоля́ть *нес., п.* 1 I
{ Умолка́ть *нес.* 1 I
{ Умо́лкнуть *сов.* 25 III
Умолча́ть *сов.* 15 II
ума́лчивать *нес.*
Умори́ть(ся *прост.*) *сов.* 8 II
У́мствовать *нес.* 41 IV
{ Умудри́ть(ся *разг.*) *сов.* 8 II
{ Умудря́ть(ся *разг.*) *нес.* 1 I
Умча́ть(ся) *сов.* 15 II
{ Умыва́ть(ся) *нес.* 1 I
{ Умы́ть(ся) *сов.* 67 VII
Умя́ть(ся *3 л.*) *сов.* 64 VII
умина́ть(ся) *нес.*
{ Унаво́живать *нес., п.* 1 I
{ Унаво́зить *сов., п.*, **з:ж** 6 II
Унасле́довать *сов., п.* 41 IV
Унести́(сь) *сов.* 45 V
уноси́ть(ся) *нес.*
{ Унижа́ть(ся) *нес.* 1 I
{ Уни́зить(ся) *сов.*, **з:ж** 6 II
{ Униза́ть *сов., п.*, **з:ж** 36 III
{ Уни́зывать *нес., п.* 1 I
Унима́ть(ся) *нес., разг.* 1 I
уня́ть(ся) *сов.*
Унифици́ровать *нес., сов., п., книжн.* 41 IV
{ Уничтожа́ть(ся) *нес.* 1 I
{ Уничто́жить(ся) *сов.* 5 II
Уноси́ть**(ся) *нес.*, **с:ш** 11 II
унести́(сь) *сов.*
Унывáть *нес.* 1 I
Уня́ть(ся)[1] *сов., разг.* 78 VII
унима́ть(ся) *нес.*
{ Упакова́ть *сов., п.* 42 IV
{ Упако́вывать *нес., п.* 1 I
Упа́сть *сов.* 48 V
па́дать *нес.*

[1] уня́л(ся), уняла́(сь), уня́ло(сь) and уняло́сь

Упекáть(ся *3 л.*) *нес.*, *разг.* and *прост.* 1 I
Упéчь(ся *3 л.*) *сов.*, *разг.* and *прост.* 54 VI
Уперéть(ся)[1] *сов.*, *разг.* 71 VII
Упирáть(ся) *нес.* 1 I
Уписáть(ся *3 л.*) *сов.*, **с:ш**, *разг.* 36 III
Упи́сывать(ся *3 л.*) *нес.*, *разг.* 1 I
Уплати́ть *сов.*, *п.*, **т:ч** 69 VII
Уплести́ *сов.*, *п.*, **с:т** *разг.* *шутл.* 11 II
Уплетáть *нес.*, *п.*, *разг.* *шутл.* 47 V
Уплотни́ть(ся) *сов.* 8 II
Уплотня́ть(ся) *нес.* 1 I
Уплывáть *нес.* 1 I
Уплы́ть[2] *сов.* 62 VII
Уподóбить(ся) *сов.*, **б:бл** 6 II
Уподобля́ть(ся) *нес.* 1 I
Уползáть *нес.* 1 I
Уползти́ *сов.* 45 V
Уполномóчивать *нес.*, *п.* 1 I
Уполномóчить *сов.*, *п.* 5 II
Упоминáть *нес.*, *п.* 1 I
Упомянýть *сов.*, *п.* 29 III
Упóмнить* *сов.*, *п.* 7 II
Упóрствовать *нес.* 41 IV
Упорхнýть *сов.* 28 III
Упоря́дочивать(ся *3 л.*) *нес.* 1 I
Упоря́дочить(ся *3 л.*) *сов.* 7 II
Употреби́ть(ся *3 л.*) *сов.*, **б:бл** 9 II
Употребля́ть(ся *3 л.*) *нес.* 1 I
Упрáвиться *сов.*, **в:вл**, *разг.* 6 II
Управля́ться *нес.*, *разг.* 1 I
Управля́ть *нес.* 1 I
Упражня́ть(ся) *нес.* 1 I

Упраздни́ть *сов.*, *п.* 8 II
Упраздня́ть *нес.*, *п.* 1 I
Упрáшивать *нес.*, *п.* 1 I
упроси́ть *сов.*
Упреди́ть *сов.*, *п.*, **д:ж:дж**, *спец.* *устар.* 9 II
Упрекáть *нес.*, *п.* 1 I
Упрекнýть* *сов.*, *п.* 28 III
Упрéть *сов.*, *3 л.* 2 I
Упроси́ть *сов.*, *п.*, **с:ш** 11 II
упрáшивать *нес.*
Упрости́ть(ся *3 л.*) *сов.*, **ст:щ** 9 II
Упрощáть(ся *3 л.*) *нес.* 1 I
Упрóчивать(ся) *нес.* 1 I
Упрóчить(ся) *сов.* 5 II
Упря́миться *нес.*, **м:мл**, *разг.* 6 II
Упря́тать *сов.*, *п.*, **т:ч** 33 III
Упря́тывать *нес.*, *п.* 1 I
Упускáть *нес.*, *п.* 1 I
Упусти́ть *сов.*, *п.*, **ст:щ** 11 II
Урáвнивать *нес.*, *п.* 1 I
Уравня́ть[1] *сов.*, *п.* 1 I
уровня́ть *сов.*
Уравновéсить *сов.*, *п.*, **с:ш** 6 II
Уравновéшивать *нес.*, *п.* 1 I
Уразумéть* *сов.*, *п.*, *книжн.* and *ирон.* 2 I
Урегули́ровать *сов.*, *п.* 41 IV
Урéзать *сов.*, *п.*, **з:ж** 33 III
Урéзывать *нес.*, *п.* 1 I
Урезóнивать *нес.*, *п.*, *разг.* 1 I
Урезóнить *сов.*, *п.*, *разг.* 5 II
Уровня́ть[2] *сов.*, *п.* 1 I
урáвнивать *нес.*
Уроди́ть(ся) *сов.*, **д:ж:жд** 9 II
Урóдовать(ся *разг.*) *нес.* 41 IV
изурóдовать(ся) *сов.*

[1] уперéв and упёрши; уперши́сь and упёршись
[2] уплы́л, уплылá, уплы́л|о, -и

[1] урáвнен
[2] урóвнен

Урони́ть[1] *сов., п.* 10 II
роня́ть *нес.*
Урча́ть *нес.* 15 II
Усади́ть *сов., п.*, **д:ж** 11 II
Уса́живать(ся) *нес.* 1 I
усе́сться *сов.*
Сва́ивать *нес., п.* 1 I
Усво́ить *сов., п.* 12 II
Усе́ивать(ся *3 л.*) *нес.* 1 I
усе́ять(ся) *сов.*
Усека́ть *нес., п.* 1 I
усе́чь *сов.*
Усе́рдствовать *нес.* 41 IV
Усе́сться *сов.* 53 V
уса́живаться *нес.*
Усе́чь *сов., п.* 54 VI
усека́ть *нес.*
Усе́ять(ся *3 л.*) *сов.* 31 III
усе́ивать(ся) *нес.*
Усиде́ть *сов.*, **д:ж** 20 II
Уси́ливать(ся) *нес.* 1 I
Уси́лить(ся) *сов.* 5 I
Ускака́ть *сов.*, **к:ч** 36 III
Ускользáть *нес.* 1 I
Ускользну́ть *сов.* 28 III
Уско́рить(ся *3 л.*) *сов.* 5 II
Ускоря́ть(ся *3 л.*) *нес.* 1 I
Усла́вливаться *нес.* 1 I
усло́виться *сов.*
Усла́ть *сов., п.* 80 VI
усыла́ть *нес.*
Уследи́ть[2] *сов.*, **д:ж** 9 II
Усло́виться *сов.*, **в:вл** 6 II
Усло́вливаться *нес.* 1 I
усла́вливаться *нес.*
Усложни́ть(ся *3 л.*) *сов.* 8 II
Усложня́ть(ся *3 л.*) *нес.* 1 I
Услужи́ть *сов., разг.* 10 II
Услыха́ть *сов., п.*, **х:ш**, *разг.* 14 II
Услы́шать *сов., п.* 14 II
Усма́тривать *нес., п.* 1 I
усмотре́ть *сов.*
Усмеха́ться *нес.* 1 I
Усмехну́ться *сов.* 28 III

[1] уро́нен
[2] уcле́жен

Усмири́ть(ся) *сов.* 8 II
Усмиря́ть(ся) *нес.* 1 I
Усмотре́ть *сов., п.* 21 II
усма́тривать *нес.*
Уснасти́ть *сов., п.*, **ст:щ** 9 II
Уснаща́ть *нес., п., сов.* 1 I
Усоверше́нствовать(ся) *сов.* 28 III
Усо́вестить *сов., п.*, **ст:щ**, *разг. устар.* 7 II
Усо́вещивать *нес., п.*, *разг. устар.* 1 I
Усомни́ться *сов.* 8 II
Усо́хнуть *сов., 3 л.* 25 III
усыха́ть *нес.*
Успева́ть *нес.* 1 I
Успе́ть *сов.* 2 I
Успока́ивать(ся) *нес.* 1 I
Успоко́ить(ся) *сов.* 12 II
Устава́ть *нес.* 60 VII
уста́ть *сов.*
Уста́вить(ся) *сов.*, **в:вл** 6 II
Уставля́ть(ся) *нес.* 1 I
Устана́вливать(ся *3 л.*) *нес.* 1 I
Установи́ть(ся *3 л.*) *сов.*, **в:вл** 11 II
Устарева́ть *нес.* 1 I
Устаре́ть *сов.* 2 I
Уста́ть *сов.* 61 VII
устава́ть *нес.*
Устели́ть *сов., п.* 40 III
Устила́ть *нес., п.* 1 I
Устла́ть *сов., п.* 73 VII
Устоя́ть[1] *неперех.* (ся *3 л. сов.*) 13 II
Устра́ивать(ся) *нес.* 1 I
устро́ить(ся) *сов.*
Устрани́ть(ся) *сов.* 8 II
Устраня́ть(ся) *нес.* 1 I
Устраша́ть(ся) *нес., книжн.* 1 I
Устраши́ть(ся) *сов., книжн.* 8 II

[1] the imperative is not used

Устреми́ть(ся) *сов.*, **м:мл** 9 II
Устремля́ть(ся) *нес.* 1 I
Устро́ить(ся) *сов.* 12 II
устра́ивать(ся) *нес.*
Уступа́ть *нес., п.* 1 I
Уступи́ть *сов., п.*, **п:пл** 11 II
Устыди́ть(ся) *сов.*, **д:ж** 9 II
Усугуби́ть(ся *3 л.*) *сов.*, **б:бл**, *книжн.* 7 II
Усугу́бить(ся *3 л.*) *сов.*, **б:бл**, *книжн.* 9 II
Усугубля́ть(ся *3 л.*) *нес., книжн.* 1 I
Усыла́ть *нес., п.* 1 I
усла́ть *сов.*
Усынови́ть *сов., п.*, **в:вл** 9 II
Усыновля́ть *нес., п.* 1 I
Усыпа́ть *нес., п.* 1 I
Усы́пать *сов., п.*, **п:пл** 33 III
Усыпи́ть *сов., п.*, **п:пл** 9 II
Усыпля́ть *нес., п.* 1 I
Усыха́ть *нес., 3 л.* 1 I
усо́хнуть *сов.*
Ута́ивать *нес., п.* 1 I
Утаи́ть *сов., п.* 8 II
Ута́птывать *нес., п.* 1 I
утопта́ть *сов.*
Ута́скивать *нес., п., разг.* 1 I
Утащи́ть[1] *сов., п., разг.* 10 II
Утверди́ть(ся) *сов.*, **д:ж:жд** 9 II
Утвержда́ть(ся) *нес.* 1 I
Утека́ть *нес., 3 л.* 1 I
уте́чь *сов.*
Утепли́ть *сов., п.* 8 II
Утепля́ть *нес., п.* 1 I
Утере́ть[2](ся) *сов., разг.* 71 VII
утира́ть(ся) *нес.*
Утерпе́ть *сов.*, **п:пл** 22 II
Утеря́ть *сов., п., офиц.* 1 I
Уте́чь *сов., 3 л.* 54 VI
утека́ть *нес.*,

[1] ута́щен
[2] утере́в and утёрши

Утеша́ть(ся) *нес.* 1 I
Уте́шить(ся) *сов.* 5 II
Утилизи́ровать *нес., сов., п.* 41 IV
Утира́ть(ся) *нес.* 1 I
утере́ть(ся) *сов.*
Утиха́ть *нес.* 1 I
Ути́хнуть *сов.* 25 III
Утихоми́ривать(ся) *нес., разг.* 1 I
Утихоми́рить(ся) *сов., разг.* 5 II
Уткну́ть[1](ся) *сов., разг.* 28 III
Утоли́ть(ся *3 л., устар.*) *сов.* 8 II
Утоля́ть(ся *3 л., устар.*) *нес.* 1 I
Утолсти́ть(ся *3 л.*) *сов.*, **ст:щ** 9 II
Утолща́ть(ся *3 л.*) *нес.* 1 I
Утоми́ть(ся) *сов.*, **м:мл** 9 II
Утомля́ть(ся) *нес.* 1 I
Утону́ть *сов., разг.* 29 III
Утонча́ть(ся *3 л.*) *нес.* 1 I
Утончи́ть(ся *3 л.*) *сов.* 8 II
Утопа́ть *нес.* 1 I
Утопи́ть(ся) *сов.*, **п:пл** 11 II
Утопта́ть *сов., п.*, **т:ч** 36 III
ута́птывать *нес.*
Уточни́ть(ся *3 л.*) *сов.* 8 II
Уточня́ть(ся *3 л.*) *нес.* 1 I
Утра́ивать(ся *3 л.*) *нес.* 1 I
утро́ить(ся) *сов.*
Утрамбова́ть(ся *3 л.*) *сов.* 42 IV
Утрамбо́вывать(ся *3 л.*) *нес.* 1 I
Утра́тить(ся *3 л.*) *сов.*, **т:ч** 6 II
Утра́чивать(ся *3 л.*) *нес.* 1 I
Утри́ровать *нес., сов., п., книжн.* 41 IV
Утро́ить(ся *3 л.*) *сов.* 12 II
утра́иваться *нес.*
Утружда́ть(ся) *нес.* 1 I
Утряса́ть(ся *3 л.*) *нес.* 1 I
Утрясти́(сь *3 л.*) *сов.* 45 V

[1] уткну́т

Entry	No.	Class
Уты́кать *сов., п., разг., прост.*	1	I
Утыка́ть *нес., п., разг., прост.*	1	I
Уты́кивать *нес., п., разг., прост.*	1	I
Утю́жить *нес., п.* отутю́жить *сов.*	5	II
Утя́гивать *нес., п., прост.*	1	I
Утяну́ть *сов., п., прост.*	29	III
Утяжели́ть(ся *3 л.*) *сов.*	8	II
Утяжеля́ть(ся *3 л.*) *нес.*	1	I
Уха́живать *нес.*	1	I
У́хать(ся *прост.*) *нес.* у́хнуть(ся) *сов.*	1	I
Ухвати́ть(ся) *сов.*, **т:ч**	11	II
Ухва́тывать(ся) *нес.*	1	I
Ухитри́ться *сов., разг.*	8	II
Ухитря́ться *нес., разг.*	1	I
Ухищря́ться *нес.*	1	I
Ухло́пать *сов., п., прост.*	1	I
Ухло́пывать *нес., п., прост.*	1	I
Ухмыльну́ться *сов., разг.*	28	III
Ухмыля́ться *нес., разг.*	1	I
У́хнуть(ся *прост.*) *сов.* у́хать(ся) *нес.*	24	III
Уходи́ть *нес.*, **д:ж** уйти́ *сов.*	11	II
Ухудша́ть(ся *3 л.*) *нес.*	1	I
Уху́дшить(ся *3 л.*) *сов.*	7	II
Уцеле́ть *сов.*	2	I
Уцени́ть *сов., п.*	10	II
Уцепи́ть*(ся) *сов.*, **п:пл**, *разг.*	11	II
Уча́ствовать *нес.*	41	IV
Участи́ть(ся *3 л.*) *сов.*, **ст:щ**	9	II
Учаща́ть(ся *3 л.*) *нес.*	1	I
Уче́сть *сов., п.* учи́тывать *нес.*	52	V
Учини́ть *сов., п., офиц.*	8	II
Учиня́ть *нес., п., устар.* and *разг.*	1	I
Учи́тельствовать *нес.*	41	IV
Учи́тывать *нес., п.* уче́сть *сов.*	1	I
Учи́ть(ся) *нес.* вы́учить(ся) *сов.* научи́ть(ся) *сов.*	10	II
Учреди́ть *сов., п.*, **д:ж:жд**, *офиц.*	9	II
Учрежда́ть *нес., п., офиц.*	1	I
Учуди́ть[1] *сов., разг.*	9	II
Учу́ять *сов., п., разг.*	31	III
Ушиба́ть(ся) *нес.*	1	I
Ушиби́ть(ся) *сов.*, **б:бл**	39	III
Ушива́ть *нес., п., разг.*	1	I
Уши́ть[2] *сов. п., разг.*	69	VII
Ущеми́ть *сов., п.*, **м:мл**	9	II
Ущемля́ть *нес., п.*	1	I
Ущипну́ть* *сов., п.* щипа́ть *нес.*	28	III
Уязви́ть *сов., п.*, **в:вл**	9	II
Уязвля́ть *нес., п.*	1	I
Уясни́ть *сов., п.*	8	II
Уясня́ть *нес., п.*	1	I

Ф

Entry	No.	Class
Фабрикова́ть *нес., п.* сфабрикова́ть *сов.*	42	IV
Фальсифици́ровать *нес., сов., п., книжн.*	41	IV
Фальши́вить *нес.*, **в:вл** сфальши́вить *сов.*	6	II
Фамилья́рничать *нес.*	1	I
Фантази́ровать *нес.* сфантази́ровать *сов.*	41	IV
Фарисе́йствовать *нес.*	41	IV
Фарширова́ть *нес., п.* зафарширова́ть *сов.*	42	IV
Фасова́ть *нес., п.* расфасова́ть *сов.*	42	IV
Фетишизи́ровать *нес., п., книжн.*	41	IV
Фехтова́ть *нес.*	42	IV
Фигури́ровать *нес.*	41	IV

[1] the 1st person singular is not used
[2] уши́л, уши́л|а, -о, -и

Фикси́ровать *нес., п., книжн.* 41 IV
зафикси́ровать *сов.*
Филосо́фствовать *нес. книжн.* and *разг.* 41 IV
Фильтрова́ть *нес., п.* 42 IV
профильтрова́ть *сов.*
Финанси́ровать *нес., сов., п.* 41 IV
Финиши́ровать *нес., сов.* 41 IV
Финти́ть *нес.*, **т:ч**, *разг.* 9 II
Фиска́лить *нес., разг. устар.* 5 II
Флани́ровать *нес., разг. устар.* 41 IV
Флиртова́ть *нес.* 42 IV
Фо́кусничать *нес., разг.* 1 I
Формирова́ть(ся) *нес.* 42 IV
сформирова́ть(ся) *сов.*
Формули́ровать *нес., сов., п.* 41 IV
Форси́ровать *нес., сов., п., книжн.* and *спец.* 41 IV
Форси́ть *нес.*, **с:щ**, *прост.* 9 II
Фотографи́ровать(ся) *нес.* 41 IV
сфотографи́ровать (ся) *сов.*
Фразёрствовать *нес.* 41 IV
Франти́ть *нес.*, **т:ч**, *разг.* 9 II
Фрахтова́ть *нес., п., спец.* 42 IV
Фронди́ровать *нес., книжн., устар.* 41 IV
Функциони́ровать *нес., книжн.* 41 IV
{ Фы́ркать *нес.* 1 I
{ Фы́ркнуть *сов.* 24 III

Х

Ха́живать[1] *нес.* 1 I
Халту́рить *нес., разг.* 5 II
Хаме́ть *нес., прост.* 2 I
охаме́ть *сов.*

[1] the present tense is not used

Хами́ть *нес.*, **м:мл**, *прост.* 9 II
Хандри́ть *нес.* 8 II
Ханжи́ть *нес., разг.* 8 II
{ Ха́пать *нес., п., прост.* 1 I
{ Ха́пнуть *сов., п., прост.* 24 III
Характеризова́ть(ся *книжн.*) *нес.* 42 IV
охарактеризова́ть *сов.*
Ха́ять *нес., п., прост.* 31 III
оха́ять *сов.*
Хвали́ть**(ся *прост.*) *нес.* 10 II
похвали́ть(ся) *сов.*
Хва́стать *неперех.*(ся) *нес., разг.* 1 I
похва́стать(ся) *сов.*
Хвастну́ть *сов., разг.* 28 III
{ Хвата́ть *нес., безл.* 1 I
{ Хвати́ть *сов., безл.* 11 II
Хвата́ть(ся) *нес.* 1 I
схвати́ть(ся) *сов.*
Хвати́ться *сов.*, **т:ч**, *разг.* 11 II
Хвора́ть *нес., разг.* 1 I
Хире́ть *нес.* 2 I
захире́ть *сов.*
Хитри́ть *нес.* 8 II
схитри́ть *сов.*
{ Хихи́кать *нес., разг.,* 1 I
{ Хихи́кнуть *сов., разг.* 24 III
{ Хлеба́ть *нес., п., прост.* 1 I
{ Хлебну́ть* *сов., п., прост.* 28 III
{ Хлеста́ть(ся) *нес.*, **ст:щ** 36 III
{ Хлестну́ть*(ся) *сов.* 28 III
{ Хло́пать(ся *прост.*) *нес.* 1 I
{ Хло́пнуть*(ся *прост.*) *сов.* 24 III
Хлопота́ть *нес.*, **т:ч** 36 III
похлопота́ть *сов.*
Хлори́ровать *нес., сов., п.* 41 IV
Хлы́нуть *сов., 3 л.* 23 III
{ Хлю́пать *нес., разг.* 1 I
{ Хлю́пнуть *сов., разг.* 24 III
Хмеле́ть *нес.* 2 I
захмеле́ть *сов.*

Хму́рить(ся) *сов.* 5 II
нахму́рить(ся) *сов.*
{ Хмы́кать *нес., разг.* 1 I
{ Хмы́кнуть *сов., разг.* 24 III
Хны́кать *нес.*, **к:ч**, *разг.* 33 III
Хода́тайствовать *нес.* 41 IV
похода́тайствовать *сов.*
Ходи́ть *нес.*, **д:ж** 11 II
Хозя́йничать *нес.* 1 I
Хозя́йствовать *нес.* 41 IV
Хо́лить *нес., п.* 5 II
Холода́ть *нес., безл.* 1 I
похолоди́ть *сов.*
Холоде́ть *нес.* 2 I
похолоде́ть *сов.*
Холоди́ть *нес., п.*, **д:ж** 9 II
Холости́ть *нес., п.*, **ст:щ** 9 II
вы́холостить *сов.*
Хорово́диться *нес.*, **д:ж**, *прост.* 6 II
Хорони́ть *нес., п.* 10 II
похорони́ть *сов.*
Хорони́ться *нес., прост.* 10 II
схорони́ться *сов.*
Хорохо́риться *нес., разг.* 5 II
Хороше́ть *нес.* 2 I
похороше́ть *сов.*
Хоте́ть(ся *безл.*) *нес.*, **т:ч** 86 VII
Хо́хлить(ся) *нес.* 7 II
нахо́хлить(ся) *сов.*
{ Хохота́ть *нес.*, **т:ч** 36 III
{ Хохотну́ть *сов., разг.* 28 III
Храбре́ть *нес., разг.* 2 I
Храбри́ться *нес., разг.* 8 II
расхрабри́ться *сов.*
Храни́ть**(ся *3 л.*) *нес.* 8 II
Храпе́ть *нес.*, **п:пл** 20 II
Хрипе́ть *нес.*, **п:пл** 20 II
Хри́пнуть *нес.* 26 III
охри́пнуть *сов.*
Хрома́ть *нес.* 1 I
Хроме́ть *нес.* 2 I
охроме́ть *сов.*
Хронометри́ровать *нес., сов., п.* 41 IV
{ Хрусте́ть *нес.*, **ст:щ** 20 II
{ Хру́стнуть *сов.* 24 III

{ Хрю́кать *нес.* 1 I
{ Хрю́кнуть *сов.* 24 III
Хря́стнуть *нес., прост.* 24 III
Худе́ть *нес.* 2 I
похуде́ть *сов.*
Худи́ть *нес., п., 3 л. разг.* 9 II
Хулига́нить *нес., разг.* 5 II
Хули́ть *нес., п., книжн.* 8 II

Ц

Ца́пать(ся) *нес., прост.* 1 I
сца́пать *сов.*
поца́пать *сов.*
Ца́пнуть *сов., п.* 24 III
Цара́пать(ся) *нес.* 1 I
нацара́пать *сов.*
оцара́пать *сов.*
поцара́пать *сов.*
Цара́пнуть *сов., п.* 24 III
Цари́ть *нес.* 8 II
Ца́рствовать *нес.* 41 IV
Ца́цкаться *нес., прост. неодобр.* 1 I
Цвести́ *нес.*, **с:т** 47 V
Цеди́ть(ся) *3 л. нес.*, **д:ж** 11 II
Це́лить(ся) *нес.* 5 II
наце́лить(ся) *сов.*
Целова́ть(ся) *нес.* 42 IV
поцелова́ть(ся) *сов.*
Цементи́ровать *нес., п.* 41 IV
зацементи́ровать *сов.*
Цени́ть**(ся) *3 л.*) *нес.* 10 II
Централизова́ть *нес., сов., п.* 42 IV
Цепене́ть *нес.* 2 I
оцепене́ть *сов.*
Цепля́ться *нес.* 1 I
Церемо́ниться *нес., разг.* 5 II
Цивилизова́ть(ся) *нес., сов.* 42 IV
Циклева́ть *нес., п.* 42 IV
Циркули́ровать *нес., 3 л., книжн.* 41 IV
Цити́ровать *нес., п.* 41 IV
процити́ровать *сов.*

{ Цо́кать *нес.*	1 I
{ Цо́кнуть *сов.*	24 III
Цокота́ть *нес., 3 л.,* **т:ч**	36 III
{ Цы́кать *нес., прост.*	1 I
{ Цы́кнуть *сов., прост.*	24 III

Ч

Ча́вкать *нес.*	1 I
Ча́вкать *сов.*	24 III
Чади́ть *нес.,* **д:ж**	9 II
Чаёвничать *нес., разг.*	1 I
Чарова́ть *нес., п.*	42 IV
очарова́ть *сов.*	
Части́ть *нес.,* **ст:щ**	9 II
Ча́хнуть *нес.*	25 III
зача́хнуть *сов.*	
Ча́ять *нес., устар.*	31 II
Чва́ниться *нес., разг.*	5 II
Чека́нить *нес., п.*	5 II
Черви́веть *нес., 3 л.*	2 I
зачерви́веть *сов.*	
Чередова́ть(ся) *нес.*	42 IV
{ Черка́ть *нес., п., разг.*	1 I
{ Черкну́ть *сов., п., разг.*	28 III
Черне́ть *неперех. (ся 3 л.) нес.*	2 I
почерне́ть *сов.*	
Черни́ть *нес., п.*	8 II
очерни́ть *сов.*	
Че́рпать *нес., п.*	1 I
почерпну́ть *сов.*	
Черстве́ть *нес.*	2 I
зачерстве́ть *сов.*	
очерстве́ть *сов.*	
Черти́ть *нес., п.,* **т:ч**	11 II
начерти́ть *сов.*	
{ Чертыха́ться *нес., разг.*	1 I
{ Чертыхну́ться *сов., разг.*	28 III
Чеса́ть(ся) *нес.,* **с:ш**	36 III
почеса́ть(ся) *сов.*	
Че́ствовать *нес., п.*	41 IV
Чести́ть *нес.,* **ст:щ,** *прост.*	9 II
Четвертова́ть *нес., сов., п.*	42 IV
Чехли́ть *нес., п., спец.*	8 II
Чини́ть *нес., п.*	10 II
почини́ть *сов.*	
очини́ть *сов.*	
{ Чири́кать *нес.*	1 I
{ Чири́кнуть *сов.*	24 III
{ Чи́ркать *нес., п.*	1 I
{ Чи́ркнуть *сов., п.*	24 III
Чи́слить(ся) *нес., офиц.*	7 II
Чи́стить(ся) *нес.,* **ст:щ**	7 II
вы́числить(ся) *сов.*	
очи́стить(ся) *сов.*	
почи́стить(ся) *сов.*	
Чита́ть(ся *3 л.*) *нес.*	1 I
проче́сть *сов.*	
прочита́ть *сов.*	
{ Чиха́ть *нес.*	1 I
{ Чихну́ть *сов.*	28 III
Члени́ть(ся *3 л., книжн.*) *нес.*	8 II
расчлени́ть(ся) *сов.*	
{ Чмо́кать *нес., п.*	1 I
{ Чмо́кнуть *сов., п.*	24 III
{ Чо́каться *нес.*	1 I
{ Чо́кнуться *сов.*	24 III
Чревовеща́ть *нес.*	1 I
Чревоуго́дничать *нес., устар.*	1 I
Чтить **[1] *нес., п., книжн.*	8 II
почти́ть *сов.*	
Чу́вствовать(ся *3 л.*) *нес.*	41 IV
почу́вствовать *сов.*	
Чуда́чить *нес., разг.*	5 II
Чу́дить[2] *нес., разг.*	9 II
Чу́диться[2] *нес., разг.*	6 II
почу́диться *сов.*	
Чужда́ться *нес.*	1 I
Чура́ться *нес.*	1 I
Чу́ять(ся) *3 л., разг.*) *нес.*	31 III

Ш

{ Шага́ть *нес.*	1 I
{ Шагну́ть *сов.*	28 III
Шале́ть *нес., разг.*	2 I
ошале́ть *сов.*	

[1] чту, чтят (and чтут)
[2] the 1st person singular is not used

Шали́ть *нес.* 8 II

Шалопа́йничать *нес., прост.* 1 I

Ша́мкать *нес.* 1 I

Шантажи́ровать *нес., п.* 41 IV

Шаржи́ровать *нес.* 41 VIII

Ша́рить *нес., разг.* 5 II

{ Ша́ркать *нес.* 1 I
{ Ша́ркнуть *сов.* 24 III

Шаромы́жничать *нес., прост. неодобр.* 1 I

{ Шата́ть(ся) *нес.* 1 I
{ Шатну́ть(ся) *сов.* 28 III

Швартова́ть(ся) *нес., спец.* 42 IV

{ Швырну́ть *сов., п.* 28 III
{ Швыря́ть(ся) *нес.* 1 I

Шевели́ть(ся) *нес.* 8 and 10 II
пошевели́ть(ся) *сов.*

Шевельну́ть(ся) *сов.* 28 III

Шелесте́ть[1] *нес.* 20 II

Шелохну́ть(ся) *сов.* 28 III

Шелуши́ть(ся *3 л.*) *нес.* 8 II

Шельмова́ть *нес., п.* 42 IV
ошельмова́ть *сов.*

Шепеля́вить *нес.*, **в:вл** 6 II

{ Шепну́ть *сов., п.* 28 III
{ Шепта́ть(ся) *нес.*, **т:ч** 36 III

Шерша́веть *нес., 3 л.* 2 I
зашерша́веть *сов.*

Ше́ствовать *нес., высок.* 41 IV

{ Ши́кать *нес., разг.* 1 I
{ Ши́кнуть *сов., разг.* 24 III

{ Шикну́ть *сов., прост.* 28 III
{ Шикова́ть *нес., прост.* 42 IV

Шинкова́ть *нес., п.* 42 IV

Шипе́ть *нес.*, **п:пл** 20 II

Ши́рить(ся *3 л.*) *нес.* 5 II

Шить[2] *нес., п.* 69 VII
сшить *сов.*

Шифрова́ть *нес., п.* 42 IV
зашифрова́ть *сов.*

Шко́дить[3] *нес., прост.* 6 II
нашко́дить *сов.*

[1] the 1st person singular is not used
[2] шил, ши́л|а, -о, -и
[3] the 1st person singular is not used

Шко́лить *нес., п., разг.* 5 II
вы́школить *сов.*

{ Шлёпать(ся *разг.*) *нес.* 1 I
{ Шлёпнуть(ся *разг.*) *сов.* 24 III

Шлифова́ть *нес., п.* 42 IV
отшлифова́ть *сов.*

Шля́ться *нес., прост. неодобр.* 1 I

{ Шмы́гать *нес., прост. разг.* 1 I
{ Шмыгну́ть *сов., разг.* 28 III

Шмя́кнуть(ся) *сов., прост.* 24 III

Шнурова́ть(ся) *нес.* 42 IV
зашнурова́ть(ся) *сов.*

Шныря́ть *нес., разг.* 1 I

Шоки́ровать *нес., п., книжн.* 41 IV

Шпаклева́ть[1] *нес., п., спец.* 42 IV
зашпаклева́ть *сов.*

Шпа́рить(ся) *нес.* 5 II
ошпа́рить(ся) *сов.*

Шпигова́ть *нес., п.* 42 IV
нашпигова́ть *сов.*

Шпио́нить *нес., разг.* 5 II

Шпыня́ть *нес., п., прост.* 1 I

Штампова́ть *нес., п.* 42 IV

Штемпелева́ть[2] *нес., п.* 42 IV

Што́пать *нес., п.* 1 I
зашто́пать *сов.*

Штрафова́ть *нес., п.* 42 IV
оштрафова́ть *сов.*

Штрихова́ть *нес., п.* 42 IV
заштрихова́ть *сов.*

Штуди́ровать *нес., п., книжн.* 41 IV
проштуди́ровать *сов.*

Штукату́рить *нес., п.* 5 II
оштукату́рить *сов.*

Штурмова́ть *нес., п.* 42 IV

{ Шуга́ть *нес., п., прост.* 1 I
{ Шугну́ть *сов., п., прост.* 28 III

[1] шпаклю́ю
[2] штемпелю́ю

Шуме́ть *нес.*, **м:мл**	20 II
Шурша́ть *нес.*	15 II
Шути́ть *нес.*, **т:ч** пошути́ть *сов.*	18 II
Шушу́каться *нес., разг.*	1 I

Щ

Щади́ть *нес., п.*, **д:ж** пощади́ть *сов.*	9 II
Щебета́ть *нес.*, **т:ч**	36 III
{ Щегольну́ть *сов.*	28 III
{ Щеголя́ть *нес.*	1 I
Щекота́ть *нес., п.*, **т:ч** пощекота́ть *сов.*	36 III
{ Щёлкать *нес., п.*	1 I
{ Щёлкнуть *сов., п.*	24 III
Щеми́ть *нес., 3 л., безл.*	9 II
Щени́ться *нес., 3 л.* ощени́ться *сов.*	8 II
Щепа́ть *нес., п.*, **п:пл**	36 III
Ще́рить(ся) *нес., прост.* още́рить(ся) *сов.*	5 II
Щети́нить(ся) *нес., 3 л.* ощети́нить(ся) *сов.*	5 II
Щипа́ть(ся *разг.*) *нес.*, **п:пл** общипа́ть *сов.* ощипа́ть *сов.* ущипну́ть *сов.*	36 III
Щу́пать *нес., п.* пощу́пать *сов.*	1 I
Щу́рить(ся) *нес.* сощу́рить(ся) *сов.*	5 II

Э

Эвакуи́ровать *нес., сов., п.*	41 IV
Эволюциони́ровать *нес., сов., книжн.*	41 IV
Экзаменова́ть(ся) *нес.* проэкзаменова́ть(ся) *сов.*	42 IV
Экипирова́ть *нес., сов., п., книжн.*	42 IV
Эконо́мить *нес., п.*, **м:мл** сэконо́мить *сов.*	6 II
Экранизи́ровать *нес., сов., п.*	41 IV
Экспериментировать *нес.*	41 IV
Эксплуати́ровать *нес., п.*	41 IV
Экспони́ровать *нес., сов., п., спец.*	41 IV
Экспорти́ровать *нес., сов., п.*	41 IV
Экспроприи́ровать *нес., сов., п.*	41 IV
Электризова́ть *нес., п.* наэлектризова́ть(ся) *сов.*	41 IV
Электрифици́ровать *нес., сов., п.*	41 IV
Эмалирова́ть *нес., п.*	42 IV
Эмансипи́ровать *нес., п., книжн.*	41 IV
Эмигри́ровать *нес., сов.*	41 IV
Экскорти́ровать *нес., сов., п., книжн.*	41 IV

Ю

Юли́ть *нес., разг.*	8 II
Ю́ркнуть *сов.*	24 III
Юро́дствовать *нес.*	41 IV
Юти́ться *нес.*, **т:ч**	9 II

Я

Я́бедничать *нес., разг.* ная́бедничать *сов.*	1 I
{ Яви́ть *высок.*(ся) *сов.*, **в:вл**	11 II
{ Явля́ть *высок.*(ся) *нес.*	1 I
Я́вствовать *нес., 3 л., книжн.*	41 IV
Ягни́ться *нес., 3 л.* оягни́ться *сов.*	8 II
Язви́ть *нес.*, **в:вл** съязви́ть *сов.*	9 II
Якша́ться *нес., разг. неодобр.*	1 I
Яри́ться *нес., 3 л.*	8 II
Яровизи́ровать *нес., сов., п.*	41 IV
Ясне́ть *нес., 3 л.*	

FOREIGN LANGUAGE BOOKS AND MATERIALS

Multilingual
Complete Multilingual Dictionary of Computer Terminology
Complete Multilingual Dictionary of Aviation and Aeronautical Terminology
Complete Multilingual Dictionary of Advertising, Marketing and Communications
The Insult Dictionary
How to Give 'Em Hell in 5 Nasty Languages
The Lover's Dictionary
How to Be Amorous in 5 Delectable Languages
Multilingual Phrase book
Let's Drive Europe Phrasebook

Spanish
Vox Spanish and English Dictionaries
Cervantes-Walls Spanish and English Dictionary
Complete Handbook of Spanish Verbs
The Spanish Businessmate
Nice 'n Easy Spanish Grammar
Spanish Verbs and Essentials of Grammar
NTC's Spanish Review
Spanish Verb Drills
Getting Started in Spanish
Guide to Spanish Idioms
Guide to Correspondence in Spanish
Diccionario Básico Norteamericano
Diccionario del Español Chicano
Basic Spanish Conversation
Let's Learn Spanish Picture Dictionary
Spanish Picture Dictionary
Welcome to Spain
Spanish for Beginners
Spanish à la Cartoon
El Alfabeto
Let's Learn Spanish Coloring Book
Easy Spanish Word Games and Puzzles
Easy Spanish Crossword Puzzles
How to Pronounce Spanish Correctly

French
NTC's New College French and English Dictionary
NTC's Dictionary of Faux Amis
French Verbs and Essentials of Grammar
Getting Started in French
Guide to French Idioms
Guide to Correspondence in French
The French Businessmate
Nice 'n Easy French Grammar
French à la Cartoon
French for Beginners
Let's Learn French Picture Dictionary
French Picture Dictionary
Welcome to France
L'Alphabet
Let's Learn French Coloring Book
French Verb Drills
Easy French Crossword Puzzles
Easy French Vocabulary Games
Easy French Grammar Puzzles
Easy French Word Games
How to Pronounce French Correctly
L'Express: Ainsi va la France
Le Nouvel Observateur

German
New Schöffler-Weis German and English Dictionary
Klett German and English Dictionary
Getting Started in German
German Verbs and Essentials of Grammar
Guide to German Correspondence
Guide to German Idioms
The German Businessmate
Nice 'n Easy German Grammar
Let's Learn German Picture Dictionary
German Picture Dictionary
German for Beginners
German Verb Drills
Easy German Crossword Puzzles
Let's Learn German Coloring Book
How to Pronounce German Correctly

Italian
Zanichelli Italian and English Dictionaries
Basic Italian Conversation
Getting Started in Italian
Italian Verbs and Essentials of Grammar
Let's Learn Italian Picture Dictionary
Italian for Beginners
Easy Italian Crossword Puzzles
Let's Learn Italian Coloring Book

Greek and Latin
NTC's New College Greek and English Dictionary
Essentials of Latin Grammar

Russian
Essentials of Russian Grammar
Business Russian
Roots of the Russian Language
Reading and Translating Contemporary Russian
How to Pronounce Russian Correctly

Japanese
Japanese in Plain English
Everyday Japanese
Japanese for Children
Japan Today
Easy Hiragana
Easy Katakana

Korean
Korean in Plain English

"Just Enough" Phrase Books
Dutch, French, German, Greek, Italian, Japanese, Portuguese, Scandinavian, Serbo-Croat, Spanish

Audio and Video Language Programs
Just Listen 'n Learn: Spanish, French, Italian, German and Greek
Just Listen 'n Learn PLUS: Spanish, French and German
Practice & Improve Your . . . Spanish, French, and German
Practice & Improve Your . . . PLUS Spanish, French, and German
VideoPassport French
VideoPassport Spanish

Software and Videos
Basic Vocabulary Builder: French, Spanish, German, and Italian
AMIGO: Spanish and English Vocabulary Program
CD-ROM "Languages of the World" Multilingual Dictionary Database
Languages at Work: Video
Cultural Literacy: Video

PASSPORT BOOKS
a division of *NTC Publishing Group*
Lincolnwood, Illinois USA